𝕮𝔥𝔢 𝕮𝔞𝔫𝔱𝔢𝔯𝔟𝔲𝔯𝔶 𝔞𝔫𝔡 𝔜𝔬𝔯𝔨 𝔖𝔬𝔠𝔦𝔢𝔱𝔶

GENERAL EDITOR: REV. F. N. DAVIS, B.Litt., F.S.A.

T0335128

CHAPTERS

OF THE

AUGUSTINIAN CANONS

CANTERBURY AND YORK SERIES.—VOL. XXIX

CHAPTERS

OF THE

AUGUSTINIAN CANONS

EDITED BY THE

REV. H. E. SALTER, M.A.
FELLOW OF MAGDALEN COLLEGE, OXFORD

London
ISSUED FOR THE CANTERBURY AND YORK SOCIETY

AT 120 CHANCERY LANE

M DCCCC XXII

REPRINTED 1969 FOR

Wm. DAWSON & SONS Ltd., LONDON
WITH THE PERMISSION OF
THE CANTERBURY AND YORK SOCIETY

PRINTED IN ENGLAND
AT THE OXFORD UNIVERSITY PRESS
BY FREDERICK HALL

PREFACE

THIS book is printed, not because it is finished, but because delay is unwise. Those who are long past middle age should print their material, if it can be of use to others, and not wait to make it more perfect. In a work of this kind there is special temptation to delay, for there is a risk that some important manuscript is being overlooked ; but risks must be taken, if there is to be progress. There is no doubt that, if all Augustinian Cartularies were searched, deeds would be found of the kind that are printed in Appendix I, and probably there are some lying hid at the Record Office which will hereafter be catalogued in the class known as K.R. Ecclesiastical Documents.

It was originally hoped to issue two companion volumes, one for the Benedictines and the other for the Gilbertines and all other Orders that had Chapters in England ; but this must be left for other hands. There seem to be good materials for a volume on the Benedictine Chapters. In Jesus Coll., Oxford, MS. 64 is a Benedictine Chapter at Oxford in 1219 ; and Bodl. MS. 39 has eight northern Chapters between 1222 and 1310 and one southern. In the Durham Library MSS. 66, 141, 175, 413, and 535 in the old folio Catalogue seem to be attractive ; and there is a MS. at Salisbury, quoted in the article on Reading Abbey in the V.C.H., which must be helpful for the Chapters in the fifteenth century. At Cambridge there is something in Jesus Coll. MS. 41, and MS. 1697 in the University Library, and probably much besides. At the Bodleian, MS. James 21, p. 117, has something from a MS. which now seems to be lost. At the British Museum, Stowe MS. 930, Arundel MS. 2, pp. 72, 87, and six or more of the Cotton MSS. contain Chapters or references to them ; and printed books such as

Reyner's Apostolatus, Wilkins's Concilia, vols. ii and iii, the recently printed White Book of Worcester Priory, and the Downside Review, vol. v, will be found useful. But so many of our cathedrals were Benedictine that the material must be much more abundant than with the Augustinian Canons; and the muniment rooms of Canterbury, Norwich, Ely, Worcester, and Westminster Abbey may contain information about the triennial Benedictine Chapters.

For the other volume the material is slight, so far as is known. In Rawl. MS. C. 236 there is something about the meetings of the Cluniacs at Bermondsey in 1392, 1394, and 1395, and at Northampton in 1397. A meeting of the Cistercians is said to be recorded in Jesus Coll. MS. 35, and of the Carthusians in Wood MS. empt. 14 in the Bodleian; and Rawl. MS. A. 422 has some Carthusian Statutes. In Douce MS. 136, in the Bodleian, there are a few Chapters of the Gilbertines ranging from 1287 to 1509; apparently there was to be a Chapter every year, but the records are scanty. Probably other material may be found about the Cistercians and Cluniacs. The whole would make a small volume, and it is hoped that Miss Rose Graham will undertake it for the Royal Historical Society. The Chapters of the Premonstratensians have been published for the Camden Society by Cardinal Gasquet.

Miss Rose Graham has kindly read the proofs of this volume and Mr. A. G. Little has helped with advice and encouragement.

H. E. SALTER.

CONTENTS

INTRODUCTION

At the Lateran Council of the year 1215 it was decreed, among other reforms, that in every kingdom or province there should be triennial Chapters of abbots and priors, of all Orders that had not hitherto held General Chapters. On the first occasion the aid of the Cistercians was to be asked, as they had experience of such Chapters; two Cistercian abbots were to preside and to choose as colleagues two heads of monasteries; the Chapter was to last 'some days' and was to make statutes about the reform of the Order, and the observance of the Rule, and nothing could be passed without the approval of the four presidents. It was to make arrangements that all the houses of the Order should be visited by wise persons, who would be representatives of the Pope (*vice nostra*); if the head of any house deserved to be deposed, notice should be given to the bishop to remove him, and, should the bishop fail to carry it out, the matter should be referred to the apostolic see.

In accordance with this statute Pope Innocent, on February 29, 1216, issued a letter to the heads of the monasteries of the Augustinian Order in the provinces of Canterbury and York to meet in a General Chapter at Leicester on November 8 in that year. The abbots of Welbeck and Croxton were to be invited to the Chapter, to give their help; though not of the Cistercian Order, they were Premonstratensians, and therefore had experience in the working of General Chapters. The letter was sent by the hand of the Abbot of Leicester, who was to see that a copy of it reached every Augustinian house.[1]

What followed is known very imperfectly from a short entry in Rawlinson Statutes 34. The Chapter could not be held in November 1216 because of the war which was then raging, but it met at Leicester on November 8, 1217, and made certain statutes. But when these were taken to the houses of the Order and read in their Chapters, opposition was raised and complaints were made to bishops and lay rulers. Whereupon a meeting was held at Oxford, attended by the chief of the Augustinian Order, at which the statutes made at

---

[1] pp. 1 and 2.

Leicester were mitigated, and in the next year, at a General Chapter held at Bedford on May 6, these amended statutes were accepted.[1]

In this account it is uncertain whether the meeting at Oxford was a General Chapter, and in what year it took place. If it was a General Chapter its date would naturally be 1220, and the Chapter of Bedford would be 1221. But the language of the record suggests that, in consequence of the complaints that had been made, a special meeting was held at Oxford, and that it was not one of the regular Chapters. If it had been a Chapter, it would not have been necessary to wait for the Chapter at Bedford to confirm the statutes drawn up at Oxford; and it would be unusual that Chapters should be held in two consecutive years. We may reconstruct the sequence of events as follows. There would be some delays before authorized copies of the regulations drawn up at Leicester in November 1217 were supplied to all the Augustinian houses, and probably this was not completed until the summer of 1218. Complaints were then made to bishops and laymen, and we learn that the northern houses complained to the Pope; for[2] on November 13, 1218, he wrote to Pandulph the legate that the houses of the Black Canons in the province of York, having attended a General Chapter at Leicester, complain that those of the province of Canterbury are attempting to make it a custom that the Chapter should always be in the southern province, which seems to them unfair; the legate is commanded to examine into the complaint. On receiving the Acts of the Chapter at Leicester, the northern houses would find that the next Chapter was to be at Bedford. Owing to this opposition which was manifested in 1218, a special meeting was summoned at Oxford in 1219 to modify the regulations made at Leicester, and what was then drawn up was passed by the General Chapter of 1220, which had already been fixed at Bedford.

It is possible that the Acts of the Chapter of Bedford are preserved for us in Cotton Roll XIII. 3, in the British Museum.[3] It contains the Acts of a series of Chapters of the northern province, ending with a Chapter at Worksop in 1302. The beginning of the roll is mutilated, and the place and the date of the first Chapter are wanting; but as the next Chapter was held at Newburgh at Michaelmas 1223, what comes first should be the Acts of a Chapter in 1220. From internal evidence we conclude that it must have been a Chapter for the whole of England, for it begins, 'we approve that there should be

---

[1] See p. 2.
[2] *Cal. of Papal Letters,* i. 59.
[3] See pp. 21–4.

one chapter of the whole of our order throughout the province of York,' words which would hardly have been used had a Chapter for the northern province been already instituted; and in the following clause 'saving the king's dignity and the honour of our patrons' we have words which would naturally have been used in 1220 at Bedford, having reference to the complaints made in 1218 to the 'laicos principes'.

The date of the separation of the two provinces is a little uncertain. In the *Calendar of Papal Letters* there is a licence of the Pope, issued June 28, 1223, at the petition of the Archbishop of York, that the Black Canons of the province of York should celebrate for the future their Chapter in their own province; and the Chapter actually met at Newburgh on September 29, 1223, and we have its Acts. In the Dunstable Annals we read[1] that in 1223 the Prior of Dunstable and the Abbot of Darley were appointed to carry out a visitation of the Austin houses in the province of York, and that they performed this duty without hindrance until they reached Kirkham Priory, where the Prior of Newburgh met them and appealed to Rome against their proceedings. We conclude that it was at a Chapter held in 1223, no doubt on May 6, which was at that time the date for meeting, that two prelates were appointed to be visitors of the northern province, although it had been agreed, either in 1220 or 1223, that the northern province should have its own Chapter. As soon as the Pope's letter reached England, which would be towards the end of July, the Prior of Newburgh appealed against the visitors and a northern Chapter was summoned to meet at Newburgh on September 29. Whether this theory is correct or not, it is certain that the two provinces met separately until the year 1341, when they once more met in one Chapter.

We know little about the Chapters of the southern province in the thirteenth century. A manuscript at Corpus Christi College, Oxford, preserves the Acts of the Chapters of 1231, 1234, 1237, and 1276, and from Tanner MS. 196 we also have the Acts of the Chapter of 1234. It seems strange that no fuller records should have survived of the proceedings of the Chapters down to 1325, as every Augustinian house was supposed to keep a copy; but it must be remembered that when the monasteries were dissolved, manuscripts which dealt with the monastic rule were considered of no interest; and Carlisle, the only cathedral which was served by Augustinian Canons, where we

---

[1] *Annales Monastici*, iii. 80 (Rolls Series).

might have expected that mediaeval records of that Order would have been preserved, was plundered in the Civil War, and nearly all its manuscripts were destroyed. Further, since the Chapter of 1325 repealed all the statutes of preceding Chapters, no collection of the Acts of the Chapters which was begun after 1325 would give the earlier Chapters. Our four main authorities, called A., C., T., and W., all give the Chapter of 1325 and nothing earlier, except that T. gives the Acts of 1234.

The Annals of Dunstable inform us that in 1228 the priors of Dunstable and Newnham, having been appointed visitors by the General Chapter, visited the Austin houses in the Lichfield and Lincoln dioceses;[1] but the notice does not inform us whether a Chapter was held in that year. If the Chapter of Bedford was held in 1220, and the Chapter of London in 1231, there must have been some dislocation of the triennial sequence, that is at present unexplained.

After the Chapters of 1231, 1234, and 1237, the Acts of which are printed in this volume, the next Chapter of which we have knowledge is the Chapter at Dunstable, on the first Sunday after Trinity, 1249, under the presidency of the Abbot of Leicester and the Prior of Dunstable.[2] In 1234, as also in 1220, the date of meeting was May 6, but by 1249 it had been changed to the first Sunday after Trinity, a date that remained in use for more than a hundred years. In 1258 the Chapter was held at Leicester, but 'it faded away, so to speak, because the absentees were so many'.[3]

Of the Chapters which in the natural course would fall in 1261, 1264, 1267, 1270, and 1273 we know nothing; but we possess the Acts of the Chapter held at Leicester on the first Sunday after Trinity in 1276 under the presidency of the Prior of Merton and the Prior of Barnwell, the latter being a substitute for the Abbot of Leicester. The record informs us that some important statutes had been passed at the preceding Chapter, one of which was repealed. It is evident that there was turbulence in some monasteries, and it was ordered that all houses that were rich enough should build prisons to discipline their members.

The following deed, preserved in Cott. MS., Vitell E. xv, folio 224, shows that the Abbot of Oseney and the Prior of Lantony were presidents of the next Chapter, but does not mention the place.

---

[1] *Annales Monastici*, iii. 112.   [3] ib. p. 211.
[2] ib. p. 179.

Abbas de Oseneya iuxta Oxoniam & Prior Lantonie iuxta Gloe-
cestriam, presidentes capitulo generali ordinis sancti Augustini in
prouincia Cantuarie, uniuersis prelatis, abbatibus, prioribus abbates
proprios non habentibus, abbatissis, priorissis abbatissas proprias non
habentibus, & eorum subiectis ordinis antedicti in episcopatibus
Wynton', Exon', Sar' constitutis salutem in domino. Iuxta domini
pape constitucionem & generalis capituli nostri ordinacionem, officii
nostri debitum exequentes, religiosos uiros priores de Twynham &
Motisfunt uisitatores duximus destinandos, uniuersitati uestre auctoritate qua fungimur mandantes & in uirtute obedientie firmiter iniungentes quatinus predictos priores, cum ad uos uenerint, officium
uisitacionis facturi, admittere & curialiter, ut decet, in uictualibus &
necessariis exhibere curetis. Et si qua inter uos secundum regulam
beati Augustini sint reformanda uel corrigenda, de uestro consilio &
predictorum uisitatorum corrigantur & reformentur, exponentes eisdem
fideliter & indubitanter ea que saluti animarum in uestris collegiis
sunt expedienda ; & que secundum deum & iusticiam inuenerint
corrigenda corrigere permittatis ; pro certo habentes quod sentencias
excommunicacionis seu suspensionis, si quas in uos uel in aliquem
uestrum racione preuia promulgauerint, eas firmiter faciemus obseruari.
Ualeat uestra dilecta uniuersitas in domino. Data apud Leycestriam
in crastino octabarum sancte Trinitatis anno domini MCC septuagesimo
sexto.

The word 'collegiis' in this letter is an echo of 'collegio' in the
statutes that the Chapter had just passed. From this letter we gather
that the Chapter lasted at the utmost only two days, Sunday and
Monday ; in later times it lasted three days, and the presidents for the
next Chapter were not nominated until the Tuesday. Also it appears
that one set of visitors covered the dioceses of Winchester, Salisbury,
and Exeter, as also is the case in the list of fees printed on p. 193 ;
but in later times Winchester and Salisbury formed one division,[1]
while the dioceses of Exeter and Bath and Wells were assigned to
another pair of visitors.

In 1282 the Chapter was at Northampton ;[2] in 1288 at Dunstable,
under the Abbot of Cirencester and the Prior of Kenilworth, when
'nothing new was decreed';[3] in 1294 it was at Huntingdon, with the
Abbot of Oseney and the Prior of Dunstable as presidents, and it was
decided that the Chapter of 1297 should be at Newnham under the
Abbot of Leicester and the Prior of Lantony.[4]

Nothing is known of the Chapters in 1300, 1303, 1306, and 1309 ;

[1] See pp. 52, 103, and 130.
[2] *Calendar of Chancery Rolls*, p. 237.
In the Appendix is a document which
may be of this year : see p. 146.
[3] *Annal. Monast.* iii. 341.
[4] ib. iii. 391.

but the Chapter of 1312 must have been under the presidency of the Abbot of Thornton and the Prior of Westacre. This is proved by a notice sent on June 25, 1311, by the Priors of Leedes and Cumbwell to the Prior of Tunbridge, saying that they had been appointed visitors for the dioceses of Rochester and Canterbury by the Abbot of Thornton and the Prior of Westacre, presidents of the General Chapter, and propose to visit his house on June 30.[1] The place where the Chapter met in 1312 was Barnwell.[2]

In 1318 the Chapter was held under the Abbot of Cirencester and the Prior of Merton. This is evident partly from a notice issued May 8, 1317, by the Priors of Leedes and Cumbwell, in which they mention that they had been appointed visitors for the dioceses of Rochester and Canterbury by the Abbot of Cirencester and the Prior of Merton, presidents of the General Chapter.[3] We also have a cititation issued by them to the Prior of Tunbridge to attend a General Chapter at Christ Church, London, on the octave of Holy Trinity, 1318.[4] At this Chapter the case of Twynham, Hants, was discussed, as we learn incidentally; for on October 20, 1318, the Abbot of Cirencester and the Prior of Lantony, presidents of the Chapter, give notice to all abbots and priors of the Augustinian Order that although in time past the presidents of the Chapter had decreed that none of the Order should wear white capes in the cloister or elsewhere, and at the last Chapter this was ratified, yet certain canons have appealed to the court of Canterbury and the court of Rome against this statute; therefore all houses of the Order are to contribute 1*d*. in the mark (of their income) towards the legal expenses, the money to be paid to the Prior of Merton or the Prior of Kenilworth;[5] and there is a notice issued by the Prior of Merton, dated November 2, 1318, 'collector subsidii de communi consensu capituli nostri generalis nuper London' celebrati,' bidding all houses send him 1*d*. in the mark.[6] On January 10, 1319, the Pope writes to the Abbot of Milton in Dorsetshire that the Prior and Convent of Twynham have made complaint that although it has always been the custom of their house to wear a surplice and white cape in summer within the monastery, the Abbot of Cirencester and the Prior of Merton have ordered them to wear black capes. The Abbot is to hear this appeal and decide it.[7]

[1] Bodl. MSS. Kent Charter, 83 x.
[2] *Register of Bp. Baldock*, p. 146 (Cant. & York Soc.).
[3] Bodl. MSS. Kent Rolls 6 aa.
[4] ib. Kent Rolls, 8 cc.
[5] Bodl. MSS. Kent Charter 84 i. The deed is headed 'Littera pro collectione contra Twynham.'
[6] ib. 84 k.
[7] ib. 84 f.

It may be that these legal proceedings were the cause that a Chapter was not held in 1321. It met in 1322 at St. Frideswide's, Oxford, under the Abbot of Cirencester and the Prior of Lantony; the date was the second day after the feast of St. Margaret (i.e. July 22). This appears from a notice, issued on July 7, 1322, by the Priors of Tunbridge and of St. Gregory's, Canterbury, appointed visitors for the dioceses of Rochester and Canterbury by the Abbot of Cirencester and the Prior of Lantony, bidding the Prior of Leedes attend the General Chapter on July 22, 1322, at St. Frideswide's.[1]

In the year 1325, when the meeting was at Northampton on the first Sunday after Trinity, we begin a series of Chapters of which the Acts are preserved. That it was an important Chapter is clear from the Acts themselves, and from the fact that it is given in all our four main authorities, but the difficulty is to know how far its statutes are a repetition of previous statutes or are innovations; for at the end of the Acts it is stated that all the statutes of previous Chapters are repealed except those that have just been confirmed. For instance, the Chapter opens with regulations for the conducting of future Chapters, and we are ignorant how far these regulations, with the prominent position given to the diffinitors, are new or merely a repetition of what had always been the custom. Some of the regulations were new, e.g. that the presidents should hold office for two Chapters; and as we have no mention of the diffinitors in the previous Chapters, it is possible that they came first into existence after 1325; but it is more probable that, in the southern Chapter at all events, they existed before 1325, and that it is only owing to the meagreness of our records that we have no mention of them earlier. In the Appendix [2] is printed a description of the way to hold a General Chapter, in which the work of the diffinitors is mentioned, and there can be little doubt that this document is earlier than 1325. The diffinitors were a small committee who drew up and passed the statutes which the other members without any discussion were called upon to ratify, and in the southern Chapters, attended by nearly 150 members, it would have been impossible to conduct the business of the Chapter in an open assembly.[3] In the north, where only 22 members at most would be present, it may have been possible to do without diffinitors.

The mode of conducting a Chapter according to the statutes of

---

[1] Bodl. MSS. Kent Rolls 6 b.
[2] pp. 144–6.
[3] At Dominican Chapters there were four diffinitors; the Cluniacs also had diffinitors many years before the Dominicans.

1325 was as follows. On the first Sunday after Trinity the Chapter began with a mass of the Holy Spirit; the congregation then adjourned to the Chapter-house, where one of the presidents delivered a sermon, and afterwards prayer was made for the souls of those who had died since the last Chapter. Then strangers were excluded; the visitors handed to the presidents their certificates of the visitations they had made, and the letters of proxy from those who were absent were produced. Then four men of experience were chosen to act as diffinitors, or makers of statutes, their title being derived from ' diffinire ', meaning 'to decree'. The certificates of visitations and the letters of proxy were to be examined by them, and there can be little doubt that the statutes they made were based upon the reports of the visitors. This will explain why there is much repetition in the Acts of the Chapters, and what had been decreed once is decreed again within a few years. When they had finished, the Chapter was collected and informed of their decisions and dismissed. The record adds that it was the work of the diffinitors to choose the visitors for the next three years, to choose the presidents for the next Chapter, and the place of meeting; [1] but in the reports of the Chapters we do not find that these duties ever belonged to the diffinitors.

The regulations for a general Chapter printed in the Appendix [2] are somewhat different. According to them it was the work of the presidents to choose the visitors, the presidents of the next Chapter, and the place of meeting; they also were to receive the certificates of the visitors, and hear what they had to say, but a report of this was to be sent to the diffinitors, who drew up any statutes that were necessary. It seems, too, that the presidents might add to the statutes made by the diffinitors.

At those Chapters of which we have full reports the arrangements did not agree with either of these schemes. In 1509, for instance, the proxies of absent members were not examined by the diffinitors, but by a separate board; [3] and the visitors were chosen neither by the presidents nor by the diffinitors, but by those who were to be presidents at the next Chapter.

Other injunctions passed in 1325 were that the day of Corpus Christi should be observed as a double feast; that if it was necessary to talk in the hours of silence, speech must be in Latin or French; and that scholars were to be sent to the schools, and as none but

[1] See p. 11.   [3] p. 127.
[2] pp. 144–6.

adults might be admitted to the Order, *scholars* must here mean *students*, and *the schools* in this instance meant *the University*. The dispute with the Priory of Twynham seems to have ended and the money collected for this purpose was to be returned. One of the statutes implies that occasionally in the past when a Chapter was postponed the reason was that both the presidents had died and that there was delay in appointing new presidents. All the statutes of past Chapters were repealed and no statutes were to be accepted unless they arrived with the authentication of the seals of the presidents. If this means that the presidents sent out 150 or 160 copies of the Acts of each Chapter, the office of president was onerous; but it may have been the custom to give an authenticated copy to each of the sets of visitors, never more than ten in number, who would show the copy to each house when they made their visitation.

The next Chapter was held at Huntingdon in 1328; our four chief authorities record the few acts that were then passed, among them being one that canons should not wear tunics or overtunics which opened in front.

In 1331 the Chapter was unique in that it was held in a parish church; but, reading between the lines, we can see that it was not intentional. The meeting must have been fixed for Waltham Abbey, but the Abbot, as the Acts tell us, was openly disobedient and rebellious; probably he refused at the last moment to welcome the Chapter and it was held in the church of Cheshunt, four miles away. Legal proceedings were to be begun against the Abbot, for which there was to be a levy throughout the Order. It appears that a levy had also been ordered at the previous Chapter at Huntingdon, although it is not mentioned in the Acts of that Chapter. As nothing was decreed at Cheshunt which concerned the permanent arrangements of the monasteries, the Acts are omitted in two of our four main authorities.

On October 4, 1333, the Abbot of Leicester and the Prior of Kenilworth, presidents of the General Chapter, issue a mandate to the Prior of Tunbridge and the Prior of St. Gregory's, Canterbury, to visit the Augustinian houses in the dioceses of Canterbury and Rochester.[1]

In 1334 the Chapter was held at Dunstable. As it was decided in 1331 that the next Chapter should be at Waltham Abbey, if the dispute with the Abbot was settled, we may conclude it was still unsettled. It was decreed that the canons were not to wear capes of blue, &c.,

[1] *Calendar of Charters in the Bodleian*, p. 130.

b

nor sing 'unseemly secular songs', nor were they to dance or be present at dancing. Those appointed to be visitors might appoint a deputy from their own house, if they were unable to perform the duty in person; and in later times this was often done.[1] Attention was drawn to the rule that if silence had to be broken in the cloister or other places of silence, English was not to be spoken. On the death of an abbot or prior, relaxations in dress or food were not to be introduced, nor would it be an excuse that an oath had previously been taken to make innovations of this kind.

In this year the first Sunday after Trinity fell on May 29, and the Chapter would have ended on May 31. Nine days later the Abbot of Leicester and the Prior of Kenilworth, who had presided at the late Chapter, wrote from Kenilworth to the Abbot of Oseney and the Prior of Barnwell, the presidents recently appointed, sending to them 'rescriptum apostolicum', no doubt the letter of Pope Innocent, which was handed from president to president, and also the Acts of the Chapter just held. From this we gather that there was no official copy of the Acts of all the past Chapters to remain in the hands of the presidents. The letter is printed [2] as a specimen of what must have been written at the end of each Chapter. It is preserved for us by the Tanner MS., a formulary of the Priory of Launceston, but copied to some extent from a formulary of the Abbey of Oseney, in which this letter must have been entered. In the same volume is preserved the letter which was sent out next year by the Abbot of Oseney and the Prior of Barnwell to the dioceses of Worcester, Hereford, and St. David's, naming those who would visit them on the part of the General Chapter;[3] six or seven similar letters would have to be sent to the other portions of the province of Canterbury, and although the writing of the letter was not onerous, it must have been an expense to send seven or eight messengers throughout England. As no acknowledgement of this letter was required, it was probably an open letter to be shown by the visitors when they arrived at a monastery, authorizing their action. Together with this letter, another had to be sent to the visitors, commanding them to make their visitation;[4] if this letter was not sent the visitors might claim that they were not bound to make a written report of their visitation.[5]

In 1337 the Chapter was held at St. Frideswide's on the octave of Trinity Sunday under the Abbot of Oseney and the Prior of Barnwell.

[1] See p. 165.
[2] See pp. 148, 149.
[3] See p. 151.
[4] See p. 153.
[5] See p. 90.

The Prior of Tunbridge sent a letter to the presidents saying that he was unable to attend, being occupied with the business of his patron the Earl of Gloucester, and as his proctor he sends a Canon of Leedes.[1] At the Chapter it was ordered that canons should not take part in archery with secular persons, and that if a ' prelate ' (i.e. a head of a house) is unable to attend a Chapter, the letter of proxy by which he appoints a proctor in his place must state that the bearer is empowered to assent to the decrees of the Chapter in the place of the prelate who sends him.   There must have been other business at that Chapter of which the record has been lost, for in 1339 the Abbot of Oseney and the Prior of Barnwell issued a mandate to all the visitors[2] that they should cite the heads of nine houses to appear at the next Chapter to answer for their disobedience according to a decree that was promulgated at the Chapter held at St. Frideswide's; this decree is lost and we do not know what the disobedience was.   On the same day the presidents issued a mandate to the Prior of Tunbridge and the Prior of St. Gregory at Canterbury that they should conduct a visitation of the houses in the dioceses of Canterbury and Rochester ' according to the diffinitions in the recent councils of Huntingdon, Northampton, Dunstable and St. Frideswide's ', and that they should make inquiries about the sending of canons to ' the schools ' (i.e. the Universities) and correct anything that was amiss; and in addition the Presidents wrote a circular letter to the said houses, bidding them receive their visitors and give them good maintenance[3] (*curialiter exhibere*).

In 1340 the Chapter, held at Newnham, decreed that every house should have the statutes of the General Chapters from 1325 and see that the juniors were instructed in them.   This is the last Chapter of the southern province and we proceed to trace the history of the northern Chapters to 1340.

Although the northern province contained only twenty Augustinian houses, we have full information about most of their Chapters during the thirteenth century.   This is owing to a roll at the British Museum, Cott. xiii. 3, which gives the Acts of seventeen Chapters between 1220 and 1302.   The beginning of the first Chapter is defective and we do not know its place or date, but as the second Chapter is at Newburgh in 1223 it is likely that what comes before is the Chapter at Bedford

[1] Bodl. Lib., Kent Rolls, no. 7.
[2] See p. 153; the original is in bad condition and partly illegible.
[3] Both these letters are in the same roll.

in 1220 when both provinces met in common. The date of meeting in 1223 was September 29, but in 1232, which is the next Chapter of which we have any record, the date was May 3, the Invention of the Holy Cross, and that remained the day of the General Chapters of the northern province. The Chapters of 1250 and 1262 are omitted in the Cotton roll, probably because no statutes were passed in those years. In 1265, when the Chapter was at Worksop, a resolution was passed that representatives from the seven leading Augustinian houses should meet at the Priory of Drax on the Sunday after Michaelmas and draw up a list of customs to be observed by all the Augustinian houses of the northern province; each was to bring with him a written record of the customs of his own house, and from these the best were to be selected and formed into an authoritative rule. We have no details of what followed; but it would be a matter which would require long discussion, and the final meeting seems to have been at the Priory of Helagh Park, and the rules then issued were known as the *statuta de Parco*. Canon Raine [1] has pointed out how important these statutes were and how long they were in use in the north,[2] but our record shows that he is in error in thinking they were made about 1320. They are mentioned by name in the Acts of the Chapter of 1282, and referred to in the Acts of 1278, and there can be no doubt that they were made soon after 1265. No copy of them was known to Canon Raine.

The Chapter for 1268 was fixed for Gisburn, but the next Chapter of which we have record was at Nostell in 1278. According to the triennial sequence the date should have been 1277; why the date was altered we cannot tell, but as the leading prelates of the Order were called to the Council of Lyons in 1274 it is probable that the Chapter which should have met in 1274 was postponed to 1275; the Chapter which was held next after 1278 was in 1282 instead of 1281; we do not know the reason. It is probable that the Chapter next before 1278 was at Kirkham. For we are told in the Acts of the Chapter of 1288 that it had been decided, probably in the Statutes of Helagh Park, that the Chapters should be held in succession at Kirkham, Nostell, Newburgh, Gisburn, and Bridlington, and that each of those houses had had its turn. This implies that a Chapter before 1278 was held at Kirkham.

In 1285 the Chapter held at Gisburn under the presidency of the

---

[1] *The Priory of Hexham*, i, p. lxix   [2] We hear of them in 1383; see
Surtees Soc.).   p. 76.

Priors of Gisburn and Warter decreed that the *statuta de Parco* should be strictly observed and that those who resisted them should be suspended *a divinis*. In consequence the Archbishop of York [1] wrote to these two priors on August 11, 1286, that it had been reported to him that the statutes passed at their last Chapter did not receive sufficient discussion; he commands, therefore, that the sentence of excommunication pronounced against those who resist them should not be carried into effect until the next General Chapter has been held. He also wrote to the whole Chapter on March 13, 1288, urging that there should be unity among them and that whatever is decided should be loyally accepted.

At the Chapter held at Bridlington in 1288 we can see the effect of the Archbishop's letters. It was decided that for the future Chapters should limit themselves to decrees about the observance of the Augustinian rule, for which purpose the Chapters had been started by the Lateran Council; there was a tendency for Chapters to become a Parliament of the Order and to decree customs which were not part of the rule, and even to direct a policy for the Black Canons as a whole. It was also decreed that there was to be a discussion how far the *statuta de Parco* should be observed by all; and all suspensions and excommunications on those who did not observe the *statuta de Parco* or the decrees of General Chapters were recalled. It was also decided that the Chapters should not only be held in the five houses that have been mentioned, but also in Hexham, Carlisle, Worksop, and Thurgarton; and that in consequence the next Chapter would be at Hexham.

What followed is uncertain. A Chapter was held at Worksop in 1302 of which we have the Acts, and it was decided that the Chapter for 1305 should be at Thurgarton. It is probable that the Chapters were suspended for a time, when in 1296 and 1297 the Scots ravaged much of the north and destroyed Hexham. The Acts of 1302 inform us that the previous Chapter had been held at Helagh Park, which according to the decree of 1288 was not to be a centre of meeting. The Chapters should have met at Hexham in 1291 and at Carlisle in 1294, if the plan made in 1288 was carried out.

On October 10, 1312, the Archbishop of York wrote [2] to the Priors of Hexham and Bolton, the presidents of the General Chapter of the

---

[1] The letter is printed in the *Guisborough Cartulary*, ii, 365 (Surtees Soc.).

[2] *Priory of Hexham*, i, App. p. lv (Surtees Soc.).

Augustinians, saying that in the course of visiting the Augustinian houses in his diocese he was informed that statutes had been passed at the General Chapters of the Order whereby the canons were forbidden to reveal to the Archbishop the crimes and defects that existed among them. As this was contrary to the laws of the Church, especially to the constitutions of Pope Boniface, he commands them to revoke such statutes and also to appear before him in a month's time. The fact that the presidents at this date were the Priors of Hexham and Bolton shows that the Triennial Chapters must have been interrupted after 1302. At the Chapter held in that year it was decreed that at the next Chapter, in 1305, the visitors, who would report on the monasteries they had visited, would be the Priors of Hexham and Bolton, and according to the rule of the northern Chapters they would have been presidents at the Chapter of 1308. As they were in office in October 1312 it is clear that only one Chapter had been held between 1302 and 1312. No doubt the war with Scotland had caused the Chapters to be postponed.[1]

On April 10, 1323, Archbishop William de Melton wrote to the presidents and priors of the Augustinian Order, gathered together at a Chapter,[2] that there were diversities in the Augustinian houses in the diocese which should be remedied at the present Chapter, diversities in liturgical and other matters. He also asked that a copy of the statutes made at Helagh Park should be sent to him, which statutes he hears they do not observe as they should. He adds that he does not remember that any General Chapter has been held in the diocese in his time, i. e. for the last five years, whereas the Chapter ought to be held every three years; for this neglect they deserve punishment. He demands an answer to this letter in two months' time. From this it is evident that a Chapter was to be held in May 1323. This is the last information we have about the northern Chapters.

Of the visitations of the houses that were made every three years we have an interesting record. In 1267 Archbishop Giffard[3] copied into his register three sets of injunctions which had been given to Newstead Priory, two of these were from archbishops of York, the third was issued in July 1261 by the Priors of Nostell and Gisburn, the

---

[1] The Acts of the Benedictine Chapters of the Northern Province mention the suspension of Chapters because of the Scotch wars.

[2] 'in hac instanti convocatione con-gregatis.' The letter is printed in *The Priory of Hexham*, vol. i, App. p. lxix (Surtees Soc.).

[3] Giffard's *Register*, i, 211 (Surtees Soc.).

visitors appointed by the General Chapter. Although the visitors of the Chapter and the bishops performed the same work of visiting, they seem to have ignored each other's work, and this is the only case where there was any collaboration between them.

In 1339 Pope Benedict XII, who had issued new constitutions for the Black Monks in 1337, drew up similar regulations for the Black Canons. They were addressed to the whole Order throughout the world, and in dealing with the provincial Chapters the Pope laid down that neighbouring provinces should combine, so that the Chapter would represent two or more provinces; in England the provinces of York and Canterbury were to unite for one Chapter. He lays down that the Chapter should meet every four years, but if this regulation was followed on the Continent it was not followed in England, where the Chapters continued to meet every three years.[1] That these constitutions might be duly published, the Pope wrote to the Abbot of Thornton and the Prior of Kirkham that they should summon a meeting of the whole Order and see that each house made a copy of the new statutes. Afterwards they were to visit all the houses and obtain details of their income, of the number of canons that there were, and of what there ought to be, and to send the information to the Pope that he might take steps to fill the vacancies, where there were any.[2] In answer to this letter the King, in March 1340, issued a prohibition, forbidding that such a survey should be made.[3] No doubt he issued this prohibition at the request of the bishops, to whom it had hitherto belonged to make inquiries about the income of monasteries and to see that the number of canons was complete. The new proposals of Pope Benedict would have reduced the power of the bishops if they had been carried out.

It may have been this opposition of the King and the bishops which caused delay in summoning a new General Chapter, and in 1340 the Chapters met separately as before, but on March 12, 1341, the new series commenced with a Chapter at Newstead near Stamford; in 1343 the Chapter was at Northampton, which became the chief centre of meeting both for the Black Monks and the Black Canons. In 1346 the Chapter was at Leicester, when a statute was passed that the presidents of the Chapter were to be the judges when there was any dispute between canon and canon, and that no canon should appeal

---

[1] But he seems to interpret these words to mean 'every fourth year', reckoning the year of meeting as the first (p. 223).

[2] See Appendix, pp. 154-8.

[3] See p. 50.

from the decision of the presidents to any authority except the General Chapter; the object of this statute seems to have been to eliminate the interference of bishops. Other statutes were passed that no sporting dogs should be kept, at all events that they should not be allowed into the refectory to eat the broken victuals which should go to the poor; also that if any prior or abbot was unable to attend the General Chapter, the proctor that he sent to represent him must be a religious, not a secular; also that in houses which had twenty-four canons, the tunicle and dalmatic must be used at Mass on Sundays and great festivals.

The Chapter which should have met in the summer of 1349 was adjourned, no doubt in consequence of the Plague, but met in 1350 at Northampton, and the Acts reveal the confusion of that time. In 1353 the meeting was at Oseney, when it was decided that for the future the Chapters should be held alternately at Newstead near Stamford and at Northampton. This was adhered to for some time, but after 1383 there were no meetings at Newstead, as far as we know; perhaps the smallness of the priory buildings and the poverty of the house formed a difficulty. It was also decreed that at every Chapter there should be three presidents instead of two, two being from the southern province and one from the northern, and that they should hold office for three successive Chapters; also there was to be a levy of $\frac{1}{2}d.$ in the mark on the income of each house to pay for the legal expenses of the Chapter against the Prior of Lantony and the Arroasian Canons. Finally it was decreed that every house should provide itself with a copy of the Acts of the Chapters from 1325 to 1350. A result of this decree is Add. MS. 38665, our authority A.; it begins with the Acts of 1325 and ends with 1353, and is all in one hand.

Some light is thrown on this Chapter by a letter [1] of December 1, 1353, in which the Abbot of Waltham, the Abbot of Leicester, and the Prior of Gisburne appoint the Prior of Ledes to be the collector of the levy in the dioceses of Rochester and Canterbury. The letter is headed 'Mandate for levying a collection to prosecute the plea against the Abbot of Butley'. Butley was a priory in Suffolk, and we may guess that it had joined or was trying to join the Arroasian Canons, and had been made into an abbey, like many houses of that Order. If this was so, it was an unsuccessful effort; it remained a priory and did not become Arroasian.

It seems that the Chapter of 1353 passed another statute which has

[1] See Appendix, p. 161.

not been recorded, namely, that the citation issued to each house to attend the next Chapter should not be sent by the presidents of the Chapter but by those who were deputed to act as visitors.   This is a conclusion which we draw from four letters which are preserved on a roll which belonged to Tunbridge Priory.[1]   The first is a citation issued by the presidents of the Chapter of 1350, the Abbot of Northampton and the Prior of Dunstable, on April 13, 1352, to the Prior of Tunbridge, that he should attend the Chapter to be held at Oseney in 1353. The next is a letter of the Priors of Tonbridge and St. Gregory's, Canterbury, who had been appointed visitors in the dioceses of Rochester and Canterbury, addressed to the Prior of Combwell, bidding him summon his canons for a visitation on May 4, while similar letters were sent to the Prior of Ledes for May 6 and 7, and to the Prior of Bilsington for May 8 and 9 ; in no case do the letters contain a citation to the General Chapter.   On May 10 they issued a certificate, addressed to the Abbot of Waltham and the Prior of Gisburn, who were to be the presidents at the next Chapter, that in accordance with a letter of the Abbot of Northampton and the Prior of Dunstable, written April 13, 1352, and received July 6, 1352, bidding them carry out the work of visitation in the dioceses of Rochester and Canterbury, to which they had been appointed at the last Chapter, the visitation had been carried out ; but they do not state that they had cited the houses to attend the General Chapter.   But three years later, when the Priors of Ledes and St. Gregory, Canterbury, send notice to the Prior of Tunbridge that they propose to visit his house on June 8, 1356, they summon him at the same time to be present at the General Chapter at Newstead on July 3 ; and in later times it was the custom that the citation should come through the visitors.

About this time we notice that a new arrangement had been made in the position of the presidents.   To the year 1340 the custom was that for the three years intervening between two Chapters the presidents of the Order should be those who were to preside at the next Chapter.   The moment they were elected they entered on their duties.[2] But between 1350 and 1356,[3] and probably as long as the Chapters survived, the presidents of the Order were those who had presided at the last Chapter.   Though new presidents had been elected for the next Chapter, they did not begin their duties until the day when the Chapter met.

[1] Bodl. Lib., Kent Roll no. 8, deeds t, y, z, and www.

[2] See pp. 148, 153.

[3] See p. 161, and the deeds just quoted from Kent Roll no. 8.

In 1356, a Chapter held at Newstead near Stamford decreed that scholars should be duly sent to the Universities according to the constitutions of Pope Benedict, and should live together, if it could be done, and have a uniform dress, as far as possible, and that the prior of the students should enforce this. This is the first mention in any Chapter of a *prior studentium* of the Augustinians.[1] It was also decreed that there should be a common seal for the Chapter and a common chest, to be kept at the monastery of St. James, Northampton, in which was to be kept the common seal, the documents and money of the Chapter; also that the Order should have a representative at the Court of Rome to resist apostates and other such enemies. It was decided that the expenses of those who conducted the triennial visitations should be borne by the houses visited, and that each representative who attended a Chapter should take home an authenticated copy of what was done.

A Chapter held at Northampton in 1359 revoked the order that there should be a common seal; the old rule was reissued that canons must wear gaiters (*ocree*), i. e. not tight hose; also that lay brethren (*conversi*) must wear a black or russet habit.

In 1362, when the Chapter met at Newstead, the chief statute then passed was that the following Chapter would not be held at Northampton, because certain of the residents had shown ill will to some of the Chapter in 1359; but that they would meet at Barnwell. It was decided that the date should be the Sunday before Michaelmas, which date was observed for about fifteen years, when they returned to the former date, namely, the second Sunday after Trinity.

In the Appendix[2] is printed a document of October 1363 in which the Priors of Merton and Tandridge, who were the visitors appointed for the diocese of Winchester, depute the duty of visiting the Priory of Twynham at the other end of the diocese to the Prior of Breamore, who lived near; he was to return to them the *comperta*. This procedure was lawful at the time, but was forbidden in the Chapter of 1371, when it was decreed that if a visitor could not perform his duty he could only depute his work to one of his own monastery.[3]

In 1365 the Chapter of Barnwell decreed that there should be a levy of a halfpenny in the mark on the incomes of the houses, apparently with the intention of buying or hiring residences in the

[1] But he is mentioned several times in the Benedictine Constitutions; see p. 237.

[2] p. 163.

[3] See p. 69.

Universities where the scholars of the Order might live together in common; also that those who rose to the degree of bachelor or master should have the expenses of taking their degrees defrayed by the common funds of the Chapter.

In the Appendix[1] are printed three documents of August 1368 issued by the visitors who had been appointed in 1365 to carry out a visitation in the southern half of the diocese of Lincoln. The first is a specimen of the formal notice sent to each house to give warning of the proposed visitation; the second is the commission granted by the Abbot of Oseney to one of his canons, to be his deputy in the work of visitation; the third is a report of the visitors addressed to the Chapter which met at Michaelmas 1368, describing the state of the Priory of Stoneley in Hunts, the only house where interference was needed; one of the canons was acting as a doctor for the neighbourhood and taking fees, and kept a horse to visit his patients. It was left to the Chapter to deal with this case.

In 1368 the Chapter met at Northampton, but passed nothing of importance. In 1371 it was held at Newstead near Stamford. Although the Acts are not found in the Cotton or Tanner MSS., as if they were unimportant, it seems that of the four decrees that were made three were new. It was decreed in the first place that any prelate of the Order, if he heard of an apostate canon, might arrest him and imprison him, even though he were not of his own house, and that the house from which he had fled was to pay the costs incurred. In the second place it was laid down that in future special mention should be made of St. Augustine in the Confiteor; and the third statute was that at the Universities of Oxford and Cambridge the *prior studencium*, who was in charge of the canons who were studying there, was to hold his Chapters not in a private house but in the Priories of St. Frideswide and Barnwell respectively.

The Chapter of 1374 was held at Northampton on the Sunday before Michaelmas. The Acts are not preserved, but one of our manuscripts contains a notice sent by the presidents and diffinitors of the Chapter to all the Augustinian houses, dealing with the subject of boots. The rule was that in public, and especially outside the monasteries, the canons should wear gaiters (*ocree*) or jack-boots (*bote*); but some of the canons, especially those studying at the Universities, had begun to wear shoes (*sotulares*) and hose (*calige*) fitted to the shape of the leg, and in some cases laced in fanciful ways;

[1] pp. 164–6.

and it was complained that they would lift their habit as high as the knee to show how beautiful their calves were. It was decreed that those who offended in this way at the University were to be recalled to the cloister.[1]

Nothing is known of the Chapter of 1377 except that it was held at Newstead; but the Acts of the Chapter held at Northampton in 1380, on the second Sunday after Trinity, are preserved in our three chief authorities. The first decree of this Chapter was that the statutes drawn up at Helaugh in the latter half of the thirteenth century, which were still observed by the houses of the northern province, should be repealed, and that only the statutes made in 1325 in the Chapter at Northampton and in subsequent Chapters should be observed; but this was itself repealed in 1383.. Another decree of 1380 was that heads of houses, though they should consult the brethren in the appointment of obedientiars, yet need not follow the advice given; but this also was repealed three years later. The last decree was that two new officers should be appointed, called *general collectors* or *receivers*, one in the northern and one in the southern province, who should hold all money collected from the houses of the Order, whether fines or levies, and should render an account at each Chapter; the money was to be collected in each district of England by the chief of the two visitors, when the triennial visitation was made, and was to be forwarded to the general collectors. One more statute about apostates suggests that the spirit of restlessness and rebellion, which was manifested in the State in the Peasants' Revolt, was at work also in the monasteries.

At the Chapter of 1383, held at Newstead, a levy of $\frac{1}{2}d.$ in the pound was decreed for expenses to be incurred in the Roman curia in connexion with dangers to the Order, which it was not expedient should be described. As the next clause denounces those who obtain grants from 'magnates' exempting them from some point of the monastic rule and obedience, it may be that the danger of 1383 was the same as the danger mentioned at the Chapter of 1401. We may conjecture that some young and able canons had obtained from their

---

[1] In the Middle Ages it was the rule at Oxford that Doctors of Divinity and Doctors of Canon Law must wear top-boots (*bote*), not permanently, but at the Act and for forty days after, when they performed any scholastic act (*Munim. Acad.*, pp. 450, 478); in other faculties shoes might be worn, but the hose must be dark. We may suppose that the idea was that vanity should be suppressed in the leading scholars of the Church. As late as 1733 a dispensation was passed to excuse Doctors of Divinity from wearing top-boots at the Act (Hearne's *Diary*, xi. 229).

bishops (*magnates*) special grants exempting from monastic obedience or promoting them to office. It is noteworthy that at this Chapter only one diffinitor out of seven was chosen from the northern province, whereas on other occasions the number was at least two. The Chapter of 1386 at Barnwell passed nothing of importance.

On May 10, 1388, two canons from the Priories of Southwick and Mottesfont, commissaries no doubt of their priors, made a visitation of Twynham Priory and issued a document that is printed in the Appendix. It is probably the kind of document that was issued after every visitation if there was nothing serious to report to the Chapter.

The Chapter of 1389 met at Northampton. This is known from a letter [1] sent by Nicholas, Abbot of Waltham, Robert, Prior of Merton, and the Prior of Thurgarton, presidents of the General Chapter, to the Abbot of Oseney and the Prior of Lantony, that at 'our general council' complaint was made that the Abbot, Prior, and other canons of Cirencester had unjustly punished brother William Alderyntone, a canon of that house, and committed other offences; they are therefore to visit the monastery within thirty days and correct all offences and to report what they have done; dated at Northampton at the General Council, June 29, 1389. The quindene of Holy Trinity fell on June 27 in this year.

We do not know where the Chapter met in 1392. Henry, Prior of Southwark, was appointed visitor for the dioceses of Winchester and Salisbury, but on April 1, 1395, hindered by ill health, he appointed John Stacy, Canon of Southwark, and Michael de Kympton, Canon of Merton, to carry out the visitation in his stead. [2]

In 1395 the Chapter met at Northampton and made a statute that Ave Maria should be said at the beginning, when any of the Hours of our Lady was said. In 1398 it met again at Northampton, and decided that a levy of $\frac{1}{2}d.$ in the pound should be made in all the houses to defray legal expenses at Rome in connexion with a danger which it was not wise to mention. In 1401 the Chapter, meeting at Northampton, repealed the statute of 1325 which commanded that authorized copies should be sent to every house of what was done at the Chapter. Apparently the regulation had never been observed and in future those who attended the Chapters were responsible that a record of what was decreed should be made for their house. It also decided

[1] Laud MS. 723, fol. 38. It is printed in *Records of Merton Priory* by Heales, App. cxxxvii.
[2] Laud MS. 723, fol. 89.

that there was to be a levy of a halfpenny in the mark to resist those canons who had obtained special personal privileges.

In 1404 the Chapter passed a statute that October 10 should be observed in all Augustinian houses as the day of St. John of Bridlington. In the Appendix[1] will be found a certificate from the Prior of Launceston, addressed to this Chapter, saying that he had visited all the houses in the diocese of Exeter, while his colleague the Prior of Taunton had undertaken the houses in the diocese of Bath and Wells. The notice states that the Prioress of Canonleigh refused to be visited except by the Bishop and treated the Prior's mandate with disrespect. He referred her case to the Chapter for decision.

For the fifteenth century we have little information, and between 1404 and 1506 we have the Acts of only four Chapters, those of 1431, 1434, 1443, and 1446. It is to be hoped that more will be discovered. It is not known where the Chapter of 1407 met, but in 1410 it was at Northampton. The accounts[2] of the Priory of Bicester for the year 1411 record that they paid 'to the Prior of St. Bartholomew's, London, for a certain subsidy to him, granted by the Chapter General at Northampton last celebrated, a farthing in the pound, on account of his great labour and the expenses which he had beyond sea in the election of Pope Alexander, 3s. 5d.' Also two sets of injunctions, printed in the Appendix, issued in 1413 to the Priories of Plympton and St. German's, record that the Chapter of 1410 was at Northampton.

A document printed in the Appendix,[3] professing to be of May 20, 1414, states that the Chapter of 1413 was held at Northampton, but as the deed is a specimen of form rather than an original document it is not certain how far the details in the deed are historical. But the Chapter of 1416 was certainly held at Northampton, as is proved by some injunctions of May 12, 1419, which are to be found in the Appendix; also by a document of May 31, 1416, which the Prior of Launceston sent to the Chapter, saying that he could not appear in person because of the dangerous state of the country, but sent one of his canons instead.[4]

In 1419 the Chapter was at Leicester, a centre which became almost as popular as Northampton for the meeting of Chapters. Although the Acts do not survive, we know from Rot. Parl. (iv. 159) that a Chapter held in 1419 at Leicester indicated to the King how

[1] 169.
[2] *History of Bicester*, by J. C. Blomfield, p. 168.
[3] p. 172.
[4] p. 173.

desirable it was that the Black Canons should have a college of their own at Oxford.[1]

It is not known where the Chapter was in 1422 [2] but in 1425 it was at Leicester. The accounts [3] of the Priory of Bicester for that year record ' in expensis Prioris ad generale capitulum apud Leycestriam hoc anno xlviii*s*. ii*d*.' The Chapter of 1428 was at Northampton, as is proved by a document of May 1, 1431, which is to be found in the Appendix. On June 12, 1428, the University of Oxford wrote to the Chapter of the Augustinian Order, gathered at Northampton, asking them to contribute to the building of the School of Theology.[4]

Of the Chapter held in Leicester in 1431 the Acts survive. The regulations about arresting apostate canons, about having prisons built, and about transferring rebellious members to other houses reflect the troubled and discontented times in which they were drawn up. Other regulations were that capes to keep off rain must not have holes for the arms; and that all fines and contributions due to the Chapter should be kept in two chests, one at Nostell, the other at Northampton.

In 1434 the Chapter was at Northampton. It was decreed that if visitors could not do their work in person, those whom they appointed to be their deputies must receive the approval of the presidents. Two of the decrees show that a college for the Order at Oxford had either been begun or was about to be begun. Another decree complains of the idleness and ignorance of novices and orders that they shall be taught elementary knowledge and grammar and that every house shall keep a master for this purpose.

In 1437 the meeting was at Northampton, as is proved by a document of April 23, 1440, which will be found in the Appendix.[5] In 1440 it was probably at Northampton again; for the accounts of Bicester Priory record expenses of a journey to Northampton, though the purpose is not stated.[6]

With the year 1443 we begin a new method of recording the proceedings of the Chapter. Hitherto we have had only the Statutes that were passed, but in the case of the last five Chapters of which we have an account, those of 1443, 1446, 1506, 1509, and 1518, we have

---

[1] Printed also in *Collect.* iii, 153 (O.H.S.).

[2] The Abbot of Cirencester, having been appointed visitor by the last General Chapter, writes on April 22, 1425, to the Prior of Lantony that he proposed to make a visitation (Rawl. MS. B. 326); but the document does not state where the General Chapter had met.

[3] White Kennett, *Parochial Antiquities*, under the year 1425.

[4] *Epist. Acad.* i, 27 (O.H.S.).

[5] p. 177.

[6] *History of Bicester*, by J. C. Blomfield, p. 180.

a full diary, describing what was done at each day and each hour. The chapter lasted three days, the members gathering together on Saturday afternoon about five o'clock and dispersing about the same time on Tuesday afternoon. They met in 1443 in the chapter-house of Oseney, which would have been large enough to hold 150 persons, if we may judge from the size of the chapter-house of St. Frideswide's, which was a smaller monastery. It is evident that the members did not sleep in the monastery but in various lodgings in the town. On Sunday they met at the chapter-house at seven o'clock, beginning with prayer, and subsequently the presidents chose thirteen diffinitors. The procession then was formed and marched to St. Frideswide's, passing no doubt through West Gate and along Freren Street and Pennyfarthing Street. At St. Frideswide's one of the presidents delivered an English sermon in the churchyard and afterwards celebrated Mass of the Holy Spirit within the church. The company then dispersed and met after dinner at Oseney at two o'clock. The certificates of the visitors, which had been collected on the Saturday, were now delivered to the diffinitors, who retired to a separate spot and began their work; the three presidents withdrew to deliberate together, and the rest of the members were dismissed till five o'clock. The work of the diffinitors was to know the state of the monasteries throughout England by studying the certificates and also by the verbal reports of the visitors, and this occupied them the greater part of Sunday and Monday. The members at five o'clock were dismissed and told to meet next day at the chapter-house at seven o'clock. On Monday morning, after a Latin sermon in the chapter-house, the diffinitors resumed their work, but the rest of the company attended Mass in the abbey. They then dispersed and met again at two o'clock, when they were informed of the plan to build a college for the Order in Oxford and of the ground which had been given by Thomas and Elizabeth Holden, which, together with a chapel built thereon, was to be presented to the representatives of the Order to-morrow. They then dispersed until five o'clock, the diffinitors resuming their work. At five o'clock the company was dismissed and met again at seven next morning and had another sermon in the chapter-house; after which they were bidden to be at the new chapel of the College of St. Mary at nine o'clock, where a Requiem Mass was said and the property was afterwards formally handed over to the Prior of Holy Trinity at London. We are told that some of the diffinitors and those who were examining the proxies of the absent were too busy to be present. At two o'clock the Chapter met again and began business. The Prior of the Students read out the names of the houses that had failed to send students to Oxford or Cambridge during the last three years, and the fines they had incurred. Whether these fines were paid in full is doubtful; the collectors were given the power of 'moderating' the fine, and it is not likely that the Chapter obtained a sum of something like £600 every three years, which is what the sums amount to. Then at five o'clock those who had not appeared or sent a proctor were declared contumacious and fined, and four proctors who had slipped away before the end of the proceedings were also fined. Then the spot for the next Chapter was chosen and the three presidents were elected. Apparently they entered on their office at once and chose the visitors[1] who in three years' time would bring the certificates of their visitations, and also those who should deliver the three sermons at the next Chapter. A statute was passed that there should be a collection of twopence in the pound for the expenses of the Order; after which the Chapter was closed. It must have lasted until after six o'clock on Tuesday night, and the members would have to spend a fourth night in Oxford.

It is easy to see why members were eager to escape these Chapters. The president, diffinitors, and visitors had something to do, but the rest of the members had no work but to hear three sermons and attend three Masses. If at the end they were present when the statutes were made, in case any were to be passed, yet even then there was no discussion. It will be noticed that the fines for non-attendance varied according to the size of the house, and that poor monasteries paid, or were fined, as little as ten shillings, while rich houses were sometimes fined £10.

In 1446 the Chapter was held at Northampton. We have a full account of part of the proceedings, but unfortunately the manuscript has lost a gathering and the record carries us no farther than the afternoon of the Monday; we therefore miss the list of the houses that failed to send students to the University and the names of those who were absentees from the Chapter. We are told that there were 132 in the procession on the Sunday, but some of these were only canons, others were proctors for the absent, the rest being abbots and priors. A letter was read from the King exhorting them to

---

[1] It is not clear whether the visitors were chosen by the outgoing presidents or by their successors.

collect funds to build a college at Oxford, and offering apparently to collect the fines due from the monasteries and to see that they were spent on the college. We do not know what answer was returned.

About the Chapter of 1449 there is uncertainty. In W. there is a form of procedure to be used at a Chapter at Oseney in 1449, but it gives no names of the presidents and it is not certain that the Chapter met there; yet it is probable enough, for the College of St. Mary was by that time sufficiently complete to hold students, and the statutes of the college, drawn up by the Abbot of Oseney,[1] are of the year 1448.

The Chapter in 1452 was at London, for the accounts of Bicester Priory[2] for that year record that the Prior spend 26s. 8d. 'at the General Chapter celebrated in London'. For the next half-century we know little about the Chapters. The Chapter of 1476 was held at Leicester, and the visitors for the dioceses of Winchester and Chichester were the Priors of Brommore and Tortington.[3] A note in the Tanner MS. states that at a Chapter held at Huntyngdon after the death of Elizabeth Holden 'que obiit 19 Ed. IV', it was decreed that there should be prayers for her and her husband. This suggests that the Chapter of 1479 was at Huntingdon, and it is made certain by the entry in the Proctors' accounts at Cambridge for the period July–October 1479, where it is stated that the Proctors spent 8s. 9d. in attending the General Chapter of Canons at Huntingdon.[4]

The Chapter of 1503 met at Oseney. We learn this from an interesting record of 1506, printed in the Appendix,[5] which informs us that Missenden Abbey, an Arroasian house, was visited in that year by the visitors of the Augustinian Order. The document shows that the Convocation of Canterbury, which met in 1502, passed some statute about the visitation of the Arroasian houses. The Acts of this Convocation are at present unknown and it would be interesting to discover what legislation was passed about the Order. From a letter of Cardinal Wolsey, which was read at the Chapter of 1518, we gather that this Convocation urged or commanded the Augustinian Canons to build themselves a college at one or both of the Universities.

The Chapter of 1506 met at Barnwell; its Acts are preserved in

---

[1] Now Rawl. MS. Statutes 34.

[2] *History of Bicester*, by J. C. Blomfield, p. 186.

[3] *Selborne Priory* (Hants. Record Soc.), p. 118.

[4] *Grace Book A*, p. 130 (ed. S. Leathes).

[5] p. 179.

a parchment roll at the Record Office. It was attended by only 44 heads of houses in person. It was decreed that there was to be a rate for the building of St. Mary's College, and that all the students of the Order that were sent to Oxford should live in the college. The record ends abruptly and omits the most interesting part.

Of the Chapter held at Leicester in 1509 there is an account, written on paper, that is preserved at the Record Office. It does not state how many were present, but twenty-eight were absent without excuse and had sent no proctors in their stead. They were for the most part the heads of small houses, but the Abbot of Cirencester and the Prior of Dunstable were among the offenders. It is to be noted that the fines were varied, apparently according to the wealth of the house.

The Chapter of 1512 was to have been held at Leicester, and we print in the Appendix a letter of 1511 in which the visitors of Oxon., Bucks., and Beds. are bidden cite the priors to the Chapter, but it is practically certain that the Chapters of 1512 and 1515 were not held. The proof of this is that when the Chapter met in 1518 not only were the three presidents and the preachers the same as had been appointed in 1509, but all the visitors, twenty in number, were the same, except that one was dead. Of course it would be possible that those who had been appointed visitors in 1509 might be appointed again in 1512 and 1515, but it is impossible that all the twenty should be appointed again and no others. If the Acts of 1518 are studied, it will be seen that in no case were the same two appointed visitors who had been the visitors before 1518. It is not known for what reason the Chapters were not held, but the Acts of 1518 speak of the Order as being in decay.

The Chapter of 1518 held at Leicester seems to have been of unusual importance and its Acts are the longest that we possess. The fact that it is reported both in C. and W. suggests that it was considered worthy of record; C. mentions nothing from 1404 to 1518, and W. nothing from 1446 to 1518. It is the only Chapter, as far as we know, that lasted four days, and if, as seems certain, it had to deal with all the visitations during the previous nine years, we can understand why it required more time than an ordinary Chapter. It was also important for the letter that it received from Cardinal Wolsey and for the great ones that were admitted as brothers and sisters of the Order, namely the King, the Queen, the

Princess, Cardinal Wolsey, the Duke and Duchess of Suffolk, and others. No other Chapter contained such names. Yet there is a querulous and despairing tone that runs through the Acts; one member speaks of the 'lamentable ruin of all monasticism that is imminent', and others use similar phrases. There is no unity in the assembly; each has his remedy, but fails to convince the others. The visitors report cases where houses show hostility to the visitations and transfer themselves to the Arroasian Order to escape the visitors. The numbers of those in the Sunday processions was 170, and it must have made a brave show when the Mayor and twenty citizens met it at the High Cross and entertained them with ten gallons of Gascon wine, as they were going to Mass; but of the 170 only thirty-six were heads of houses. As there were three presidents, nineteen visitors, and thirteen diffinitors, there were hardly any except officials, whereas there should have been 120 more. It looks as if the smaller houses refused to attend, and it may have been for want of members that the Chapters of 1512 and 1515 were not held.

In 1518 it was decreed that the Chapter should meet in 1521 at St. Frideswide's, but whether this took place is at present unknown. On March 22, 1520, Wolsey, in virtue of his legatine powers, issued statutes for the Augustinian houses in England,[1] and decreed that they should be examined when the next Chapter met after Trinity 1521; which shows that in 1520 it was expected that there would be a Chapter next year. Perhaps the chief novelty in these statutes was that the houses of the Order of Arrouaise and those of the Order of St. Victor, described as 'Arusienses et Victorini', were commanded for the future to attend the triennial Chapters.

An interesting point on which these records throw a little light is the study at the Universities by canons of the Augustinian Order. The statutes of the Chapter of 1325 show that monasteries were already urged to send members 'to the schools', and the Constitutions of Pope Benedict carried the matter farther, and laid down that every house that had twenty members must have a student at the Universities, that the students were to be under a *prior studentium* who was to be appointed each year by a 'neighbouring prelate', no doubt the Abbot of Oseney in the one case and the Prior of Barnwell in the other. We have no more information on the matter until 1443, when the Acts of the Chapter show that there were only forty-four

---

[1] Printed Wilkins, *Concilia*, iii, 680.

houses that were bound to maintain students, all the other houses being too small; and it is not likely that all the forty-four houses had twenty inmates apiece. For instance, the Priory of St. Frideswide is one of the forty-four, but it is not known that the inmates ever reached more than eighteen, but the Constitutions of Pope Benedict directed that the visitors might command houses to support a student at the University, even though the house had less than twenty members, if the income of the house permitted. The Acts of 1443 show that the rule was badly observed. Sixteen houses maintained students regularly, of whom five were at Cambridge and eleven at Oxford; twenty houses had no students; eight houses had sent students for part of the time, but whether to Oxford or Cambridge is not stated. Approximately we may state that there were about fourteen canons at Oxford, and about six at Cambridge. The Acts of 1443 state that the offending houses were fined £685, but it is not easy to believe that the fines were paid in full or nearly. If the Chapter had received such a sum every three years, the building of St. Mary's College, to which the fines were assigned, would not have been so slow. It is known that the visitors who were to collect the fines had power to moderate the demand, and it would be interesting to know whether compulsion was ever used against houses that would not pay. There is an undated letter from the Prior of Merton, who had been fined £10 for failing to attend a Chapter, sent to the Prior of Burton, who was to collect the fines, saying that the fine cannot be paid owing to the fall of the dormitory and other expenses.[1] The tone of the letter suggests that the fines were only paid if it was convenient. The Acts of 1446 suggest that no more than £25 was collected.

Although the Chapel of St. Mary's College had been built by 1443, the College was not built, and a levy was decreed for the work. As the Abbot of Oseney drew up statutes for the College in 1448, it is probable that some buildings had been erected; but it appears that the plan had not been completed, for as late as 1518 money was being collected to build the College.

Between 1443 and 1509 we have no information about students at the Universities. In 1509 we learn that twenty-nine houses had kept students at the University, while fifteen had failed; but from the fines inflicted we may guess that only eight had failed for the whole three years. There were therefore about thirty-two or thirty-three

[1] See p. 176.

students at the Universities, but we have no means of knowing how many were at Oxford. The evidence for 1518 is not clear; the record seems to say that only thirteen houses escaped a fine, but it does not state whether the other thirty-one houses had kept no students since the previous Chapter or only for part of it; and if, as is suggested, the period since the previous Chapter was nine years in this case, not three years, it is natural that many should have incurred a fine, and there may have been as many in residence in 1518 as in 1509.

The Acts of 1518 contain a letter of Cardinal Wolsey in which he states that the Augustinian Order was 'in danger and threatened with speedy ruin', and to help it he proposes to build a college for students of the Order; he urges that the Chapter should join in the work which had been laid upon them by a Synod of the province of Canterbury, no doubt the Convocation of 1502. The answer of the Chapter to Cardinal Wolsey states that the Cardinal is to receive the *taxe* imposed upon the Augustinian houses by the Synod of Canterbury, and a document [1] of November 27, 1518, records that the Prior of Elsingspitell has received from the Prior of Tunbridge £18 'towards the building of St. Mary's College according to the schedule of my lord Cardinal'.

It is remarkable how rarely the triennial Chapters of the Augustinians and also of the Benedictines are mentioned in mediaeval records. Episcopal registers are almost silent about them, and even monastic chronicles such as the chronicle of Oseney, the register of Barnwell, or the Annals of Dunstable, all of which proceeded from Augustinian houses, show but little interest in the Chapters of the Order. Nicholls, in his history of Leicester, is unaware of any Chapter at Leicester except in 1276, although there were meetings there in 1217, 1258, 1346, 1419, 1425, 1431, 1476, 1509, and 1518. The case of Northampton is more extreme; there were more than twenty Chapters of the Augustinians that met at Northampton, and probably nearly as many meetings of the Benedictines, but the historians of Northampton seem to have no knowledge of any of them.

The following are the sources from which this volume is composed:

Add. MS. 38665, the symbol for which is A. Of the four chief authorities this is the least valuable, for all that it contains is found in the other three. It begins with the Chapter of Northampton of 1325

---

[1] *Catalogue of Charters in the Bodleian*, p. 116.

and ends with the Chapter of Oseney of 1353. The handwriting
suggests that it was written shortly after 1350, and, from the fact that
whenever it mentions the visitors that were appointed at a Chapter it
is only the visitors for the diocese of Coventry and Lichfield, we may
feel sure that it belonged to some house in that diocese. It was
formerly the property of Sir Anthony Cope of Bramshill, and is
mentioned as one of his manuscripts in the third Report of the
Historical MSS. Commission, p. 243.

The symbol C. represents Cott. MS. Vesp. D. 1, one of the best
authorities. It was written about 1383 and contains:

Fols. 1–39. The Constitutions of Benedict XII.
      40.   The letter of Benedict XII to the Abbot of Thornton
            and the Prior of Kirkham.
      42.   The statutes of Northampton, 1325.
      44.   ,,   ,,   ,, Huntingdon, 1328.
      44.   ,,   ,,   ,, Cheshunt, 1331.
      45.   ,,   ,,   ,, Dunstable, 1334.
      46.   ,,   ,,   ,, Oxford, 1337.
      46.   ,,   ,,   ,, Newenham, 1340.
      47.   ,,   ,,   ,, Newstead, 1341.
      47.   ,,   ,,   ,, Northampton, 1343.
      48.   ,,   ,,   ,, Leicester, 1346.
      50.   ,,   ,,   ,, Northampton, 1350.
      51.   ,,   ,,   ,, Oseney, 1353.
      53.   ,,   ,,   ,, Newstead, 1356.
      54.   ,,   ,,   ,, Northampton, 1359.
      55.   ,,   ,,   ,, Newstead, 1362.
      56.   ,,   ,,   ,, Barnwell, 1365.
      57.   ,,   ,,   ,, Northampton, 1368.
      58.   A letter issued after the Chapter of Northampton,
            1374.
      60.   The statutes of Northampton, 1380.
      61.   The statutes of Newstead, 1383.   Here the first hand
            ends.
      62.   The statutes of Northampton, 1404, in a second hand.
      63.   The Acts of the Chapter at Leicester, 1518, in a third
            hand.

Probably the manuscript belonged to some house in Leicestershire,
Northamptonshire, or Lincolnshire, for it mentions no visitors except
for that part of the diocese of Lincoln.

The third chief authority is Tanner MS. 196, in the Bodleian, for which the symbol is T. It certainly belonged to the Priory of Launceston, and to judge from the writing and from the contents it was made about 1450. It is a miscellaneous volume and contains much besides the statutes of Augustinian Chapters. It has records of some episcopal visitations of Launceston, a treatise on the different modes of conducting a canonical election, and much which will be found in the printed catalogue of the Tanner MSS. The volume had some connexion with Oseney, for many of the forms of letters are from letters that were sent from Oseney; perhaps its compiler was a canon of Oseney at one time. The Chapters of which it contains a record are :

Fol. 118.	St. Frideswide's, 1234.	Fol. 162.	Barnwell, 1386.
144.	Northampton, 1325.	162.	Newstead, 1362.
147.	Huntingdon, 1328.	163.	Northampton, 1368.
147.	Dunstable, 1334.	164.	Northampton, 1395.
148.	St. Frideswide's, 1337.	165.	Northampton, 1398.
159.	Northampton, 1343.	165.	Northampton, 1401.
159.	Northampton, 1380.	166.	Leicester, 1431.
161.	Newstead, 1383.	167.	Northampton, 1434.
161.	Newenham, 1340.		

It is from this volume alone that we have some information about the mode of paying the expenses of the visitors.[1] On the whole this is the most valuable of all the authorities.

The fourth authority is Wood MS. empt. 21, in the Bodleian, a manuscript once the property of Anthony Wood; its symbol is W. It was written about 1518, and the Acts of the Chapter of 1518 are in the original hand, but are an addition, and the capitals have not been filled in. It must have been written in some monastery in Lincolnshire, Leicestershire, or Northampton, for it mentions only the visitors that were appointed for those counties; and we may assign it to Launde Priory in Leicestershire, as it contains documents from the Prior of Launde. Its contents are :

Fol. 1.   A form of proceedings to be observed at a Chapter at Oseney, 1449.

    9.   Letters of 1511 and 1517, printed in the Appendix.

    18.   How to conduct a visitation, printed in the Appendix.

    30.   The statutes of Northampton, 1325.

    39.   „   „   „ Cheshunt, 1331.

    42.   „   „   „ Newenham, 1340.

[1] See p. 173.

Rawlinson Statutes 34, also known as Bodl. MS. 15889 (the symbol of which is R.) is a paper manuscript of the end of the fifteenth century ; it was evidently written at Oseney and after the year 1460. It begins with the Statutes of St. Mary's College, Oxford, which were drawn up by the Abbot of Oseney in 1448 ; and at one time it must have contained an important collection of the Acts of the General Chapters, but unfortunately it is mutilated. On fol. 34 it contains the last words of the letter of Pope Innocent ;[2] then it has a short account[3] of the drawing up of statutes at Oxford, which were confirmed at Bedford, probably in 1220 ; next are the rules for conducting a General Chapter,[4] evidently drawn up after 1234 and before 1325 ; then follow the Constitutions of Pope Benedict, in the middle of which the manuscript ends. It certainly contained at one time the Acts of the first Chapter at Bedford and the statutes which were then confirmed ; and the heading which will be found in Deed No. 2 implies that the volume had the Acts of all the early Chapters.[5] Its incompleteness is a great loss.

Another authority is Rawl. M.S. B. 401, in the Bodleian, for which the symbol B. is used. It is a small parchment manuscript of twelve leaves, measuring about $7\frac{1}{2}$ inches by $5\frac{1}{2}$ inches. The writing is on

---

[1] See p. 269.
[2] See p. 2.
[3] See pp. 2, 3.
[4] See pp. 144–6.
[5] See p. 2.

both sides of the parchment, so that the book contains twenty-four pages; of these 1, 2, and 24 are blank. It contains only the Acts of the Chapter of 1443 and is in a hand of that date.

The symbol L. stands for MS. 154 in the library of Corpus Christi College, Oxford. It is a manuscript that belonged to Llantony Priory, written about 1280; at the end it contains the Chapters of 1231, 1234, 1237, and 1276, and a list of the Augustinian houses.[1]

No attempt has been made to record the very numerous errors in the manuscripts where there is no doubt what the true text is; but where conjecture has been necessary the fact is always indicated.

If the triennial Chapters were not as beneficial as Pope Innocent and Pope Benedict had hoped, they were not valueless. As a legislative body the General Chapter was not a success, and the accounts which have come down to us show many instances of hasty legislation which had to be repealed immediately. The Canons of Barnwell speak with some contempt of the statutes passed at the General Chapters,[2] and the method under which the legislators worked was fatal to good results. If a statute was required, it had to be drawn up hurriedly; it was impossible to discuss it beforehand, for the diffinitors, who were the legislators, were not chosen until the Sunday, and had to finish their work by Tuesday evening. Furthermore there was no open discussion in the Chapter, and what was thought generally about a new statute could only be known in three years' time by the reports of the visitors. The Chapter, also, lacked power to enforce its regulations, as we see clearly in the matter of sending students to the Universities. Fines might be imposed, but they could not be collected, and if an excommunication was issued the Chapter could not, like a bishop, invoke the aid of the secular arm. But the triennial visitations were of use, though not in the way that Pope Innocent had expected. It seems that he looked to the General Chapters and the monastic visitors to counteract the negligence of the bishops, and expected that incompetent or scandalous abbots, whom the bishops tolerated, would be removed through the action of the visitors; and the Lateran Council in one place admonished bishops that their visitations of monasteries should be so strictly carried out that when the monastic visitors came they should have more cause for praise

---

[1] See p. 275.

[2] 'Liquet ergo quod necessarie sunt tradiciones patrum, non inquam modernorum capitulo generali presidencium, quorum statuta de facili eduntur et eadem facilitate respuuntur' (*The Customs of Barnwell*, p. 37, ed. J. Willis Clark). I owe this reference to Miss Graham.

than blame. If this was the expectation of those who attended the Lateran Council, it was not fulfilled. The standard of episcopal work became higher rather than lower in the thirteenth and fourteenth centuries, and it was the episcopal visitation, not the monastic visitation, which was carried out with most strictness and was most feared. It is not known that on any occasion the monastic visitors asked for the removal of the head of a house, or appealed to Rome against the laxity of the bishop; but, on the contrary, the Chapters complained of those of their Order who, when the bishop paid his visitation, revealed to him facts which were to the discredit of the house. But the additional visitation by the representatives of the Chapter must have been beneficial, and we can see from the records of the Chapters of 1443 and 1518 that the visitations, if done somewhat unwillingly, were yet carried out, and evidently attention was given to the small houses, for which the bishop could often spare little time. As far as Oxfordshire goes, the Augustinian houses have a good record. The monasteries about which there was scandal in the Middle Ages were Thame (Cistercian), Littlemore (Benedictine), Bruerne (Cistercian), and Dorchester (Arroasian); two of these were exempt from episcopal visitation and none belonged to the Augustinian Chapter; while the five houses of Oseney, St. Frideswide's, Bicester, Wroxton, and Cold Norton, which belonged to the Chapter, had no cases of scandal.

It was not only in England, but throughout the world, that by the Constitutions of Pope Benedict there were to be General Chapters of the Augustinian Canons; but it is doubtful if they continued to meet for long in any country except England. In France, where there were to be six General Chapters, there is some record of three Chapters in 1339, 1340, and 1355,[1] but no doubt the Hundred Years' War made such Chapters impossible in many parts of France. If there are any accounts of General Chapters in Germany, Italy, Spain, Scotland, or Ireland, they have not been printed.

Until the General Chapters of the Benedictines are printed, it is unprofitable to discuss how far the Augustinians borrowed their statutes from the Benedictines, or *vice versa*, or both of them from the Cistercians. In some cases the Black Monks and Black Canons issued statutes that are identical word for word.

In 1488 one of the Presidents must have been the Prior of Carlisle; for on January 20, 149$\frac{0}{1}$, Thomas, the Prior of Carlisle, president of the Chapter of the Augustinians, commanded the prior of Lantony to

[1] *Les Archives de la France Monastique* (by Beaunier et Besse), vol. iv, p. 238.

visit the monasteries appointed to him, one of which was Oseney Abbey.[1]

As bearing on the affiliation of English houses to the Order of Arrouaise, Miss Graham has drawn my attention to the following two deeds which are printed in Gosse's *Histoire de l'Abbaye d'Arrouaise*, pp. 418, 419 (Lille, 1786), a rare book and little known to the historians of English monasteries. In the first deed the Prior and Convent of Warter, who have transferred themselves to the Order of Arrouaise, request the Dean and Chapter of York, *sede vacante*, to give the confirmation of the metropolitan to the step they have taken. The date must be after January 1140, when the see became vacant, and before March 1143, when William, dean of York, was elected bishop of Durham. The document seems to assert that the Abbot of Arrouaise appointed the heads of the houses that belonged to his order, but no such custom was in force a century later, when episcopal registers begin to give us their help. Perhaps the deed means that on this one occasion he was to appoint a head for the house.

W[illelmo] dei gratia decano universoque capitulo sancti Petri Eboracensis ecclesie totus conventus sancti Jacobi de Wartria, scilicet Ivo prior, Willelmus supprior, Gaufridus, Radulphus, Jacobus, Henricus, Joseph, Clemens, Philippus, Bernardus, Robertus, Thomas, cum debita reverentia salutem. Notum fieri volumus vestre dilectioni, reverendi patres et domini, consilio et exemplo religiosorum virorum, pro ordinis nostri emendatione, in manus domini Gervasii, abbatis ecclesie sancti Nicholai de Arrouasia nos devote ac concorditer commisisse, quatenus eo disponente deinceps, in ordine patroni nostri beati Augustini, iuxta domus sue instituta sub pastore quem nobis dederit ordinabiliter deo militare possimus. Sed quia gravitatem ipsius nil temere velle arripere cognoscimus, paternitatis vestre ad pedes humiliter prosternimur, quatinus metropolitana auctoritate, que ad presens in manus vestras sita est, et nostram devotionem scripto confirmetis, et predictum abbatem ut animarum nostrarum cure, sicut incepit, insistat, pia cohortatione animetis. Valete.

In later days the Priory of Warter had no connexion with Arrouaise and the historians of the Priory are unaware that it ever belonged to that Order.

The other deed is by the Bishop of Carlisle, allowing the Prior and Chapter of Carlisle to join the Order of Arrouaise and promising that he would leave to them the power of choosing their own Prior. The

---

[1] Hearne's *Diary*, vii. 29.

deed was drawn up evidently when the bishop was on the continent; it was attested by Alvisus, bishop of Arras (1131–48), and Milo, bishop of Térouanne (1131–58). This deed, like the last, is a surprise to historians, for there is no other evidence that Carlisle was connected in any way with Arrouaise.

In nomine Patris et Filii et Spiritus Sancti, Amen. Ego Adololdus, dei miseratione Carloliensis episcopus, tam futuris quam presentibus Carloliensis ecclesie fratribus in perpetuum. Pontificalis interest offitii que ad honorem et laudem dei pertinent cum omni devotione sublimare, et canonica sanctorum patrum instituta diligenti studio roborata, pro viribus a deo collatis effectui mancipare. Nos igitur, deo auctore Carloliensis presidentes ecclesie, fratribus nostris in eadem ecclesia sub regula beati Augustini communiter victuris, et secundum statuta sancti Nicholai de Arroasia humiliter deo servituris, priorem faciendi de fratibus suis vel de aliis eiusdem constitutionis ecclesiis liberam electionem concedimus; et ut obedientiam, prius nobis promissam, ei denuo promittant et in omnibus, salva obedientia nostra, exhibeant, pontificali auctoritate precipimus. Adicimus quoque precipientes ut idem prior ad capitulum beati Nicholai sequenti anno, nisi canonica excusatione premissa, proficisci non negligat, ubi que ad ordinem pertinent a pluribus auditis, et que corrigenda sunt diligenter correctis, in ordinis sui tenore fervescat. Sane si idem prior aliquando, quod absit, ordinis sui neglector apparuerit, et ad nos adductus et secretius correctus, nisi emendari voluerit, congregatis abbatibus eiusdem ordinis aliisque religiosis personis in capitulo suo deponetur, et alius iuxta prefatum ordinem electus, loco eius substituetur; depositus vero ad ecclesiam unde prius venerat remittetur. Ut autem hoc statutum firmum et stabile faceremus, presentibus dominis et fratribus Aluiso Atrebatensi et Milone Morinensi, honestis et religiosis presulibus, sigilli nostri impressione roboravimus.

Something may be said about the Victorines, or those of the order of St. Victor's at Paris, who together with the Arroasians were commanded by Cardinal Wolsey to attend the triennial Augustinian Chapters in England. The following English houses belonged to this order: Keynsham Abbey, St. Augustine's Abbey at Bristol, Wigmore Abbey, Wormesley Priory, Worspring Priory, and Stavordale Priory.[1] In the list of Augustinian houses that is printed on pages 278 and 279, the houses of the order of St. Victor are described as Arroasian, and by the time when that MS. was written there may have been practically no difference between them, but in the thirteenth

[1] See an article on Keynsham Abbey by the Rev. F. W. Weaver in the *Proceedings of the Somersetshire Arch. and Natural Hist. Soc.*, vol. liii, part ii, p. 15.

century they attended different chapters. Thus in 1219 the abbot of Nutley in Buckinghamshire attended the general chapter of the Arroasians at Arrouaise,[1] while in 1220 there was a general chapter of the order of St. Victor at Paris to which the abbot of Wigmore sent a letter.[2]

[1] See *L'histoire de Guillaume le Marechal,* ed. P. Meyer, vol. iii, p. 267.

[2] Cott. Charter, iv, 58.

CHAPTERS OF THE AUGUSTINIAN CANONS

LIST OF ABBREVIATIONS

A = Add. MS. 38665, in the British Museum.
C = Cott. MS. Vesp. D. 1, in the British Museum.
T = Tanner MS. 196, in the Bodleian.
W = Wood MS. empt. 21, in the Bodleian.
R = Rawl. Stat. 34 (= Bodl. MS. 15889), in the Bodleian.
L = MS. 154 in the library of C.C.C., Oxford.
B = Rawl. MS. B. 401, in the Bodleian.

CHAPTERS OF THE AUGUSTINIAN CANONS

I.

[A letter of Pope Innocent to the prelates of the Augustinian Canons in England, commanding them to meet in a general Chapter at Leicester.]

Innocencius episcopus servus servorum dei dilectis filiis abbatibus et prioribus, abbates proprios non habentibus, canonicorum regularium in Cantuariensi et Eboracensi provinciis constitutis salutem & apostolicam benedictionem. De reformacione ac correccione monasteriorum soliciti, prout suscepte requirit officium servitutis, nuper statuimus in concilio generali ut in [1] singulis regnis sive provinciis fiat de triennio in triennium, salvo iure diocesanorum pontificum, commune capitulum abbatum & priorum abbates proprios non habencium, qui non consueverunt tale capitulum celebrare, ad quod universi conveniant prepedicionem canonicam non habentes apud unum de monasteriis ad hoc [2] aptum, hoc adhibito moderamine ut nullus eorum plus quam sex euecciones & octo personas educat. Advocent autem caritative in huiusmodi novitatis primordiis duos Cisterciensis ordinis vicinos abbates ad prestandum sibi auxilium & consilium oportunum, cum sint in huiusmodi capitulis celebrandis ex longa consuetudine plenius informati, qui absque contradiccione duos sibi de ipsis associent quos viderint expedire; ac ipsi quatuor presint capitulo universo, ita quod ex hoc nullus eorum auctoritatem sibi prelacionis assumat; unde cum expedierit provida possint deliberacione mutari.[3] Huiusmodi vero capitulum aliquot certis diebus continue iuxta morem Cisterciensem celebretur, in quo diligens habeatur tractatus de reformacione ordinis & observancia regulari, & quod statutum fuerit illis quatuor approbantibus ab omnibus inviolabiliter observetur, omni excusacione, contradiccione ac appellacione remotis, proviso nichilominus ubi sequenti termino debeat

Feb. 29, 1216
T. fol. 116

---

[1] From this point to the sentence ending with *provisa* the letter repeats the words of the Lateran Council.

[2] quod, MS.

[3] i.e. if one of the four was absent, another of them might occupy the post of president.

capitulum celebrari. Et qui convenerint vitam ducant communem &
faciant proportionaliter simul omnes communes expensas, ita quod si
non omnes poterunt in eisdem, saltim plures simul in diversis domibus
commorentur. Ordinentur eciam in eodem capitulo religiose & circumspecte persone, que singulas abbathias eiusdem regni sive provincie
non solum monachorum sed eciam monialium secundum formam sibi
prefixam vice nostra studeant visitare, corrigentes & reformantes que
correccionis & reformacionis officio viderint indigere ; ita quod si
rectorem loci cognoverint ab administracione penitus amovendum,
denuncient episcopo proprio ut illum amovere procuret. Quod si non
fecerit, ipsi visitatores hoc referant ad apostolice sedis examen. Si
vero in hac novitate quicquam novitatis emerserit quod per dictas
personas nequeat expediri, ad apostolice sedis iudicium absque scandalo
referatur, ceteris irrefragabiliter observatis que concordi fuerint deliberacione provisa. Cum igitur hoc ipsum regulares canonicos secundum ordinem suum observare velimus, discrecioni vestre per apostolica
scripta precipiendo mandamus quatinus in octavis Omnium Sanctorum
convenientes apud monasterium sancte Marie de Pratis Leycestrens'
hoc anno, & dilectos filios ˌde Wellebec & de Croxtone abbates Pre-
monstratensis ordinis quos in hac novitate reputamus ydoneos advo-
cantes, iuxta prescriptam formam deum habentes pre oculis capitulum
celebretis, ipsam formam diligencius servaturi, & rescripturi nobis
plenarie quicquid in eodem capitulo fuerit ordinatum. Nos dilecto filio
W. abbati predicti monasterii sancte Marie de Pratis, qui propter hoc
iuxta mandatum nostrum apud apostolicam sedem remansit, litteras
nostre convocacionis commisimus, vobis per ipsius solicitudinem pre-
sentandas. Dat' Laterani ¹ ɪɪ Kal. Marcii pontificatus nostri anno nono
decimo.

2.

[A brief account of the first Chapters of the Order.]

Incipiunt constituciones generalis capituli nostri ordinis auctoritate
concilii Lateranensis secundi tam a prelatis quam subditis approbate.

   Cum bone memorie Innocencii tercii ² super generali capitulo iuxta
formam provisam in concilio Lateranensi secundo propter ordinis
reformacionem et discipline regularis observanciam suscepimus mandatum, illudque celebrare propter guerram aliquamdiu distulimus,
tandem per dei graciam pace succedente et prelatis totius ordinis

---

¹ litterarum, MS.   ² Innocencius tercius, MS.

nostri generaliter VI Idus Novembris anno Incarnacionis dominice MCCXVII apud Leycestriam convenientibus, invocata Spiritus sancti gracia, more Premonstratencis ordinis capitulum primum celebravimus & statuta quedam confecimus. Que cum ibidem recitarentur coram omnibus sine contradictione suscepit universitas prelatorum. Set cum ea singuli in suis capitulis recitarent, contradixerunt plures subditi, graviter murmurantes tam erga episcopos quam erga laicos principes, scandala contra ordinacionis nostre statuta commoventes. Unde nos cum apostolo scandala sedare cupientes, postea apud Oxoniam convenimus, pluribus et maioribus de ordine nostro presentibus, aliis per litteras suas consencientibus ; ubi cum plena deliberacione prefatas constituciones ob commendabile bonum unitatis assequendum temperavimus, quemadmodum eas presenti scripto comprehensas oculis subicimus intuencium,[1] sic quidem inter utrumque moderata institucione ut ne quid ibi remissionis dissolucionem seu difficultatis redoleat asperitatem, minoribus condescendentes eo quod secundum apostolum debemus nos firmiores imbecillitatem sustentare infirmorum ; in quibus tamen secundum beatum Gregorium inveniet elephas ubi natet & agnus ubi pediter ; caventes ne quid arduum vel contrarium regule beati Augustini quam professi sumus statueremus. Que quidem sic moderate, cum postmodum die sancti Iohannis ante portam Latinam anni proximo sequentis abbatibus & prioribus ordinis nostri apud Bedefordiam copiose conuenientibus recitarentur, generaliter ab uniuersis sunt approbate, ut patebit in alio loco.[1]

3.

[Acts of a Chapter at London, 1231.]

Anno gracie MCCXXXI apud šanctum Bartholomeum London' preter **L. fol.** speciales correcciones fuit unanimi assensu provisum quod in canone **404** misse uerb[is] & sign[is] Romanam ecclesiam imitemur. Item ne penitus laici uel sacerdotes decrepiti in canonicos admittantur, nisi tante fuerint prerogative ut merito cum eis debead (*sic*) dispensari. Item statutum fuit ut laici in confratres difficile admittantur. Item prelati subditos suos non permittant esse firmarios, nec rerum alicuius parentis uel alterius depositarios, nisi quorum ad hoc de communi consilio capituli fides fuerit preelecta, qui de pecunia sibi commissa non sint negociatores nec per se nec per alios set tantum custodes ; alioquin inter proprietarios deputentur. Item nullus a Iudeis pecuniam mutuo

---

[1] The MS. being mutilated, this promise is not fulfilled.

per cartam uel talliam accipere presumat sine licencia sui pontificis & assensu. Item nullus pretextu paupertatis neget tectum domus sue prelato uel canonico nostri ordinis saltem ad sumptus hospitati[1]; quin etiam in eo quod potest honestius aliis solacium studeat impertiri.

4.

[Acts of a Chapter at St. Frideswide's, Oxford.]

Capitulum generale canonicorum regularium ordinis sancti Augustini in provincia Anglicana apud sanctam Fredeswidam Oxonie anno domini MCCXXXIIII, presidentibus abbate Oseneye & priore de Brenwelle die sancti Iohannis ante portam Latinam, communi providencia totius capitula hec subscripta constituta sunt & approbata.[2]

Cum sit ars artium regimen animarum, studeant prelati diligenter uultus pecorum suorum agnoscere pro quorum animabus tenentur reddere rationem, ut per se confessiones eorum de gravioribus culpis admittant, uel aliquibus discretis committant, prout ipsorum magis uiderint expedire[3] saluti, ita quod ad minus in Aduentu domini & in XL & per triduum ante Pentecosten & per triduum ante Assumpcionem beate Marie presentes in claustro se offerant confessionibus audiendis, nisi causa urgentissima fuerint prepediti. Item[4] abbates & priores habitu & gestu 'forma facti gregis' ex animo in capitulo & in claustro pro fratribus exemplariter instruendis, in choro pro diuinis officiis exequendis, in refectorio pro solaciis fraternis & in aliis locis regularibus totiens studeant presentes esse, quociens infirmitas corporis uel debilitas seu ecclesie necessitas uel utilitas aut alia rationabilis causa permiserit non abesse. Item statutum est ut prelati multitudinem equorum ita studeant refrenare quod hospites in aduentu ipsorum non grauentur & ut seruientes ipsorum numero & apparatu uel petulantia modum non excedant; unde ordo canonicus ualeat reprehendi; quibus scilicet famulis, dum boni fuerint et utiles annua stipendia statuantur; & eorum insolencia accrescente immutentur.[5] Item prelati & subditi in longum iter profecturi, in recessu & reditu benediccionem accipiant. Item capitulis cotidianis tam prelati quam ceteri obedientiarii intersint, nisi

---

[1] Guests sometimes paid their own expenses; thus Bishop Giffard of Worcester lodged at Oseney in 1284 at his own charges, but in 1285 at the expense of the house, *Giffara's Register*, pp. 250, 257 (Worc. Hist. Soc.).

[2] The heading in L. is 'Item anno domini MCCXXXIII (*sic*) apud Oxoniam'. The heading in T. is incorrect; there was no *provincia Anglicana* until after 1340.

[3] prodesse, T.

[4] ipsi, L.

[5] quibus...immutentur, om. L.

causa rationabili absentes fuerint, ut negligenter omissa uel male commissa discrete corrigant secundum penitencias personis & culpis
competentes. Ad hoc adicimus ut si necesse fuerit aliquando pro
defectu uel incommodo alimentorum corporalium loqui in capitulo,
quam breuius & modestius poterit de emendatione tractetur. Studeant
eciam prelati [1] suis subditis secundum facultatem domus necessaria
prouidere, ne in capitulo ubi precipue de spiritualibus tractandum est
de corporalium defectu murmurare uel conqueri sit necesse ; nam
perturbatores capituli & transgressores silentii & licencie requirende
contemptores pena puniendi sunt grauiori. Item statuimus quod
silentium cum magna diligentia obseruetur in ecclesia, in claustro, in
refectorio, in dormitorio & in omnibus locis & temporibus constitutis.
In priuato etiam locutorio uel forinseco nullus de claustro sine licencia
presidentis in claustro loquatur ; nec seorsum extra conuentum sine
licencia speciali edat uel bibat. Item alias religiones in hoc imitantes,
statuimus semel in anno scilicet in Quadragesima publice excommunicari in capitulo proprietarios & fures rerum ecclesie, incendiarios,
conspiratos & fratribus maliciose crimina imponentes & illos qui
ad aliam religionem transeunt in forma canonis non obseruata. Conspiratores autem dicimus omnes qui inter se confederantur ad subuersionem ordinis uel ad persecutionem prelati aut fratris ex odio.
Proprium autem dicimus illud quod subditus ex proposito celari uult
a prelato nec pro eius dispositione in usus communes illud conuertere.
Item statuimus quod unaqueque domus ordinis sui obseruantias
scriptas habeat quibus novitios suos instruat. Salubriter etiam prouisum est ut quater ad minus in anno sermo fiat in capitulo per ipsum
prelatum uel per alios [2] de fratribus quibus hoc iniunxerit, quatinus
quieti & literature sic [3] studium detur & ociositas amplius euitetur.
Item cum longa sessio uel confabulacio in infirmaria [4] uel alibi multociens causa fuerit contentionis & dissolutionis, statuimus & de cetero
firmiter obseruandum decernimus ut omnes qui in dormitorio cuba-
bunt collationi & completorio conuentus intersint & cum conuentu
ordinate cubent nisi evidentissima causa,[5] necessitate aut utilitate im-
pediantur. Infirmi etiam qui in infirmaria iacebunt, post collationem
conuentus ad cubandum se preparent, ut post completorium conuentus
sine iusta necessitate completorium suum dicere non differant. Obedientiarii uero quos pro suis officiis post completorium foris remanere [6]

---

[1] Studeant & prelati iam, L.
[2] aliquos, L.
[3] quiete et literate sit, T.

[4] i. i., om. L.
[5] om. L.
[6] immanere, L.

oportet, alibi quam in refectorio uel in presentia prelati bibere nullatenus presumant, nec tunc temporis seculares uel extraneos ad bibendum in refectorium secum adducant, sed ita satagant tempestiue
cubare ut matutinis sobrie uigilantes valeant[1] interesse. Item hora
meridiana et hora quietis nulli loquendi licencia sine euidenti racione
aut necessitate concedatur, sed sicut hora meridiana intendere habent
corporali quieti, sic hora quietis tantummodo sancte contemplationis
intendant dulcedini. Item communi prouidentia decernimus ut
uacante ecclesia nichil noui statuatur, & substituto prelato si quid
statutum sic fuerit irritetur, non obstante aliquo interposito iuramento.
In refectorio persone passim non comedant seculares, nisi qui honestate
& deuotione sua pensata admissi fuerint de prouidencia prelatorum.
Ad exemplum Leuitarum sub Moyse canonici lineis tunicis utantur,
qui in itinere & in obedienciis exsequendis strictiores, in claustro &
in ecclesia & in aliis locis regularibus manicas habeant ampliores, &
tam in claustro quam in itinere cappas habeant nigras. Habeant
etiam canonici camiseas lineas uel prelato annuente stamineas, pelli-
ceam agninam, tunicam albam, caligas[2] albas, sotulares rotundos,
usque ad medium tibiarum,[3] coopertoria alba uel nigra uel de russeto,
furraturis de vario & grisio & cuniculis omnino prohibitis, & tam canonici
quam conuersi nullam habeant uestem contra regulam in aliquo notabilem. Chalones de dormitorio amoueantur & in itinere concedantur.
Item statuimus ut de cetero post quodlibet capitulum generale celebratum,
quam cicius commode fieri poterit, non obstante aliqua alia obligatione
speciali, unum speciale seruicium ix lectionum & una missa dicantur in
conuentu quolibet pro uniuersis fratribus & familiaribus in ordine
nostro defunctis, & a quolibet sacerdote iii misse secundum dispositio-
nem prelatorum & ab aliis inferioris ordinis unum psalterium specialiter
pro domino rege & familiaribus ordinis nostri priuatim soluantur.
Prouisum est etiam ut lotio pedum, quod mandatum[4] solet appellari,
per omnia sabbata Quadragesime fiat, excepto sabbato Palmarum.
Prouidimus etiam ut minuti de cetero in refectorio edant & bibant &
intersint capitulo & collationi & cum conventu cubent. Item non
solum statuta generalis capituli sed etiam Oxoniensis concilii non
soluere sed adimplere cupientes, auctoritate & consensu communi
statuimus ut ea que specialiter pertinent ad prelatos & ordinis custodes
devote & fideliter obseruent & que pertinent ad subiectos inviolabiliter ab
eis faciant observari, talem penitenciam[5] arbitrariam transgressoribus

---

[1] om. L.
[2] hose.
[3] mediam tibeam, T.

[4] ad mandatum, T.
[5] penam, T.

imponentes ut metu pene tam ipsi quam alii a similibus caueant in futuro. Sciant etiam ipsi prelati quod cum visitatores ad eos venerint, transgressiones eorum quantum ad se ipsos & negligencias eorum quantum ad subditos tanto grauius punient quanto fuerint & ordine & dignitate maiores. Item rectores capituli generalis tamdiu iurisdiccionem suam plenarie[1] optineant donec alii fuerint substituti, ita quod visitatores ad suos rectores[2] uel ad diocesanum episcopum referant que modum vel vires eorum excedant.

5.

[Acts of a Chapter at Northampton, 1237.]

Anno gracie milesimo ducentesimo tricesimo septimo apud sanctum L. fol. Iacobum de Norhamtonia preter speciales correcciones fuit communi 4o5 consilio & unanimi consensu prouisum ut nullus regularis ad comedendum in refectorium inducatur nisi cibis eiusdem conuentus utatur. Item ne canonicus capellan*us* alicuius secularis persone existat nisi de sui episcopi licencia, & tunc alicuius ecclesiastice persone in dignitate constitute. Item nouicius per annum in probatione moram faciens ad monitionem prelati sui profiteatur uel recedat. Item si quis prelatus prelation*i* renuncians propter infirmitatem uel simplicitatem ab administracione fuerit per episcopum absolutus, pium & equum est ut episcopus eius infirmitati & necessitati ita mediocriter prouideat ut supra modum non grauetur uniuersitas nec ex illa superfluitate detur aliis occasio resignandi, sed infra septa ipsius monasterii uel alterius eiusdem ordinis prout episcopus elegerit sic prouisionem suam in quiete recipiat, ut salua episcopi ordinatione in aliis prelato suo satagat obedire ; nam teste apostolo si extra disciplinam fuerit, filius adulterinus & non legitimus erit. Si uero ob culpam manifestam exigente iusticia fuerit ab administratione remotus, pensata delicti qualitate & delinquentis infirmitate sic peccator aspere castigetur ut tamen humanitas homini non negetur ; hoc semper proviso siue in eadem domo siue in alia ut nec obedientia prelato loci nec honesta penitenti sustentacio subtrahatur. Item commune locutorium in claustro semel in die & ante prandium & nunquam post prandium nec in festis ix lectionum. Item post dominicam Septuagesime usque ad Pascha uel in Aduentu domini infra septa monasterii uel extra canonicus carnes non pregustet.

[1] plenariam, T.   [2] a. s. r., om. T.

6.

[Acts of a Chapter at Leicester, 1276.]

Statuta in capitulo generali Leycestrie in octabis sancte Trinitatis
anno domini MCC septuagesimo VI°, presidentibus in eodem capitulo
dominis priore de Bernewelle, loco abbatis de Leycestria substituto, &
priore de Mertone.

In nomine summe Trinitatis & diuine religionis augmentum
auctoritate nobis commissa prouide duximus ordinandum ut uniuersa
precedentis capituli statuta in singulis monasteriis approbentur,
excepto illo dumtaxat statuto in quo continetur quod fratres conuersi
in ministerium infirmorum debent deputari exclusis omnino secularibus ; quod de uoluntate & assensu omnium prelatorum ibidem existencium fuit reuocatum.   Et quia nonnulli prelatorum, de multiformium
perturbatorum in suis monasteriis existencium maliciis nequiter
grauati, petebant sibi remedium prouideri, ad uniuersorum perturbatorum nequitiam reprimendam de communi prelatorum assidencium
consilio prouide duximus statuendum quod si frater alicuius congregationis nostri ordinis uerbo, nuto (*sic*) uel gestu aut opere ex consuetudine confratribus inportabilem   exhibeat & pacem illorum inquietet,
si tercio in capitulo admonitus non se ad plenum emendauerit, a
consorcio conuentus sequestretur, in aliqua domuncula recludatur sub
abstinencia cibi & potus sue culpe debita, donec tante penitencie signa
[exhibeat]¹ quod merito debeat conuentui reconciliari.   Si autem
percussor fuerit aut manuum violentarum iniector aut minis crudelibus
quemquam aliorum terrens, ferro vinctus tradatur carceri, feriis sextis
in pane & aqua abstinens, ceteris diebus pane et potagio, ceruisia
debili & una modica pitanciola contentus.   Qui uero iniunctam sibi
penitenciam agere renuerit & in hoc ultra tres dies contumax exstiterit,
extunc si fuerit sani capitis de ordine proiciatur, raso totaliter capite,
habitu religionis exutus & seculari indutus.   Item cum nonnulli
religiosi filii degeneres inueniantur eo quod tum palam tum clam
insidias parant ut statum patrum suorum spiritualium denigrent &
deforment &, quantum in ipsis, maliciose ad eorum dispositiones
intendunt, contra quos tanquam contra patricidas ius & equitas
insurgunt, eo quod honor patris honor filiorum & si, quod absit,
prelatus aliquis vicio laboraret, dum tamen secreto, dedecus esset
filiorum patris reuelare secreta, presenti decreto decernimus ut
si aliqui super huiusmodi enormitate decetero sint conuincti (*sic*)

¹ Not in MS.

per seniorum & maiorum de capitulo testimonium, cum ipso
iure sint excommunicati qui fratribus maliciose crimen obiciunt,
& inmanius sit crimen patrem insectari, carcerali custodie tradantur
quousque tam enorme delictum expietur, uel si prelato videatur misericorditer dispensetur cum eisdem. Et ut tales & consimiles arcius
custodiantur, decernimus ut in singulis monasteriis nostre religionis,
quorum facultates ad hoc sufficiunt, domus aliqua construatur simul
cum uinculis & compedibus, ubi penitenciam suam agant & saluo
custodiantur, ne euadant & ex eorum euasione deterius contingat.
De profugis uero, ne diucius vagandi habeant occasionem nec prelati
super eorum requisitione molestentur, taliter ordinamus ut si quis de
cetero profugus sit, cum consultius sit in tempore occurrere quam
post causam vulneratam remedium querere, quam cicius poterit
requiratur & in monasterio salvo custodiatur & secundum meriti sui
exigenciam vite sue necessaria exibeantur.

Item intelleximus in quorundam relatione quod in quibusdam
monasteriis pro stallis habendis oritur materia dissensionis, eo quod
iuniores allegant nullum ingredientem cuiuscunque sit condicionis locum
habere debere nisi ultimum, eo quod ultimo sit ingressus, inter personam & personam nullam habentes distinctionem; cum tamen maiori
prerogatiua gaudere debeant in religione qui in vita seculari in gradu
fuerunt sublimiori & a tali vita ad humiliorem descendant, prouide
duximus ordinandum ut si aliqui eminentis literature uel nobilioris
prosapie uel qui de bonis suis larga manu in casu a iure permisso
respexerint [1] religionem ingrediantur, prelatorum relinquatur arbitrio
loca [2] eis assignare conuocato ad hoc seniorum consilio.

Et quia quasdam excommunicacionis sententias sub hac forma
fecimus provulgari, ‘Excommunicamus omnes proprietarios proprium
habentes quod ex proposito volunt a prelato celari nec in usus con-
vertere communes, fures rerum ecclesiasticarum cum sibi consencientibus, conspiratores inter se, confederantes [3] aut coniurantes ad
inuicem sacramento uel scripto uel aliquo alio modo, uel insidias
ponentes ad persecutionem sui prelati uel ordinis subuersionem uel
fratris alicuius persecucionem ex odio, falso & maliciose crimina
imponentes & crimina imposita falso radificantes & maliciose, libertates
monasteriorum aliqua machinatione infringere attemptantes uel eneruare
procurantes, secreta capitulorum in dedecus vel monasteriorum detrimentum uel alicuius persone de collegio maliciose reuelantes cum sibi

---

[1] In classical Latin an accusative
should follow.

[2] laca, MS.

[3] considerantes, MS.

consencientibus' de communi assistencium prelatorum in capituli celebracione consensu & consilio duximus ordinandum ut in singulis capitulis nostre religionis in provincia Cantuariensi per prelatum, uel qui suo loco preerit, omnes predicti excommunicati denuncientur in forma prenotata.

7.

[Acts of a Chapter at Northampton, 1325.]

Anno[1] gracie mcccxxv in octavis Trinitatis,[2] presidentibus prioribus de Dunstaple et de Butteleye, celebratum est capitulum generale canonicorum regularium ordinis sancti Augustini in prouincia Cantuariensi in ecclesia conuentuali apud sanctum Iacobum Northamptonie ; in quo ordinatum erat quod primo die capituli, videlicet die dominica in octavis Trinitatis,[3] congregatis prelatis et procuratoribus in loco ad hoc assignato,[4] primo mane celebretur missa de sancto Spiritu solempniter ad magnum altare, et tunc ingrediantur capitulum, ubi a presidentibus incipiatur ympnus *Veni creator Spiritus* per singulos versus et totum capitulum prosequatur.[5] Finito ympno dicat alter presidencium versiculum *Emitte spiritum tuum* cum oracione *Deus qui corda.* Deinde sermo habeatur ab altero presidencium vel ab alio ab eisdem premunito.[6] Et post sequatur absolucio omnium prelatorum et fratrum post ultimum capitulum defunctorum sub hac forma ; primo dicatur psalmus *De profundis clamaui* cum antiphona *Requiem eternam dona eis domine & lux perpetua*[7] *&c. ; Kyrieleison ; Pater noster ; et ne nos &c. Oremus pro fidelibus defunctis ; Non intres in iudicium cum servis tuis. Requiescant in pace. Domine exaudi. Dominus vobiscum.* Oracio, *Omnipotens sempiterne deus, cui nunquam sine spe misericordie supplicatur, propiciare animabus famulorum tuorum, ut qui de hac vita in tui nominis confessione decessit, sanctorum tuorum numero facias aggregari. Deus venie largitor et humane salutis amator, quesumus clemenciam tuam ut nostrarum congregationum fratres et sorores qui ex hoc seculo transierunt, intercedente beata Maria semperque virgine et beato Michaele archangelo cum omnibus sanctis tuis ad perpetue beatitudinis consorcium pervenire concedas. Absolve quesumus*

---

[1] The heading in T. is 'Incipiunt statuta capituli generalis canonicorum regularium'.

[2] i. o. T., om. C.

[3] v. d. i. o. T., om. C. and W.

[4] i. l. a. h. a., om. C.

[5] e. t. c. p., om. C. and W.

[6] Deinde ... premunito, om. C.

[7] From this point to the sentence ending *capitulo*, C. is much abridged and concludes ' et post habeatur sermo '.

domine animas famulorum famularumque tuarum, parentum, fundatorum, prelatorum, fratrum, sororum, amicorum, benefactorum et omnium fidelium defunctorum ab omni vinculo delictorum, ut in resurreccionis gloria inter sanctos et electos tuos resuscitati respirent per dominum nostrum Ihesum Cristum filium &c. Et in fine dicatur, *Anime eorum et omnium fidelium defunctorum per misericordiam dei in pace requiescant. Amen.* Hiis factis exeant seculares, et per prelatum illius monasterii claudantur hostia claustri, ita quod nullus pateat aditus secularibus vel aliis quorum non interest durante capitulo. Post hec exhibeantur certificatoria visitatorum; deinde vocentur prelati nominatim & exhibeantur procuratoria prelatorum absencium; deinde nominentur quatuor circumspecte persone ex parte Cantuariensis prouincie, et due ex parte Eboracensis provincie[1] de toto capitulo in diffinitores, et de consensu tocius capituli vel maioris partis preficiantur; et eisdem in virtute obediencie firmiter iniungant presidentes ut nulla nova statuant, ordinent vel diffiniant, nec statutis iam factis vel ordinatis aliquid addant vel detrahant, nisi pro magna necessitate vel utilitate ordinis hoc duxerint faciendum. Et quicquid ipsi, vel maior pars ipsorum, prouida deliberacione canonice ordinaverint vel ordinauerit, statuerint uel statuerit, diffinierint uel diffinierit, a toto capitulo ratum habeatur. Diffinitores autem post hec secedant in locum aptum[2] prout ipsi elegerint, & procedant in negocio prout Spiritus sanctus eisdem inspirauerit, primo scilicet examinando certificatoria & procuratoria, & deinde procedant ad editionem statutorum si que duxerint facienda, continuantes in hiis officium suum quousque plene expedierint, dum tamen infra triduum capitulum terminetur. Premissis rite peractis eligant iidem diffinitores presidentes per duo capitula dumtaxat duraturos.[3] Eligant eciam visitatores singularum diocesum more consueto[4] & ordinent locum pro proximo capitulo celebrando; et hiis omnibus expeditis pubplicentur in capitulo statuta ordinata per eosdem; termineturque capitulum in hunc modum; iniungat alter presidencium prelatis, presentibus et absentibus, et procuratoribus uniuersis in virtute sancte obediencie quod singulos confratres sacerdotes singulas missas celebrare faciant et ipsi celebrent infra quindecim dies a tempore noticie premissorum pro animabus prelatorum et fratrum post ultimum capitulum defunctorum et aliorum inter eos recommendatorum siue recommendandorum[5] in futurum. Post hec

---

[1] ex parte C. . . . provincie, om. A., T., W. rightly; the province of York had a separate Chapter until 1340.
[2] in loco apto, C.; succedant, W.

[3] perduraturos, C.
[4] m. c., om. C., W.
[5] For *r. s. r.*, C. reads *commendatorum sive recommendatorum.*

fiat generalis confessio cum genuflectione et subsequatur absolucio ab altero presidencium, et ita terminetur capitulum.

Item omnes sentencias suspensionis et excommunicacionis[1] prolatas in quibuscumque capitulis retroactis que ipso iure ligant vel artant vel ipso facto quouismodo, quatenus de facto processerunt, penitus reuocantes statuimus quod de cetero pro nullis habeantur.

Item ordinamus et in virtute sancte obediencie firmiter iniungimus omnibus prelatis et fratribus nostri ordinis in prouincia Cantuariensi existentibus quod ipsi seruicium Corporis Cristi per sedem apostolicam institutum singulis annis sub dupplici festo vel maiori celebrent et solenniter faciant celebrari et cetera[2] que in huiusmodi festis[3] requiruntur firmiter obseruari.

Item ordinamus & statuimus quod singuli prelati canonicam prepedicionem non habentes personaliter compareant in capitulis generalibus. Quod si ipsos legitimo impedimento impediri contigerit, tunc per procuratores compareant legittime constitutos[4]; in quorum procuratoriis cause huiusmodi prepedicionis et absencie specialiter inserantur.

Item statuimus quod nullus canonicus sit procurator plurium domorum, domibus, exilibus uel plenum conuentum non habentibus dumtaxat exceptis, in quo casu unus procurator sufficienter ordinatus & legitime constitutus pro tribus uel quatuor domibus poterit comparere.

Item si alter presidencium cesserit uel decesserit ita quod tempore celebracionis capituli monasterium vacauerit tunc loco ipsius alter per capitulum subrogetur; quod si neuter presidencium superstes fuerit vel non venerit, tunc per capitulum de novis presidentibus ordinetur ita quod capitulum non deficiat aut differatur.

Item statuimus quod singule domus nostri ordinis sibi invicem ad hospitalitatem teneantur iuxta earum facultates, et presertim nulli de ordine nostro tectum denegetur, qui sumptibus suis exigit hospitari.

Item statuimus ut nullus nostre religionis canonicus exeat septa[5] monasterii sui cum capa pluviali sine[6] rocheto sub eadem.

Item statuimus quod in festo Ascencionis Domini et ab illo die usque ad festum Decollacionis sancti Iohannis Baptiste [Aug. 29] liceat in maioribus festis dicere albas matutinas.[7]

---

[1] suspensiones & excommunicaciones, C., W.
[2] singula, C.
[3] festo, C.
[4] constituti, T.

[5] sepes, T.
[6] siue, T.
[7] In W. headings are assigned to each statute, and the heading to this statute is *Capitulum de albis matutinis*

Item statuimus quod solita commemoracio [1] beatissimi patris nostri Augustini singulis ebdomadis, cum vacaverit, observetur.

Item statuimus quod si contingat visitatores per prelatum alicuius domus ad visitacionem non admitti, iidem visitatores ipsum non admittentem citent peremptorie quod personaliter compareat in proximo capitulo generali super huiusmodi contemptu [2] responsurus, ulteriusque facturus & recepturus quod qualitas & natura delicti sui exigunt et requirunt.

Item statuimus quod habitus noviciorum in recepcione eorum aspergatur aqua benedicta et dicantur hec uerba, ' Frater tradimus tibi habitum probacionis ut mores tuos experiamur et actus '; et aliud non dicatur usque ad tempus quo debeat profiteri.

Item statuimus quod hora matutinali ante missam [3] matutinalem & de dominica dicatur hora prima.

Item quod ieiunium sexte ferie inviolabiliter observetur.

Item ordinamus & statuimus quod scolares in ordine nostro ad scolas mittantur iuxta tenorem, vim et effectum litterarum certis domibus dirigendarum per presidentes capitulo generali, et de capitulo in capitulum per abbates & priores, quibus huiusmodi littere diriguntur, certificetur capitulum per litteras eorum patentes, seriem dictarum litterarum continentes, qualiter contenta in dictis litteris fuerint executi.

Item ordinamus & statuimus quod in eleccione visitatorum, si fieri possit, observetur quod unus eorum ad minus habeat unum [4] plenum conventum vel saltem [5] consideratis facultatibus domus habere possit.

Item statuimus quod prelati legitime non comparentes [6] in capitulo generali per presidentes canonice puniantur.[7]

Item ordinamus et statuimus quod infirmi in [8] infirmaria [9] singularum domuum iuxta facultates earundem et statum infirmorum cum omni diligencia procurentur ; et hoc prelatis singularum domuum iniungimus in virtute sancte obediencie & sub penis gravissimis eisdem infligendis in capitulo generali si huiusmodi statuti nostri contemptores inveniantur.

Probably the phrase means matins said in the white cape instead of the heavy black cape. See Preface for the dispute on this matter with the Priory of Twynham in 1318 and 1319.

[1] memoria, T.
[2] om. C.
[3] missas, T.
[4] om. C., rightly ; but it is in A., W.,

and T.

[5] For v.s. the reading of C. is *si* ; perhaps the original was *vel saltem si.*
[6] C. reads *non legitime comparentes* ; in any case the meaning is ' who do not appear in accordance with the law '.
[7] priviantur, W.
[8] et, T.
[9] infirmariis, C.

Item statuimus & ordinamus quod singuli officiales [1] et obedienciarii singularum domuum de consilio seniorum & saniorum ordinentur et postmodum inter fratres publice in capitulo preficiantur et in eodem loco cum oportuerit destituantur.

Item ordinamus et statuimus quod omnes fratres nostre religionis iuxta canonica instituta silencium observent; quod si ipsos loqui oportuerit, sit Gallicum vel Latinum : in horum tamen neutro linguam nimium [2] relaxent.

Item ordinamus et statuimus quod subditi quarumcumque domorum nostre religionis in provincia Cantuariensi hec statuta predicta vel eorum aliquod non observantes, ad arbitrium propriorum prelatorum, quorum consciencias in virtute sancte obediencie oneramus in hac parte, secundum qualitatem & quantitatem commissorum regulariter puniantur, et prelati necgligentes in premissis vel in aliquo premissorum seu premissa vel eorum aliquod contempnentes in proximo capitulo generali arguentur et publice corrigantur.

Item ordinamus et statuimus ut omnes carte et omnia munimenta, statum, bona, et possessiones monasteriorum ordinis nostri qualitercumque contingencia, una cum sigillis communibus et ad causas, sub custodia trium fratrum fidedignorum cuiuslibet domus sub tribus seruris et clavibus remaneant futuris temporibus fideliter conservanda.[3]

Item ordinamus et statuimus quod statuta hec omnia in singulis domibus coram omnibus fratribus in capitulo bis in anno legantur, videlicet in Adventu et in Quadragesima.

Item ut conspiratores & criminatores seu calumpniatores suum possint evitare periculum, quod a canone est eis inflictum, ordinamus et statuimus quod singulis annis, quando hec statuta leguntur, recitentur canones et consilium Oxonie de penis eisdem inflictis facientes mencionem, & prelati singularum domorum eosdem canones et consilium contra huiusmodi delinquentes viriliter exequantur ; et super hiis ac eciam detractoribus prelatorum et fratrum quater in anno diligenter inquiratur.

Item omnia et singula statuta ante celebracionem huius capituli nostri edita & in hoc capitulo non [4] innovata et approbata expresse revocamus, irritamus et annullamus, statuentes quod de cetero nullis statutis fides adhibeatur nisi dumtaxat hiis que ad monasteria nostri ordinis sub sigillis presidencium transmittuntur.[5]

---

[1] officiarii, C.
[2] nusquam, W. ; nimis, C.
[3] duratura & observanda, T. ; obser-

vanda, A., C.
[4] om. C.
[5] transmittentur, A.

Item ordinamus et ordinando statuimus quod omnes denarii levati de omnibus et singulis domibus ordinis nostri contra religiosos viros domus de Twynham in manibus collectorum remanentes infra mensem [1] a tempore noticie presencium in virtute obediencie sub pena excommunicacionis maioris in non soluentes in proximo capitulo generali infligenda sine more dispendio restituantur.

8.

[Acts of a Chapter at Huntingdon, 1328.]

Capitulum [2] generale canonicorum regularium ordinis sancti Augustini in provincia Cantuariensi celebratum apud Huntyngdone anno domini mccc vicesimo octauo, prioribus de Dunstaple & de Butteleye presidentibus, et diffinitoribus existentibus prioribus sancti Bartholomei Londonie & Reystone, Westacre & sancte Trinitatis de Gibbeswich.

C. fol.
44
W. fol.
37
T. fol.
147
A. fol.
23

In primis attendentes [3] utilitatem uniuersalis ordinis nostri in Cantuariensi provincia statuimus quod nullus hospes, cuiuscumque condicionis existat, admittatur ad prandium in refectorio uel [4] in infirmaria sine expressa licencia a prelato obtenta. Item statuimus quod quilibet canonicus nostri ordinis saltem semel in anno confiteatur proprio prelato, nisi de licencia prelati sui primitus petita & obtenta aliud fuerit expresse concessum. Et si quis contrafecerit puniatur secundum canonicas sancciones de isto articulo facientes mencionem. Item prohibendo statuimus ne quis in ordine nostro utatur supertunica vel tunica [5] in anteriori parte fissis aut alia quacumque [6] veste, cuius curiositas vel deformitas de nimia notabilitate [7] poterit reprehendi. Item constituimus & ordinamus quod constitucio Bonefacii [8] qua cauetur quod festa apostolorum & euangelistarum et quatuor doctorum sub dupplici festo venerentur [9] ubique in ordine nostro obseruetur. Item firmiter precipiendo statuimus et ordinamus quod semel in anno inquiratur de proprietariis et contra eos qui rei inuenti fuerint debite procedatur secundum canonicas sancciones.

---

[1] infra quindecim dies, C.
[2] The heading in W. is 'Primum capitulum generale apud Huntindone'. The *diffinitores* are omitted in W.
[3] accedentes, C.
[4] uel, om. C.
[5] tunicis, W.

[6] aliacumque, C., T.
[7] nobilitate, A., C., T : *merito* before *poterit* is added in T.
[8] Bonefaciana, W., T., A.
[9] nouerentur, W.; the word is omitted in C.

9.

[Acts of a Chapter held in Cheshunt church, 1331.]

C. fol.
44 ᵛ
W. fol.
39

Capitulum [1] generale celebratum in ecclesia parochiali de Cheschunte iuxta Waltham ex magna causa in octabis sancte Trinitatis anno domini MCCC tricesimo primo. In primis ordinatum est & concessum quod communis fiat contribucio in ordine, scilicet de [2] qualibet libra taxacionum [3] bonorum temporalium & spiritualium unus denarius, ad supportandum sumptus & honera litis contra abbatem de Waltham, manifeste rebellem & inobedientem ; et quod leuetur ista quota [4] ad festum Omnium Sanctorum proximo futurum vel citra per visitatores futuros, presidentibus censuris reseruatis [5] ; et quod soluatur pecunia leuata domino priori sancti Bartholomei Londonei infra quindecim dies proximo sequentes post [6] festum predictum Omnium Sanctorum. Item ordinatum est quod collecta quadrantum [7] concessa in capitulo apud Huntyngdone leuetur per visitatores supradictos, & quod liberetur priori sancti Bartholomei supradicto. Item ordinatum est & preceptum in virtute obediencie [8] quod singuli prelati ordinis nostri in provincia Cantuariensi sint circumspecti in recepcione quorumcumque ad ordinem nostrum, ita quod non recipiant minus litteratos aut minus ydoneos etate seu alia personali condicione quacumque. [9]

10.

[Acts of a Chapter at Dunstable, 1334.]

C. fol.
45
T. fol.
147
A. fol.
23

Statuta capituli generalis celebrati apud Dunstaple anno domini MCCC tricesimo quarto, presidentibus abbate de Leycestria Lincolniensis diocesis et priore de Kenelworthe Conuentrensis & Lychfeldensis diocesis ; et diffinitoribus in eodem capitulo deputatis religiosis viris

[1] The heading in W. is ' capitulum apud Waltham '. The first sentence in W. is ' Capitulum generale canonicorum regularium in provincia Cantuariensi in ecclesia parochiali de Cheschunte ex magna causa notor*ie* celebratum in octavis sancte Trinitatis cum continuacione dierum sequencium anno domini MCCCXXXI, presidentibus dominis abbate de Leycestria et priore de Kenilleworth et diffinitoribus dominis prioribus sancti Bartholomei Londonie, de Cokesforde Norwycensis diocesis, de Blakemore Londoniensis diocesis et de Caldewelle Lincolniensis diocesis '.

[2] in, W.
[3] taxacionis, W.
[4] et tenetur ista collecta, W.
[5] reseruatur, W.
[6] W. omits the words ' soluatur... post '.
[7] quadrant', W.
[8] sancte obediencie, W.
[9] W. adds ' Locus pro capitulo futuro Waltham, si lis sopita fuerit ante terminum ; sin autem Dunstaple. Visitatores in archidiaconatibus Lincolnie, Stowe, Leycestre & Northampton abbas de Oselwestone et prior de Notton Parke.'

prioribus de Bernewelle, sancti Bartholomei et Byschopesgate Londonie & de Markeby. Inprimis statuimus quod statutum de scolaribus ad scolas mittendis firmiter obseruetur cum hac adieccione, quod prelati mittant scolares ad scolas prout statutum est, vel saltem provideant sibi in monasterio eorum de aliquibus lectoribus ad informacionem canonicorum, & assignetur eis locus[1] & hora prout prelatis eisdem melius videbitur expedire. Item precipimus omnibus prelatis ordinis nostri quod interdicant fratribus suis usum supertunicarum cum manicis latis & pendentibus, necnon & quarumcumque manicarum botonatarum, ac etiam usum caparum de blueto. Item precipimus quod singuli prelati corripiant & precipiant fratres suos ne cantilenas seculares cantent inhonestas[2] aut coreas ducant alicubi vel cum ducentibus eant, quia huiusmodi insolencias declaramus esse contra regulam beati Augustini. Item adicimus illi statuto Norhamtonie[3] edito de procuratoribus exilium domorum, quod si quis procurator de cetero pro pluribus domibus compareat quam pro duabus, per presidentes capituli generalis in eodem capitulo grauiter puniatur. Item ad devocionem maiorem excitandam ordinamus quod, ubi alia antiphona ad hoc non est ordinata, post completorium et ante trinam oracionem in singulis domibus ordinis nostri cantetur antiphona ' Mater ora filium &c.', vel alia in honore beate Marie cum versiculo & collecta de eadem, prout cantantibus placet.[4] Item statuimus quod si[5] contingat aliquem visitatorem auctoritate capituli generalis assignatum racionabiliter impediri quominus poterit personaliter exercere officium sibi commissum, liceat eidem, priori suo si abbas fuerit, vel suppriori si prior fuerit, aut alteri persone ydonee monasterii sui vices suas committere ; et commissarius[6] officium huiusmodi libere & regulariter exequatur. Item ordinamus quod singulis annis in singulis capitulis ordinis nostri secunda feria in prima ebdomada quadragesime denuncientur excommunicati per prelatos locorum conspiratores, confederatores, & manifeste[7] inobedientes. Item precipimus quod prelati diligenter custodiri faciant[8] illud statutum de non loquendo nisi Latinum uel Gallicum in claustro vel aliis locis ubi silencium est obseruandum. Item statuimus quod in ecclesiis quibuscumque regularibus capitulo nostro generali subiectis, per mortem abbatum vel priorum vacantibus, nichil omnino pro habitu vel pietancia seu alia re quacumque sub aliquo colore rerum vel verborum adaugeatur, duranti-

---

[1] om. C.
[2] om. C.
[3] i. e. of 1325.
[4] p. c. p., om. T., A.
[5] om. C.

[6] *ipse commissum sibi* for *commissarius,* T.
[7] maxime, C.
[8] om. C.

bus vacacionibus eisdem, licet iuramenta temeraria a singulis de conventibus vel canonicis ecclesiarum regularium predictarum vacancium precesserint de huiusmodi adiectionibus & insolenciis statuendis,[1] sicut aliquociens in quibusdam domibus religionis nostre intelleximus usurpatum.

II.

[Acts of a Chapter at St. Frideswide's, 1337.]

C. fol. 46
W. fol. 41
T. fol. 148
A. fol. 24

Capitulum generale canonicorum regularium ordinis sancti Augustini in provincia Cantuariensi in ecclesia conuentuali sancte Fredeswythe Oxonie celebratum in octabis sancte Trinitatis, anno domini MCCCXXXVII, presidentibus dominis abbate de Oseneya Lincolniensis diocesis & priore de sancto Bartholomeo Londonie loco prioris de Bernewelle ex consensu tocius capituli subrogato, diffinitoribus prioribus de Nortone, Rypyndone Conventrensis & Lichfeldensis diocesis, Bernecestre Lincolniensis diocesis, et de Dunnemowe Londoniensis diocesis.[2] Inprimis iniungimus & monemus quod circa religionem & regule obseruanciam omnes prelati ordinis nostri debitam diligenciam plus solito studeant adhibere. Item statuimus et ordinamus sub penis & censuris canonice cohercionis quod omnia contenta in statutis capitulorum generalium nostri ordinis Northamptonie, Huntyngdonie, & Dunstaple ultimo celebratorum firmiter & inviolabiliter obseruentur, et maxime de scolaribus mittendis ad scolas[3] iuxta tenorem dicti statuti apud Northamptoniam ultimo promulgati; & de hoc[4] de capitulo in capitulum per presidentes diligenter inquiratur, ac per eosdem scribatur certis domibus, & earundem prelati certificent capitulum prout in eodem statuto expressius continetur. Item illi statuto Northamptonie de causis absencium prelatorum in procuratoriis inserendis, adicimus quod habeant potestatem specialem consenciendi hiis que, commutato capitulo[5], prouide inibi contigerint ordinari; alias pro non comparentibus habeantur et iuxta iuris exigenciam canonice puniantur. Item illi statuto de Dunstaple de coreis non deducendis[6], et cantilenis inhonestis &c., adicimus quod usum[7] sagittandi in publico cum secularibus de

---

[1] faciendis, T., A.
[2] W. omits the words 'loco ... diocesis'.
[3] studium, W.
[4] de hoc, om. C.; de, om. T.
[5] consilio, W.; c. c., om. T.;

canonico consilio, A. Perhaps the real reading was *communi consilio.*
[6] ducendis, W., T.
[7] usu, C.

cetero per prelatos suos dimittere[1] compellantur; et quod nulli absque ocreis incedere presumant, seu tabernas exerceant quouismodo.[2]

12.

[Acts of a Chapter at Newnham, 1340.]

Capitulum generale canonicorum regularium ordinis sancti Augustini in prouincia Cantuariensi celebratum apud[3] Newenham iuxta Bedeford in octabis sancte Trinitatis anno domini MCCC quadragesimo, presidentibus abbate de Oseneya & priore de Bernecestre[4] Lincolniensis diocesis, loco prioris de Bernewelle communi assensu totius capituli subrogato; et diffinitoribus prioribus de Byschopesgate[5] Londonie, de Newenham Lincolniensis diocesis, priore de Haymanham[6] Conuentrensis & Lichfeldensis diocesis & fratre[7] Iohanne de Strettone canonico de Bernewelle Eliensis diocesis.[8] In quo capitulo per presidentes & diffinitores predictos cum communi assensu & voluntate totius capituli statuta ista edita fuerunt & ordinata.[9] Inprimis, quia sicut impossibilia precipere est causas querere ruine, sic eciam noua statuta multiplicando condere & antiqua[10] nouis meliora sub necligencia & ignorancia[11] dissimulando preterire, cum ista[12] ignorancia iuris sit que non excusat[13]; iccirco deliberacione prouida precipiendo statuimus quod abbates et priores, abbates proprios non habentes, nostri ordinis faciant scribi statuta[14] domini Ottoboni & consilii Oxoniensis, quatinus sunt[15] statum canonicorum concernencia cum statutis capitulorum Northamptonie, Huntyngdonie, Dunstaple, et Fredeswithe Oxonie ultimo celebratorum, et quod liberent ea custodibus ordinis in pleno capitulo iniungentes eisdem quod ipsi confratres et precipue iuniores in illis diligenter instruant & informent, et ea faciant obseruari; super qua informacione et[16] eciam si statuta ut premittitur sint custodibus ordinis

C. fol. 46
W. fol. 42
T. fol. 161
A. fol. 24

---

[1] emittere, W.

[2] After 'quouismodo' C. reads 'ne uellent'; W. adds 'Presidentes, domini abbas de Oseneye, prior de Barnewelle. Locus pro futuro capitulo Neuenham. Visitatores in archidiaconatibus Leyc', Stowe, Lincoln, Northamptone abbas de Gremmesby, prior de Kyme.' T. adds as far as 'Neuenham'.

[3] In ecclesia conuentuali de, W.

[4] W. reads *Wicestre.*

[5] sancte Marie extra Bisshopesgate, T.

[6] Hagman, T.

[7] magistro, T.

[8] W. reads 'diffinitoribus uero priore de Neuenham, priore de hospitali sancte Marie extra Bischopesgate, fratre Iohanne procuratore prioris de Bernewelle et priore claustrali de Haweman'.

[9] W. omits this sentence.

[10] C. adds 'eciam'.

[11] W. adds 'iuris'.

[12] ipsa, T., A.

[13] cum ignorancia iuris non excuset, W

[14] facta, C.

[15] q. s., om. W., T.

[16] et, om. C., W.

liberata, in singulis domibus inquirant visitatores per capitulum generale deputandi & nomina super hoc necligencium prelatorum proximo capitulo denuncient generali. Illi etiam statuto Huntyngdonie quod quilibet subditorum[1] in ordine nostro saltem semel in anno confiteri teneatur suo proprio prelato, adiciendo statuimus quod in singulis domibus ordinis nostri prelati cum consensu capituli nominent certas personas qui soli habeant potestatem alios[2] absolvendi. Iniungimus eciam prelatis omnibus ordinis nostri quod diligenciam solicitam apponant circa officium diuinum tam diurnum quam nocturnum deuote & studiose celebrandum. Et quod elemosina fideliter & sine diminucione aliquali pauperibus erogetur. Item precipiendo statuimus quod post completorium fratres non exeant loca claustralia sine licencia speciali. Presidentes pro capitulo futuro abbas sancte Osithe & prior de Mertone. Locus pro eodem capitulo apud Northamptoniam.[3]

[1] subditus, W.
[2] alios, om. W.
[3] The last sentence is omitted in C. and W.

13.

[Acts of an unknown Chapter, perhaps Bedford, 1220.]

... unanimiter[1] approbamus ut unum sit tocius ordinis nostri capitulum per Ebor' prouinciam, saluis per omnia regie dignita[tis iure et hon[2]]ore patronorum nostrorum atque priuilegiis omnium et dignitatibus. Cum canon misse contineat in se misterium unitatis, preci[pimus dictu]m canonem per ordinem nostrum ad exemplar canonis Romane ecclesie corrigi et ipsum tam uerbis quam signaculis imitari. Et sicut eucharistia in medio altari conficitur, ita sumatur ibidem. Statuimus eciam ut in qualibet ecclesia conuentuali missa de beata Maria cotidie diebus scilicet quibus fuerit oportunum celebretur, ubi & per quos prelati prouiderint, tam modeste ne deuocioni alias missas celebrancium siue per circuitum orancium siue ipsi ordini fiat impedimentum, nouitatibus et superfluitatibus omnibus amputatis. Pulsatio ad horas diurnas in hyeme sic prouideatur per sacristam ut ipse hore per debita interualla dicantur et uespere de luce diei finiantur, et cum non possit in libro uideri statim pulsetur ad collacionem. Cum[3] sit ars artium regimen animarum, studeant prelati diligenter [uul]tus pecorum suorum agnoscere, et pro quorum animabus tenentur reddere racionem, ut per se confessiones eorum de grauioribus audiant uel alicui discreto committant, prout ipsorum magis viderint expedire saluti, ita quod ad minus in Aduentu domini et in Septuagesima et per triduum ante Pentecosten et per triduum ante Assumpcionem presentes in claustro se offerant confessionibus audiendis, nisi causa urgentissima fuerint impediti; et generaliter precipimus ut ipsi priores habitu et gestu forma facti gregis ex animo in capitulo, in claustro pro fratribus exemplariter instruendis, in coro etiam pro diuinis officiis exequendis, in refectorio pro fraternis solaciis et in aliis locis regularibus tociens studeant esse presentes, quociens infirmitas corporis uel debilitas uel

---

[1] The roll, Cott. XIII. 3, is incomplete at the beginning.

[2] The letters within the brackets are guessed. There is not room for more.

[3] From this word down to *grauiori*, the passage is found in the Chapter at St. Frideswide's in 1234.

ecclesie necessitas seu utilitas uel alia racionabilis causa permiserit non abesse.

Capitulis cotidianis tam prelati quam ceteri obedientiarii, nisi racionabili causa absentes fuerint, intersint ut negligenter obmissa (*sic*) uel male commissa discrete corrigant secundum penitencias personis et culpis competentes.

Ad hec autem adicimus ut si necesse fuerit aliquando pro defectu uel incommodo alimentorum corporalium loqui in capitulo, quam breuius et modestius poterit de emendacione tractetur.

Studeant eciam prelati ita subditis suis necessaria secundum facultatem domus prouidere, ne necesse sit in capitulo, ubi precipue de spiritualibus tractandum est, de corporalium defectu murmurare uel conqueri. Nam perturbatores capituli et silencii transgressores et licencie [1] requirende neglectores pena puniendi sunt grauiori.

In capitulo tempore capituli confabulaciones vane et inutiles non habeantur, ubi quidem magis tractandum est de salute anime, et de arduis negociis breuiter prout poterit prelibandum, in quibus fratrum primo requirendus est assensus, sicut in feodacione uel distraccione siue alienacione rerum ecclesie inmobilium ; et generaliter precipimus ut prelati de terris uel redditibus monasterii alienacionem perpetuam non faciant, nouas infeodaciones non constituant, corredia uel officia hereditaria uel terras consuetudinarias in libertatem nulli concedant nisi euidens utilitas et fratrum consensus accedat.

In capitulo etiam maiores obedientiarios constituant prelati, prehabito consilio cum maturioribus et prudentioribus. Silentium cum magna diligencia obseruetur in claustro, in ecclesia, in refectorio et in dormitorio et in aliis locis horis et temporibus constitutis.

In priuato eciam locutorio nullus sine licencia presidentis in claustro loquatur, et in permissis colloquiis in claustro et alibi a turpiloquiis et vaniloquiis et detraccionibus abstineant uniuersi, et singnis (*sic*) superfluis non utantur sed necessariis in locis regularibus.

Statuimus eciam ut ubi canonicorum numerus antiquus sine diminucione facultatum diminutus est, quam cicius comode fieri poterunt restauretur ; ut ubi possessiones accreuerint secundum facultatem loci et numerus canonicorum et elemosina et hospitalitas augeatur. Quod ut [2] efficacius obseruetur, statuimus ut singule domus duos habeant receptores quos prelatus de maioribus et prudentioribus ad hoc idoneos prouiderit, qui uniuersa recipiant et tribuant obedientiariis necessaria,

---

[1] *letitie*, MS.; but the next Chapter proves that *licencie* is the word.
[2] si, MS.

exceptis redditibus assingnatis ad promocionem officiorum, et ubi suum defuerit mutuo accipiant consilio et licencia prelatorum, et tam ipsi quam ceteri obedienciarii semel uel bis in anno compotum prelatis reddant coram fratribus quos ad hoc de maturioribus et prudentioribus prelatus prouiderit ; qui una cum eis de receptis et expensis et modo et ordine quo fuerint fideles reddant raciones.

Si quis ordini nostro se contulerit ut fiat canonicus uel conuersus, si prelatus ipsum idoneum per diligens scrutinium ad habitum estimauerit suscipiendum, exponat statum et propositum et qualitatem persone conuentui ; et si minor pars contradicere uoluerit, nisi causam ostenderit manifestam, optineat quod a prelato et a saniori parte fuerit prouisum. Idem in aliis negociis est obseruandum in quibus capituli consilium est[1] requirendum.

Prelati[2] multitudinem equorum ita studeant refrenare quod hospites eorum in aduentu ipsorum non grauentur, et ut seruientes ipsorum numero et apparatu uel petulantia modum non excedant, unde ordo canonicorum iure ualeat reprehendi ; quibus scilicet famulis dum boni fiunt annua[3] stipendia statuantur et eorum insolencia accrescente inmutentur. Et tam prelati quam subditi in longum iter profecturi benediccionem recipiant in redditu et recessu. Ad hec autem adicimus quod canonici et conuersi nostri ordinis pro negociis sibi iniunctis itinerantes pro temporis congruencia et loci facultate apud nos ceteris honestius hospitentur, et quelibet domus pro suis uiribus se extendat ad omnes.

Sicut statutum est in regula quod unum sit celarium et unum uestiarium, ita hoc ordine nostro precipimus firmiter obseruari ubique. Nec canonici nec obedienciarii precio uel paccione recipiantur, uel tradantur ; et infra uicesimum annum nemo recipiatur ad habitum regularem nisi utilitas comendabilis uel necessitas aliud induxerit.

Unaqueque domus ordinis sui obseruancias quibus nouicios suos instruant scriptas habeat. Nullius uero depositum in monasterio recipiatur a quoquam nisi de consciencia prelati, nec prelatus hoc faciat sine laudabili testimonio fratrum.

Salubriter autem prouisum est ut quater in anno sermo fiat in capitulo per ipsum prelatum uel per aliquem de fratribus cui hoc iniunxerit, quatinus sic quieti & litterature studium detur et amplius ocietas euitetur.[4]

Qui residentes sunt in infirmaria, dieta conuentus utantur, nisi eorum

---

[1] et, MS.
[2] The first part of this section occurs in the Chapter at St. Frideswide's in

[1234]; see p. 4.
[3] aĩa, MS.; also a stop after *fiunt*.
[4] See p. 5.

infirmitas dispensacionem inducat, et ibidem in communi mensa a superfluis fabulacionibus & potacionibus abstineant. Aliis uero egrotis, sicut in inicio pro salute eorum fit subtractio, ita in eorum conualescencia fiat superaddicio regularis, quibus prelati prouideant in medicinis et unguentis per consilium medicorum.

In refectorio passim persone non manducent[1] seculares nisi que onestate et deuocione sua pensata fuerint admisse de prouidencia prelatorum.

Commessacionum et potacionum superfluitates et minutorum dissoluciones studeant prelati amouere, et ubi actenus non pulsabatur ad couerfu, statuimus ut decetero pulsetur. Nullus frater mittatur alicubi ad perhendinandum nisi de consensu maioris partis capituli et sanioris, aut ipse hoc petierit aut per transgressionem promeruerit.

Chalones a dormitorio amoueantur, et in itinere concedantur. Cum canonicus equitat, famulum habeat equestrem, conuersum uel secularem, prout facultas loci permiserit.

14.

[Acts of a Chapter at Newburgh, 1223.]

Celebratum est hoc capitulum apud Nouum Burgum die sancti Michaelis anno incarnacionis domini M°CC°XX tercio.

Adicimus ut generale seruicium fiat cum IX leccionibus singulis annis in crastino Cinerum pro omnibus defunctis fratribus ordinis generalis capituli nostri.

Femine passim non admittantur ad perhendinandum in domibus ordinis nostri, nisi necessitas uel euidens utilitas hoc induxerit.

Consuetudines bone et approbate in septem psalmis et in suffragiis et in ceteris seruiciis non mutentur neque minuantur in aliqua domo sine consensu et communi consilio generalis capituli.

Nec promoueatur aliquis ad sacros ordines antequam pro posse suo seruicium suum reddidit, neque professio suscipiatur ab aliquo nisi completo anno.

Nullus carnes manducet[2] in Aduentu et in Septuagesima nisi maxima infirmitate urgente, neque domi[3] neque alibi, nisi precepto archiepiscopi uel episcopi.

Nullus prior excuset se ueniendi ad generale capitulum nisi prepedi-

---

[1] manducant, MS.   [2] manducat, MS.   [3] doni, MS.

cione canonica prepeditus, et hoc per canonicum et per litteras ratihabicionis.

Sentenciam excommunicacionis latam in conspiratores, proprietarios, incendiarios, fures ecclesiasticarum rerum confirmamus, precipientes eam singulis annis promulgari in inicio Quadragesime in singulis capitulis.

Prohibemus eciam ne quis canonicus siue conuersus occasione filii uel nepotis uel alicuius persone familiaris negocium aliquod peculiare exerceat uel exerceri faciat uel procuret, super quo forte, si deprehensus fuerit, furti iudicio condemnetur. Statuimus eciam ne quis canonicus alicuius testamenti execucionem suscipiat nisi uice prioris uel precepto prioris.

Cum preceptum sit quod silencii transgressores et licencie inquirende neglectores pena puniendi sunt grauiori, statuimus ut si post trinam commonicionem corrigi neglexerint, corporalem suscipiant disciplinam ; quod si emendare noluerint, priuentur communibus cibariis fratrum preterquam pane et pulmento ; quod si nec correxerint, apponatur eis tantum panis et aqua, et sic deinceps crescente culpa crescat et pena.

In Quadragesima habeatur communis locucio in claustro solummodo in tercia feria et quinta feria et sabbato, et in Aduentu domini feria secunda et tercia et quinta et sabbato, nisi festum ix leccionum occurretur.

Surgendum est in estate per singnum in dormitorio factum ab eo qui ordini preest ; postea precedendum est ad ablucionem manuum et sic in ecclesia cum processione, ubi orandum est aliquamdiu a procumbentibus uel stantibus secundum dei reuerenciam ; postea cantetur missa de Domina[1] et omnes misse priuate ; quibus finitis sedendum est in claustro ad lecciones cum competenti interuallo ; postea pulsandum est ad primam ; qua finita sequitur missa pro defunctis in diebus profestis ; in festis uero missa matutinalis secundum temporis exigenciam cantetur ; qua finita prima dicatur de Domina diebus profestis, septem psalmi cum letania ; postea celebretur capitulum et postea habeatur communis locucio in claustro ; cui nullus eorum qui sequitur conuentum deerit sine licencia. Et sic fiat per totam estatem diebus quibus non ieiunatur. Diebus autem ieiuniorum totum fiat sicut in hieme.

Statuimus autem ut conuersi utantur cibo conuentuali, et ut decetero habeant tunicas albas et scapularia rotunda et gracilia et cappas nigras et sotulares corrigiatos. In istis autem statutis obseruandis nullam

[1] St. Mary's mass.

inponimus uel ponemus alicui uel aliquibus necessitatem, neque penam aliquam inponemus uel iniungemus non obseruantibus, saluis racionabilibus et approbatis consuetudinibus uniuscuiusque domus, nisi gratis alias velint accipere.

15.

[Acts of a Chapter at Gisburn, 1232.]

Anno incarnacionis domini MCCXXX secundo die Inuencionis sancte Crucis celebratum est capitulum generale Eboracensis diocesis [*sic*] apud Gyseburne, de Gisburne et de Bridelingtun prioribus presidentibus, in quo statuta sunt ista. Propter euitandas inutilitates et inutiles et ociosas confabulaciones in communibus locucionibus, statutum est ut in singulis locucionibus, uno die ex parte prioris a singulis proponantur in medium aliqua que faciunt ad edificacionem uel erudicionem et alio die ex parte supprioris. Item nullus claustralium siue in dormitorio siue alicubi habeat seram in carolla[1] siue in cista. Item tempore rasure omnes radantur et lauentur in claustro, nullo seculari ibi aduocato, nisi pro frigoris asperitate aliter a presidente disponatur. Item tempore[2] elemosine in usus pauperum fidelius et deuocius obseruentur. A nullo emittantur a refectorio cibus uel potus nisi a prelato uel de eius licencia. Item ut habeatur unitas in officiis et seruiciis, statutum est ut ubique post trinam oracionem singulis diebus ebdom*ade* Natalis domini et Pasch*e* et Pentecosten missa matutinalis fiat de resurrectione, tota ebdomada Pasche et singulis diebus dominicis a Pascha usque ad Ascencionem. Item nullus bibat in celario neque in infirmaria nisi egrotus uel minutus uel, si necesse fuerit, licenciatus. Item ubi numerus canonicorum fuerit uiginti uel plures, leccio continua habeatur in mensa ad prandium et ad cenam. Item proprietariis defunctis, cum sint excommunicati, interdicatur sepultura communis. Item nullus prior uel canonicus cappam pluuialem habeat de burneto uel de russeto, et ut omnes conformentur in habitu tam in estate quam in hyeme. Nullus intret horis regularibus, nec eat nec exeat alicubi in superpellicio sine cappa nigra. Item de appellacionibus temerarie et contumaciter contra regularem disciplinam, si admoniti primo, secundo, tercio non resipuerint uel appellacioni

---

[1] A carol was a compartment, where a monk studied. See *carol* in N.E.D. and *Rites of Durham*, p. 262 (Surtees Soc. vol. 107). The door of the carol was not to have a lock.

[2] This word is either a mistake for *debite* or some such word, or it is to be omitted altogether, having been inserted by error from the first two words of the previous sentence.

non renunciauerint, pene canonice subiciantur uel a domo proiciantur, prout eorum contumacia promeruerit. Prouideant uisitatores ut faciant collacionem[1] ante capitulum[2] cum presidentibus et preueniant capitulum uno die.

16.

[Acts of a Chapter held at Pontefract, 1235.]

Anno gracie ᴍᴄᴄxxx quinto die Inuencionis sancte Crucis celebrato generali capitulo apud Pontefractum,[3] in quo presidebant de Kirkeham et de Nouo Loco priores, statutum est ut sub tali forma celebretur capitulum; uidelicet ut conuenientibus prioribus in aliqua domo nostri ordinis die Inuencionis sancte Crucis, primo celebretur missa de sancta Cruce cum memoria de sancto Spiritu et de omnibus sanctis a cunctis[4] iniquitatibus [*sic*]; qua celebrata, intretur capitulum, in quo seruicio facto a priore illius domus, uel ab aliquo cui ille iniunxerit, inuocetur gracia spiritus sancti cum hymno qui uocatur 'Ueni creator spiritus' alta uoce cantato, et subiungatur uersiculus *Emitte spiritum tuum,* deinde *saluos fac seruos &c.*[5] a seniore[6] presidencium, et ab eodem dicatur *Dominus uobiscum* cum collectis *Deus qui corda, Acciones nostras* et sub fine *Dominus uobiscum, Benedicamus domino* et postea *Benedicite.* Et tunc de prioribus tractetur de ordine, et cum omnia rite fuerint consummata dicatur *In uiam pacis* cum psalm[o] *Benedictus dominus deus Israel;* postea ab eodem presidente quo prius *Dominus uobiscum* cum collecta *Adesto domine supplicationibus nostris* cum *Dominus uobiscum, Benedicamus domino;* deinde cum psalmo *De profundis* et oracione dominica subiuncta et uers[iculo] *Oremus pro fidelibus defunctis, Non intres in iudicium, Requiescant in pace,* cum duabus collectis *Absolue et fidelium,* et *Absoluantur anime benefactorum et fratrum ordinis.*

Ad hoc prouisum est ut in eleuacione corporis Cristi decetero in omnibus missis in conuentu celebrandis, pulsata campanula quam sacrista prouiderit ad hoc ab altero ministrancium in altari, omnes surgant et uersis uultibus uersus altare ipsum adorent prosternentes se in eius deuocione super formas, ipsas osculantes, reuocantes ad memoriam lingnum dominice crucis.

Priores qui litteratorie et per canonicum se non excusauerint, a celebratione diuinorum suspendantur donec beneficium absolucionis

---

[1] conference.
[2] i. e. the general Chapter of the Order.
[3] The Austin Priory of Nostell was at Pontefract.
[4] cuntis, MS.
[5] *ter* MS. for [*et*] *c'*.
[6] sermone, MS.

a presidentibus obtinuerint, et cum eorundem litteris uel alterius eorum conuentui suo ostendendis redierint.

Neglectores licencie eadem pena puniantur qua[1] transgressores silencii, que pena statuta fuit in capitulo celebrato apud Gysburne.

Uisitatores de Nouo Burgo et de Drax priores, presidentes in capitulo proximo apud Bridelington celebrando de sancto Oswaldo et de Exeldesham priores, qui presidentes[2] cum uisitatoribus tempestiue in uigilia sancte Crucis ibidem conuenient.

17.

[Acts of a Chapter, probably at Bridlington, 1238.[3]]

Ne priores gestu uel habitu siue leuitate sint decetero notabiles, prouisum est ut nullus prior septa monasterii[4] progrediatur sine canonico comite; nec liceat alicui priori operimento lectorum itinerando uti nisi nigro[5]. Abstineant se decetero ab omni uerborum leuitate et scurilitate que ad rem non pertinet, set omnis sermo sale condiatur ad auditorum edificacionem, ita ut eorum matura grauitate leuitas reprimatur subditorum.

Quoniam obseruancia campane pulsande ob reuerenciam dominici Corporis statuta[6] in aliquibus locis nondum fuerit obseruata, cum huiusmodi statutum nulli generet preiudicium, sed omnium deuocioni sit profuturum, et sic per consequens ipsius repulsio non solum ordinis sed eciam dominici corporis sapiat contemptum, statuimus ut si qui tam salubre decretum citra festum Pentecosten presentis anni non admiserint (*sic*), a celebratione et percepcione diuinorum auctoritate presentis capituli extunc sint suspensi donec a presidentibus optinuerint absolucionis beneficium.

Statuimus autem in presente capitulo nullus alius dicat in publico Confiteor uel supra lecciones uel euangelium dare presumat benediccionem.[7]

Ter in anno legantur statuta generalium capitulorum in collocutoriis coram conuentu, et firmiter obseruanda iniungantur.

Trina oracio ante matutinas et post completorium ab omnibus dicatur.

---

[1] quia, MS. The Chapter held at Gisburn in 1232 did not deal with this matter; but it occurs in the Acts of the Chapter of Newburgh of 1223 and in the anonymous Chapter of 1220.

[2] presidente, MS.

[3] This is assumed from the last sentence of the previous Chapter.

[4] monesterii, MS.

[5] nigra, MS.

[6] See the statute of the Chapter of Pontefract (p. 27).

[7] Evidently some words are wanting between *capitulo* and *nullus*.

Professio conuersorum non differatur ammodo plus quam per tres menses et interim instruantur de ordine et de horis suis dicendis.

Priores capitulum et collectam dicant in stallo.

Habitum autem religionis inpudenter abicientes et a domibus suis temere recedentes, si forte graciam reconciliationis optinuerint in ultimo stallo ubique admittantur; quod non mutabunt nisi eorum humilitas et satisfactio hoc mereatur.

Pro transgressione aliqua cla*m*mancium nullus assidencium audeat defendere.[1]

Cum in regula contineatur quod nullus occulte litteras uel aliquod munus accipiat et inordinacius sit mittere quam accipere, statuimus ut si quis libellum famosum uel accusatorium de prelato uel confratre suo conposuerit uel emiserit, extunc ex diuinorum perceptione sit suspensus. Si uero super hoc conuictus fuerit et emendare noluerit, a communi fratrum societate proiciatur donec canonice satisfecerit. Qui autem simplices litteras emiserit non licenciatus, secundum arbitrium prioris modus et quantitas[2] delicti emendetur.

18.

[Acts of a Chapter at Nostell, 1241.]

Anno gracie m⁰ccxl primo celebratum fuit generale capitulum ordinis sancti Augustini Eboracensis prouincie apud sanctum Oswaldum, ubi fuerunt presidentes de Gysburne et de Marton priores, presentibus[3] eiusdem prouincie omnibus preter de Bridelington et de Nouoburgo et de Turkerton priores qui se per canonicos suos litteratorie excusauerunt, priore de sancto Oswaldo egritudine graui in partibus aquilonaribus detento, priore de Nouo Loco nuper defuncto.

Sanctorum uestigiis inherentes, obseruancias ordinis et priora statuta capituli generalis approbamus et ea sub ostentacione diuini iudicii seruanda uniuersis commendamus, adicientes ut prima dominica aduentus Domini et prima dominica Septuagesime ab esu carnium omnes abstineant canonici nisi forte in infirmitate aut longinqua peregrinacione extra regnum Anglie aut alia causa racionabili fuerint inpediti. Quoniam, ut dicit apostolus, spectaculum facti sumus huic mundo et angelis et hominibus, ne forte occasionem scandali aut ruine demus infirmioribus, cenas perpetuo sextis feriis sanis et conuentum

---

[1] There is something wrong here; perhaps *clamatum* should be read for *clamancium.* See p. 64, l. 8.

[2] quantitatis, MS.

[3] presidentibus, MS.

sequentibus interdicimus, exceptis tribus solempnitatibus si in sexta feria euenerint, uidelicet Natalis domini, Assumpcionis beate Marie, & festiuitas Omnium Sanctorum.

Quia uero, atestante sacra scriptura, prelati tenentur diligenter agnoscere uultum pecoris sui, generalis capituli auctoritate statuimus ut prelati confessionibus subditorum audiendis et admittendis crebro et diligenter intersint personaliter.

Si uero aliquis fratrum alii confitendi a prelato suo licenciam humiliter petierit, de ipsius licencia suppriorem uel tercium priorem uel eciam alium grauem et discretum de conuentu suo adeat, alii licencia penitus denegata, salua in omnibus et integra conseruata domini pape et legatorum suorum et domini archiepiscopi auctoritate et reuerencia.

19.

[Acts of a Chapter at Newburgh, 1244.]

Anno gracie MCCXL quarto celebratum fuit generale capitulum Eboracensis prouincie apud Nouumburgum, ubi presidentes fuerunt de Nouoburgo et de Carleolo priores, ubi de consensu priorum et subditorum tunc ibi presencium hec subscripta statuerunt.

Cum zelus dei et ordinis omni carnali affectioni semper sit preponendus, statuimus ut nullus prior ob fauorem alicuius persone aliquem canonicum inferioris ordinis, de cuius promocione spes habeatur, alicui officio deputet exteriori ; ne forte, quod absit, nouella plantacio uento temptacionum festinacius exposita radicitus euellatur.

Item cum preceptum sit in lege ut cauda simul cum capite hostia domino debeat offerri in sacrificium, statuimus ut senes et valitudinarii, postquam ad statum tante debilitatis peruenerint ut secundum communem cursum conuentus officia sibi debita explere[1] non possint, officiis exterioribus exequendis non deputentur.

Item cum ex insinuacione visitatorum ordinis nostri nobis[2] sic est intimatum, quod quidam tam priores quam subditi statuta generalis capituli contemptui habentes ea hactenus obseruare [minime][3] curarunt, infirmitati magis parcere quam contumaciam punire uolentes, statuimus ut circa[4] festum beati Michaelis proximum eadem statuta ab omnibus tam prioribus quam subditis humiliter admittantur et inuiolabiliter

[1] expellere, MS.
[2] nos, MS.
[3] Not in MS.

[4] Written in full in MS., but in the original it was probably *citra*.

obseruentur; alioquin extunc a diuinorum celebratione nouerint se suspensos, donec ex presidencium gracia restitucionem promeruerint.

Proximum capitulum erit loco quo prius, ubi presidentes erunt de sancto Oswaldo et de Kirkeham priores, visitatores de Wartera et de Martone priores.

20.

[Acts of a Chapter at Newburgh, 1247.]

Anno gracie mᵒccxl sexto[1] celebratum fuit generale capitulum ordinis sancti Augustini Eboracensis diocesis apud Nouumburgum, ubi de consensu prelatorum et subditorum hec subscripta statuta fuerunt.

Cum periculosum sit omnibus religiosis[2] et ualde indecens et inhonestum ad ea, que in professione renunciauerunt, tanquam canis ad uomitum inpudenter reuerti, uanas et inordinatas nouitates tam prelatis quam subditis penitus interdicimus, maxime calciamenta plicata, zonas depictas, knipulos[3] ad panes cum ferro argentato uel deaurato et fine acuto, phaleras equorum cum lunulis minutim pendentibus, et alia queque similia in quibus contra tenorem regule ordo canonicus possit reprehendi.

Statuimus etiam ut priores qui decetero canonicam prepedicionem habeant[4] ad capitulum ueniendi, in litteris excusatoriis clausulam ratihabicionis simul cum data apponant.

Prouisum est eciam ut priores ad capitulum generale uenientes decetero uiuant[5] communiter in cibis et in aliis sumptibus[6], et ad hoc sustinendum qui quatuor habuerit euectiones et sex personas, dabit octo solidos; qui autem sex euectiones et octo personas habuerit, quem quidem numerum nolumus excedi, dabit duodecim solidos, ita ut fiet [*sic*] in primo capitulo. Quod si ista summa ad honestam sustentacionem non sufficerit [*sic*], defectus supplebitur, et in illo capitulo prouidebitur de augmento faciendo. Tradetur dicta pecunia visitatoribus in transitu suo.

Proximum capitulum erit apud sanctum Oswaldum ubi presidentes erunt priores de Exelsam et de Wirkessop'; uisitatores de Bridelingtone et de Nouoburgo priores.

---

[1] Probably *septimo* was in the original.
[2] religionis, MS.
[3] knives.
[4] habentes, MS.
[5] uiuat, MS.
[6] sumpibus, MS.

21.

[Acts of a Chapter at Nostell, 1253.]

Anno gracie ᴍᴄᴄʟɪɪɪ⁰ celebratum est capitulum generale apud
sanctum Oswaldum, presidentibus[1] ibidem de Gysburne et de Karliolo
prioribus, ubi aliis prioribus concencientibus statuta sunt hec :—

Quoniam, ut ait apostolus, qui bene presunt dupplici honore digni
sunt pro eo quod non solum ex operis [*sic*] set eciam uerbo predica-
cionis subditis dant monita salutis, prouisum est atque statutum ut
semper in generali capitulo ab aliquo priore fiat sermo, cui de consilio presidencium per uisitatores hoc ipsum iniunctum fuerit et
denunciatum.

Ad reprimendum quorundam insolenciam statutum est et hiis, qui
custodie claustri deputati sunt, firmiter iniunctum ne post collacionem
facilis pateat licencia canonicis exeundi ad bibendum extra claustrum,
nisi euidens necessitas aut pia utilitas aliud suadeat, hiis exceptis qui
extra claustrum post cenam retenti sunt ; qui autem super hoc licenciam optinuerint, studeant quam cito commode poterint honeste et
ordinate in claustrum reuerti.

Quia frequenter contingit quosdam post habitus suscepcionem ante
professionis emissionem ex non suo uicio talem incurrere morbum
quod in conuentu tollerari non possunt, quamuis de iuris uigore non
sint domus ad prouidendum talibus astricte, suadente tamen equitate
statuimus ut secundum domorum facultatem et personarum qualitatem
pietatis intuitu talibus necessaria ministrentur extra domum et in
habitu seculari.

Qui autem ex propria temeritate ante[2] professionem aliquod tale
commiserint propter quod promissa sibi gracia indingni habeantur,
licebit eorum prelatis[3] de fratrum consilio eos penitus expellere sine
spe reuertendi ; et ideo in susceptione habitus publice denuncietur
suscipienti, quod sicut annale spacium, quod probatio indultum est,
licet non professis pro sua voluntate recedere et aliam religionem
[si][4] uoluerint adire, ita prelati eos qui graciam professionis [non][5]
meruerint, de fratrum assensu libere poterunt expellere non obstante
reclamatione aut appellacione, cum non sint in tali casu aliquatenus
obligati.

Statutum est ut sub hac forma fiat excusacio priorum[6] canonicam

---

[1] presentibus, MS.
[2] aut, MS.
[3] prelatus, MS.
[4] Not in MS.
[5] Not in MS.
[6] excusacio. Prior, MS.

prepedicionem ad generale capitulum ueniendi habentium [1], videlicet ut, presidentibus et capitulo salutatis, assingnetur racionabilis causa inpotencie veniendi. Et postea petatur ut absencia eorum excusata habeatur et postea [2] subiungatur quod, quicquid ad ordinis reformacionem et religionis augmentum statutum fuerit, ratum habebit et gratum.

Statuimus eciam ut fratres abstineant ab esu carnium in omni feria quarta exceptis festis dupplicibus preter infirmos et itinerantes.

Proximum capitulum erit apud sanctum Oswaldum, ubi viuent de communi secundum quod prius [3] fuit prouisum.

22.

[Acts of a Chapter at Nostell, 1256.]

Anno gracie MCCL sexto celebratum fuit generale capitulum ordinis sancti Augustini Eboracensis prouincie apud sanctum Oswaldum in quo fuerunt statuta :—

Cum diuini obsequii cultus omnibus negociis terrenis ac temporalibus merito sit semper preferendus, statuimus ut nouicii de custodia non exeant donec seruicium suum sciant silicet [*sic*] psalterium, hymnarium, antiphonarium et troparium cordetenus et gradale in lib*ero* bene reddito ; si uero per priorem et suppriorem et duos de senioribus super hoc examinati sufficientes fuerint inuenti, ulterius in custodia non detineantur, nisi aliud obstet canonicum, ne malignitatis aut inuidie nequiscia [*sic*] in sacra religione locum sibi possit uendicare.

Quoniam inter omnia obsequia diuina nullum maius sacro altaris sacramento iudicatur, statuimus ut quicumque sacerdos sanus et conuentum sequens per octo dies a celebracione misse cessauerit, nisi legitimum impedimentum ostenderit, sicut de propria temeritate ab altaris communione se priuauit, a fratrum quoque societate prioris iudicio amoueatur, donec fiat melioracio [et] [4] ipsius arbitrio restitui [5] promeruerit.

Cum in cordis contritione, oris confessione et operis satisfaccione nostrorum consistat medicina peccaminum, offerant se fratres saltim bis in anno suis prioribus, in Adventu domini videlicet et Quadra-

---

[1] habitum, MS.
[2] posta, MS.
[3] i.e. in 1247.

[4] Not in MS.
[5] restituti, MS.

gesima, fideles et ueraces confessiones facturi; alioquin pene sub-iaceant grauiori.

Proximum capitulum erit apud sanctum Oswaldum de consensu et uoluntate prioris et conuentus eiusdem domus, hiis condicionibus scilicet quod uisitatores in suo itinere pecuniam unicuique priori assignatam recipiant et celerario sancti Oswaldi tradant; qui cum uno a latere presidencium transmisso necessaria prouideant prioribus in capitulo futuro secundum formam concilii generalis. Si qui autem priores pecuniam sibi assignatam ipsius uisitatoribus in suo itinere non soluerint, ipsi uisitatores eos auctoritate presidencium et generalis capituli ab ingressu ecclesie suspendeant uel grauiori pene si uiderint expedire subiciant. Prouideant autem priores illuc aduenturi ut talem familiam sic honestam et sic ordinatam secum adducant, ne dampnum aut dedecus occasione sui aduentus predicte domui contingat, scituri quod unusquisque pro suis tenebitur respondere et de dampno si quod intulerit satisfacere. Quod si pecunia in forma predicta non fuerit soluta, non poterit predicte domui imputari, si hac[1] occasione modo prescripto non fuerit facta prouisio; et de capitulo perpetuo ibidem celebrando interim deliberabunt predicti prior et conuentus. Nolumus ne hac concessione aliquod eis generetur preiudicium. Presidentes ad primum capitulum erunt de Turkerton et de Boulton priores, uisitatores de Kirkeham et de Exellesham priores; priorem de Brinkebur', qui nec venit nec se excusauit, ab ingressu ecclesie, et quia uisitatores male suscepit, suspendimus.

23.

[Acts of a Chapter at Nostell, 1259.]

Anno gracie MCCL nono celebratum fuit capitulum generale apud sanctum Oswaldum, ubi statuta fuerunt hec; uidelicet ut priores qui in aduentu uisitatorum denarios ad sustentacionem priorum et aliorum ad capitulum generale ueniencium plenarie non soluerint, secundum quod prius statutum est, a celebracione diuinorum suspendantur, donec beneficium absolucionis a presidentibus optinuerint.

Item quod consuetudines monasteriorum approbate et usitate, que non sunt contra bonos mores nec contra regulam nec contra canones, concedantur et teneantur, et statuta que grauantur in proximo capitulo corrigantur.

Preterea excommunicamus omnes illos qui offensas prelatorum et

---

[1] ac, MS.

subditorum, que in capitulo secundum ordinem corriguntur, aliquibus maliciose reuelant; item omnes illos qui, sine consciencia prelatorum et eorum capituli, excessus publicos uel secretos alicuius uel aliquorum fratrum, qui per prelatos et sua capitula possunt emendari, ad maiorem confusionem eorum et vindictam aliquibus reuelare presumunt.

Primum[1] capitulum erit apud Nouumburgum, ubi presidentes erunt de Drax & de Parco priores, ubi predicabit prior de Bolton, uel prior de Nouo Loco, si prior de Bolton absens fuerit uel eger. Visitatores de Gysburne et de sancto Oswaldo priores[2]; visitatores de Gisburne, de Nouoburgo et de sancto Oswaldo priores; de sancto Oswaldo, de Gysburne & de Wirkesop priores.

24.

[Acts of a Chapter at Worksop, 1265.]

Anno gracie[3] mcclxv die Inuencionis sancte Crucis apud Wirkesop celebratum fuit capitulum generale ordinis sancti Augustini Eboracensis prouincie, in quo unanimi consensu prelatorum eiusdem capituli prouisum fuit quod constitucio concilii generalis Lat*eranensis* super huiusmodi capituli celebrationem [*sic*] in omnibus de cetero obseruetur, uidelicet quod in loco aptiori & remocioribus commodiori de cetero generale capitulum celebretur.

Prouisum est eciam quod priores omnes ad capitulum accedentes communiter uiuant, & ad sustentacionem suam secundum eueccionum suarum, que senarium numerum non excedant, & personarum quas secum ducunt, que octonarium non excedant, communiter contribuant, uidelicet pro qualibet eueccione per duos dies continuos, quibus in loco celebracioni signato ad minus oportet moram trahere, duos solidos singuli contribuant & prouideant singuli priores; quod porcionem se contingentem in nundinis beati Botulphi ipsum capitulum proximo precedentibus celerario uel certo procuratori monasterii ad celebracionem capituli assignati, omni occasione & dilatione remotis, integraliter faciant persolui. Idem uero celerarius uel procuratores secundum consilium sui prioris honeste & competenter prouideat in cibis & potibus, uidelicet pane & uino & ceruisia; ita quod doleum

---

[1] So in MS.; possibly the original read *proximum.* In the Acts of the previous Chapter both words are used.

[2] The Register of Archbishop Giffard gives details of a visitation of Newstead by these visitors on July 16, 1261 (*Giffard's Register*, pp. 213-15, Surtees Soc.).

[3] A new hand. The first part of the roll must have been written about 1260.

vini prouideat ad minus & duo fercula cum una pietancia generaliter
secundum temporis exigenciam, & capitulo celebrato duobus ad hoc
per presidentes deputatis compotum reddat; ita quod monasterium
in quo capitulum celebratur in nullo grauetur. Prouisum est eciam
quod priores nullum in familia sua secum ducant nisi honestum
& quietum & de cuius transgressione, si contigerit, sufficienter
respondeant.

Item quoniam autem iuxta regulam beati Augustini propter hoc
regulares canonici in unum sunt congregati ut unanimes habitent in
domo, ne obseruanciarum regularium varietas unanimitatem prepediat,
in eodem capitulo concorditer & salubriter est statutum quod de
septem monasteriis, uidelicet de Thurgarton, de sancto Oswaldo, de
Nouoburgo, de Kirkeham, de Extildesham, de Briddelintone, de
Gyseburne septem viri discreti & modesti & in obseruanciis regularibus
magis experti per consilium & assensum priorum & conuentuum
predictorum monasteriorum eligantur, qui die dominica proxima post
festum sancti Michaelis eodem anno sequens in monasterio de Drax
conueniant & consuetudines monasteriorum suorum in scriptura
redactas secum deferant, & super hiis studiosissime & diligenter
conferant & absque zelo amaro & contentione, quolibet intuitu persone
fauoris & odii penitus diducto, de omnibus & singulis pociora concorditer eligant & in scripturam redigant; & quod, si in aliquo omnes
concordare nequiuerint, quod maior pars super hoc decreuerit absque
contradiccione cuiuslibet preeligatur, & in tenorem scripture redigatur,
ita quod nichil nouum per ipsos adinueniatur nec officia diuina
aliquatenus immutentur[1]. Cum autem ista fideliter compleuerint,
scriptura memorata pociora & preelecta seriatim continens consignetur
& priori de Drax tradatur custodienda, donec priores omnes apud
Eboracum, secundum quod eisdem in capitulo sub pena excommunicacionis est iniunctum, die Lune proxima post festum sancti Leonardi
anno supradicto in domo prioris de Bridelingtone simul cum
supradictis septem conuenerint, & scripturam prefatam diligenter
examinauerint, & auctoritate capituli generalis & consensu unanimi
confirmauerint. Consuetudines igitur sic concorditer ordinatas,
examinatas & confirmatas singula monasteria habeant conscriptas,
& inuiolabiliter in posterum obseruent. ut sic multitudo statutorum
capituli generalis, que tedium & grauamen aliquibus generare solebat,
euitetur, & consuetudinum unanimitas assumpta religiosum accendat
affectum, & custodiam virtutis & studium operetur.

[1] immutantur, MS.

Proximum capitulum apud Giseburne celebrabitur; presidentes de Brinkeburne & Bouleton priores; visitatores de Thurgarton & Schelford priores; visitatores de Thurgarton, de Wirkesop & Schelford priores; visitatores de Schelford, de Thurgarton, & Nouo Loco priores.

25.

[Acts of a Chapter at Nostell, 1278.]

Anno domini MCC septuagesimo octauo die Inuencionis sancte Crucis apud sanctum Oswaldum celebratum fuit capitulum generale ordinis sancti Augustini Eboracensis prouincie, ubi presidentes fuerunt priores de Lanercoste & de sancto Oswaldo. Qui scilicet prior de sancto Oswaldo ad officium presidencie loco prioris de Kartemel de consensu priorum capituli est assumptus, et penes quem & collegam suum prefatum auctoritas presidencie usque ad proximum capitulum ac in eodem capitulo plenarie residebit, auctoritate quoad hec penes priorem de Kartemel penitus explorata.

Quia uero uisitatores in precedenti capitulo deputati, scilicet de Karleolo & Wartria[1] priores, visitacionis officium nullatenus expleuerunt, priore Karleoli quoad hoc sufficienter excusato quod per ipsum minime steterit quominus eiusmodi officium fuerat adimpletum, priorem de Wartria, se excusare[1] quoad hoc plenarie non ualentem, licet dicti presidentes de consensu priorum dicti capituli acerrime puniuisse merito potuissent, tamen ob reuerenciam & rogatum domini Eboracensis ac[2] sui capituli cum ipso mitius agere decernentes, penam dicto priori pro meritis infligendam in suspenso de speciali gracia posuerunt, quousque iidem presidentes uel eorum alter cum dicto domino ac suo capitulo tractatum habuerint[3] uel habuerit specialem. Priores uero de Thurgertone & de Felleia, quia nec personaliter accesserunt nec se aliquatenus excusauerunt, auctoritate presidencium & capituli ab ingressu ecclesie sunt suspensi & ad soluendum contribucionis expensarum in capitulo faciendarum duplum contemptus sui demerito condempnati, absolucionis beneficium ab utroque presidencium uel eorum altero[4] non aliter recepturi[5], nisi contemptus sui reatum humiliter recognoscant, ac per se uel per procuratores legittimos in forma iuris huiuscemodi graciam suppliciter expetant, ac duplum contribucionis prefatum cum integritate persoluant.

---

[1] Wartria qui se excusatore, MS.
[2] ad, MS.
[3] habuerunt, MS.
[4] ex altero, MS.
[5] contempturi, MS.

Item quia dudum in capitulo generali statutum dinoscitur ne prior aliquis extra septa monasterii absque canonico comite aliquatenus exeat, quod tamen statutum ab aliquibus minus dicitur obseruatum, statutum huiusmodi renouando concorditer est prouisum quod, si quis de cetero contrarium egerit, ab ingressu ecclesie auctoritate presidencium uel eorum alterius, quocienscumque hoc potuerint uel potuerit cercius comperire, districtius arceatur, donec humiliter penitens absolutionis beneficium meruerit optinere.

Item ut contencionis uel compoti materia de cetero subtrahatur, de consensu unanimi & precipue eorum quorum magis interesse dinoscitur, scilicet priorum quinque monasteriorum scilicet de Gyseburne, de Bridelington, de Kirkeham, de Nouoburgo & de sancto Oswaldo, in quibus iuxta quod alias[1] est prouisum successiue celebrabitur generale capitulum, firmiter est statutum ut contribucio quoad singulas euecciones duos solidos non excedat; et si quid ulterius fuerit, onus residui prior monasterii in quo celebrabitur capitulum integraliter in se suscipiet.

Item quod frequencius in preteritis generalibus capitulis super uniformitate obseruanciarum regularium & diuinorum officiorum ubique in monasteriis predicti ordinis Eboracensis prouincie habenda & firmiter obseruanda est multociens approbatum[2], in hoc capitulo est unanimiter ratificatum; sed quia huiusmodi statutum absque auctoritate & consensu domini Eboracensis[3] optatum sortiri non ualet effectum, prouisum est ut idem dominus per priores de sancto Oswaldo & de Wirkesope super hoc humiliter requiratur ac eiusdem consensus diligentissime procuretur. Quod si domino annuente optineri potuerit, tunc presidentes dicti capituli priores dicte prouincie apud Eboracum in camera prioris Gyseburne districtius conuocent, ut ibidem de ceteris negocium ipsum tangentibus discrecius ordinetur, ac idem negotium debitum finem & utilem consequatur. Proximum capitulum erit apud Nouumburgum, ubi presidentes erunt de Lanercoste & de sancto Oswaldo priores, quia visitatores ad quos huiusmodi officium presidencie debuisset spectasse, quod suum esse debuerat, in hac parte preteriuisse noscuntur. Visitatores erunt de Bridelington & de Wartria priores; visitatores vero de Bridlington, de Kyrkham & de Wartria priores, visitatores autem de Wartria, de Bridlington & [Kyrk]ham priores.

---

[1] No doubt by the statutes of Helagh Park; see the next Chapter.

[2] approbato, MS.

[3] On May 1, 1282, the Archbishop of York wrote to the Augustinian Chapter then assembled, that they should repress the variety of Uses, and establish the Use of York (*Wickwane's Register*, p. 294, Surtees Soc.).

26.

[Acts of a Chapter at Newburgh, 1282.]

Anno domini MCCLXXX secundo die Inuencionis sancte Crucis celebratum est generale capitulum ordinis sancti Augustini Eboracensis prouincie apud Nouum Burgum, ubi presidentes fuerunt de sancto Oswaldo & de Nouo Burgo priores, qui videlicet prior de Nouo Burgo ad officium presidencie de consensu priorum capituli in locum prioris de Landircoste subrogatus est, ubi statuta fuerunt hec subscripta & prouisa :—

In primis uidelicet quod uniformitas consuetudinum & officiorum diuinorum, de qua sepissime in retroactis capitulis est pertractatum, correctis quibusdam de consuetudinibus & obseruanciis apud Parchum [1] in scripturam redactis & eciam quibusdam aliis generalium capitulorum statutis, que pluribus nostri ordinis monasteriis ut aliquibus videtur sunt onerosa & usitatis eorum consuetudinibus nimis dissona, ubique concorditer habeatur. Sed ut consulcius correccio fiat predicta, dilatum est negocium usque in crastinum synodi post festum sancti Michaelis proximo futurum, ut interim super hiis per priores de Briddlington & de Wartria domini archiepiscopi requiratur consensus, & ad hoc conuentuum diligencius alliciatur deuocio & affectus, & tunc demum per literas presidencium omnes conuocentur priores Eboracensis prouincie tractaturi super omnibus dictum negocium tangentibus apud Eboracum in domo prioris de Briddlington die predicto,[2] ut quod tunc ordinatum fuerit & ratificatum extunc ab omnibus inuiolabiliter obseruetur.

Item ne desidia uel necgligencia in uisitando posteris ad ordinis contemptum relinquatur, sicut prius aliquantulum segnius actum est, renouatum est statutum quod, secundo anno post celebracionem capituli generalis, a visitatoribus fiat visitacio in singulis monasteriis nostri ordinis Eboracensis prouincie, nisi legittimum interuenerit impedimentum ; quod si acciderit, presidentibus insinuetur ut de eorum consilio proximum saltem capitulum debita plenius precedat visitacio, sub pena suspensionis a celebracione diuinorum per tres

---

[1] On April 10, 1323, Archbishop Melton asked to see the set of statutes which was drawn up 'apud Parcum' (= Helagh) and afterwards accepted by a general Chapter of the Austin Canons. From this notice Canon Raine in his Introduction to *The Priory of Hexham,* p. cxiii (Surtees Soc.), assumed that the statutes were made shortly before 1323, but there can be no doubt that they were drawn up between 1265 and 1278.

[2] Apparently means 'a day fixed beforehand'.

menses, quam extunc visitatores, si sic plenarie factum non fuerit, se nouerint incurrisse.

Item sentenciam excommunicacionis prius in illos latam, qui offensas prelatorum uel eciam subditorum que in capitulo secundum ordinem corriguntur, aliquibus maliciose reuelant, & eciam in illos qui sine consciencia prelatorum & suorum capitulorum puplicos uel secretos excessus alicuius uel aliquorum fratrum, dummodo per prelatos & sua capitula salubriter poterunt emendari, ad maiorem confusionem & eorum vindictam aliquibus reuelare presumunt, omnes unanimiter priores capituli confirmarunt.

Item cum superiori persone superior debeatur & locus, statutum est ut in singulis monasteriis in quibus hucusque non est obseruatum, subprior locum teneat suppremum in fronte chori ex opposito prior*is*, ut sic gestus & opera in choro existencium ad omnimodam dissolucionis repressionem & maiorem deuocionis excitacionem circumspexius possit intueri.

Item quia laus que matri defertur filio proculdubio exibetur, ut deo famulantium ad implorandum dei genitricis patrocinium salubrius excitetur deuocio, concorditer est statutum quod in singulis monasteriis nostri ordinis Eboracensis prouincie singulis diebus inpretermisse ante trinam orationem post completorium sollempniter & deuote decantetur antiphona *Salue regina misericordie*, sine versibus, cum versiculo *Aue Maria* a sacerdote ebdomadario dicendo cum collecta *Omnipotens sempiterne deus* &c.; in fine *per eundem Cristum dominum* sine *Benedicamus domino*; & sic sequatur trina oracio in silencio.

Item licet prius statutum fuerit quod omnes priores & procuratores priorum absentium ad capitulum generale accedentes simul comederent in refectorio & famuli eorum singuli seorsum in cameris dominorum suorum, tamen ex certa causa in hoc capitulo est mutatum & unanimiter prouisum quod tam priores quam procuratores predicti cum omni familia sua simul commedant in aula hospitum, ut sic per presenciam dominorum sagacius insolencia & leuitas arceatur famulorum ne, per diuersa conuenticula segregatim dispersa, monasteriorum bona in quibus capitulum fuerit celebratum inutilius dissipentur.

Item ne in dubium uertatur quod certum esse tenetur, statutum est quod unus presidencium qui pro tempore fuerit in singulis capitulis generalibus predicet uel alium priorem ad hoc ipsum procuret & alius missam maiorem in conuentu celebret, ut ex personarum reuerencia diuini cultus reuerencior fiat deuocio.

Item ne specialitatis confederacio inter plura monasteria salubriter firmata matri negligencie, scilicet obliuioni, paulatim retradatur, prouisum est et singulis monasteriis nostri ordinis firmiter iniunctum quod de cetero post breuia fratrum descedencium [*sic*], que obitus dicuntur, in capitulo coram conuentu perlecta, statim ibidem coram omnibus legantur & confederaciones, ut quid cui honeris incumbit [1] tam pro uiuis quam pro mortuis, cunctis liquidius innotescat.

De uniformitate vero nominum, cum omnes simul fratres in Cristo, quod quidem vocabulum ex caritate procedit, statutum est & uniformiter prouisum quod omnes de cetero fratres nominentur tam in capitulo quam extra excepto priore, qui dicitur tantum in tabula.[2]

Item de officio visitacionis sic ordinatum est, quod, ubi sinistra suspicio fuerit, visitatores ad singularem descendant inquisitionem, si viderint expedire.

Proximum capitulum celebrabitur apud Gyseburne; presidentes ibidem de Briddlington & de Wartria priores, ubi predicabit prior de Bridlington, prior uero de Wartria missam celebrabit; visitatores de Kyrkham & de Drax priores, visitatores de Kyrkham, de Drax & Wartria priores, visitatores de Drax, de Kyrkham & de Parco priores. Datum apud Nouum Burgum die Inuencionis sancte Crucis anno supradicto.

27.

[Acts of a Chapter at Gisburn, 1285.]

Pium est deuiantes a tramite unitatis ad unitatem deuocare, cum in unione fidei omnes sumus unum in Cristo. Nos igitur presidentes de Gysburna & de Wartria priores, qui vice prioris de Bridlingtona tam ex commissione dicti prioris de Bridlingtona quam ex consensu priorum capituli ad officium presidencie assumimur & penes nos & collegam nostrum prefatum priorem de Wartria auctoritas presidencie usque ad proximum capitulum de consensu priorum predictorum plenarie residebit, ad honorem omnipotentis dei & gloriose virginis Marie & omnium sanctorum & ad uniformitatem & honestatem ordinis nostri capitulum generale ordinis sancti Augustini Eboracensis prouincie VI Idus Octobris anno domini MCCLXXX quinto, diuino suffulti auxilio,

---

[1] 'Whatever duty is incumbent on any one.'

[2] If there is no error in the wording of this paragraph, it appears to deal with the question whether the prior, subprior, and other officers are to be addressed as 'frater' or with some higher title, and if so, whether in Chapter or on all occasions. The prior was apparently to be called 'dominus' always except in the list recited in mass. But see next Chapter.

apud Gyseburne celebrantes, a consensu accedente unanimi omnium priorum tunc ibi presencium, scilicet de Kyrkham, Nouo Burgo, Augustaldens', Karleolo, Kartemel, Wyrkesop, Turgurtona, Booltona, Coningyshefd, Drax, Lanrecost, Brinkebur', Martona, Parcho & de Felley necnon & omnium procuratorum dominorum priorum scilicet de sancto Oswaldo, Bridelingtona, de Schelford & Nouo Loco, qui unanimiter & concorditer una cum nobis presidentibus & prefatis prioribus consenserunt & acceptauerunt quod omnia statuta edita & prouulgata [*sic*] de communi priorum omnium & procuratorum tunc existencium in monasterio de Parcho prouida deliberacione habita examinata, ratificata & unanimiter confirmata prout [in][1] instrumento puplico inde confecto & sigillis omnium priorum Eboracensis prouincie signato plenius continetur, ad obseruancias regulares equaliter habendas & tenendas, ne quibusdam obseruatis & quibusdam omissis murmur uel dissensio inter fratres suscitetur, sed prefata statuta de Parcho omnia & singula sine diminucione aliqua, excepcione ac pallacione [*sic*] uniformiter acceptantes & confirmantes, ut ipsa inconcussa & illibata in singulis domibus & conuentibus nostris Eboracensis prouincie irrefragabiliter obseruentur & cum omni sollicitudine religiose unitatis custodiantur in perpetuum a die Pasche proximo sequente anno domini sequente. Et si aliqua statuta in prenominatis statutis de Parcho inueniantur alicui monasterio contraria & nimis dissona, volumus quod per priorem illius monasterii referantur ad generale capitulum, ubi [per][2] presidentes & per maiorem partem capituli consideracione prudenti & discreta sagacius disponantur & solidius statuantur, que religioni congruant & deuocionis[3] feruorem accendant. Que licet in parte uel in toto quibusdam monasteriis seu conuentibus tanquam sue consuetudini repugnantia onerosa videantur, volumus nichilominus quod ad proximum generale capitulum integraliter & sine reclamatione aliqua reuerencius obseruentur. Rebelles autem & contradictores si qui inueniantur in hac parte, quod absit, sentencia suspensionis a diuinis auctoritate capituli nostri generalis noscant se ex tunc esse innodatos; quorum status reformacionem prioribus suis duximus committendam, & si in suspensione per tres dies perseuerauerint contumaciter, per abstraccionem alimentorum videlicet pane, secunda seruisia & leguminibus reficiantur; ut sic crescente contumacia, crescere videatur & pena.

Item quia sancte religionis decencia consistit in reuerenti parcium conueniencia, ne a parte nominis fiat disconformitas consuetudinis, quorum per religionis habitum & gestum comprobatur unitas, statutum

---

[1] Not in MS.　　　[2] Not in MS.　　　[3] deuocioni, MS.

est uniformiter & prouisum ob reuerenciam que sub regula beati Augustini degentibus regularibus canonicis exiberi dinoscitur, qui ab ipso clerici meruerunt appellari, quod omnes canonici sacerdotes fratres in capitulo & domini extra nominentur.

Proximum capitulum erit apud Bridlingtonam die Inuencionis sancte Crucis anno domini MCCLXXX octauo, ubi presidentes erunt de Kyrkham & de Drax priores; predicabit prior de Kyrkham, celebrabit missam prior de Drax. Visitatores de Nouo Burgo & de Martona priores; visitatores de Nouo Burgo, de Kyrkham & de Martona priores; visitatores de Martona, de Kyrkham & de Nouo Burgo priores.

28.

[Acts of a Chapter at Bridlington, 1288.]

Anno gracie millesimo ducentesimo octogesimo octauo die Inuencionis sancte Crucis apud Bridlingtone celebratum fuit capitulum generale ordinis sancti Augustini Eboracensis prouincie, presidentibus de Kirkeham & de Drax prioribus; in quo unanimi assensu prelatorum & procuratorum priorum absencium eiusdem capituli prouisum fuit quod constitucio concilii Latran*ensis* [*sic*] super huiusmodi celebracione capituli edita in omnibus de cetero obseruetur; et precipue ut amodo nulla fiant statuta nisi tantum ad reformacionem ordinis & obseruancias regulares, quia in istis precipue consistit auctoritas consilii, sicut patet in dicta constitucione efficaciter intuenti. Cum igitur procuratores priorum & conuentuum predicte prouincie in prioratu de Parco quemdam librum dinoscantur quondam edidisse, cuius multa capitula omnium fere monasteriorum dicte prouincie statutis, consuetudinibus & obseruanciis usitatis[1] & approbatis asserantur plurimum aduersari, ac eciam quedam censure ecclesiastice a presidentibus post edicionem completam existentibus late fuerint in non seruantes, & ex hiis in religione predicta apud diuersos murmura, dissensiones & scandala non sit dubium exoriri, similiter & quedam statuta in generalibus capitulis retroactis ordinata fuere que non communiter obseruantur, &, ut prius, censure alique[2] in non seruantes, prout wlgate fuerunt, ut defunctorum qui sub scrupulo[3] consciencie huiusmodi censurarum ab hac vita sunt subtracti animarum saluti consulatur, et uiui si quam maculam ex censuris ipsis contraxerunt, nodo vinculi dissoluto, liberati

---

[1] uisitatis, MS.   [2] i.e. ordinate fuere.   [3] scripulo, MS.

securius diuinis se inmisceant, intendentes[1] prouidere, volumus quod statuta huiusmodi, si qua fuerint secundum canonicam[2] exigenciam obseruanda, ex nunc cum effectu ad noticiam subditorum omnium monasteriorum canonicorum infra prouinciam existencium peruenient, ut citra proximum generale capitulum omnes conuentus cum suis prioribus de predictis constitucionibus, que videlicet sunt obseruande & que non, deliberare ualeant competenter. Unde quia nostrum officium est periculum animarum in quantum possumus obuiare & earum prouideri saluti censuras, suspensiones & excommunicaciones quascumque a prima institucione istius capituli occasionibus premissis hucusque latas, ex causis piis supradictis & aliis quibusdam, in dei nomine ad maiorem securitatem reuocamus, & absoluimus viuos & defunctos a censuris predictis si aliqui eas incurrerint, licet reformacio status subditorum propriis suis prelatis de consilio presidencium & capituli fuerit reseruata; decernentes ut omnes statuta predicta in locis singulis, ubi colitur nostra religio, ob[3] reuerenciam domini Archiepiscopi sub spe correccionis apprehendant & usque ad proximum capitulum generale plenius deliberare studeant, ubi priores & conuentuum procuratores qui statuta non acceptant attensuri sunt & racionabiliter propositury quare ipsa statuta siue aliqua ipsorum in congregacionibus singulis non debeant artius obseruari, requisito interim consensu Archiepiscopi super hiis per presidentes.

Item ne aliqua suspicio sinistra vel scandalum inter nos quoquomodo per accessum mulierum possit exoriri, statuimus ne in aliquo monasteriorum nostri ordinis mulieres in officinis intrinsecis, ut in coquina, pistrina & bracino, ad aliqua officia exercenda amodo admittantur.

Item statuimus, ut de cetero maliuolis & fugitiuis via nocendi artius precludatur, quod in singulis monasteriis locus secretus, firmus & tutus celerius prouideatur in quo rebelles, pacis perturbatores & incorrigibiles, proprietarii, incontinentes vel de furto seu de conspiracione conuicti firmiter & districte ad arbitrium prioris de consilio trium uel quatuor seniorum & saniorum de conuentu sub certa custodia teneantur. Et si condigne penituerint, de eorum consilio ad statum pristinum reuocentur, ut sic materia vagandi sublata & delinquentibus perdicionis occasio & collegiis nota infamie vel ineuitabilis iactura sagacius subtrahatur.

Item quia audiuimus quod quidam fratres contra canonem per xv dies vel per mensem celebrare contempnunt, propter quod alii offen-

---

[1] intendimus, MS.   [2] canonicum, MS.   [3] ea ob, MS.

duntur & in ipsis scandalizantur, statuimus ut quicumque sacerdos sanus & conuentum sequens per octo dies a celebracione misse cessauerit, nisi legitimum impedimentum ostenderit, qualibet VI feria sit in pane & aqua, donec statu meliorato prioris sui arbitrio a dicta pena relaxari promeruerit.

Item statuimus quod chalones in dormitorio palam non videantur, sed sub aliis lectualibus ita sint cooperti ut a nemine ibidem possint videri.

Item quia in quibusdam capitulis predictis statutum esse cognouimus quod omnes & singuli nostre religionis prima dominica Aduentus domini ab esu carnium se abstineant, quod a quibusdam carnes siue carnea vescendo[1] non obseruatur, uolumus & de consilio capituli decernimus quod nullus decetero de licencia, uel sine, infra monasterium uel extra nisi graui infirmitate detentus carnibus siue carneis se reficiat.[2]

Item licet statutum fuerit quod capitulum generale in aliquo quinque prioratuum subscriptorum successiue celebretur, videlicet de Gyseburne, de sancto Oswaldo, Bridelingtone, Neuborou & Kirkham, tamen quia odor bone fame conuentuum aliorum locorum plus oculata fide animis presencium imprimitur quam ab aliis per aures auditus, ac onus facilius sustinetur quod a pluribus subportatur, nos de consensu unanimi & expresso tocius capituli generalis hiis v predictis alia quatuor monasteria subscripta adiungimus, videlicet Exsilsam, Carleolum, Wirkesop, Thurgartone, in quibus successiue dictum capitulum generale omni tempore celebretur.

Primum capitulum erit apud Exsilsam die Inuencionis sancte Crucis anno domini MCC nonogesimo primo, ubi presidentes de Nouo Burgo & de Marton priores; predicabit prior de Nouo Burgo, prior de Marton missam celebrabit; [visitatores de Carliolo & de Brinkeburne priores];[3] visitatores de Carliolo, de Exsilsam & de Brinkeburne priores; visitatores de Brinkeburne, de Carliolo & de Lanircost priores.

Iste rotulus tradatur subpriori de Schelford per Robertum de Hykelinge canonicum de Nouo Loco in Shyrewode.[4]

---

[1] vescende, MS.
[2] reficiant, MS.
[3] Not in MS., but implied.
[4] What follows is in another hand.

29.

[Acts of a Chapter at Worksop, 1302.]

Si timor domini & zelus ordinis pre oculis habeantur, ex fructibus colligitur euidencius cum opera que facimus testimonium perhibeant veritatis. Nos igitur presidentes de Gisburne & de Parco priores die Inuencionis sancte Crucis anno domini MCCCII capitulum generale ordinis sancti Augustini Eboracensis dyocesis apud Wyrkesop celebrantes ad honorem dei sueque matris & omnium sanctorum ac ad reformacionem ordinis & salutem animarum, de consilio & assensu omnium priorum & procuratorum tunc ibidem existencium, subscripta statuimus & ordinamus. In primis statuimus & quoddam statutum super hoc alias editum innouamus, quod scilicet statuta eo modo quo sunt statuta & ordinata generalium capitulorum in singulis suis effectibus teneantur & obseruentur & bis in anno legantur in conuentibus, in prima scilicet ebdomada Aduentus domini & in prima ebdomada Quadragesime.

Verum quia salus & sanguis subditorum ante tribunal dei terrificum a manibus prelatorum torpencium exactissime & horifice [*sic*] requiretur, timere possumus & debemus si morum reformacionem, quatinus sufficimus, non sparserimus in errantes. Unde sentenciam excommunicacionis in retroactis quibusdam capitulis prouide latam in proprietarios, fures, incendiarios, libellum famosum uel accussatorium [*sic*] de priore uel confratre componentes, secretorum proprii capituli reuelatores, necnon & in illos qui absque consciencia & uoluntate prelatorum & sui capituli publicos uel secretos excessus alicuius uel aliquorum fratrum, qui per prelatos proprios & sua capitula pacifice poterunt emendari, ad maiorem confusionem eorum & vindictam aliquibus maliciose reuelare presumunt, omnes unanimiter priores confirmamus & ratificamus, adicientes ut quicumque super hiis uel eorum aliquo conuictus fuerit, & amonitus emendare noluerit, secundum regularis discipline exigenciam & secundum arbitrium prioris & seniorum acerbissime puniatur.

Sane ad reformationem religionis & unitatis omnem virium nostrarum exercitacionem imbecillem recensentes, in eum nostre mentis & spei consideracionem dirigimus, qui ultra spem & uota hominum audit & perficit desideria supplicum & excedit benignitate donandi omnem excellenciam meritorum, ipsius misericordiam exposcentes ut unitatis uestigia in nostrarum cogitacionum & opera-

cionum sensibus uelit concorditer, graciam infundendo, congregare.
Cum ergo statutum quoddam in ultimo generali capitulo apud Parcum
celebrato, quod nouem scilicet canonici apud Ripon' conuenirent
rationes & impugnationes conuentuum suorum contra statuta de
Parco proponendas examinaturi & determinaturi pro posse, qui conuenientes ibidem & tractantes adinuicem de iniunctis non potuerunt
propter incomoditatem loci & alia de nouo emergencia aliquid ad
plenum pertractare uel ad finem debitum perducere, propter quod in
presenti capitulo unanimiter decretum est & ordinatum est quod de
eisdem nouem monasteriis, uidelicet de Gysburne, Kirkam, Bridinbg'
[*sic*], sancti Oswaldi, Nouoburgo, Wyrsope, Exilsisham, Karlioli &
Turgartone nouem, ut prius, canonici uiri religiosi & in regulari
disciplina sufficienter instructi, unitatem optantes & fraternam caritatem
diligentes, arbitrio priorum suorum & conuentuum eligantur ; qui in
prima dominica Quadragesime anno domini mcccii,[1] sub pena suspensionis priorum suorum a diuinis, quam in hiis scriptis proferimus in
necgligentes in hac parte apud Drax personaliter conueniant de
statutis de Parco reformandis, corrigendis, addendis uel minuendis,
necnon & de aliis obseruanciis regularibus quibuscumque tractaturi &
ordinaturi ea que secundum deum & iusticiam ac ipsius ordinis
honestatem & unitatem uiderint esse facienda, ita uidelicet quod
omnes articuli in quibus unanimiter consenserint, uel saltem maior
pars illorum nouem, in scriptis redigantur ut conseruentur. Super
articulos autem in quibus consentire non poterunt, eligantur per ipsos
nouem duo priores, qui premuniantur & ad proximam synodum post
Pascha auctoritate istius capituli apud Eboracum conueniant, de ipsis
articulis diffinituri & ordinaturi secundum quod uiderint secundum
deum & ordinem esse faciendum. Quicquid autem diffinierint seu
ordinauerint illi predicti nouem cum prioribus, ad proximum capitulum
generale deferatur & examinetur ; & sciendum est quod dominus prior
de Drax procurabit ipsos ix canonicos cum ix garcionibus absque
ullis equis uel ulteriori familia in esculentis & poculentis, si necesse
fuerit, per mensem & pro unaquaque ebdomada soluet unusquisque
eorum iii solidos.

Statuimus eciam quod uisitatores de cetero in omnibus monasteriis
nostri ordinis singularem faciant personarum inquisicionem sub pena
excommunicacionis extunc si necesse fuerit inferende, iniungentes

[1] This conference took place duly at
Drax Priory on the first Sunday in Lent,
130⅔, and the Bishop of Carlisle sent
a letter to it (*Register of Bishop Halton,*
i. 182, Cant. & York. Soc.).

omnibus & singulis quod de requisitis, quoad[1] ordinis reformacionem & correccionem, plenam & integram recognoscant ueritatem, & si in membris inuenerint aliqua correccione digna, de consilio prioris & quatuor uel quinque seniorum eiusdem domus confestim corrigantur & salubriter emendantur. Si uero in capite fuerit aliquid corigendum [*sic*], tunc de consilio eorundem seniorum si comode fieri possit corigatur. Sin autem vires eorum excedat ipsum negocium, tunc illud in scriptis ad capitulum generale deferant, presidentibus nostris & prioribus sub spe correccionis nunciandum, & si ibidem forte emendari non poterit, tunc per ipsos presidentes ad diocesanum nostrum infra mensem illud idem corrigendum nuncietur.

Et quia in plerisque capitulis propter priorum absentiam, se per suos procuratores excusantium, causas fictas & inutiles proponentes, ex quorum absentia nonnulla frequenter eueniunt incommoda & omissa sunt quamplurima, que pro reparacione ordinis statuenda essent & acceptanda per eosdem, si presencia affuisset eorundem, statuendo decernimus ut singuli procuratores decetero in uerbo sacerdocii de sui prioris absencia, siue inpotencia corporis siue de graui & ineuitabili iactura sui monasterii, euidenter coram capitulo de legitimo doceant & declarent[2] inpedimento.

Statuimus eciam ut de cetero radantur in infirmaria uniuersi nouicii, tamen seorsum cum magistro suo.

Proximum capitulum erit apud Turgartone die Inuencionis sancte Crucis anno domini mcccv, ubi presidentes erunt de Turgarton & de Schelford priores, qui quidem prior de Turgarton predicabit, prior de Schelford missam celebrabit; visitatores de Exilsam & de Bolton priores; visitatores de Exilsam, de Bolton & Lanircoste priores; visitatores de Bolton, de Exilsam & de sancto Oswaldo priores.

---

[1] que ad, MS. [2] declarant, MS.

UNITED CHAPTERS

30.

[A Chapter at Newstead near Stamford, 1341; short version.]

Capitulum prouinciale canonicorum regularium ordinis sancti Augu- C. fol. 47
stini Cantuariensis & Eboracensis prouinciarum, que pro una prouincia A. fol. 25
quoad tale capitulum celebrandum iuxta ordinacionem sancti patris et
domini pape Benedicti XII reputantur, in monasterio de Novo Loco iuxta
Stanford celebratum XII die mensis Marcii anno domini MCCC quadragesimo sub abbate de Thorntone Lincolniensis diocesis et priore de
Kyrkham Eboracensis diocesis, executoribus bulle & ordinationi dicti
domini pape.   Per priores de Westacre Norwicensis & de Drax Eboracensis diocesis, necnon per diffinitores capituli prouincialis antedicti,
ordinatum fuit, in primis quod statuta nouella dicti domini pape
Benedicti XII dictum ordinem concernencia & dicto ordini per eundem
transmissa, cum constitucionibus in prouincialibus capitulis dicti ordinis
prius editis et predictis nouis statutis non obuiantibus, firmiter obseruentur.   Item ordinatum est & diffinitum quod pro solucione ducentorum florenorum doctoribus[1] qui dicta statuta ad mandatum domini
pape predicti compilarunt & pro aliis expensis in ea parte factis de
omnibus bonis spiritualibus & temporalibus tocius ordinis antedicti
secundum taxam in utraque prouincia nunc currentem quadrantum
[*sic*] de libra infra triginta dies a die presentis capituli continue
numerandos, sub censuris in rescripto inde facto contentis, priori
sancti Bartholomei Londonie in prouincia Cantuariensi[2] & priori de
Drax in prouincia Eboracensi uel saltem presidentibus soluatur.

31.

[A Chapter at Newstead near Stamford, 1341; long version.]

Capitulum provinciale Cantuariensis & Eboracensis provinciarum, W. fol.
que pro una reputantur iuxta ordinacionem sanctissimi patris ac domini, 43

---

[1] A. adds ' in curia Romana '.
[2] A. adds ' uel domino priori de

Westacre apud Stanford '.   In some
other respects A. differs slightly from C.

E

domini Benedicti pape XII, ordinis sancti Augustini archiepiscopatuum predictorum celebratum in monasterio de Novo Loco extra villam Staunford ordinis antedicti Lincolniensis diocesis xii° die Marcii anno domini millesimo cccxl, delegatis a domino papa abbate de Thorntone et priore de Kyrkham, presidentibus pro isto capitulo tantum prioribus de Westacre et de Drax, diffinitoribus uero prioribus de Landa, de Huntingdon, de Walsyngham, de Gipwico, de Egelisham, de Boltone.

Prohibicio regia directa delegatis

Edwardus dei gracia rex Anglie et Francie & dominus Hibernie dilectis sibi in Cristo abbati de Thorntone & priori de Kyrkeam salutem. Quia intelleximus quod vos pretextu quarundam bullarum vobis nuper a sede apostolica transmissarum de omnibus et singulis facultatibus et possessionibus domuum religiosarum de ordine vestro infra regnum nostrum Anglie tam videlicet de fundacione nostra et progenitorum nostrorum quam aliorum in dicto regno nostro Anglie artius inquirere,[1] et dominum summum pontificem de valore et extenta dictarum facultatum et possessionum certificare intenditis, ad eam, ut dicitur, intencionem ut in singulis earundem domuum certus numerus religiosorum custodum et ministrorum per dictum summum pontificem et vos ordinetur, non obstantibus quibuscumque statutis, consuetudinibus, vel libertatibus dictis religiosis vel eorum aliquibus concessis, habitis vel hactenus usitatis, vos de premissis informaciones[2], inquisitiones capere, citaciones, certificationes et diversas pecuniarum summas pro expensis vestris leuare in hac parte facere nitimini; que si fierent[3], in nostri et corone nostre ac regie dignitatis[4] nostre preiudicium & exheredacionem ac fundacionum nostrarum & progenitorum nostrorum predictorum enervacionem & subuersionem redundarent; que tollerare nolumus nec valemus; nos premissis precavere volentes, ut tenemur, vobis districte prohibemus sub periculo quod incumbit, ne auctoritate sedis apostolice vel alia quacumque auctoritate informaciones, inquisiciones, citaciones, certificaciones aut alias execuciones quascumque super premissis, que in nostri preiudicium vel exeredacionem aut in corone nostre seu regie dignitatis nostre derogaciones, iurium, statutorum, consuetudinum vel libertatum per nos et progenitores nostros confirmatorum aut fundacionum nostrarum subuersionem uel eneruacionem, dictorum religiosorum, maxime de fundacione nostra vel progenitorum nostrorum

---

[1] incurrere, MS.; the mistakes in this version suggest that it was written down by dictation.

[2] inreformaciones, MS.
[3] fierant, MS.
[4] signitatis, MS.

aut aliorum existencium, depressionem vel depauperacionem cedere,
aut per que secreta nostra et regni nostri Anglie seu procerum nostrorum in nostri et dicti regni Anglie preiudicium seu dictorum religiosorum dispendium vel gravamen detegi [1] poterunt, facere vel attemptare
seu per alios fieri vel attemptari aliqualiter fac*iatis* uel presumatis ;
nec per leuaciones huiusmodi pecuniarum summarum dictos religiosos
gravetis, nec eos coram vobis ex causis quibuscumque predictis per
citaciones aliquales vel moniciones seu decreta vestra auctoritate
papali vel aliquo alio iure fulcita comparere seu interesse per se vel per
alios quouismodo compellatis, nec ad ipsos per aliquas citaciones
huiusmodi ex causis cuiuscumque per vos pretensis aliqualiter gravandos
vel puniendos procedatis, nec vos de officiis, officiariis, administracionibus seu ministratoribus in ecclesiis de nostra fundacione, aut de quibuscumque redditibus, facultatibus, proventibus seu pencionibus vel
aliis quibuscumque in dictis ecclesiis vel administratoribus earundem
seu officiis vel officia habentibus vel eis pertinentibus aliquo modo
intromittatis, scituri quod si quicquam contra prohibitionem nostram
in premissis attemptaueritis seu per alios attemptari feceritis vel
presumpseritis, ad vos tamquam ad violatores regie dignitatis nostre &
impugnatores iurium corone nostre et dicti regni nostri Anglie grauiter
capiemus.   Teste meipso apud Westmonasterium viii die Marcii anno
regni nostri Anglie quartodecimo, regni vero nostri Francie secundo.[2]

Constituciones de constitucionibus tenendis.

In primis diffinitores dicti capituli ordinant et diffiniunt quod statuta
novella domini Benedicti pape XII ordinem nostrum concernencia et
dicto ordini per eundem transmissa una cum constitucionibus in [3]
generalibus et provincialibus capitulis prius editis et predictis novis
statutis non obviantibus firmiter observentur.   Item ordinant et diffiniunt quod pro solucione ducentorum florenorum doctoribus qui [4] dicta
statuta ad mandatum domini pape compilarunt et pro aliis expensis in
ea parte factis de omnibus bonis tam de temporalibus quam de spiritualibus tocius ordinis secundum taxam in utraque provincia nunc
currentem quadrans de libra infra xxx dies a die presentis capituli continue numerandos, sub censuris in rescripto inde facto contentis, priori
sancti Bartholomei Londonie in provincia Cantuariensi et in provincia
Eboracensi priori de Drax apud Eboracum vel dominis presidentibus

---

[1] degeti, MS.
[2] March 8, 1340.

[3] et, MS.
[4] que, MS.

ad presens capitulum [soluatur].[1] Locus pro futuro capitulo, monasterium sancti Iacobi extra Northamptone.   Dies capituli proximi, dominica in quindena sancte Trinitatis anno domini MCCCXLIII.   Presidentes pro futuro capitulo prior de Mertona in archiepiscopatu Cant' et prior de Gisborne in archiepiscopatu Ebor'; visitatores in archidiaconatu Linc', Stowe, Leicestrie, Northamptone prior de Markeby et Eseby Canonicorum ; in archidiaconatu Oxon', Huntyngdon, Bokyngham, prior de Burcestria[2] et Caldwell; in diocese Norwicensi, priores de Bokenham & Gefford ; in Cant' & Roff', priores de Ledys et Cumwelle ; in diocese Eliensi et London, priores de Leys et sancte Trinitatis London; in diocese Couventrensi & Lichfeld' & Assauensi, Repingdon et Makestowe (*sic*) ; in Wynton' & Cicestr', [priores][3] de Twyngham et Totton ; in dioc' Sar', Exonie, Bath' & Well', prior de sancto Germano et Bodemine ; in dioc' Ebor', priores de Thurgertone et Parco ; in dioc' Carliol' et Dunelmens', priores de Carliolo et Eglisham.[4]

32.

[A Chapter at Northampton, 1343.]

C. fol. 47
A. fol. 25
W. fol. 48
T. fol. 159

Capitulum provinciale canonicorum regularium ordinis sancti Augustini provinciarum Cantuariensis et Eboracensis, que iuxta statuta novella pro una reputantur, celebratum in monasterio sancti Iacobi iuxta Northampton in quindena sancte Trinitatis anno domini MCCCXLIII[5], presidentibus dicto capitulo dominis domino priore de Mertone Wyntoniensis diocesis et domino priore de Kyrkeam Eboracensis diocesis loco prioris de Gyseburne per capitulum subrogato. Diffinitores dicti capituli de provincia Cantuariensi prior sancti Bartholomei Londonie, prior de Dunstaple, prior de Cokerforde[6] Norwicensis diocesis, prior de Ellesham ; de provincia Eboracensi prior sancti Oswaldi, prior de Wartre.   Inprimis dicti diffinitores ordinant et diffiniunt quod modus et forma capituli generalis cele-

---

[1] Not in MS.
[2] Urcestria, MS.; no doubt Bedfordshire was included in this district.
[3] Not in MS.
[4] This omits the visitors for the district comprising the dioceses of Worcester, Hereford, and St. Davids. In this new mode of dividing England there are two northern districts, not one. There is, as a rule, such resemblance between the versions of a Chapter, even to the reproduction of the same error, that they cannot be the reports of the individuals who were present. Probably ten copies were written out for the visitors who took them round on their visitations. and the canons copied such portions as they liked.
[5] MCCCXVIII, W.
[6] Cokkeford, C., Coxford, A.

brandi in futuro in omnibus et per omnia iuxta tenorem statuti in capitulo apud Northampton editi anno domini mcccxxv teneantur & observentur et omnia alia extunc usque nunc edita.

Item ordinant & diffiniunt quod in quolibet monasterio dicti ordinis bis in anno inquiratur per prelatos de conspiratoribus, delatoribus, detractoribus prelatorum & confratrum, & quibuscumque aliis contra suos prelatos maliciose insurgentibus, provocaciones & appellaciones faciendo, & inhibiciones quascumque inpetrantibus aut mala prelatis vel monasteriis suis procurantibus quouismodo, seu magnates aut alias quascumque personas inducentibus ad resistendum prelatis, comminando seu grauamina inferendo ne dicti prelati execucionem regularis discipline libere valeant exercere. Et si qui tales reperti fuerint, quod absit, pro eo quod censuras ecclesiasticas talibus a iure inflictas contempnendo non formidant, extunc sub arta custodia tanquam ouis morbida ne gregem inficiant recludantur sub dieta talibus condigna et arbitrio prelatorum estimanda, quousque de satisfaccione et[1] emendacione congrua evidenter poterit apparere.

Item ordinant[2] & diffiniunt quod si visitatores seu alter visitatorum infirmitate seu alia causa legitima fuerint prepediti quominus dictum visitacionis officium poterunt exercere, liceat eisdem et eorum cuilibet[3] personam ydoneam de conventu suo aut prelatum alterius monasterii eiusdem ordinis ad exercendum visitacionis officium subrogare, prout in capitulo apud Dunstaple[4] celebrato plenius continetur ; similiter quod visitatores futuri auctoritate presentis capituli ante festum sancti Michaelis proximo futurum domos visitatorum ultimorum & alias domos non visitatas tam presidencium quam aliorum[5] visitent omni[6] modo ; & sic fiat & observetur temporibus futuris. Item provisum est per diffinitores quod, quia priores de Westacre & de Drax, presidentes ultimi capituli & receptores quadrantum de libra[7] & obolorum de marca, nondum de receptis calcularunt, in capitulo proximo futuro in virtute obediencie computent[8] ad plenum ; et quod unusquisque prelatus per se vel procuratorem suum certificet in dicto capitulo de taxa domus sue, & qui iam solverunt deferant secum acquietancias suas.

Item ordinant & diffiniunt quod presidentes diligenciam debitam adhibeant & effectualiter exequantur quod statuta tam antiqua quam

---

[1] om. W.
[2] T. contains nothing more than this paragraph, and only as far as 'futuris'. It begins 'Imprimis statuimus & ordinamus quod', &c.
[3] alteri, T.

[4] In 1334.
[5] non presidencium, T.
[6] si, W.
[7] libro, W.
[8] calculent, C.

novella per dominum papam & capitula provincialia edita de scolaribus mittendis ad studium sub penis & censuris in dictis statutis contentis observentur, & contumacia prelatorum absencium iuxta tenorem dicto-rum statutorum debite puniatur [1] in isto capitulo, & in futuro presidentes prior de Mertone & de Gisburne; locus capituli Leycestre, dies capituli dominica in quindena sancte Trinitatis ;anno domini MCCCXLVI, visita-tores in archidiaconatu Linc', Stowe, Leyc', North' priores de Fynne-sheved & de Chacumbe [2]; diffinitores capituli provincialis priores sancti Bartholomei Londonie, Ockerford, Ellesham, Dunstaple, sancti Oswaldi, Wartre.

33.

[A chapter at Leicester, 1346.]

W. fol. 54
C. fol. 48
A. fol. 26
Capitulum provinciale canonicorum regularium ordinis sancti Augustini Cantuariensis & Eboracensis provinciarum, per statuta novella domini pape Benedicti XII quantum ad huiusmodi capituli celebracionem unitarum, apud monasterium sancte Marie Leicestrie in quindena Trinitatis anno domini millesimo CCCXLVI celebratum sub venerande religionis [3] viris presidentibus abbate de Leycestria & priore de Virsop,[4] loco priorum prioratuum de Mertone Wyntoniensis & de Gyseburne Eboracensis diocesum per dictum capitulum subrogatis, et diffinitoribus eiusdem capituli abbate de Derleye et priore de Kenel-wrthe Conventrensis & Lichfeldensis diocesis, abbate sancte Osithe Londoniensis & priore de Huntyngdon Lyncolniensis diocesum, priori-bus quoque de Thurgartone & de Schelford Eboracensis diocesis. Uniuersis abbatibus, prioribus abbates proprios non habentibus, tam exemptis quam non exemptis, ac aliis omnibus & singulis ubilibet con-stitutis, quos subscripta [5] vel eorum aliqua tangunt seu tangere poterunt quouismodo remedia infrascripta, adiecciones, declarationes futuris temporibus observanda; quanquam [6] nonnulla dictum ordinem con-cernencia in concilio generali & novellis constitucionibus per sanctissi-mum papam supradictum dudum edita fuerint & sint salubriter ordi-

---

[1] puniantur, W.: in C. the record ends 'puniatur in isto capitulo & capitulis futuris'; possibly this is the correct reading. The sentence would proceed 'in capitulo futuro', &c.

[2] This shows that W. was written at a house in this part of the Lincoln diocese: A. instead of this sentence has 'visitatores in diocesibus Coventrensi,

Lichfeldensi & Assavensi (Assaventensi, MS.) prior de Stone, abbas de Derley'.

[3] venerandis religiosis, C.

[4] Wirksop, A.

[5] circumscripta, C., W.; notice that other errors are common to C. and W. in this Chapter.

[6] quicquam, C.

nata, ea tamen in multis negligencia prelatorum & desidia in grave
subditorum animarum detrimentum absque fructu & execucione debita
sub silencio sunt [1] derelicta. Ea propter iugi interpellacione querelosa
abbatum, priorum et procuratorum in dicto capitulo congregatorum ad
providendum in hac parte, statuendum et diffiniendum contra premissa,
remedia oportuna, iuxta possibilitatem nobis a deo datam, duximus
providere. Inprimis igitur statuimus et statuendo diffinimus quod
omnia statuta & diffinitiones in quibuscumque capitulis provincialibus
celebratis temporibus retroactis salubriter edita & nondum revocata ab
omnibus ordinis nostri inviolabiliter observentur.

De presidentibus quod de canonico in canonicum possunt officium
exercere.[2]

Et quod presidentes capitulo provinciali qui pro tempore erunt quicumque & quilibet eorum per se vel per alium, de ordine tamen nostro,
cui hoc duxerint vel duxerit eorum aliquis committendum, tam in
capitulo quam extra, nedum ex officio sed eciam ad instanciam partis
usque ad tempus quo alios presidentes assumi contigerit suam iurisdiccionem libere & plenarie valeant ubilibet exercere.

Quod nullus appellet nisi ad capitulum generale ordinis nostri.

Et si huiusmodi presidentes vel unus eorum vel aliquis alius, cui vices
suas duxerint vel duxerit eorum alter committendas, alicui gravamen in
procedendo intulerint [3], quod absit, per huiusmodi gravatum capitulum
provinciale & nullus alius libere appelletur.

Quod canonici non utantur pannis strictis seu botonatis nec
serico ornatis vestibus quibuscumque.

Item quod canonici regulares dicti ordinis quicumque de cetero
tunicis nimis strictis vel botonatis, capis, clocheis [4] seu rotundellis, et
aliis quibuscumque vestibus aut capellis, serico aut sindone alterius
coloris [5] quam sit ipsum indumentum siue capella apparat*is*, seu botis
rostratis de cetero penitus non utantur. Si quis vero contrarium
fecerit [et] [6] ad desistendum legitime per suum prelatum monitus non
destiterit, ipsum vestimentum, bote vel capella huiusmodi ex tunc per
suum abbatem vel priorem auferantur & pauperibus largiantur.

---

[1] sint, C.; om. W., A.
[2] The headings to the statutes are
only in W. This heading seems to
mean that the presidents are to settle
disputes between one canon and another,
that they are to be judges *ad instanciam*
partis as well as *ex officio.*
[3] intulerunt, W.
[4] Ducange says this was a garment of
some kind.
[5] a. c., om. W., C.
[6] om. W., A., and C.

Quod canonici non habeant canes hora prandii coram se.

Item quod abbates & priores dicti ordinis & ceteri canonici quicumque canes venaticos seu alios quoscumque in aulis aliisve locis quibuscumque, saltem tempore prandii cum per eos elemosina devastetur, retinere de cetero non presumant.

Quod procuratores humiliores presidentibus quam solito.

Item quod procuratores ad capitulum provinciale venientes de cetero reuerencius & modestius erga presidentes & alios prelatos personaliter ibidem existentes solito se habeant, et dum dicti presidentes vel alii prelati locuntur sileant, ut est iustum.

Item quod ubicumque in aliquo collegio dicti ordinis sunt xxiiii canonici in numero, singulis diebus dominicis & ix leccionibus (*sic*) festis legens epistolam ad magnam missam tunica, euangelium dalmatica induatur, Adventus domini, Septuagesime & Quadragesime temporibus dumtaxat exceptis.[1]

Contra eos qui non inveniunt scolares, quod pena levetur.

Item quod presidentes penas novellarum constitucionum contra eos qui scolares ad scolas non transmiserint, necnon ad capitulum provinciale non venientes commissas levent faciantve levari, et quod singuli prelati scolares de cetero ad scolas transmittant iuxta earundem constitucionum vim & tenorem, & per capitulo generali[2] presidentes arcius compellantur.   Item quod quecumque per visitatores dicti ordinis in eorum visitacione comperta sunt siue detecta & ad capitulum prouinciale per ipsos delata, aliaque quecumque notaria, publica, seu famosa, correccione tamen digna, presidentes eidem capitulo sub sigillis suis vel alter[3] eorum sub sigillo suo successoribus suis in dicto officio proxime presidentibus vel alteri eorum, per successores suos presidentes vel alterum eorum corrigenda, debite transmittere, et ipsi presidentes predicti vel alter eorum huiusmodi discutere citra proximum capitulum et corrigere teneantur.

Quod seculares amplius non admittantur in procuratores.

Et quod procuratores seu excusatores, ad capitulum provinciale de cetero transmittendi, non sint seculares ; cum non deceat talibus secreta ordinis revelari, sed sint saltem ordinis predicti.

---

[1] This paragraph is omitted by W. and C.

[2] capitulum generale, C. and A.

[3] alterius, W.

De summa exigenda, de abbate de Brunne & aliis eiusdem
ordinis.

Item cum abbas de Brunne [1] & nonnulli alii ordinis antedicti cervi-
cem in altum elevantes in capitulo nostro provinciali comparere non
curant, sed ab huiusmodi comparicione per [2] excusaciones, appellaciones frivolas & inhibiciones & aliis velamentis fictisque de causis se
satagant facere alienos, & iurisdiccionem eidem capitulo presidencium
iniuste & multipliciter perturbare ; volentes huic insolencie remedium [3]
prout possibile est adhibere, statuimus & statuendo diffinimus quod ad
huiusmodi maliciam reprimendam in casibus supradictis & consimilibus
contingentibus in futurum singule domus dictorum ordinis & provincie
certam quantitatem aliquam iuxta parvitatem seu magnitudinem huiusmodi negocii arbitrio presidencium limitandam et huiusmodi domibus
imponendam solvere de cetero teneantur ; et quod prefati [4] presidentes
huiusmodi quantitatem sic impositam necnon alias quascumque im-
posiciones ante hec tempora factas et earum arreragia quecumque per
se, alium, vel alios levandi & colligendi & in dictum usum convertendi
liberam habeant facultatem cum cohercionis cuiuslibet canonice
potestate ; quodque prefati [4] presidentes de huiusmodi collectis &
levatis de capitulo in capitulum racionem reddant coram aliquibus
viris de dicto capitulo ad hoc per idem capitulum deputandis.   Locus
proximi capituli celebrandi monasterium sancti Iacobi iuxta Northamptone ; presidentes abbas sancte Osithe, prior de Brydlyngtone.
Visitatores in Conuentr' & Lichfeld' de Hagmon & Wombrigg (*sic*).[5]

34.

[**Acts of a Chapter at Northampton, 1350.**]

Capitulum generale canonicorum regularium ordinis sancti Augu- C. fol. 50
stini in provinciis Cantuariensi & Eboracensi, que pro una reputantur A. fol. 28
iuxta statuta novella bone memorie domini Benedicti pape, celebratum
in quindena sancte Trinitatis apud monasterium sancti Iacobi iuxta
Norhamtone anno domini MCCC quinquagesimo, presidentibus venerabilibus patribus abbate eiusdem monasterii & priore de Dunstaple,
loco abbatis sancte Osithe & prioris de Brydelyngtone presidencium
principalium tunc ibidem absencium, per dictum capitulum subrogatis.

---

[1] Bourne abbey, with the other houses
of the Arroasians, did not attend the
general Chapters. They had their own
Chapters in France.

[2] pro, W.
[3] om. C.
[4] prelati, W. and A. in both places.
[5] This last sentence is only in A.

In primis ordinatum est et diffinitum quod prior sancte Marie de Suthewerk in Cantuariensi et prior de Kyrkham in Eboracensi provinciis sint collectores & receptores de multis impositis prelatis ab hoc capitulo contumaciter absentibus, & de eisdem calculent ad plenum in proximo capitulo provinciali de receptis & expensis circa execucionem huiusmodi faciendam secundum vim, formam & effectum capituli, quod inter constituciones Benedictinas ordinis predicti irrotulatur, de capitulis provincialibus. Nomina vero huiusmodi prela‧torum absencium una cum multis, ut premittitur, impositis inserantur [1] in quadam cedula indentata, cuius quidem cedule partem unam penes dictos presidentes, alteram vero penes dictos collectores ordinatum est retinere, in proximo celebrando capitulo exhibendas [2] cum effectu. Item scribatur ex parte presidencium visitatoribus proximo futuris in Norwicensi, Londoniensi, Eliensi, Herfordensi et Eboracensi diocesi‧bus quatinus citent seu citari faciant peremptorie omnes & singulos visitatores in eisdem diocesibus per capitulum apud Leycestriam immediate ante celebratum deputatos, quod compareant personaliter in proximo capitulo futuro celebrando responsuri & iuri [3] in omnibus parituri super eo quod debito modo non [4] certificarunt in presenti capitulo de officio sibi iniuncto.

Item quia relatum [5] est per visitatores Sarisbiriensis diocesis quod ecclesie conuentuales ordinis antedicti de Iuychirche & Sandford per mortalitates fratrum adeo sunt collapse quod nulla ad presens in eisdem viget religio, ordinatum est & diffinitum quod per dicti capituli presidentes auctoritate apostolica de alia ecclesia, monasterio seu loco, in qua vel quo religionis obseruancia [6] noscatur reflorere, canonici assumantur ydonei & ad dictas ecclesias mittantur, ibidem quamdiu expediens fuerit immoraturi, per quos religio possit in eisdem reparari prout plenius in constitucionibus Benedictinis continetur, vel saltim pro eisdem exequendis scribatur loci diocesano. Item illi statuto edito Leycestrie in ultimo capitulo ibidem celebrato de strictis tunicis, botonatis [7] et aliis corcet' [8] (*sic*) & aliis uestibus irregularibus de quibus in eodem continetur, superadditum est quod singuli prelati ordinis antedicti illud diligenter exequantur secundum sui modum et formam infra mensem a noticia presencium continue numerandum sub pena xx solidorum in proximo futuro capitulo ad communem utilitatem

---

[1] inseruntur, A.
[2] exhibenda sunt, A.
[3] iure, C.
[4] uero, C.
[5] delatum, A.
[6] religio observatur, C.
[7] in pectore botonatis, A.
[8] e. a. c., om. A.; the word is not in Ducange.

eiusdem capituli soluendorum. Item quod singule domus ordinis nostri breuigerulos non habentes infra duos menses a data presencium de talibus sibi prouideant, qui possint obitus fratrum mortuorum more solito nunciare sub pena prenotata. Locus capituli proximi apud Oseneyam in quindena Trinitatis anno domini MCCC quinquagesimo tercio, presidentibus abbate de Waltham & priore Gysbourne, visitatoribus in Conventre & Lichfeld' diocese prioribus de Northon & de Trentham.[1]

35.

[Acts of a Chapter at Oseney, 1353.]

Capitulum generale canonicorum regularium ordinis sancti Augustini C. fol. 51 in monasterio sancte Marie de Oseneye anno domini MCCC quinquagesimo tercio celebratum sub venerabilibus patribus abbate de Waltham Cantuariensis provincie & priore de Gyseburne Eboracensis in quindena Trinitatis, diffinitoribus uero uenerabilibus patribus abbate Leycestrie, abbate de Derleye, priore de Launcestone, de Motesfount Cantuariensis prouincie, de Hauntenpryse & Wirsop Eboracensis provincie.

In primis ordinatum est & diffinitum de concensu presidencium predictorum per diffinitores predictos ad hoc electos quod cum ignorancia sit mater errorum, quilibet prelatus nostri ordinis non habens statuta apud Norhamtone anno domini MCCCXXV facta cum aliis statutis in capitulis prouincialibus Cantuariensis prouincie usque ad hoc presens capitulum factis & ordinatis, scribi procuret quamcicius commode poterit, et coram suo conuentu semel in anno recitari eaque omnia faciant firmiter obseruari. Item ut labor presidencium facilius & melius solito supportetur, statuimus & diffinimus quod de cetero in omni capitulo provinciali presideant tres prelati, quorum duo de plaga Cantuariensis provincie propter domorum numerositatem assumantur & unus de plaga Eboracensis provincie, cum illa clausula quod, si non omnes, duo complere valeant facienda & exequenda, sic proviso quod alter eorum duorum de plaga Eboracensis provincie existat.

Item statuimus, ordinamus & diffinimus quod nulla mulier cuiusuis condicionis existat occasione corrodii sibi venditi vel alio quocumque colore infra septa monasteriorum seu domorum eiusdem religionis ad

---

[1] This last sentence is only in A., which comes to an end at this point.

perhendinandum de cetero admittatur sub pena c solidorum dicti capituli provincialis profectui per presidentes leuandorum vel solvendorum plenius. Item statuimus, ordinamus et diffinimus quod quilibet prelatus eiusdem ordinis canonicum alterius domus per suum prelatum sibi literatorie pro penitencia peragenda transmissum sub forma que in litteris suis continetur, sumptibus & expensis domus illius transmittentis sub pena c solidorum admittere teneatur. Item ordinamus, statuimus & diffinimus de concensu prelatorum & procuratorum Eboracensis provincie quod pecunia leuata per priores sancti Oswaldi & Kirkham in eadem provincia pro quibusdam negociis in curia Romana expediendis post unionem provinciarum Cantuariensis & Eboracensis domino priori de Gyseburne citra festum sancti Michaelis proximo futurum integraliter persoluatur & per eundem ad mandatum suorum collegarum presidencium, cum requisitus fuerit per eosdem, dict*i* capitul*i* negoc*iis* liberetur.

Item statuimus & diffinimus firmiter iniungentes quod quilibet subditi tam canonici quam conuersi nostri ordinis suis propriis prelatis semel in anno vestimenta, libros, iocalia, aurum & argentum, penes ipsos quocumque titulo seu colore residencia seu ab eis possessa, realiter & patent*er* ostendant, eaque simpliciter & absolute prelatorum suorum voluntati & disposicioni submittant, ne vicio proprietatis occulte adhere:ido a grege dominico tanquam oues morbide separentur.

Item statuimus & diffinimus firmiter iniungentes ne quis subditus nostri ordinis depositum quodcumque seu cuiuscumque alterius recipiat aut in sui custodia teneat, sine prelati sui sciencia & licencia speciali.

Item statuimus, ordinamus & diffinimus quod nullus claustralis post completorium dictum in conventu quocumque ad extra se diuertat ad confabulandum, commedendum seu bibendum sine licencia speciali petita ab eo qui ordini preest & optenta; quod si secus fecerit, proxima sexta feria sequenti in pane & aqua president*is* iudicio sit contentus.

Item statuimus, ordinamus & diffinimus quod de singulis marcis de toto ordine nostro de spiritualibus & temporalibus singuli oboli leuentur pro lite iam mota inter priorem de Launtone iuxta Glouecestriam partem appell*antem* & abbatem sancti Iacobi iuxta Norhamptone & priorem de Dunstaple partem appell*atam*, ac eciam contra illos de secta Orroriencium,[1] quorum malicia & rebellio verisimiliter speratur[2]

---

[1] i. e. the Augustinian canons of the Order of Arrouaise.

[2] *sperare* in mediaeval means to *expect*, not to *hope*.

& timetur. Item statuimus, ordinamus et diffinimus quod presidentes habeant potestatem, per se vel per alios, dictos obolos ac alias quotas & multas nouas & antiquas leuandi & ad solucionem dictorum obolorum, quotarum & multarum, quociens et quando eis videbitur expedire, per censuram ecclesiasticam compellendi, sic proviso quod de huiusmodi receptis in proximo capitulo prouinciali per eosdem receptores finaliter calculetur.

Item statuimus & diffinimus quod deinceps capitulum prouinciale apud Nouum Locum iuxta Stanford et apud sanctum Iacobum iuxta Norhamptone alterius vicibus celebretur imperpetuum, ita tamen quod dicte domus capituli huius membris, prelatis, procuratoribus seu eorum familia nullatenus onerentur.

Item statuimus & diffinimus quod presidentes iam electi de concensu tocius capituli, videlicet domini abbates de Waltham & Leycestria & dominus prior de Gyseburne, presideant tribus capitulis prouincialibus proximo celebrandis; quod primum apud Nouum Locum iuxta Stanforde teneatur.

36.

[Acts of a Chapter at Newstead, 1356.]

Capitulum prouinciale canonicorum regularium ordinis sancti C. fol. 53 Augustini in provinciis Cantuariensi & Eboracensi, que pro una quoad huiusmodi capitulum celebrandum reputantur, apud Nouum Locum iuxta Stanford tercio die Iulii anno domini MCCC quinquagesimo sexto cum continuacione & prorogatione dierum tunc sequencium, presidentibus dominis abbatibus de Waltham & Leycestria & priore de Gyseburne, diffinitoribus uero dominis prioribus de Kenelworthe, Launcestone, Donemowe, sancti Oswaldi, Hautenpryse, sancti Gregorii Cantuarie.

In primis statutum est quod primo die capituli prouincialis congregatis fratribus in domo capitulari fiat ympni *Veni Creator* decantacio; postea sequatur absolucio pro animabus defunctorum generalis, deinde omnium prelatorum preconizacio & exhibicio certificatoriorum & procuratoriorum. Quibus peractis statim diffinitorum eleccio, & sic ordinetur processio ad ecclesiam Omnium Sanctorum tam Norhamtonie quam Stamfordie, & ibi fiat missa de sancto Spiritu, & post offerendum ad clerum & populum ab uno presidencium vel ab aliquo eorundem premunito fiat sermo.

Item totum capitulum, attentis devote litteris nobilissimi domini domini Henrici ducis Lancastrie, ipsum dominum ducem & Simonem Symeoun contemplacione dicti ducis recepit in fraternitatem dicti ordinis tam in vita quam in morte, ita quod nomina eorum in singulis locis ordinis predicti in suis libris memorialibus perpetuo admittentur.

Item statutum est quod fiat diligens inquisicio per visitatores de scolaribus mittendis ad scolas secundum formam & effectum constitucionum papalium, & quod studentes simul cohabitent si possint, & sint in habitu exteriori in quantum est possibile uniformes. Nolentes autem ista obseruare, per priorem studencium arbitrio suo compellantur.

Item fiat per visitatores deputatos in capitulo singulorum domorum prelatorum ad proximum capitulum provinciale personalis citacio, & de huiusmodi citacione presidentes certificent; & quod visitatores specialiter inquirant de statu monasterii & de rebus illius in quorum manibus existant, ut status monasterii cunctis fratribus elucescat. Et quod visitatores laborent expensis monasteriorum visitandorum. Quod si locus aliquis visitandus a loco visitato multum distauerit, utriusque monasteriorum supradictorum expensis competenter elaborent; ad quas expensas leuandas quociens opus fuerit, auctoritate presentis statuti plenarie habeant potestatem.

Item statutum est & diffinitum quod per presidentes provideatur de una cista competenti cum tribus clauibus & seruris, ponenda apud monasterium sancti Iacobi iuxta Norhamptone, pro privilegiis communibus ordinis, sigillo communi, multis & quotis levatis & imposterum levandis, inibi custodiendis; que quidem claves in manibus presidencium qui pro tempore fuerint perpetuo permanebunt.

Item statutum est & diffinitum quod presidentes & eorum quilibet, quociens opus fuerit, habeant seu habeat potestatem in quibuscumque domibus ordinis nostri visitandi, inquirendi, corrigendi & reformandi, que correccionis aut reformacionis remedio viderint indigere.

Item statutum est quod ordo habeat unum procuratorem generalem in curia Romana sumptibus communibus ad resistendum apostatis, eiectis & fugitiuis ordinis in dicta curia, qui procurator insinuet propriis prelatis de huiusmodi apostatantibus, eiectis & fugitivis, et extunc sumptibus eorundem prelatorum negocia prosequatur.

Item statutum est quod omnes procuratores in provincialibus capitulis transmittant dominis suis statuta in eisdem capitulis edita sub sigillo communi antedicto.

37.

[Acts of a Chapter at Northampton, 1359.]

Capitulum provinciale canonicorum regularium ordinis sancti W. fol.
Augustini Cantuariensis & Eboracensis provinciarum apud monaste- 62 C. fol. 54
rium sancti Iacobi prope Northamptone celebratum anno domini
MCCCLIX, presidentibus dominis abbatibus sancte Crucis de Waltham,
abbate de Leycestria & priore de Gisburne, diffinitoribus vero dominis
priore de Brydlyngtone, Kenelworth, Dunstaple, sancti Oswaldi,
Launcestone[1] & Dunmewe.

In primis statutum est & ordinatum quod omnes prelati quicumque[2]
maneria, officinas monasteriorum suorum seu alias possessiones in
manibus suis retinentes, de eisdem in presencia aliquorum de senioribus
monasterii semel in anno calculare ad plenum teneantur secundum
formam, vim et effectum constitutionum per legatos in regno Anglie
nuper in hac parte editarum.

Item statutum est & ordinatum quod quilibet visitatores diligenter
inquirant de cetero, si prelati habeant statuta papalia & localia ordinem
& religionem nostram concernencia[3] una cum statutis provincialibus
secundum formam capituli apud Neunham[4] dudum celebrati, & ea suis
fratribus communicent saltem semel in anno, & quos in hac parte
necligentes invenerint proximo generali capitulo denunciant, eosdem
personaliter citando ad ipsum capitulum pro suis demeritis penam
condignam subituros.

Item statutum est & ordinatum quod omnes prelati nostre religionis
habentes numerum vicenarium canonicorum secundum formam constitucionis Benedictine[5] unum de canonicis suis citra festum sancte
Fidis virginis proximo futurum ad studium generale ibidem effectualiter
pro studio moraturum mittere teneantur. Quod si prelati huiusmodi
numerum habentes statutum istud non observaverint, x libras pro quolibet anno quo ab huiusmodi missione destiterint pro communi capituli
utilitate auctoritate presidencium per omnes censuras ecclesiasticas
levandas persolvere teneantur, et quod iidem[6] visitatores deputati
diligenter inquirant de domibus que numerum vicenarium iam non
habentes antiquitus habere solebant, & etiam de facultatibus domorum
que vicenarium numerum non habentes per constitucionem predictam

---

[1] Launcencion, W.   [4] in 1340.
[2] quecumque, W.   [5] constitucionum Benedictinarum, C.
[3] continencia, W.   [6] om. C.

mittere sint astricti[1], & capitulo presidentibus de hiis certificare teneantur.

Item statutum est & ordinatum quod nullus canonicus nostre religionis cultellos invasivos[2] de cetero deferre presumat; quod si secus fecerit, proxima sexta feria, cum super hiis convictus fuerit, in pane & aqua ieiunet.

Item quod canonici nostre religionis super criminibus, defectibus & excessibus in capitulo[3] proclamati absque tumultu & clamore aut contencione humiliter veniam petant; quod si se reos in hac parte minime persenserint[4], cum omni humilitate se excusent.

Item statutum est & ordinatum quod omnes conversi nostre religionis in habitu decenti incedant, non utendo habitu exteriori nisi coloris nigri aut russeti & hoc in forma & qualitate ordinata[5] secundum approbatam consuetudinem monasteriorum quorum sunt conversi.

Item statutum est & ordinatum quod omnes prelati nostre religionis in capitulo generali personaliter comparere non valentes, iustam & legitimam causam sue absencie in suis procuratoriis inserere teneantur, suis procuratoribus plenam concedentes potestatem in animas constituencium huiusmodi causam sic insertam veram esse iurandi & omnia statuta in eodem capitulo generali edita, prout in constitucione papali alias est ordinatum, recipiendi. Item statutum est et ordinatum ex certis causis et motivis quod sigillum commune ordinis nostri nuper ordinatum omnino deleatur & pro nullo de cetero habeatur.

Item statutum est et ordinatum quod nullus canonicus absque ocreis[6] ordinatis incedere presumat; quod si secus fecerit, per prelatum suum gravissime puniatur. Item iniunctum est omnibus visitatoribus quod de moderna & currente taxa omnium bonorum tam spiritualium quam temporalium omnium domorum per eos visitatarum inquirant & de vera summa huiusmodi taxe proximum capitulum certificare non differant. Item capitulum recepit in fraternitatem dominum Willelmum la Zouche de Haringworth militem & dominos David de Bullore[7] & Henricum de Ingelbi clericos[8]; visitatores in archidiaconatu Lincolnie, Stowe, Leicestrie & Northamptone domini abbas de Thorntone et prior de Landa.

---

[1] districti, W.
[2] knives for attack.
[3] i.e., om. W.
[4] persolverint, W. for m. p.

[5] ordinandum, W.
[6] om. C.
[7] Wellore, C.
[8] C. stops at this point.

38.

[Acts of a Chapter at Newstead, 1362.]

Capitulum generale sive provinciale canonicorum regularium ordinis W. fol. sancti Augustini Cantuariensis & Eboracensis provinciarum apud mona- 66 sterium de Novo Loco iuxta Staunford celebratum anno domini mille- T. fol. simo CCCLXII presidentibus dominis abbate de Waltham & abbate de C. fol. 55 Leycestria ac priore de Gisborne, diffinitoribus vero [1] abbate de Thorntone & prioribus de Drax, de Thurgartone, de Mottusfont, sancti Gregorii Cantuarie et Dunemewe. In primis statutum est & ordinatum quod cum plerique nostre religionis canonici sub fucato [2] arcioris vite colore, agente in eis angelo Satane, in iacturam & dispendium eiusdem religionis non absque gravi scandalo a suis monasteriis ad alias se transferant religiones, & postea ad cor reversi & facti penitentes regressum pecierunt ad pristina monasteria graciamque optinuerint ad eadem redeundi, in penam huiuscemodi discriminis & ut ceteri ab huiusmodi excessibus arceantur, quantumcumque [3] diutinam in eisdem duxerint conversacionem [4] ultimum gradum in omnibus locis regularibus teneant, nisi ipsorum prelati ampliorem eis graciam voluerint impertiri aut contingat eosdem aliquibus prefici officiis sive amministracionibus, quorum optentu ex consuetudine eorundem monasteriorum aliis in huiusmodi locis regulariter debeant preferri.

Item cum in nostra religione sepius contingat in sacerdotali ordine constitutos ad annum probacionis admitti aliisque tunc professis in inferioribus ordinibus constitutis ex causa sacerdotalis ordinis preferri, cum cessante causa cessare habeat et effectus, statutum est & ordinatum quod, assecuta ordinis sacerdotalis dignitate, posterioribus in locis regularibus iuxta sui prioritatis exigenciam in ipsa religione preferantur, nisi consideratis personarum dignitate & valore, prelati de deliberato cum suis conventibus tractatu amplius eos decreverint honorandos.

Item cum ex ineffrenata titulorum concessione gravia & enormia, prout experencia astruit, plerisque nostre religionis monasteriis emerserunt detrimenta & in futurum pervenire, nisi oportunis occurratur remediis, verisimiliter timeantur,[5] statutum est et ordinatum ne aliqui prelati nostre religionis eciam [6] de consensu conventuum suorum titulos quibuscumque personis concedant; quod si in contrarium presumpserint, per presidentes acriter puniantur.

---

[1] W. omits the thirteen previous words.
[2] fucatu, W.
[3] quandocumque, W., T.

[4] T. ceases at this point.
[5] puniantur, W.
[6] eoa, W.

F

Item[1] cum religiosi quicumque ad caritatis officia sibi invicem teneantur, huiusmodi tamen caritatis beneficia inter unius eiusdemque religionis professores validius convenit[2] observari; unde statutum est & ordinatum quod quelibet nostre religionis domus ad recipiendum obitus canonicorum defunctorum & ad caritativa victualium subsidia nostri ordinis brevigerulo ministranda sibi ipsis mutuo teneantur.

Item statutum est et ordinatum quod visitatoribus deputatis non valentibus detecta coram eis sive comperta in primo suo adventu comode decidere sive terminare, liceat pro huiusmodi compertis & detectis temporibus oportunis decidendis & ad plenum terminandis, quociens & quando usque ad proximum capitulum generale opus fuerit, ad monasteria sic visitata declinare, procurationes moderatas recipiendo.[3]

Item statutum est et ordinatum quod in nostre religionis monasteriis in quibus ad studencium eleccionem minus canonice hactenus est processum, ad canonicam eleccionem citra festum sancte Margarete secundum formam constitutionis Benedictine de novo effectualiter procedatur.

Item statutum est et ordinatum quod ex causa malignitatis & malicie quorundam villate de Northamptone, quas in quosdam nostre religionis in ultimo capitulo ibidem celebrato nequiter excercuerunt, quod locus proximi capituli sit apud Bernewelle die dominica proxima ante festum sancti Michaelis anno domini millesimo ccclxv,[4] presidentibus ut prius, visitatoribus in archidiaconatu Stowe, Leycestrie, Lincolnie & Northamptone priore de Esseby Canonicorum et Thornholme.

39.

[Acts of a Chapter at Barnwell, 1365.]

C. fol. 56   Capitulum generale canonicorum regularium ordinis sancti Augustini in Cantuariensi & Eboracensi provinciis celebratum anno domini mccclxv, presidentibus dominis abbate de Leycestria, priore de Mertone, priore de Gyseburne, diffinitoribus uero dominis prioribus de Walsyngham, Launcestone, de Drax, sancti Bartholomei, Conyesheued & Newenham, visitatoribus prioribus de Markeby & de Husecroft[5]; collector in diocese Lincolniensi prior de Newenham. In primis cum omnes canonici nostre religionis studentes in Uniuersitatibus teneantur

---

[1] The heading to this statute in W. is 'de obitibus recipiendis et ministraciones (*sic*) brevigerulo'.
[2] queant, C.

[3] requirendo, C.
[4] C. stops at this point.
[5] Ulverscroft must be meant.

iuxta constitucionem Benedictinam ad inuicem commorari, nec eis prout aliis religiosis certa hospicia pro communi uita deputentur, statutum est & ordinatum quod obolus de libra ab uniuersis & singulis dicte nostre religionis, prout taxantur ad decimam, tam de temporalibus quam de spiritualibus citra festum Pasche proximo futurum per omnes censuras ecclesiasticas persoluatur[1], & quod huiusmodi summa sic leuanda reuerendis dominis & prioribus collectoribus deputatis integre per eosdem transmittatur. Item quod cum alias fuerit ordinatum quod omnes prelati nostre religionis, quorum nomina in ultimo capitulo nostro generali apud Stanford celebrato publice fuerint recitata, in casu quo[2] scolares ad studium generale non mitterent, decem libras pro quolibet anno soluerent in communes usus capituli conuertendas, frustratorium est iure condere nisi sit qui sequatur eadem, ad leuandum, colligendum & recipiendum easdem summas de prelatis antedictis certos collectores & executores & receptores cum potestate quascumque censuras ecclesiasticas in contumaces & rebelles fulminandi facimus, ordinamus, constituimus per presentes.

Item cum in nostra religione quamplures scolares ad gradum recipiendum ydonei propter defectum subsidii ab huiusmodi gradu subtrauntur (*sic*) in nostre religionis depressionem & obprobrium, statutum est & ordinatum quod quilibet gradum doctoratus theologie vel decretorum subiturus xx libras, qui uero gradum baculariatus in eisdem facultatibus c solidos, de multis communi capitulo applicatis siue applicandis habeat per collectores capituli celebrandi.

40.

[Acts of a Chapter at Northampton, 1368.]

Capitulum generale canonicorum regularium ordinis sancti Augustini celebratum in monasterio sancti Iacobi iuxta Northamptone die dominica proxima ante festum sancti Michaelis cum continuacione dierum sequencium anno domini millesimo CCCLXVIII, presidentibus dominis abbatibus Leycestrie & Derleye & priore de Drax loco priorum de Gisborne & de Mertone per capitulum subrogatis; diffinitoribus uero abbate sancte Osithe, prioribus de Huntyndone, Bernwelle, Plymptone, Launcestone, Canyngesheved & de Novo Loco in Sherwod. Statutum

T. fol. 164
C. fol. 57

---

[1] persoluantur, MS.
[2] in Can' quo, MS.; the Acts of the preceding Chapter, in the form in which we have them, do not give these names.

est quod deputati in proximo capitulo precedenti seu alias citra per presidentes ad levandum & percipiendum collectam obolorum[1] in utilitatem studencium vel aliam quamcumque pecuniam in debitum usum generalis capituli convertendam quod[2] coram dominis prioribus de Brenwelle, de Huntyndone & de Exham citra festum sancti Petri quod dicitur Aduincula apud Cantebrigiam in ecclesia sancti Michaelis de ipsa calculent & plenarie satisfaciant, quam quidem pecuniam dicti domini priores in proximo futuro capitulo integre reddere teneantur, nisi quatenus poterit docere esse conversam in usum legitimum hactenus ordinatum.

Locus futuri capituli apud Novum Locum iuxta Stanford.

41.

[Acts of a Chapter at Newstead, 1371.]

W. fol.
68 Capitulum generale canonicorum regularium sancti Augustini celebratum apud Novum Locum iuxta Staunford anno domini millesimo ccclxxi coram presidentibus dominis abbatibus de Leycestria & Derley & priore de Drax, diffinitoribus vero dominis abbate de Thorntone, prioribus de Walsyngham, de Plumtone, de Thurgartone, de Westacre & de Novo Loco.

In primis quod (*sic*) nonnulli sue salutis immemõres per apostasie precipitacionem dampnabilem in profundum iniquitatis miserabiliter corruunt, eo frequencius in ea parte periclitantes quo minus diligenter et effectualiter actenus revocari solebant ; statutum est & ordinatum quod quilibet prelatus ordinis nostri in prouincia Cantuariensi & Eboracensi quoscumque apostatas & fugitivos eiusdem ordinis & de eisdem provinciis capere capive facere valeant & in carcere detinere, donec proprii prelati super hoc certificati oves suas[3] sic errantes poterint revocare ; de expensis vero circa capcionem & detencionem huiusmodi factis ipsi prelati proprii satisfacere teneantur & per presidentes si oporteat ad hoc per censuras ecclesiasticas compellantur.

Item quia [tam][4] racioni quam aliorum religiosorum devocioni consonat ut illum specialiter pro peccatis nostris sathagamus habere intercessorem in celis, sub cuius regulam domino militamus in terris, statuimus et ordinamus ut in confessione generali specialiter de beato Augustino patre nostro mencio habeatur, scilicet in hunc modum ' Confiteor deo celi & beate Marie & beato Augustino & omnibus ' &c. ;

---

[1] obolum, T.   [2] om. C.   [3] certificaciones suas, MS.   [4] om. MS.

& iterum ' Ideo precor beatam Mariam & beatum Augustinum & omnes sanctos ' &c. & quod de cetero secunda die capituli generalis missa de eodem solempniter celebretur[1].

Item statuimus & diffinimus quod priores studencium nostri ordinis celebrent capitula sua in monasteriis sancte Fredeswyde Oxonie & sancti Egidii de Bernewelle iuxta Cantebrigiam & non in privatis cameris, ut per hoc honestati dicti ordinis melius consulatur.

Item statutum & diffinitum quod visitatores, deputati per capitulum, in propria persona exerceant officium visitacionis, nisi fuerint[2] infirmitate vel debilitate corporis prepediti, qui canonicos discreciores domorum suarum provecte etatis & mature ad dictum officium exercendum loco suo mittere teneantur.

Locus proximi capituli apud Northamptone die dominica proxima ante festum sancti Michaelis anno domini millesimo CCCLXXIIII; presidentes vero iam electi abbas de Thorntone, prior de Plumtone & prior de Boltone; visitatores Cantuariensis & Roffensis [diocesum][3] priores sancti Gregorii & Tunnebrigge; in diocese Wygorn' & Herefordie & Menevens' abbas Cirencestrie & prior de Lantona Prima; in diocese Exon', Baton' & Sar' prior de Burtellesham[4] & prior de Potell'[5]; in diocese Wynton' & Cicestr' prior de Newerk[6] & de Southewerk; in diocese Conventrensi & Lichefeld' & Assavensi prior de Nortone & Rentone[7]; in archidiaconat' Lync', Stowe, Leycestrie & Northamptone abbas de Oselwestone & prior de Thornholme; in archidiac' Oxonie, Buckyngham, Bedeford, & Huntyngdone prior de Dunstaple & Caldewelle; in provincia Eboracensi prior sancti Oswaldi Nostelle & Hautenprise.[8]

42.

[A decree passed at a Chapter at Northampton, 1374.]

In dei nomine Amen.   Licet ab exordio plantate religionis canoni- C. fol. 87
corum regularium ordinis sancti Augustini Cantuariensis & Eboracencis provinciarum, que iuxta constituciones felicis recordacionis Benedicti pape XII dictum ordinem concernentes quantum ad celebracionem prouincialis ipsorum capituli in regno Anglie pro una provincia

[1] celebratur, MS.
[2] fuerunt, MS.
[3] om. MS.
[4] Bisham in Berks.
[5] Poghley in Berks.
[6] Newark (de Novo Loco) near Guildford.

[7] Ronton, Staffordshire.
[8] This list must be incomplete. It does not give the visitors for the diocese of Norwich; nor for Ely and London which formed one district; see the Acts of 1341.

reputantur, omnes & singuli eiusdem ordinis in dicto regno canonici
temporibus suarum professionum & recepcionum habituum canonicis
eiusdem ordinis tam professis quam non professis congruencium,
ocreas siue botas tibias cooperientes indui seu uestiri & extunc dictis
botis incedendo tam in locis publicis quam eciam in suis claustris &
monasteriis absque aliis calciamentis exterioribus in signum maioris
humilitatis & contemptus mundialis honoris, que in regularibus pre
ceteris renitere deberent & ostendi, uti semper consueuissent; et a
tempore dicte religionis infra dictum regnum stabilite diu antequam
dicte constitutiones Benedictine fuerant edite [et] [1] prouinciale capitulum
iuxta dictarum constitucionum formam & exigenciam per eosdem
religiosos in dicto regno fuerat celebratum, & citra, necnon a tempore
& per tempus cuius contrarii memoria non erat singuli, canonici dicti
ordinis tam prelati quam subditi universaliter infra dictum regnum
ocreis seu botis huiusmodi continue usi fuissent & usum huiusmodi
approbassent tam tacite quam expresse; postmodum tamen presidentes
& diffinitores capitulorum prouincialium dicti ordinis, metuentes ex
quibusdam causis probabilibus & verisimilibus coniecturis aliquos
canonicos dicti ordinis, insolentes & lassiuos discursus in foro pocius
quam quietem in claustro sitientes, ab usu botarum temere velle
recedere, in nonnullis ipsorum provincialibus capitulis ante hec tempora celebratis pluries statuerunt & ordinauerunt quod nullus canonicus
eiusdem ordinis publice in monasterio suo vel extra absque ocreis seu
botis tibias cooperientibus incedere presumeret quouismodo, quodque
quisque canonicus contrarium faciens per prelatum suum grauiter
puniretur; verum quia, consuetudine laudabili predicta de botis seu
ocreis utendis a singulis canonicis sed & statutis postmodum super
eodem usu botarum siue ocrearum in diuersis eiusdem ordinis capitulis
prouincialibus editis & promulgatis & per predicta capitula seu saltem
maiorem & saniorem partem ipsorum capitulorum & cuiuscumque
eorundem rite admissis & approbatis nullatenus obstantibus, quidam
eiusdem ordinis canonici tam prelati quam subditi ab eorum regularibus
obseruanciis & antiquis consuetudinibus tanto tempore usitatis in dicto
ordine laudabiliter & prescriptis temere recedere non verentes, in
claustris & monasteriis suis publice in conuentibus eorundem & eciam
extra in locis popularibus & insignibus, ut puta in ciuitate London'
& aliis ciuitatibus dicti regni, necnon & scolares dicti ordinis per
prelatos suos ad studia generalia transmissi in Uniuersitatibus Oxon'
& Cantebrugg' caligis strictis & sotularibus rostratis ac diversimode

[1] Not in MS.

ligulatis & quidam ipsorum cum corrigiis & pendentibus de argento
fabrefactis publice usi fuerunt & eciam utuntur in presenti ultra communem modum secularium, sicque publice incedentes per vicos &
plateas capas ipsorum & rochetos supra genua colligunt ut formam
tibiarum suarum intuentibus ostendant, pocius in eorum carne quam
in Cristi cruce gloriantes; ex quorum incessu insolito & inordinato
amaricantur mentes intuencium & indignantur, ac eciam ex nouitate
talis ipsorum habitus sive nobilitate oculi respiciencium offenduntur
contra beati Augustini ipsius religionis patroni regulam & doctrinam,
quoniam in eadem canonicorum regula dictat & precipit habitum
canonicorum regularium non esse debere notabilem nec in illorum
incessu, statu vel habitu aliquid fieri quod cuiusquam offendat aspectum,
sed quod eorum deceat sanctitatem; ex tali preterea abusu caligarum
& sotularium dicte religionis ordo per totum regnum Anglie tam penes
prelatos & proceres quam eciam populares, tam seculares quam
regulares, maiores & minores dicti regni scandalizatur in immensum,
habeturque ostentatui & despectioni inter omnes, dicunt enim quam
plurimi ipsos canonicos in breui totum ipsorum habitum regularem
deserturos & vestes seculares religiosos minime condecentes assum-
pturos, propter que zelus & affeccio populi erga dictum ordinem pro
magna parte minuitur & tepescit, occasioneque huius abusus caligarum
& sotularium & non usus botarum euagaciones & lassivi discursus ac
scandala & dampna quamplurima in dicto ordine provenerunt & maiora
in dies verisimiliter provenire formidantur, nisi contra delinquentes
huiusmodi remedium celerius apponatur; et quia decet quod inter
religiosos viros eiusdem ordinis in una regione degentes & precipue
inter ipsos, quibus ex regula precipitur quoad habitum interiorem esse
animam unam & cor unum in deo, habitus eciam ipsorum exterior sit
unicus & conformis; nos presidentes & diffinitores presentis nostri
capituli provincialis in monasterio sancti Iacobi iuxta Norhamtone
ordinis sancti Augustini Lincolniensis diocesis die Martis proxima post
festum sancti Mathei apostoli & euangeliste anno domini MCCCLXXIIII
celebrati, in presenti nostro capitulo supradicto de consensu maioris &
sanioris partis tocius eiusdem capituli, volentes antecessorum nostrorum
vestigiis ac ipsorum statutis factis prehabitis in pluribus capitulis provincialibus antea celebratis & per ipsa capitula seu saltem per maiorem
& saniorem partem eorundem & cuiuslibet eorundem admissis &
antiquitus approbatis firmiter adherere, & presertim statuta de botis
seu ocreis a singulis canonicorum eiusdem ordinis infra regnum Anglie
utendis & portandis, dudum in provincialibus capitulis predictis

salubriter edita, de novo roborare, eisdem adiciendo & de novo statuendo ordinamus, statuimus & diffinimus quod nullus canonicorum regularium ordinis sancti Augustini antedictarum provinciarum Cantuarie & Eboraci, prelatus vel subditus, de cetero incedat ad extra seu publice infra sine ocreis seu botis, & quod contrafacientes post festum Natalis domini diem edicionis & publicacionis presentis statuti proximo sequens completum, videlicet post octabas Epiphanie, incontinenti extunc vigore eiusdem statuti artentur penis infrascriptis; si fuerint taliter delinquentes in studio generali per prelatos suos a studio ad claustrum statim actualiter reuocentur; et si quis dictorum canonicorum infra monasterium suum publice vel extra sine botis seu ocreis per tres dies continuos vel a se distantes incesserit, extunc ipso facto sit suspensus a diuinis; et si per alios tres dies continuos vel discontinuos postmodum convictus fuerit taliter incedere, quod absit, animo indurato, extunc utetur pane & aqua absque aliis cibis & potibus, maioribus diebus festis & dominicis dumtaxat exceptis, quousque debite se reformare curaverit in premissis.

In proximo provinciali capitulo in quindena sancte Trinitatis anno domini MCCCLXXVII apud Nouum Locum iuxta Stanford celebrando & altero extunc proximo sequente presidebunt reuerendi patres & domini abbates monasteriorum sancte Crucis de Waltham sedi apostolice immediate subiecti & Thorntone Cantuariensis & prior de Bolton Eboracensis prouincie.

Et quia propter temporis breuitatem presentis decreti copiam singulis de capitulo communicare nobis non superest facultas, penes dominum abbatem dicti loci capitularis quibuscumque de capitulo eam petentibus sub sigillo suo communicandam decernimus remanere. In cuius decreti copie & eiusdem sic ut premittitur publicacionis habite testimonium ad personalem rogatum predictorum dominorum presidencium & diffinitorum, nos abbas monasterii sancti Iacobi antedicti pro huiusmodi copie fide facienda sigillum nostrum presentibus apposuimus, vobis omnibus & singulis intimantes & protestantes quod super notificacione presentis statuti cuicumque vestrum sed nulli alii regulari uel seculari facienda harum baiulo nuncio nostro in hac parte iurato fidem credulam intendimus adhibere. Dat' quoad consignacionem nostram apud monasterium nostrum antedictum duodecimo die mensis Octobris, anno domini millesimo CCC°LXX quarto.

43.

[Acts of a Chapter at Northampton, 1380.]

Capitulum generale canonicorum regularium sancti Augustini in provincia Anglicana celebratum apud monasterium sancti Iacobi iuxta Northamptone in quindena sancte Trinitatis anno domini millesimo CCCLXXX, presidentibus reverendis patribus dominis abbatibus de Leycestria et Oseneye Cantuariensis ac priore de Carlille Eboracensis, diffinitoribus vero dominis abbate monasterii sancti Iacobi iuxta Northamptone, prioribus sancti Oswaldi de Nostell, ecclesie Cristi de Twynham & de Nortone Cantuariensis, de Novo Burgo, Thurgarton & Croxford[1] Eboracensis provincie.

In primis cum omnes creature licet modis variis & sub diversis speciebus appetant ad unitatem aspirare, maxime tamen condecet ipsam in eadem religione integram perfeccius reperire. Cum autem provincie Cantuariensis & Eboracensis, que pro una reputantur, iuxta statutum editum apud Novum Locum iuxta Staunford anno XL⁰ quoad receptionem statutorum edendorum uniebantur, sequens est propter integritatis conformitatem ut nullum sit statutum editum in una illarum quin et illud reperiatur in alia vel reliqua earum. Idcirco ex communi & unanimi deliberacione illa statuta vocata statuta de Parco in provincia Eboracensi dumtaxat usitata & observata penitus adnullamus & cassamus & pro nullis statutis haberi decernimus & declaramus, mandantes omnibus & singulis de provincia Eboracensi quatenus ipsi omnia statuta que edita sunt ab anno xxv⁰ apud monasterium sancti Iacobi Northamptonie, et alia statuta deinceps edita & nostrum ordinem concernencia scribi faciant legantque bis in anno cum aliis statutis Benedictinis, summorum pontificum atque legatorum, & in quantum possibile fuerit inconcusse observent.

Item cum[2] ipsi qui se ipsos interimunt non sibi ipsis tantum set toti reipublice iniuriam faciunt, & ideo propter voluntariam mortem eorum cadauera tractantur ignominia[3], sic religiosi apostatantes preter periculum anime sue, quod incurrunt ipso facto, toti ordini scandalum inferunt ac eorum domibus dampnum, cum in eorum absencia regularis observancia divinaque servicia ad que obligantur in domibus eorum aut penitus subtrahuntur aut ab eorum confratribus laboriosius sub-

W. fol. 58
T. fol. 159
C. fol. 60

---

[1] Croxford (i.e. Cokesford) and Nostell are assigned to wrong provinces; this error is common to W. and C.

[2] In T. the Acts begin at this point,

the preceding paragraph being omitted, no doubt because it was repealed at the next Chapter.

[3] ignominiose, T.

portantur; idcirco pro salubri remedio talibus apponendo & refrenacione aliquali in eventu statuimus & diffinimus quod quicumque nostre religionis canonici de cetero stimulo Sathane agitati & secum in apostasia incorporati, si [1] unica vel bina vice apostatantes reperiantur, stallo in choro, voce in capitulo preter alias penas racionabiles eisdem imponendas careant pro perpetuo.   Si trina vice [2], quod absit, absque omni dispensatione perpetuis carceribus includantur, nisi proprii prelati graciam specialem & favorem eis misericorditer communicare voluerint.

Item nos presidentes & diffinitores predicti penas suspensionis ipso facto a divinis officiis contentas & insertas in quodam statuto de utendo ocreis ab omnibus canonicis nostri ordinis in Cantuariensi & Eboracensi provinciis constitutis edito in capitulo nostro provinciali in monasterio sancti Iacobi premisso, anno domini millesimo ccclxx quarto, ex certis causis nos in ea parte moventibus mitigamus & temperamus in forma que sequitur, videlicet quod contravenientes dicto statuto propter huiusmodi excessum de cetero non sint ipso facto a divinis officiis suspensi, set per prelatos suos quamcicius eis de huiusmodi excessu constare poterint a divinis officiis sunt [3] suspendendi, aliis penis in dicto statuto contentis in suo robore permansuris.

Item cum ex clamosa insinuacione et reali [4] experiencia accepimus [5] quod nonnulli canonici nostre religionis suis prelatis rebelles & inobedientes in quibusdam officiis per suos prelatos deputati insurgunt & litem contra prelatos fouent [6], dum ab officiis suis per prelatos absoluuntur, in scandalum totius ordinis & subuersionem & destructionem domuum in quibus conuersantur, nos autem huiusmodi insolenciis & maliciis volentes obviare declaramus & diffinimus quod, cum prelati habeant plenarie respondere pro regimine domuum suarum tam in temporalibus quam in spiritualibus, licet et liceat quibuscumque prelatis quoscumque obedienciarios [7] suos, quando eis videbitur expedire, ab officiis suis absoluere & amouere & alios substituere; quamvis in creacione & amocione officiariorum prelati propter nutrimentum amoris & honestatem ordinis petant consensum aliquorum saniorum & seniorum, prout cavetur [8] in statutis, non tamen propter hoc prelati, qui huic statuto inniti voluerint & ipso indigent, teneantur seu obligentur de necessitate sequi consilium eorum, nisi huiusmodi prelati, ex sua discreta voluntate, consilio ac beneplacito eorum voluerint conde-

---

[1] om. T.
[2] om. T., inserted above the line in C.
[3] sint, T.
[4] e. r., om. W.

[5] excepimus, W.
[6] foventes, W.
[7] officiarios, T.
[8] cautum, W.

scendere. Contravenientes & rebelles in hac parte ad quecumque officia seu beneficia per eosdem occupanda de cetero inhabilitamus.[1]

Item statuimus & diffinimus quod principalis visitator[2] in singulis diocesibus in limitacione sua habeat potestatem exigendi, colligendi, & levandi quascumque collectas, multas, subvenciones & contribuciones quibuscumque[3] per generale capitulum impositas, ipsosque ad solucionem earum per quascumque censuras ecclesiasticas compellendi; et quod dictus visitator huiusmodi subvenciones, contribuciones, collectas & multas cuidam collectori seu receptori in medio utriusque provincie per presidentes & diffinitores deputato integraliter solvat, videlicet pro provincia Cantuariensi domino abbati de Oseneye & in provincia Eboracensi domino priori sancti Oswaldi in Nostell, et quod eundem collectorem generalem certificet de nominibus solvencium & non solvencium ac de summa ab eisdem soluta & a non solventibus persolvenda[4]; ita quod huiusmodi pecunia[5] iuxta arbitrium presidencium & diffinitorum ad usum scolarium graduatorum & in proximo graduandorum & alia onera religionis supportanda facilius conuerti valeat; et quod dictus collector siue receptor generalis in quolibet generali capitulo de receptis & liberatis suis in hac parte presidentibus & diffinitoribus memoratis fidelem reddant racionem.[6]

44.

[Acts of a Chapter at Newstead, 1383.]

Capitulum generale apud Novum Locum iuxta Stanford celebratum T. fol. in quindena sancte Trinitatis anno domini MCCC octogesimo tercio, 161 presidentibus dominis abbate de Waltham & abbate de Leycestre C. fol. 51 Cant' ac priore de Thurgartone Eborac', diffinitoribus uero abbatibus de Thornton, Oseneye & sancti Iacobi Norhampton, prioribus de Cristchurche Twynham, Norton, Wyrsop & Merton.

In primis cum[7] multa pericula[8] que non expedit[9] deducere in lucem ad noticiam omnium[10] circa ordinem nostrum sint in foribus eminentia et verisimiliter plura ac maiora creduntur futura, nisi eidem succurratur

---

[1] The whole of this paragraph is omitted in C., no doubt because it was repealed at the next Chapter.
[2] T. adds *viz. primus nominatus.*
[3] quascumque, T.
[4] p., om. W.
[5] pecuniam, C.

[6] T. in the margin, 'Nota quod principalis visitator habet percipere collectas & contribuciones quascumque.'
[7] Not in T.
[8] om. T.
[9] expendit, T.
[10] hominum, T.

remediis graciosis & oportunis, provide statutum est & ordinatum ac diffinitum quod de singulis libris de toto ordine tam de spiritualibus quam de temporalibus secundum taxam decime currentem[1] singuli oboli leventur hac vice tantum pro certis & arduis negociis in curia Romana & alibi expediendis, que per dei graciam sunt & erunt toto ordini non modicum profutura; ita quod una medietas solvatur in proximo anno futuro citra quindenam sancte Trinitatis & alia medietas in anno sequenti circa idem tempus. Collectores autem huiusmodi[2] subsidii erunt visitatores principales in suis limitacionibus, receptores vero domini abbas de Waltham & Thorntone[3] & prior de Thurgartone; qui quidem receptores[4] in proximo capitulo generali de huiusmodi sic receptis per indenturas calculabunt.

Item ordinatum est quod nullus religiosus nostri ordinis de cetero impetret litteras magnatum per se vel per alium, ut studio vel alicui alio officio preficiatur, seu quod sibi aliqua certa porcio uel pencio ultra communem vitam fratrum assignetur. Si quis contrarium fecerit, de ipso inhabilitetur ad studium & ad quodlibet aliud officium vel beneficium optinendum super quo[5] litteras huiusmodi impetravit.

Item statutum est quod illud statutum in ultimo capitulo editum de officiariis per suos prelatos tantum preficiendis & amovendis[6] sine consilio seniorum & saniorum pro nullo habeatur, et quod de illa materia statutum antiquum apud Northamptone celebratum & editum observentur.

Item ordinatum est quod statuta de Parco in ultimo capitulo revocata in Eboracensi provincia de cetero observentur prout ante revocacionem huiusmodi fuerunt observata. Item cum ex quodam statuto antiquo pateat evidenter quod nullus religionis nostre ultra duo procuratoria in capitulo generali debeat exhibere, statutum est quod si quis de cetero in capitulo predicto ultra duo procuratoria exhibuerit pro exilibus ecclesiis, antequam admittatur pro legitimo procuratore XL denarios persolvat pro unoquoque; si vero pro pinguibus ecclesiis se ingesserit ad premissa, antequam admittatur dimidium marce persolvere teneatur. Verumtamen si contigerit dictum procuratorem tanquam minus sufficientem[7] reici, secundum antiquam consuetudinem ad libitum presidencium & diffinitorum multetur, a pena tunc supradicta omnino immunis existens.

---

[1] crescentem, T.
[2] istius, C.
[3] C. omits '& Thorntone', no doubt rightly.
[4] procuratores, C.

[5] que, C.
[6] amovendos, T.; this paragraph is omitted in C.
[7] sufficiens, C. & T.

45.

[A Chapter at Barnwell, 1386.]

Statuta capituli generalis 'canonicorum regularium ordinis sancti **T. fol.** Augustini apud Brenwelle iuxta Cantebrigiam celebrati, presidentibus **162** dominis abbate de Waltham, priore de Mertone, & priore de Thurgartone anno domini MCCC octogesimo sexto. Volumus & statuimus quod omnia statuta & ordinata & nondum revocata de cetero iuxta seriem eorundem in omnibus observentur. Et quod visitatores in ultimo capitulo celebrato in Novo Loco iuxta Stanfordiam de singulis obolis de libra concessis & per ipsos levatis citra festum Omnium Sanctorum proximo sequens veniant calculare coram presidentibus predictis sub pena excommunicacionis maioris. Et quod visitatores iam in presenti capitulo ordinati recipiant totum residuum subsidii predicti aretro existentis & de eisdem calculent dictis presidentibus prout alii visitatores in suis limitacionibus tenentur, iuxta seriem & ordinacionem [sicut][1] in constitucionibus in ultimo capitulo plenius continetur.

46.

[A Chapter at Northampton, 1395.]

Capitulum provinciale canonicorum regularium ordinis sancti **T. fol.** Augustini in provinciis Cantuariensi & Eboracensi, que pro una **164** reputantur iuxta constituciones novellas domini Benedicti pape XII, apud monasterium sancti Iacobi iuxta Northamptone in quindena Trinitatis anno domini millesimo ccc nonagesimo quinto celebratum, presidentibus venerabilibus patribus abbate de Nortone, sancti Bartholomei London' & de Thorgartone prioribus, diffinitoribus existentibus videlicet abbatibus de Thorntone & sancti Iacobi iuxta Northamptone, de Gisborne, sancti Oswaldi in Nostelle, sancte Trinitatis London', de Kyllyngworth & de Novo Loco in Shirewod prioribus. Qui statutum ediderunt subsequens in hac forma:— Voce[2] angelica salutari ad virginem benedictam eo felicius quo frequencius non ambigit quis fidelis. Sane in pluribus locis nostri ordinis est & fuerat ab antiquo laudabiliter consuetum cotidianas horas eiusdem virginis inter dictas angelicas salutaciones prevenire, quod in nonnullis locis prefati ordinis hactenus minime observatur. Ut autem

---

[1] Not in MS.   [2] vice, MS.

virgo & mater dei in ordine prelibato amplius solito veneretur, statuimus ubique locorum ordinis antedicti in provincia Anglicana ad honorem dicte virginis id de cetero in choro potissime observetur. Locus pro capitulo futuro monasterium sancti Iacobi antedicti.

47.

[Acts of a Chapter at Northampton, 1398.]

Capitulum generale canonicorum regularium ordinis sancti Augustini in provincia Anglicana celebratum apud sanctum Iacobum iuxta Northamptone in quindena sancte Trinitatis anno domini millesimo ccc nonagesimo octavo, presidentibus reverendis patribus dominis de Thorntone & de sancto Iacobo Northamptone abbatibus Cantuariensis provincie, ac priore de Gisborne Eboracensis diocesis, diffinitoribus uero dominis prioribus Cristi ecclesie de Twynham, priore Cristi ecclesie Londone, priore de Kyme, priore de Chacombe, priore de Thurgartone, priore de Swyneshed and priore de Novo Parco (*sic*).[1] In primis cum pericula que non expedit deducere ad lucem & noticiam hominum circa ordinem nostrum sint in foribus iminencia & verisimiliter plura & maiora creduntur futura, nisi eisdem succurratur[2] remediis graciosis & oportunis, provide statutum est, ordinatum, & diffinitum quod de singulis libris & de toto ordine tam de spiritualibus quam de temporalibus secundum taxacionem decime currentem singuli oboli leuentur hac vice tantum pro certis & arduis negociis in curia Romana & alibi expediendis, que per dei graciam sunt & erunt toto ordini non modicum profutura; ita quod subsidium huiusmodi soluatur & leuetur citra capitulum proximum provinciale sive generale; collectores autem istius subsidii erunt visitatores in suis limitacionibus, qui eciam potestatem habeant virtute presentis statuti ad compellendum per censuras ecclesiasticas prelatos locorum de veris solucionibus in hac parte faciendis; quod solucionis huiusmodi per indenturas dicti visitatores sive collectores in proximo capitulo generali dominis presidentibus & diffinitoribus de subsidio habito racionem reddere tenentur. Quia iure naturali ac eciam positivo, divina pariter institucione, sumus informati patres honorare, dignum duximus statuendum quod ubique locorum ordinis nostri infra regnum Anglie scribatur in mortilogio (*sic*) II Idus Ianuarii titulus sub hac forma: Anima

---

[1] i. e. Fynneshed.　　　　　　[2] succurrantur, MS.

Normanni prioris ecclesie Cristi Londonie, qui regula, eciam habitu, dicti ordinis Angliam primo vestivit, per misericordiam Ihesu Cristi requiescat in pace. Amen.

48.

[Acts of a Chapter at Northampton, 1401.]

Capitulum provinciale canonicorum regularium ordinis sancti **T. fol.** Augustini Cantuariensis & Eboracensis provinciarum celebratum in **165ᵛ** monasterio sancti Iacobi iuxta Northamptone in quindena sancte Trinitatis anno domini MCCCC primo, presidentibus in eodem capitulo dominis abbatibus de Leycestria & sancti Iacobi ac priore de Thurgartone, diffinitoribus eiusdem capituli dominis abbatibus de Roucestre, de Creke ac prioribus Cristi ecclesie de Twynham, de Kyma, de Bolton & de Hautempris. Inprimis ordinamus & constituimus quod cum in quodam statuto capituli nostri generalis in monasterio sancti Iacobi predicti anno gracie MCCCXXV edito caveatur quod de cetero nullis statutis fides adhibeatur nisi dumtaxat hiis que ad monasterium nostri ordinis sub sigillis presidencium transmittuntur, quod quidem statutum hucusque non dinoscitur esse observatum, nonnulli omni occasione ex predicto statuto assumentes asserunt se ad observanciam provincialium statutorum exinde editorum minime obligari; quapropter ad omnem ambiguitatis materiam in hac parte penitus extirpandam ordinamus, statuimus & diffinimus [quod statuta]¹ in capitulis provincialibus iam edita & edenda, facta de eisdem publicacione in predictis capitulis, statim ligent, & prelati presentes & absencium procuratores veras copias huiusmodi statutorum habere & secum deferre teneantur.

Item cum multa pericula circa ordinem nostrum sint in foribus imminencia & plura verisimiliter credantur futura & specialiter racione privilegiorum personalium, que nonnulli religionis nostre professores contra eiusdem ordinis honestatem impetrant, et impetratis nequiter abutuntur, statuimus & ordinamus quod ad obviacionem huiusmodi periculorum de singulis marcis de toto ordine tam de spiritualibus quam de temporalibus secundum taxam decime currentem singuli oboli leventur una vice tantum; ad quam quidem summam citra proximum capitulum generale per visitatores in suis limitacionibus plenarie levandam eisdem visitatoribus committimus plenam facultatem cum

¹ Not in MS.

cuiuscumque cohercionis canonice potestate, eisdem visitatoribus sub
pena excommunicacionis maioris firmiter iniungentes quatenus circa
levacionem predictorum obolorum in forma predicta diligenciam
debitam adhibeant cum effectu, et obolos huiusmodi per ipsos levandos
in proximo capitulo generali dominis presidentibus & diffinitoribus
solvant & plenariam reddant racionem. Locus futuri capituli in
monasterio sancti Iacobi predicti.

49.

[Acts of a Chapter at Northamptone, 1404.]

C. fol. 62   Capitulum provinciale canonicorum regularium ordinis sancti
Augustini Cantuariensis & Eboracensis provinc' celebratum in monasterio sancti Iacobi iuxta Northamptone in quindena Trinitatis anno
domini mcccc quarto presidentibus in eodem capitulo domino abbate
sancti Iacobi, prioribus sancti Oswaldi in Nostell et de Twynham de
Crigherche; diffinitoribus eiusdem capituli dominis abbatibus de
Creke & Osuelstone, prioribus de Thorgartone, Cartemele, Boclele,[1]
de Landa, de Lanthon', Southwyc', Berseter.[2]

Licet omnium sanctorum memoria condigna ueneracione celebrique
deuocione sit habenda, cultu tamen propensiori ac speciali quodam
affectu illos honore prosequi tenemur qui sub beati patris nostri
Augustini regula et habitu ad sanctitatis fastigium excreuerunt. Unde
cum sacrosancta mater ecclesia venerabilem & deo devotum virum
sanctum Iohannem, monasterii siue prioratus de Brydlyntone ordinis
nostri quondam priorem, propter vite meritum ex studio sancte
conuersacionis feruideque in deum dileccionis precipuum ac miracu-
lorum ipsius precibus ostensorum uberiorem frequenciam, quibus ipsa
mater continuis gaudet successoribus, sanctorum confessorum numero
& collegio sanxerunt ascribendum, ipsum deuotis laudibus et honoribus
tanto instantiori studio ordinis nostri professores conuenit efferre,
quanto sanctitatis ipsius virtute pocioribus precum patrociniis fulciri
eis et honore speciali tribuitur insigniri. Quapropter dictum sanctum
Iohannem per quem suffragium prestatur decus [*sic*] pro modulo
extollere, ac deum in ipso ut in ceteris suis sanctis laudare volentes,
statuimus & ordinamus quod festum deposicionis ipsius sancti
Iohannis in crastino sancti Dionisii, decimo videlicet die mensis

---

[1] Probably *Buttele* in the diocese of Norwich.

[2] i. e. Bicester, which was often spelt Berencester or Burcester.

Octobris, in singulis ecclesiis, prioratibus siue monasteriis ordinis nostri antedicti festiuis solempniis perpetuis futuris temporibus celebretur.

50.

[Acts of a Chapter at Leicester, 1431.]

Capitulum generale canonicorum regularium ordinis sancti Augustini **T. fol.** in Cantuariensi provincia celebratum apud Leycestriam in quindena **166** sancte Trinitatis anno domini millesimo ccccxxx primo.

In primis ordinatum est & diffinitum quod omnes & singuli prelati nostri ordinis personaliter compareant in nostro provinciali capitulo nisi causis legitimis in procuratoriis suis specialiter inserendis prepediti fuerint, & tunc pro procuratore, ubi numerus senarius uel maior senario fuerit, mittant unum canonicum & confratrem de gremio proprie ecclesie sue cum huiusmodi causa vel causis in procuratorio suo specialiter inserendis, aut duo nobilia soluet in communem[1] capituli utilitatem. Si uero numerus minor senario fuerit & ipse commode comparere[2] non poterit, provideat sibi de aliquo alio ydoneo de ordine nostro specialiter instructo, qui taliter ut predictum est pro eo poterit comparere.

Item ordinatum est & diffinitum quod in quolibet monasterio vel prioratu nostri ordinis deputetur certus locus aptus & congruus cum cippis, boiis,[3] & compedibus pro arta custodia ; et de hoc inquiratur diligenter per visitores in suis limitacionibus.

Item quod quivis subditus superiori infestus, non corrigi volens, licet correccionem promittens, ut modo canonicus de Hamond, ad priorem de Colchester mittatur aut ad aliud monasterium, volens vel nolens, pro penitencia agenda expensis domus mittentis ibidem pro tempore moraturus.

Item diffinitum est quod provideantur in presenti capitulo tres persone fidedigne de provincia Cantuariensi & tres de provincia Eboracensi ad levandum & recipiendum auctoritate presencium omnes multas, contribuciones & subsidia in nostro capitulo provinciali obveniencia ; & ea in duabus cistis, quarum una apud sanctum Iacobum iuxta Northamptone, altera vero apud sanctum Oswaldum persistant, utraque sub tribus seris, custodiantur ; ac de communi consensu omnium presidencium nostro capitulo generali & eciam ipsius capituli pro tempore existencium inde fiat omnimoda dispensacio seu disposicio, que vergere

---

[1] communi, MS.　　[2] comparire, MS.　　[3] fetters.

G

possit in subsidium communis utilitatis tocius nostre communitatis seu religionis, secundum discrecionem presidencium & diffinitorum pro tempore existencium fideliter facienda.

Item conceduntur II d. de libra cum multis & aliis aretro existentibus saltem[1] circa festum Omnium Sanctorum proximo futurum. Qui autem contempserit secundum arbitrium presidencium convictus debet emendatoriam subire vindictam.

Item cum nonnulli flatu diabolice inspirationis.[2]

Item statutum est quod cum capitulum celebratur generale, omnes sint presentes post nonam in Sabbato ante quindenam beatissime Trinitatis cum suis procuratoriis; qui veniant[3] hora quarta, ut tunc in aliquibus expediatur; postea cicius cetera valeant expediri.

Item diffinitum est quod omnes subditi cum capis pluvialibus sine fissura pro manibus equitent & incedant, cum hiis uti contigerit; capis autem claustralibus uniformibus, cum se induant hiis, utantur.

Item diffinitum est & ordinatum quod cum aliquis canonicus cuius-cumque domus electus fuerit in abbatem vel priorem alterius domus eiusdem ordinis, & postea resignaverit vel depositus fuerit, de eadem domo cuius fuerit abbas vel prior legitime recipiet suum victum pariter & vestitum.

Item diffinitum est quod omnis [*sic*] apostata dicti ordinis ubicumque poterit deprehendi capiatur per adiutorium seculare, & in proxima domo ordinis nostri custodiatur, quousque proprie domui restitui poterit, expensis proprie domus sue semper sustentandus.

Item diffinitum est quod pecunia consueta & debita illis, qui ceperunt in scolis gradum, levetur & solvatur illis, ut gradum suscepturi in scolis imposterum ad illos suscipiendos firmius inclinentur.

51.

[Acts of a Chapter at Northampton, 1434.]

T. fol.
167
In dei nomine Amen. In quindena Trinitatis anno ab Incarnacione domini MCCCCXXXIIII, capitulo generali canonicorum regularium ordinis sancti Augustini apud Northamptone celebrato, presidentibus in Cristo patribus & dominis abbate de Waltham, abbate sancti Iacobi iuxta Northamptone & priore de Gisburghe &c.

---

[1] Perhaps the original was 'solvend'' or 'saltem hac vice'. The contemporary note in the margin is 'Nota de II d. in libra solvend' in subsidium ordinis'.

[2] Ends thus.

[3] venerint, MS.: in the margin is 'Nota quod procuratores in capitulo generali habent comparere die Sabbati'.

In primis per presidentes & diffinitores ibidem statutum est & ordinatum quod nullus de cetero canonicus religionis nostre exhibeat se procuratorem de cetero plurium[1] quam duorum monasteriorum secundum formam statuti prius editi sub pena cuiuslibet procuratorii supra dictum numerum usurpati XIII s. IIII d.

Item per predictos ordinatum est & diffinitum quod dominus Iohannes Sevenok canonicus presidebit,[2] ut prior studencium Oxonie, ad proximum capitulum exclusive.

Item diffinitum est & ordinatum auctoritate qua supra quod si prelatus aliquis, abbas siue prior vel prepositus, fugitivum aut apostatam sui claustri humiliter revertentem ac prelati sui graciam requirentem coram testibus fidedignis secundum formam decreti de fugitivis [habeat],[3] post terciam humilemque requisicionem ad graciam condignam suis meritis admittatur, ita quod nec scandalum religioni seu ordini oriatur, sub pena x librarum solvendarum ad construccionem & edificacionem novi collegii canonicorum regularium Oxonie construendi,[4] salva tamen ordinis disciplina.

Item statutum est & ordinatum auctoritate qua supra quod cum presidentes visitatores erga proximum capitulum nominaverint, ipsi iidem visitatores sic nominati & deputati in personis propriis visitabunt. Quod si aliqua causa racionabilis intervenerit, pro qua non poterunt personaliter visitare, ex suis claustris vel aliis eligant sibi commissarios ydoneos, qui adhuc visitare non presumant, nisi prius a presidente aliquo legitime approbentur, sub pena x librarum ut supra.

Item presenti capitulo statuimus & ordinamus quod cum iuventus nostri ordinis sit hiis diebus in diversis claustris, ut asseritur, penitus ociosa & inordinata ac plurimum dissoluta, ad honestum studium in suis claustris per suos prelatos debite compellantur, secundum formam constitucionis Benedicti pape XII; proviso eidem de magistro ydoneo, qui in primitivis scientiis ipsam valeat informare & potissime in grammatica, sub pena cuiuslibet anni XL solidorum presidentibus ordinis nostri antedicti solvendorum ad usum quo supra.

Item statutum est & ordinatum quod prelati ordinis nostri antedicti exhibeant scolares ad studium generale secundum formam constitucionis Benedicti sub pena cuiuslibet anni x librarum ad usum superius nominatum solvendarum.

Presidentes pro capitulo futuro reverendi patres dominus abbas de Waltham, dominus prior de Gysburghe & dominus abbas sancti

---

[1] plurimorum, MS.
[2] *predicabit* may be meant.
[3] Not in MS.
[4] construdi, MS.

Iacobi iuxta Northamptone; visitatores in diocesibus Bathoniensi, Wellensi & Exoniensi domini priores de Tauntone & Plymptone.

Item statutum est quod prelatus vel obedienciarius cui committitur cura monasterii vel prelatus[1], nolens fratribus statum monasterii vel prioratus manifestare & bona ac munimenta liberare & taliter quod absit discedens, vel proprietarius, ecclesiastica careat sepultura.

Item statutum est quod compotum reddatur bis, ter vel quater in anno coram prelato & discrecionibus per prelatum ad hoc vocatis.

Item statutum est quod quicumque de cetero procuratorem secularem pro se ad capitulum generale miserit, gravi pena puniatur.

52.

[Acts of a Chapter at Oseney, 1443.]

W. fol.
7¹
B. fols.
I–II
Acta capituli generalis canonicorum regularium sancti Augustini apud Oseneye celebrati in quindena Trinitatis anno domini mᵒccccᵒ xliiiᵒ.

Die Sabbati proxima ante quindenam predictam prelatis, procuratoribus, aliisque subditis quam plurimis dicti ordinis apud Oseney antedictam ad faciliorem expeditionem capituli celebrandi propter preparatoria eiusdem insimul congregatis, duo presidentes, scilicet Reuerendus in Cristo pater & dominus dominus diuina prouidentia abbas sancte Osithe ac Reuerendus in Cristo pater eadem prouidentia prior sancti Oswaldi solummodo ibidem presidentes, abbate de Pratis iuxta Leycestre tercio presidente per mortem[2] tunc absente, eligerunt siue associarunt sibi cum consensu omnium tunc presencium Reuerendum in Cristo patrem & dominum dominum Thomam[3] dei gracia abbatem de Oseney predicta in tertium presidentem ad presidendum & faciendum una cum eis que capitulo tunc celebrando fuerint facienda. Coram quibus, facta preconizatione visitatorum & omnium prelatorum huiusmodi capitulo interesse habentium, fuerant exhibita in scriptis quedam certificatoria visitatorum & procuratoria quorumdam preiatorum absentium. Postea facta quadam monitione per unum presidentium quod omnes & singuli summo mane diei dominice tunc proximo sequentis convenirent in dicta domo capitulari ad interessendum, faciendum & procedi uidendum que in capitulo fuerint facienda, omnes a dicta domo capitulari subito recesserunt.

Die dominica extunc sequente prefatis dominis presidentibus, prelatis, procuratoribus et aliis subditis quamplurimis in domo capitulari

---

[1] Perhaps an error for *prepositus*.   [2] p. m., om. W.
[3] Thomam, om. W.

predicta hora quasi septima apud Oseney insimul congregatis, sacrum
capitulum per invocationem sancti spiritus ad decantationem ympni
Veni creator spiritus, cum oratione *Deus qui corda* & aliis suffragiis
consuetis fuit solempniter inchoatum. Quo facto, dicti domini presidentes, habita quadam communicatione de persona ydonea in
scribam capituli deputanda, nominarunt unanimi consensu in scribam
capituli magistrum Thomam Balscot, canonicum de Wroxtone, in iure
canonico bacalarium & in eodem iure licentiatum, ad scribendum que
in dicto capitulo occurrerint conscribenda & per eundem in scriptis
sub aliquali forma postea redigenda. Et subsequenter prefatus
Reuerendus pater abbas Sancte Osithe unus presidentium uice sua &
collegarum suorum una cum consensu totius capituli quosdam
reuerendos patres, prouectos et discretos deputauit in diffinitores,
quorum nomina subscribuntur in forma que est talis :—In dei nomine fol. 1ᵛ
Amen, nos Iohannes permissione diuina abbas sancte Osithe unus
presidentium istius ordinis auctoritate nobis in hac parte sufficienter
commissa vice mea & collegarum meorum deputamus & eligimus in
diffinitores pro hoc presenti capitulo vos patres, priorem de Mertone [1]
sacre theologie professorem, abbatem sancti Iacobi iuxta Northamptone,
abbatem de Wolstone,[2] priorem de Dunstaple, priorem de Boltone,
priorem sancte Trinitatis Londonie, priorem de Haltemprice, priorem
de Lantony iuxta Gloucestriam, priorem de Walsyngham, priorem de
Tunbrige, priorem de Maxstoke, priorem de Parco [3], priorem de Kyma
& priorem de Burcestre ad examinandum certificatoria visitatorum in
ultimo capitulo deputatorum & ad expediendum & diffiniendum que
ex eisdem certificatoriis et aliis emergentibus, prehabito nostro consilio,
in [4] presenti capitulo iminent facienda.

Quibus benigne assurgentibus & potestatem in se acceptantibus, et
deputatis quatuor prelatis ad regendum processionem, abbas sancte
Osithe unus presidentium auctoritate sua & collegarum suorum continuauit capitulum cum omnibus suis emergentibus, dependentibus &
connexis usque ad secundam horam post nonam dicte diei dominice.

Quo facto fiebat processio prelatorum, procuratorum & aliorum
subditorum, numero quasi cc ad tunc presentium, usque ad ecclesiam
sanctę Frideswide in Oxonia. In cuius ecclesie cimitorio prefatus
Reuerendus dominus presidens abbas sancte Osithe solempnem
sermonem in Anglicis coram Cancellario alme Uniuersitatis Oxonie,

---

[1] Martone, B.
[2] i. e. Osulueston.
[3] Helagh Park ; the Priors of Nocton

Park and Breadsall Park were absent ;
see pp. 101, 2.
[4] in, om. W.

prelatis eiusdem ordinis, doctoribus, magistris, scolaribus, et aliis in maxima multitudine tunc ibidem existentibus proposuit eleganter, et missa de sancto spiritu in dicta ecclesia sancte Frydeswyde postea per eundem Reuerendum patrem presentibus prelatis & procuratoribus dicti ordinis et aliis quamplurimis fuerat solempniter decantata. Qua finita omnes ad sua hospicia diuerterunt.[1]

Hora secunda dicte diei dominice ueniente, prefati domini presidentes, prelati et procuratores modo quo supra predictam domum capitularem iterum sunt ingressi; coram quibus quidem presidentibus & toto capitulo magister Thomas Balscot quandam breuissimam **fol. 2ʳ** propositionem exortatoriam de modo procedendi[2] in scriptis protulit in hec uerba:—Quamquam de iure communi, speciali constitutione & consuetudine laudabili abbates, priores, ceterique prelati canonicorum regularium ordinis sancti Augustini in Cantuar' & Ebor' provinciis, ubilibet constituti, in capitulo generali singulis in trienniis apud locum congruum infra dictas provincias celebrando, iusto impedimento cessante, debuerint religionis intuitu unanimiter congregari, & in eo corrigere & reformare que correctionis et reformationis officio uiderint expedire, ac statuere et ordinare que in religione predicta imminent facienda, prout constitutiones in hac parte edite exigunt & requirunt, iusticia mediante; plerique tamen prelati ordinis supradicti per se uel per alios in huiusmodi sacro capitulo suas presentias non curauerint multociens exhibere, nec ea que in eodem retroactis temporibus in religione predicta prouide fuerint prouisa salubriter & statuta,[3] tum propter eorum absentiam tum propter inordinatum processum in eo fact[orum] non congrue figuratum, ac tum propter incuriam & executionem remissam quam ipsi quorum intererat hactenus neglexerint[4], vix aut nunquam finem debitum sortiri seu finalem effectum potuerint[5] efficaciter cum effectu, eo permaxime quod acta huiusmodi capituli, per que gesta, habita & omnia in eo rite facta iustificari & exequi debeant, nec in scriptis sub forma debita redigi nec ordine congruo consueuerint figurari uel hactenus assignari; et sic ordinationes in huiusmodi capitulis facte veluti superflue quasi penes omnes ineffectuales penitus reputantur, presertim cum executiones eorumdem ut predicitur negliguntur et contumacie non comparencium, prout debeant, minime puniuntur in ipsorum comparencium laborem non modicum & grauamen dictarumque ordinationum eneruationem siue

---

[1] Qua...diuerterunt, om. W.
[2] procedendi, om. B.
[3] B. adds *observare* in the margin, but wrongly.
[4] neglexuerint, B. & W.
[5] potunerint, B.; poterunt, W.

elusionem ac totius religionis dissolutionem, dispendium pariter & iacturam ; unde aduertat vestra paternalis discretio quatuor imposterum [1] diligenter obseruanda, ut premissis obuietur cautius in futurum ; Primum uidelicet quod processus vester singulis in agendis legitime fiat sub iuris communis & constitutionis limitibus in hac parte edite coartatus, cum fines mandati potestatisve diligenter sunt obseruandi ; Secundum est quod ordine congruo & forma in hac parte fol. 2ᵛ requisita sub compendio, ne fiat tedium presentibus diucius commorando, debite procedatur, cum forma dat esse rei et docet normam procedendi et ea que occurrunt compendiosius expediendi ; Tertium est quod omnia acta huiusmodi capituli inactitentur & ad perpetuam rei memoriam in scriptis debite redigantur, ita quod si ab actu capitulari, quod absit, appellari seu iuxta retroacta procedi, uel aliqua dubitationis materia propter denegationem oriri contigerit, semper ad illa acta, sic debite conscripta, recursus haberi valeat, per que processus, statuta & alia in eo facta probari & iustificari poterunt & debebunt ; Et quartum est quod in premissis fiat debita execucio, cum parum est iura seu statuta condere, penas seu multas imponere, nisi ea executioni debite demandentur, & parum esset humilibus hiis obedire, si rebellio seu contradictio contumacium per executionis iusticiam minime puniretur, cum secundum legitimas sanctiones nil obedienciam prodesse [2] videretur humilibus, si contemptus contumacibus non obesset.   Premissis igitur diligenter inspectis & servatis, processus uester non ruet nec eludetur, secundum quod indies cernitur & videtur, nec quisquam vestris diffinicionibus in huiusmodi capitulo factis seu faciendis de verisimili audeat contraire, immo ceteri prelati qui raro consueuerunt [3] capitulo personaliter interesse, premissa advertentes ad capitula inantea celebranda frequencius conuolabunt, ordinationibus in eis faciendis parituri [4], ac statuta & imposita libentius recipient, ulteriusque facturi [5] quod canonicis & regularibus in hac parte conuenit institutis, in animarum suarum salutem tociusque religionis incrementum et dei complacenciam pariter & honorem.

Et statim ad mandatum presidentium deliberata fuerunt [6] certificatoria visitatorum prefatis diffinitoribus ; qui iuxta nutum et voluntatem presidentium ad certum locum non multum distantem a dicta domo capitulari quasi ad conclaue, prout moris est, ad expedienda que eorum ex officio fuerant facienda accesserunt [7]; et prefati presidentes

---

[1] imposterumque, B.
[2] prodesse, om. W.
[3] consueuerint, W.
[4] paruturi, B.
[5] facture, W.
[6] fuerint, W. & B.
[7] concesserunt, W.

capitulo continuato ad horam quintam dicte diei, ad quendam alium locum tanquam conclaue eis limitatum ad communicandum de & super articulis causam sui adventus & totum capitulum predictum concernentibus, in eodem postea proponendis & facilius expediendis, etiam accesserunt. Postea circa horam quintam dicte diei dominice presidentibus, prelatis & procuratoribus ut supra in dicta domo capitulari iterum congregatis, prefatus Reuerendus pater abbas sancte Osithe unus presidentium uice sua & collegarum suorum continuauit capitulum usque ad horam septimam diei Lune tunc proximo sequentis.

Die Lune circa horam septimam presidentibus, prelatis & aliis, ut supra, in prefata domo capitulari insimul congregatis dominus Radulphus Seytone[1] canonicus Leycestrie & scolaris Uniuersitatis Oxonie, prostratus coram presidentibus, acceptauit benedictionem ad pronunciandum uerbum dei, et accepta benedictione erexit se, et collocatus iuxta presidentes sermonem ualde utilem dictamine non carentem proposuit in Latinis, prout in capitulo prouinciali ultimo celebrato ad hoc fuerat deputatus. Quo finito capitulum, propter missam eodem die in ecclesia de Oseney celebrandam, erat continuatum usque ad secundam horam post nonam diei Lune tunc instantis. Et statim domini presidentes & diffinitores et alii discesserunt ab inuicem ; diffinitores petierunt conclaue suum, ut superius est expressum ; presidentes uero & alii prelati & procuratores iuerunt ad ecclesiam, ibidem gratia interessendi misse. In quorum presentia prehonerandus Thomas diuina prouidentia abbas de Oseney unus presidentium missam ob honorem beatissimi Augustini sacrosancte ecclesie egregii doctoris prefatique ordinis fundatoris precipui & patroni in prefata ecclesia pro fratrum dicti ordinis sororumque statu prospero solempniter celebrauit. Qua finita omnes ad sua hospicia diuerterunt preter duos presidentes & quamplures prelatos ibidem inuitatos.[2]

Hora secunda immediate post nonam dicte diei Lune, presidentibus et aliis, ut supra, ad Oseney accedentibus & in domum capitularem intrantibus et sedilia sua acceptantibus, ut moris est, venerabilis pater abbas de sancta Ositha nomine suo & collegarum suorum proposuit materiam de modo construendi collegium in Oxonia uocatum collegium sancte Marie situatum[3] infra portam borialem, ubi canonici scolares dicti ordinis morantur, quod olim uocabatur placea scilicet Pers Besell[is], declarando de licentia domini regis collata Thome Holdene

---

[1] Steytone, B.
[2] *Preter...invitatos* are in the margin
of B. and omitted in W.
[3] situatum, om. B.

et Elizabethe uxori sue, dominis & possessoribus fundi dicti collegii, ad vendendum siue donandum fundum predictum magistro[1] Iohanni fol. 3ᵛ Seuenoke, priori de Cristchyrche Londonie, ad opus & usum totius ordinis predicti in Anglia, videlicet ad construendum ibidem collegium pro scolaribus eiusdem ordinis inhabitandis, studendique gracia et orandi,[2] prout in licentia domini regis antedicti[3] plenius continetur. Deinde prefatus dominus presidens monuit & iniunxit omnibus & singulis, exceptis quibusdam ad alia deputatis, quod in crastino tunc futuro scilicet die Martis inter horam octauam & nouenam conuenirent in capella dicti collegii ad interessendum misse de Requiem pro anima Thome Holden et animabus fratrum, sororum, et benefactorum nostri ordinis per eundem Reuerendum patrem abbatem sancte Osithe solempniter celebrande, et etiam ad uidendum & interessendum deliberationi seisine dicti collegii quam predicta Elizabetha, relicta Thome Holdene faceret, ut promisit, et etiam totum ius, titulum & possessionem collegii predicti deliberabit Iohanni Seuenok, priori de Crystchirche predicta, in forma iuris regni nomine totius ordinis, ita quod ipse Iohannes Seuenok faciat securitatem per scripta seu sua obligatoria cum consensu conuentus sui de Cristchirche predicta sub sigillo communi eorundem sigillata omnibus prelatis eiusdem ordinis, qui alias de iure et consuetudine iuxta constitutiones Benedictinas tenentur inuenire & exhibere scolares, quorum nomina inferius sub-scribuntur, sub tali condicione quod nec per se nec per successores dictum collegium umquam alienaret nec in usus alios quam premissos applicaret. Et consequenter continuato capitulo tam presidentes quam diffinitores primita sua conclauia iterum pecierunt. Diffinitores uero in conclaui suo congregati inceperunt examinare certificatoria uisita-torum, qui primo examinauerunt certificatorium prioris de Walsyng-ham & prioris ecclesie sancte Trinitatis Ippeswyk, uisitatorum in diocese Norwycensi; quo examinato, admisso, nulloque speciali articulo reformationem indigente in eo contento, dicti uisitatores uiue vocis oraculo insinuarunt quod quidam canonicus de Ikkesworth nomine &c.[4] multa crimina & enormia commisit & super eis conuictus existit, processu contra eum in forma iuris per episcopum Norwy-censem habito; super quibus etiam criminibus in tantum laborant publica uox & fama quod sine scandalo ordinis non potest diucius ibidem tollerari; unde ne[5] crimina remaneant impunita & ut scandalum

---

[1] magistro, om. B.
[2] inhabitand', studend' et orand', B.
[3] antedicti, om. B.

[4] &c., om. B.
[5] ne, om. W.

cedetur [1], diffinitum est per prefatos diffinitores [2] eundem canonicum remouendum et transferendum per dominum presidentem abbatem de sancta Ositha ad monasterium de Oseneya, ibidem usque proximum capitulum in arta custodia et prisona custodiendum expensis prefate domus de Ikkesworthe.

fol. 4ʳ

Deinde procedentes petierunt certificatorium prioris de Dunstaple et Stonley, uisitatorum in archidiaconatibus Bedfordie, Bukinghamie, Huntyngdonie et Oxonie, qui allegantes & proponentes se non artari ad certificandum in scriptis pro eo quod nullum mandatum in scriptis ad visitandum receperunt, admissi sunt ad certificandum oretenus apud acta et eorum certificatorium apud acta conscribi. In quo continebatur quod exercentes officium suum huiusmodi visitacionis comperierunt [3] per detecta apud Huntyndon quod tres canonici illius monasterii sunt vagabundi & sic steterunt per quinquennium & prior negligens est non reuocando; unde diffinitum est quod uenerabilis pater prior sancti Oseualdi unus presidentium accedat ad locum illum & inquirat & reformet & super hoc faciat capitulum proximum celebrandum plene certificatum. Et quia prior de Rauenstone habundat in bonis & redditibus quod quinque canonici possint ibidem sufficienter exhiberi, in numero tantum duo sunt canonici & prior tercius, diffinitum est hoc sub pacientia tollerari pretextu promissionis [4] Willelmi Yone procuratoris pricratus antedicti facte de hiis quam cito commode poterit reformandis.

Deinde prior sancte Trinitatis Londonie & prior de Blakeamour, visitatores in diocesibus Londoniensi & Eliensi, vocati ad offerendum certificatorium comparuerunt allegantes se non visitasse nec potuisse visitare, eo quod episcopus Londoniensis tempore per eos ad visitandum assignato visitauit in sua diocese et eos impediuit quominus officium huiusmodi visitacionis valuerunt exercere; unde diffinitum est eos dictas ob causas [5] fore penitus excusatos.

Postea examinatis certificatoriis, & specialibus articulis in eis contentis qui reformatione indiguerunt deliberatione prouida diffinitis, reuersi sunt ad capitulum tam presidentes quam alii, ut supra, ubi deputati sunt ad voluntatem presidentium ad examinandum certificatoria prelatorum absentium abbas sancti Iacobi iuxta Northamptone & prior de Dunstaple cum aliis discretis viris per eosdem assumendis.

Quo facto unus presidentium pronunciauit uice qua supra capitulum in crastinum usque ad horam septimam mane fore continuandum.

---

[1] = sedetur.
[2] diffinitores, om. B.
[3] aperierunt, B.
[4] permissionis, B.
[5] causas huiusmodi, B.

Die Martis proximo tunc sequente mane hora septima, presidentibus & fol. 4ᵛ
aliis in dicta domo capitulari ut supra insimul congregatis, prehonerandus pater & dominus presidens abbas sancte Osithe sermonem
solempnem eleganter protulit in Latinis, filios, fratres & omnes ibidem
existentes paternaliter reficiendo pabulo verbi dei. Quo finito, prefati
domini presidentes et diffinitores continuato capitulo ad horam
nouenam, ante nonam diei instantis conclauia sua iterato sunt
ingressi; et dicti abbas sancti Iacobi & prior de Dunstaple ad
quendam alium locum eis ¹ deputatum ad examinandum procuratoria
etiam accesserunt.

Coram prefatis dominis presidentibus & etiam diffinitoribus ostende-
batur quedam forma procedendi in huiusmodi causa in scriptis per
abbatem sancti Iacobi cum consilio prefatorum Thome Balscot &
Willelmi Yone concepta, ut decernerent et diffinirent super huiusmodi
forma in capitulis generalibus dicti ordinis obseruanda imposterum, si
eis videatur & sue libuerit voluntati, qui huiusmodi formam inspi-
cientes &c.

Et habita deliberatione super eadem perpenderunt quod, licet
retroactis temporibus plurima in huiusmodi capitulis prouincialibus
salubriter sunt statuta, suum tamen effectum perraro efficaciter con-
sequuntur, eo quod in scriptis & debita forma minime rediguntur.
Propterea ne processus presidentium ruat uel ordinationes & statuta
negligantur seu multas, subuenciones impositas negari seu evitari
contigerit quouismodo, diffinitum ² perpenso consilio quod omnia que
in huiusmodi capitulis imposterum sunt statuta propositaque salubriter
et iam facta ³ redigantur in scriptis iuxta constitutiones Benedictinas
et alias in hac parte editas sub forma sequenti vel consimili iuxta
materias ministratas, cuius forme tenor sequitur & est talis.⁴

Forma capituli.

In primis, congregatis prelatis in domo capitulari, inchoetur capitulum
cum decantatione Ympni *Veni Creator Spiritus* cum oratione *Deus
qui corda,* & postea sequatur absolucio prelatorum, fratrum & sororum
dicti ordinis & omnium fidelium defunctorum, prout notatur in capitulis
provincialibus apud Northampt n anno domini ᴹᶜᶜᶜᶜᵛᵗᵒ ⁵ & apud
Stamford ᴹᶜᶜᶜᴸᵛ ⁶.

---

¹ ius, B.
² diffinitumque, B. and W.
³ proposita...facta, om. W.
⁴ sub forma ut predicitur ostensa, cuius
tenor remanet conscriptus penes presidentes, W.; omitting the following
forma.
⁵ ᴹᶜᶜᶜˣˣᵛ is meant; see above
p. 10.
⁶ ᴹᶜᶜᶜᶜᴸᵛ, MS.

Monicio in principio capituli.

Tunc subiungat alter presidentium monicionem que sequitur in hac forma ; In dei nomine Amen.   Nos B. permissione diuina abbas uel prior de B., alter presidentium istius ordinis, auctoritate nobis in hac parte sufficienter commissa uice mea & collegarum meorum omnes & singulos hic presentes, ad quos non spectat de iure vel consuetudine huic prouinciali capitulo interesse, monemus sub penis suspentionis [*sic*] & excommunicationis quod a loco isto capitulari exeant et recedant.

fol. 5ʳ

Deputacio ianitoris.

Quibus sic conclusis, deputentur custodes hostiorum sub forma que sequitur per decretum.   In dei nomine Amen.   Nos &c. auctoritate qua supra deputamus I. & F. ad custodiam hostiorum.

Nominacio scribe.

Quibus firmatis, presidentes aliquam personam discretam nominent scribam omnium actuum & agendorum in presenti capitulo, & per eum statim faciant legi aperte has duas decretales *In singulis* & *Ea que*.

Preconizacio.

Quibus lectis, fiat preconizatio visitatorum per scribam predictum cum exhibicione certificatoriorum, in quibus prouideatur quod singuli visitatores certificent capitulum de omnibus domibus in suis limita-cionibus contentis.   Quibus certificatis, preconizentur per predictum scribam prelati singularum[1] domorum cum exhibitione procuratoriorum prelatorum absentium.

Eleccio diffinitorum.

Quibus preconizatis, nominentur per presidentes certe persone discrete in diffinitores sub forma que sequitur :—In dei nomine Amen. Nos auctoritate qua supra deputamus & eligimus in diffinitores pro hoc presenti capitulo vos venerandos patres A., B., C., D. et secundum formam constitutionis apud Northamptone anno domini millesimo cccxxv, ad examinandum certificatoria visitatorum &c.

Quibus sic nominatis deputentur per presidentes alie persone discrete ad examinandum procuratoria omnium prelatorum absentium sub forma que sequitur.

[1] singulorum, MS.

Examinatores procuratoriorum.

In dei nomine Amen. Nos &c. auctoritate qua supra ordinamus &
constituimus vos B., C., D. ad recipiendum & examinandum, discuciendum, approbandum, refutandum seu reprobandum omnia &
singula procuratoria prelatorum absentium in presenti capitulo exhibita
seu exhibenda & in hiis vobis committimus vices nostras, reseruata
nobis potestate admittendi et audiendi iuramenta procuratorum huiusmodi super excusationibus prelatorum suorum absentium & penas
etiam absque causa legitima absentium imponendi, moderandi &
taxandi secundum formam constitutionis Benedictine.

Quibus deputatis predictus scriba liberet omnia huiusmodi procura- **fol. 5ᵛ**
toria prelatorum absentium.

Monicio.

Quibus liberatis, subiungat alter presidentium ne quis reuelet secreta
capituli sub forma que sequitur; In dei nomine Amen. Nos auctoritate qua supra in virtute sancte obediencie & sub pena excommunicationis inhibemus omnibus & singulis hic presentibus & aliis ad hoc
capitulum venientibus ne quis ipsorum reuelet secreta presentis capituli
nostri alicui seculari seu alteri non subdito huic prouinciali capitulo in
dicti ordinis seu alicuius persone eiusdem ordinis detrimentum seu
opprobrium, infamiam uel gravamen.

Auditores compoti & multarum.

Deinde nominentur per presidentes certe persone auditores compoti
collectorum multarum & contributionum in ultimo capitulo impositarum
prout sequitur per decretum : In dei nomine Amen ; nos auctoritate
qua supra nominamus, deputamus & constituimus vos venerandos
patres A., B., C. &c. auditores compoti collectorum omnium multarum
collectarum, contributionum & subuentionum nostrum generale
capitulum concernentium, ut expedito compoto quid in premissis
feceritis nobis finalem relationem faciatis talem horam talis diei &c.

Pro tribus missis.

Quibus sic deputatis, nominentur certi prelati pro celebratione trium
missarum solemnium, viz. die dominica pro missa de spiritu sancto &
die Lune pro missa sancti Augustini et die Martis pro missa de
Requiem pro omnibus confratribus dicti ordinis. Deinde nominentur
certe persone ad regendum processionem.

Monicio ne recedant sine licencia.

Quibus sic expletis, ne quis dicto capitulo provinciali subiectus irreuerenter & indebite recederet licencia non petita & optenta, alter presidentium penale decretum contra taliter presumentes proferat in hiis uerbis:—In dei nomine Amen. Nos auctoritate qua supra inhibemus ac monemus ne quis prelatus, procurator aut graduatus huic capitulo subiectus ab isto capitulo prouinciali sine licencia a nobis petita pariter & obtenta recedat sub pena suspentionis [*sic*] a diuinis & excommunicationis & notabilis culpe quas in contravenientes omnes & singulos intendimus promulgare. Quibus feliciter consummatis, procedat decretum de continuacione capituli tali sub tenore :—

fol. 6ʳ

In dei nomine Amen. Nos auctoritate qua supra continuamus presens capitulum prouinciale cum omnibus suis emergentibus, dependenciis & connexis usque ad talem horam post nonam.

Processio.

Quibus expletis ordinetur processio, in qua sic se omnes habeant tam prelati quam subditi quod aut communiter litanias [1] decantent aut si cantare non poterint alias secretas orationes privatim dicant pro feliciori expeditione uniuersalis ecclesie, totius regni Anglie, & etiam huius congregationis sancte, ut non ociositatis seu leuitatis confabulando ab emulis arguantur, et ad deuotionem fideles populi videntes excitentur. Processione finita, fiat sermo in Anglicis ab aliquo per presidentes ad hoc ultimo capitulo deputato, & post sermonem fiat missa de spiritu sancto. Finita missa omnes ad sua hospicia declinent.

Deinde hora predicta veniente procedant diffinitores in aliquo loco secreto sibi deputato examinando certificatoria visitatorum, si quam difficultatis materiam invenerint cum presidentibus communicantes.

Illi quoque qui deputantur ad examinandum procuratoria prelatorum similiter in alio loco sibi deputato suum exequantur officium. Continuetur capitulum ut supra quando presidentes viderint usque ad talem horam in crastino die &c.

Die Lune.

Qua hora veniente, congregato toto capitulo habetur [*sic*] sermo in Latinis; quo finito fiat mentio per alterum presidentium ut omnes, qui nequaquam occupati fuerint cum diffinitoribus vel ad alium actum specialem per presidentes assignati non extiterint, intersint misse de

---

[1] latanias, MS.

sancto Augustino. Qua finita continuetur capitulum usque ad certam horam post nonam. Qua hora veniente, iniungatur priori studentium quod certificet capitulum de nominibus[1] non mittentium scolares & multentur in forma que sequitur; In dei nomine Amen. Nos auctoritate qua supra multamus omnes patres subscriptos A., B., C., D. qui non mittendo scolares suos ad studia generalia negligentes fuerint et remissi, necnon omnes & singulos prelatos qui subtrahendo vel non soluendo studentibus pensionem debitam secundum constitutiones in hac parte editas pronunciamus contumaces et in penam contumacie, negligencie et remissionis sue pronunciamus eos incidisse in constitutionem in hac parte editam, prout habetur in constitutionibus fol. 6ᵛ Benedictinis capitulo xiᵒ & xiiᵒ, rubricis de mittendis ad studia & de pensionibus studentium.

Deinde preconizentur ad mandatum presidencium prelati non comparentes per se nec per procuratores primo in facie totius capituli; deinde in foribus seu valvis ecclesie; & si nec sic comparuerunt, multentur per sententiam prout sequitur in hac forma; In dei nomine Amen. Nos auctoritate qua supra omnes & singulos prelatos atque prepositos nostri ordinis habentes hos dies & locum ex prefixione legitima iuxta constitutiones Benedictinas, *rubrica de capitulis prouincialibus,* in hac forma salubriter editas[2] ad comparendum in hoc capitulo provinciali una cum ceteris prelatis de reformatione ordinis et religionis tractaturos, vocatos, preconizatos, nullo modo comparentes, specialiter et nominatim B., C., D. pronunciamus contumaces & in penam contumacie eorum quemlibet in expensis quas facere deberet veniendo ad dictum capitulum, ibidem stando et redeundo multamus, huiusmodi expensarum summam quam pro tali contumacia meruerint reservantes iudicio nostro alias declarandam, secundum formam dicti capituli constitutionum Benedictinarum; que constitucio ibidem legatur, si fieri poterit a principio usque ad finem.

Deinde deputetur prior studencium in hac forma; In dei nomine Amen. Nos auctoritate qua supra ' ordinamus, constituimus et deputamus vos N. priorem scolarium nostri ordinis in Uniuersitate Oxonie studentium ad regendum eosdem & omnia alia facienda que ad huiusmodi prioris officium pertinent secundum formam predicte constitutionis, *rubrica de pensionibus studentium.*

Et quia continetur in eadem constitutione quod huiusmodi prior debet solummodo durare per annum unum, ideo assignetur per presidentes aliquis prelatus vicinus studio huiusmodi qui electionem

---

[1] omnibus, MS.   [2] editis, MS.

huiusmodi prioris annuatim usque ad proximum capitulum valeat prouidere in hac forma; In dei nomine Amen; nos auctoritate qua supra assignamus & deputamus vos abbatem de O. vel vos priorem de F. ad constituendum de novo quolibet anno certo die ad arbitrium vestrum limitando unum de studentibus secundum discretionem vobis a deo datam priorem studentium secundum formam dicti capituli *Quoniam insistentes*.

fol. 7[r]   Fiat eadem die petitiones si que fuerint necessarie faciende, & alia expediantur que emerserint negocia, & continuetur capitulum usque ad certam horam diei Martis.

Die Martis.

Qua hora veniente post missam pro prelatis & fratribus defunctis, ad quam intersint omnes prelati et subditi qui non aliter cum actionibus capituli fuerint occupati, deinde fiat publicatio eorum que facta sunt in presenti capitulo; et pro utilitate communi assignentur certi prelati collectores multarum & subuentionum in presenti capitulo impositarum per indenturas, una parte remanente cum presidentibus & altera cum collectoribus predictis & sub hac forma; In dei nomine Amen; nos auctoritate qua supra nominamus & oneramus vos reuerendos patres A., B., C. ad colligendum singulas multas et etiam subuentiones et contributiones in hac cedula indentata conscriptas et in hoc presenti capitulo impositas, ac super eisdem nobis seu successoribus nostris aut deputatis nostris reddendum fidelem rationem, inhibentes ne quis alicui alteri multam seu contributionem huiusmodi presumat soluere quam prefatis collectoribus superius nominatis secundum formam constitutionis Benedictine. *Rubrica de subuentionibus, Cum provinciali.* Et legatur ibi per scribam capituli omnibus audientibus.

Deinde fiat publicatio presidentium & loci capituli sequentis sub forma que sequitur; In dei nomine Amen; nos N. abbas de C. vice mea & collegarum meorum presidentium cum consensu diffinitorum nomino et eligo in presidentes pro proximo provinciali [capitulo] I. abbatem de N. &c. et B. priorem de V. &c.

Deinde assignentur certe persone pro tribus sermonibus.

Deinde fiat publicatio visitatorum sub forma que sequitur; In dei nomine Amen; nos auctoritate qua supra nominamus et deputamus in visitatores omnium & singulorum monasteriorum & prioratuum in provinciis Cantuariensi et Eboracensi huic capitulo subditorum, dioces' Cantuariensis et Roffensis N. priorem, dioces' Londoniensis & Eliensis N. priorem de B. & N. priorem de C. &c.

In fine subiungat alter presidentium ;—In dei nomine Amen ; nos fol. 7ᵛ auctoritate qua supra vice mea & collegarum meorum iniungimus omnibus prelatis presentibus & procuratoribus absentium quod singulos fratres sacerdotes singulas missas faciant celebrare & ipsi etiam celebrent pro animabus prelatorum & fratrum post ultimum capitulum defunctorum et ceterorum commendatorum seu recommendandorum in futuro.

Postea sequatur generalis confessio cum genuflectione & sequatur absolutio ab altero presidentium prout notatur in constitutione provinciali apud Northamptone anno domini M tricentesimo vicesimo quinto.

Finis forme capituli generalis.

Qua ¹ quidem forma attenta & inspecta & diffinitione sub consimili formula imposterum obseruanda, ut predicitur, omnibus ut supra in capitulo congregatis, auctoritate dominorum presidentium continuatum erat capitulum ad horam secundam dicte diei Martis, quo facto presidentes et alii tam prelati quam subditi, quibusdam diffinitoribus et procuratoriorum examinatoribus dumtaxat exceptis, iter arripuerunt ad collegium scolarium dicti ordinis, situatum infra portam borialem Oxonie. Quibus illuc venientibus & ingressis capellam ibidem constructam et dedicatam, prefatus dominus abbas sancte Osithe missam de Requiem pro anima Thome Holden fundatoris eiusdem et animabus fratrum et sororum dicti ordinis in eadem capella solempniter celebrauit. Qua finita Elizabeth relicta Thome Holden predicti in sua pura viduitate tunc existens in presentia balliuorum Oxonie et eorum seruientium necnon aliorum quamplurimorum deliberauit seisinam fundi totius collegii supradicti magistro Iohanni Seuenoke priori sancte Trinitatis Londonie, nomine totius ordinis in Anglia, ad usum scolarium eiusdem ordinis ; et prefatus Iohannes Seuenoke, prout superius est prouisum, fecit securitatem quod nunquam alienaret dictum collegium omnibus prelatis dicti ordinis qui alias secundum constitutiones Benedictinas tenentur exhibere scolares, deliberando obligationes quarum quelibet erat XL librarum communi sigillo prioratus sui cum consensu conuentus sui sigillatas, per presidentes eisdem ² deliberandas. Et postea domini presidentes fecerunt deliberari in pleno capitulo singulas obligationes huiusmodi singulis prelatis quorum nomina subsequuntur.³

---

¹ At this point W. begins again.　　² eidem, B.
³ subscribuntur, W.

H

fol. 8ʳ

Priori de Gyseburgh
Priori de Brydlyngton
Priori sancti Oswaldi
Priori de Kyrkeham
Priori de Novo Burgo   } Eboracensis dioc'
Priori de Hexteldesham
Priori de Carrlele
Priori de Bolton
Priori de Thurgartone

Priori de Leedez
Abbati de Waltham
Abbati sancte Osithe
Priori ecclesie Cristi Londonie   } Cantuariensis [*sic*] dioc'
Priori sancti Bartholomei
Priori de Colchestre

Priori de Bernewelle   Eliensis dioc'

Abbati de Leycestre
Abbati de Thorntone
Priori de Landa
Priori de Huntyngdone
Priori de Dunstaple   } Lincolniensis dioc'
Priori de Newneham
Abbati de Oseney
Priori sancte Frydeswyde

Priori de Mertone
Priori de Sutwark
Priori de Sautwyke [1]   } Wyntoniensis dioc'
Priori de Twynham
Priori de Novo Burgo iuxta Gyldeford

Priori de Butlee
Priori de Walsyngham   } Norwycensis dioc'
Priori de Wescare

Priori de Brutone   } Batoniensis dioc'
Priori de Tauntone

Abbati de Norton

Abbati Cirencestrie [2]

Abbati de Derley
Priori de Kyllyngworth
Abbati de Haghmond   } Couentr' & Lichfeld' dioc'
Priori de Reptone

Priori de Bradynstoke   Sar' dioc'

Priori de Launstone   } Exoniensis dioc'
Priori de Plymtone

Priori de Lanthony iuxta Gloucestre.

[1] omitted, W.
[2] This name is a subsequent insertion in B., and is omitted in W.

Hora secunda diei Martis post nonam prefatis presidentibus, prelatis et aliis in domo capitulari apud Oseney iterum congregatis, prior studentium magister Willelmus Weskare, sacre theologie professor, erexit se coram presidentibus; & toto capitulo, prout habuit in mandatis, certificavit vive vocis oraculo prelatos non mittentes scolares ad studium generale, prout tenebantur iuxta constitutiones Benedictinas in hac parte editas, quorum nomina inferius describuntur.

Prior de Gysburghe non habuit scolarem per biennium	xx li. fol. 8ᵛ
Prior de Brydlynton non habuit scolarem per triennium	xxx li.
Prior de Kyrkeham non habuit scolarem per triennium	xxx li.
Prior de Novo Burgo non habuit scolarem per triennium	xxx li.
Prior de Hexteldesham non habuit scolarem per triennium	xxx li.
Prior de Carrlele non habuit scolarem per triennium	xxx li.
Prior de Bolton non habuit scolarem per biennium	xx li.
Prior de Thurgarton non habuit scolarem per triennium	xxx li.
Prior de Leedez non habuit scolarem per triennium	xxx li.
Abbas de Waltham non habuit scolarem per triennium	xxx li.
Abbas sancte Osithe absens ab Oxonia tamen presens Cantibrigie	
Prior ecclesie Cristi Londonie non habuit scolarem per triennium	xxx li.
Prior sancti Bartholomei non habuit scolarem per triennium	xxx li.
Prior de Colchestre non habuit scolarem per triennium	xxx li.
Prior de Berndwelle non habuit scolarem per triennium	xxx li.
Abbas de Thorinttone absens ab Oxonia tamen presens Cantibrigie	
Prior de Landa non habuit scolarem per triennium	xxx li.
Prior de Huntyngdon non habuit scolarem per triennium	xxx li.
Prior de Dunstaple absens ab Oxonia, tamen presens Cantibrigie	
Prior de Newneham absens ab Oxonia, tamen presens Cantibrigie	
Prior de Sutwarke non habuit scolarem per triennium	xxx li.
Prior de Twynham non habuit scolarem per annum	x li.
Prior de Novo Loco non habuit scolarem per triennium	xxx li.
Prior de Butlee absens ab Oxonia, tamen presens Cantibrigie	
Prior de Walsyngham absens per triennium ab Oxonia, tamen presens Cantibrigie per biennium	x li.[1]

---

[1] x li., om. B.

H 2

Prior de Westeacre [*sic*] non habuit scolarem per triennium   xxx li.[1]

Abbas de Norton absens per annum causa brige circa
  abbatis electionem ut affirmant

Abbas de Derley non habuit scolarem per annum   x li.

Prior de Kyllyngworth non habuit scolarem per biennium   xx li.

Prior de Repton non habuit scolarem per triennium   xxx li.

fol. 9^r   Prior de Launstone non habuit scolarem per triennium   xxx li.

Prior de Plymton non habuit scolarem per annum & dimidium   xv li.

Prior de Lanthony non habuit scolarem per annum   x li.

Quibus vocatis et preconizatis ad dicendam causam si quam habuerint quare puniri non debeant iuxta constitutiones super hoc editas et promulgatas, et quia nulla causa rationabilis ex parte eorum fuerat allegata pretextu cuius debeant excusari, ideo processum est contra eos sub forma que sequitur in hec verba ;—In dei nomine, Amen ; nos Thomas diuina prouidentia abbas de Oseney unus presidentium auctoritate sufficienti nobis in hac parte commissa vice mea & collegarum meorum venerabiles patres priorem de Gysburghe, priorem de Brydlyngtone et alios de quibus supra, vocatos, preconizatos, nullam causam allegantes rationabilem quare excusari debeant eo quod non miserunt scolares ad studia prout teneantur, pronunciamus negligentes et remissos seu verius contumaces, et in penam negligentiarum sive contumaciarum suarum eos multamus, taxa [2] huiusmodi multe nostro arbitrio reservata iuxta tempus absentie et qualitatem personarum alias declaranda.

Deinde circa horam quintam facta erat preconizatio auctoritate presidentium in facie totius capituli prelatorum absentium per se vel per procuratores non comparentium, et quia facta huiusmodi preconizatione nullus eorum comparuit nec aliquis eorum nomine aliqua in excusationem suam proponendo [3], ideo prefatus reverendus pater abbas de sancta Ositha cum consensu totius capituli contra eos processit taliter per decretum ; In dei nomine Amen ; nos Iohannes permissione diuina abbas de sancta Ositha unus presidentium auctoritate qua supra vice mea et collegarum meorum omnes et singulos prelatos atque prepositos nostri ordinis habentes hos dies et locum ad comparendum una nobiscum et ceteris prelatis de et

---

[1] W. omits this entry and inserts the next three entries after Barnwell.

[2] B. reads 'taxa'; W. reads 'huiusmodi 'multa' for 'taxa huiusmodi

multe'. The word means 'estimating' or 'assessing'.

[3] proponenda, B.

super reformatione ordinis tractaturos, legitime vocatos, preconizatos
et nullo modo comparentes specialiter et nominatim,

Priorem sancti Gregorii Cantuarie	xl s.
Priorem de Berdene	xiii s. iiii d.
Priorem de Pryngham [1]	xiii s. iiii d.
Priorem de Yvychirche	xiii s. iiii d.
Priorem sancti Alavi [2]	xiii s. iiii d. fol. 9[v]
Priorem de Bryset [3]	xiii s. iiii d.
Priorem de Nortonparke [4]	xiii s. iiii d.
Priorem de Huntyngdone	v marcas
Priorem de Scotley [5]	xx s.
Priorem de Exham	xx s.
Priorem de Fella [6]	xiii s. iiii d.
Priorem de Lydes [7]	iiii marcas
Priorem de Typtre	xiii s. iiii d.
Priorem de Calceto [8]	xiii s. iiii d.
Priorem de Edyngso [9]	xiii s. iiii d.
Priorem de Ledryngham [10]	xiii s. iiii d.
Priorem de Shypley [11]	xiii s. iiii d.
Priorem de Torkesey	xiii s. iiii d.
Priorem de Brynkeburne	xiii s. iiii d.
Priorem de Toby [12]	xx s.
Priorem de Wombryge	xiii s. iiii d.
Priorem de Chalborn [13]	xx s.
Priorem de Dodford [14]	xiii s. iiii d.
Priorem de Thorgertone	xl s.
Priorem de Anglesey	xx s.
Priorem de Celborne [15]	xiii s. iiii d.
Priorem de Wormynghay	xx s.

[1] This is the same as the Priory de Calceto at Arundel, which occurs below.

[2] St. Olave's or Herringfleet, Norfolk.

[3] Briset, Suffolk; usually described as an alien priory, but evidently it was not so.

[4] Probably Nocton Park, Lincoln.

[5] Sotley, W.; probably Stodley, Warwickshire.

[6] Probably Felley, Notts.

[7] Ledes, W.

[8] St. Bartholomew's de calceto de Arundel.

[9] This may be an error for *Ederoso*, i.e. *Yvychirche*, which occurs above.

[10] Letheringham, Suffolk.

[11] Possibly Chipley, Suffolk.

[12] Thoby or Ginge, Essex; B. reads Taby.

[13] This is an unidentified priory which, according to the lists printed at the end of this volume, was in Wales or Herefordshire. In W. it is spelt Chalbrone.

[14] W. gives *Bedford.* Dodford was a small priory in the parish of Bromsgrove; as it came to an end in 1464, the scribe of W. was naturally puzzled by the name.

[15] Selborne, Hants.

Priorem de Alsborne [1]	xiii s. iiii d.
Priorem de Thornholme	xx s.
Priorem de Charley [2]	x s.
Priorem de Parco Breydeshall	xiii s. iiii d.
Priorem de Pynkkeny [3]	xx s.
Priorem Carmerdene [4]	xiii s. iiii d.
Priorem de Lanerestore [5]	xiii s. iiii d.
Priorem de Lactone [6]	xiii s. iiii d.
Priorem de Tortyngtone	xx s.
Priorem de Novo Loco iuxta Gyldeford	xl s.
Priorem de Welborne [7]	xx s.
Priorem de Kersey	xx s.
Priorem de Elsam	xiii s. iiii d.
Priorem de Brodley [8]	x s.
Priorem de Calwych	xiii s. iiii d.
Priorem de Langtone [9]	xx s.
Prima in Wallia [10]	[*blank*]
Priorem de Warsap	xx s.
Priorem de Martone [11]	xiii s. iiii d.

pronunciamus contumaces, et in penam contumacie eorum quemlibet in expensis quas facere debuerant veniendo ad dictum capitulum, ibidem morando et redeundo multamus, huiusmodi multas siue expensas quas pro tali contumacia meruerint [12] nostro iudicio [13] reservantes alias declarandas iuxta personarum qualitatem et locorum distanciam nostro arbitrio et taxandas.

Deinde vocati erant procuratores qui sine licencia a dominis presidentibus petita et optenta a dicto provinciali capitulo recesserunt et ad propria monasteria, prout erat certificatum, contumaciter redierunt. Ideo ne eorum contumacia remaneret impunita, cum idem est [14] non comparere et inutiliter comparere, processum est contra eos legitime sub hac forma;—In dei nomine Amen; nos Thomas permissione diuina abbas de Oseney auctoritate qua supra vice mea et collegarum

---

[1] Alensborne, Suffolk.
[2] Ulverscroft, Leicester.
[3] An unknown priory. The lists at the end of the volume show that it was in Wales or Herefordshire.
[4] Carmarthen.
[5] Lonerescote, W.; not Lanercost, which was represented by a proctor (p. 103).
[6] Lacton, Essex.
[7] Walbesam, W.; probably Weyborne, Norfolk.

[8] Bradley, W.; either Bradley, Leicestershire, or Maiden Bradley, Wilts.
[9] Unknown. Perhaps Launston, i.e. Launceston, is meant.
[10] Lantony Prima in Wales.
[11] Mertone, W.; but Merton was rich and would have been fined more than a mark; and the Prior was present (see p. 85). Marton is meant.
[12] meruerunt, W.
[13] arbitrio, W.
[14] om., W.

meorum omnes prelatos et procuratores qui in hoc capitulo[1] comparuerunt et sine licencia contumaciter recesserunt, vocatos, preconizatos
nullo modo comparentes, specialiter & nominatim procuratorem de fol. 10ʳ
Wartre, procuratorem de Lanercost, procuratorem sancti Dionisii iuxta
Suthamptone, procuratorem de Landa, eosdem pro non comparentibus
reputantes pronunciamus contumaces, & in penam contumacie eorum
decernimus eorum prelatos multandos et eos multamus, multam
huiusmodi declarandam nostro arbitrio reservantes. Hiis premissis,
prefati domini presidentes taxarunt et arbitrati sunt multas et expensas
de quibus supra, quarum summa estimetur prout scribitur supra super
nomina contumacium.

Deinde processum erat ad assignationem loci pro proximo capitulo
celebrando et eorum qui preerint [sic] in eodem. Hii autem reverendi
patres nominati et electi sunt cum consensu diffinitorum et consilio
tocius capituli in presidentes viz. reverendissimus in Cristo pater
& dominus, dominus divina providentia abbas de sancta Ositha, et
reverendus in Cristo pater eadem providentia abbas de Oseneya,
necnon venerabilis eadem providentia prior sancti Oswaldi, ad preessendum et presidendum sacro provinciali capitulo in monasterio
sancti Iacobi iuxta Northamptone dei gracia proximo celebrando.

Sequebatur immediate visitatorum publicatio deputatorum erga
proximum capitulum provinciale legaliter in hec verba;—In dei
nomine Amen; nos permissione divina abbas de sancta Ositha
auctoritate qua fungimur[2] in hac parte vice mea et collegarum
meorum nominamus et deputamus vos reverendos patres in visitatores
omnium & singulorum monasteriorum, prioratuum in provinciis
Cantuariensi & Eboracensi huic capitulo subditorum.

In dioc' Cantuar' et Roffensi	Priorem de Combewelle
Wyntoniensi, Cycest' & Salisbur'	Priorem de Bradestoke & priorem de Selborne
Lincoln', Leycestr' et Northamptone	abbatem de Thornton & priorem de Elsam
Bathon', Wellens' et Exoniensi	priorem de Bruton et priorem de Bodeneia
Wygorn', Herford' et Meneuens'	abbatem Cyrencestrie fol. 10ᵛ
London' et Eliensi	priorem sancti Botolphi Colcestrie et priorem de Roystone
Norwyc'	priorem de Hykelyng & priorem de Yxworth

---

[1] sacro capitulo, W.   [2] fungimus, B.

Bedford, Buck' et Oxon'	}	priorem sancte Frideswyde Oxon et priorem de Caldewelle
Coventrensi, Lichfeld' & Assauensi	}	priorem de Kyllyngworth et priorem de Stone
Eboracens' provincie	}	priorem de Wyrsop et priorem de Novo Loco in Shyrewode

Preterea emanauit quoddam decretum auctoritate presidentium super actis capituli conscribendis et forma superius specificata & ostensa imposterum obseruanda : In dei nomine Amen ; nos Thomas permissione diuina abbas de Oseney auctoritate qua supra vice mea et collegarum meorum omnia acta presentis capituli in scriptis redigenda et formam procedendi de qua superius declaratur in prouincialibus capitulis fore futuris temporibus obseruandam decernimus per decretum.

Quo facto, nominate fuerunt auctoritate presidentium quatuor persone pro sermonibus proponendis in proximo prouinciali capitulo et dicendis viz. magister Iohannes Kyngestone sacre theologie professor, prior de Mertone, pro sermone in Anglicis et in eius defectu magister Iohannes Seuenoke prior ecclesie Cristi Londonie et pro sermone in Latinis die Lune magister Willelmus Wyskare sacre theologie professor vel Robertus Okeborne canonicus de Oseney.

Postea facta erat noue subuentionis impositio per diffinitores. Diffinitum quod singuli abbates et priores dicti nostri ordinis soluant presidentibus vel eorum collectoribus specialiter deputatis II d.[1] de libra iuxta taxam reddituum monasteriorum seu prioratuum suorum pro causis statum et utilitatem totius ordinis concernentibus, maxime pro collegio iam nouiter dicto ordini donato et amortizato sub forma superius nominata in Uniuersitate Oxonie pro scolaribus dicti ordinis ibidem studentibus construendo, modificata[2] auctoritate dominorum[3] presidentium per collectorem per eos deputatum sub forma que sequitur, si videbitur faciendum[4] ;—In dei nomine Amen ; nos Iohannes diuina prouidentia abbas sancte Osithe et eadem prouidentia

fol. 11[r]   abbas de Oseney et prior sancti Oswaldi huic presenti capitulo presidentes auctoritate qua fungimur in hac parte oneramus et deputamus magistrum Thomam Balscot in iure canonico licentiatum in collectorem nostrum generalem, dantes et concedentes eidem potestatem generalem et mandatum speciale ad petendum, colligendum, recipiendum de omnibus et singulis prelatis infra limitationes

---

[1] III d., B.
[2] construendam inedificata, B.
[3] B. inserts *ut* before *dominorum*.
[4] si necesse fuerint faciendam, B.

nostras constitutis omnes et singulas multas et subuentiones in hoc
provinciali capitulo impositas, de quibus superius in actis capituli
plenius continetur, ac ad moderandum et relaxandum easdem multas
et subventiones secundum personarum qualitatem et facultatum
exigenciam, necnon acquietancias sive indenturas faciendum, prout
sibi melius videbitur expediri, ceteraque omnia & singula perficienda et
expedienda in hac parte que sunt necessaria & oportuna, cum cuiuslibet cohertionis canonice potestate, nobis super hiis compoto seu
ratiocinio specialiter reservato.

Sequebantur iniunctiones omnibus prelatis et aliis per unum
presidentium sub formula sequente;—In dei nomine Amen; nos
abbas de sancta Ositha unus presidentium auctoritate qua supra
iniungimus prelatis presentibus et procuratoribus absentium quod
singulos fratres sacerdotes missas faciant celebrare, & ipsi etiam
celebrent pro animabus prelatorum, fratrum et sororum et ceterorum
commendatorum et specialiter pro anima Thome Holdene, cuius
anime propicietur deus.

Deinde habita generali confessione cum genuflectione et sequuta
[*sic*] absolucione per prefatum reverendissimum in Cristo patrem
& dominum presidentem abbatem de sancta Ositha, sequebatur
capituli dissolucio per eundem breviter sub hoc modo; In dei
nomine Amen. Nos auctoritate, qua supra, hoc sacrum capitulum
dissoluimus pro presenti. Et sic singuli ad propria remearunt.

53.

[Acts of a Chapter at Northampton, 1446.]

Acta capituli generalis canonicorum regularium ordinis sancti **W. fol.**
Augustini in prouincia siue regno Anglie celebrati apud monasterium **95**
sancti Iacobi iuxta Northamptone in quindena sancte Trinitatis, anno
domini millesimo cccc^{mo}xl^o sexto.

Acta diei Sabbati.

Die Sabbati proximo & immediate ante dictam quindenam hora[1]
quasi quinta post meridiem, venerabilibus patribus & dominis abbate
monasterii sancte Osithe & priore[2] prioratus sancti Oswaldi de
Nostell, duobus scilicet presidentibus, tercio videlicet reverendo patre
monasterii de Oseney adhuc absente, quampluribus quoque prelatis

---

[1] horam, MS.   [2] prior, MS.

aliis & procuratoribus absencium prelatorum dicti ordinis apud monasterium sancti Iacobi antedicti in loco capitulari congregatis, ceperunt
prefati duo patres presidentes ibidem presentes simul cum prelatis &
procuratoribus [1] predictis communicare & tractare, per modum prepara-
torium [2] & non aliter, de forma & modo procedendi in eodem capitulo
crastino tunc diuina fauente clemencia incipiendo prorogand*o*que et
continuand*o*, secundum formam a iure limitatam iuxta naturam &
exigenciam reformandorum & tractandorum in eodem. Deinde ad
faciliorem expeditionem dicti tunc futuri processus, preparatorie et
non aliter ut prefertur, presidentes prenominati tunc presentes ibidem
fecerunt vocari prelatos & alios qui de iure dicto capitulo interesse
tenentur. Quibusdam uero prelatis tunc personaliter comparentibus,
nonnullis per procuratores, multa procuratoria &, vocat*is* visitat*oribus*,
quedam certificatoria ibidem exhibita sunt & recepta ; assignataque
per dictos venerabiles patres & dominos presidentes tunc presentes
per modum expressatum superius & non aliter hora septima in mane
diei dominice tunc crastine ad inchoandum capitulum, omnes qui
ibidem congregati fuerant ad [3] sua receptacula diuerterunt.

Acta diei dominice.

Die dominica extunc immediate sequente, hora quasi septima in
mane, prefatis dominis tribus presidentibus, prelatis, procuratoribus
quorum intererat, & aliis subditis quamplurimis in domo capitulari
predicta congregatis, ad roborandum acta subsequentia inuocando
auxilium sancti Spiritus, sine cuius opere nichil est validum, flexis
genibus himpnum *Veni creator spiritus*, cum aliis suffragiis consuetis
& oracione *Deus qui corda*, decantando deuotissime capitulum
solempniter inchoauerunt.

Monicio de laycis amouendis.

Quo officio primitus expleto, cum domini presidentes, prelati, procuratores & alii sua scanna & sedilia more solito petiissent [4], primo
fiebat monicio per dominos presidentes de omnibus laicis et aliis de
iure uel consuetudine in dicto capitulo interesse non habentibus
amouendis [5] sub hac forma ; In dei nomine Amen. Nos abbas de
Oseney unus presidencium in hoc capitulo vice mea & collegarum
meorum, auctoritate qua in hac parte fungimur, omnes et singulos

[1] procuratoris, MS.
[2] preparatoriorum, MS.
[3] de, MS.

[4] pemissent, MS.
[5] admouendis, MS.

presentes ad quos non spectat de iure uel consuetudine huic provinciali capitulo interesse monemus sub penis suspencionis & excommunicacionis quod a loco isto sine mora exeant & recedant.

Deputacio custodis hostiorum.

Quibus amotis[1], & quodam Iohanne Simond canonico eiusdem monasterii sancti Iacobi deputato per unum presidencium vice omnium in custodem hostii capitularis, de mandato presidencium vocati sunt prelati qui die Sabbati non comparuerunt. Quorum pluribus personaliter, quibusdam per procuratores tunc presentibus, visitatores certificatoria & procuratores [procuratoria][2] exhibuerunt; quibus receptis & admissis eatenus quatenus de iure essent admittenda, domini presidentes una cum consensu capituli elegerunt in scribam actorum capitularium Thomam Legger', canonicum de Dunstaple, priorem canonicorum studencium in Uniuersitate Cantabrigie, sub forma que sequitur :—

Scriba.

In dei nomine, Amen. Nos abbas monasterii sancte Osithe unus presidencium in hoc capitulo vice mea & collegarum meorum auctoritate qua fungimur in hac parte te Thomam Leggere canonicum de Dunstaple elegimus, ordinamus & constituimus in scribam actorum istius capituli, decernentes ea que per te, adhibitis tibi duobus testibus fidedignis de mandato nostro, in hac parte fuerint conscripta ac in formam publicam redacta perpetue obtinere; sicque per nos & presens capitulum fieri & facta fuisse, prout tu in hac parte registraueris, ab omnibus quos presens negocium concernit fidem volumus credulam adhiberi.

Eleccio diffinitorum.

Deinde processum ad electionem diffinitorum cum & de concilio capituli sub hac forma; In dei nomine Amen. Nos Iohannes permissione diuina abbas sancte Osithe, unus presidencium in hoc capitulo, vice mea & collegarum meorum auctoritate qua fungimur in hac parte elegimus in diffinitores pro hoc presenti capitulo vos predilectos in Cristo confratres nostros, abbates presentis monasterii sancti Iacobi & Wolstan, priores de Mertone, Butley, Kylyngworth, sancti Bartholomey, Walsyngham, Thaunton, Brydlyngton, Worsop, Novi Loci in Schirwode & Drax. Vos quoque[3] constituimus con-

---

[1] admotis, MS.   [2] Not in MS.   [3] queque, MS.

iunctim ad examinandum certificatoria visitatorum in ultimo capitulo generali deputatorum & expediendum, reformandum & diffiniendum ea que ex contentis eorundem certificatoriorum & aliis emergentibus, prehabito nostro concilio, imminent facienda.

Nominacio regencium processionem.

Quibus modeste ac benigne assurgentibus, inclinantibusque se & hoc officium eis deputatum ob reuerenciam deputancium in se assumentibus, presidentes antedicti nominauerunt quatuor canonicos, videlicet priores de Tiptre et Chacombe, Edmundum Oseney & Iohannem Haseley canonicum sancte Frideswyde ad regendum processionem illo die a dicto monasterio sancti Iacobi usque ad ecclesiam Omnium Sanctorum Northamptonie fiendam. Et hiis peractis reuerendus pater abbas sancte Osithe unus presidencium vice & auctoritate sua & collegarum suorum continuauit capitulum cum omnibus suis emergentibus, incidentibus, dependentibus & connexis usque ad horam terciam post meridiem eiusdem diei dominice.

Qui celebravit missas.

Reuerendis vero patribus presidentibus aliisque prelatis surgentibus & tractantibus de missis celebrandis, nominatisque reuerendo patre abbate sancte Osithe qui illo die dominico missam solennem de sancto Spiritu in ecclesia Omnium Sanctorum Northamptonie, priore de Butley qui ex tunc in crastino, videlicet die Lune, missam de sancto Augustino in ecclesia dicti monasterii sancti Iacobi, ac abbate ipsius monasterii sancti Iacobi qui die Martis tunc proximo missam de Requiem in eadem ecclesia monasteriali erant celebraturi, eisdemque [1] in premissis libenter annuentibus, omnes tam domini presidentes quam alii prelati, procuratores & subditi in ecclesia ibidem ad processionem se parauerunt cum effectu. Et erant in processione, prelatis, procuratoribus & aliis subditis connumeratis, numero circiter cxxxii canonici; fiebatque processio abinde ad ecclesiam parochialem Omnium Sanctorum Northamptonie.

Sermo in Anglicis.

Missa vero ibidem de sancto spiritu solenniter inchoata et usque ad post offertorium continuata, venerabilis pater magister Iohannes Kyngestone sacre theologie professor, prior de Mertone, solennem sermonem in Anglicis in pulpite eiusdem ecclesie, magna multitudine etiam populi tunc ibidem presente, multum eleganter [2] ac deuote pro-

---

[1] eidemque, MS.   [2] eligantur, MS.

posuit. Quo finito, missa quoque de sancto Spiritu solenniter decantata, prefati patres & domini presidentes, necnon prelati alii, procuratores & subditi a dicta ecclesia Omnium Sanctorum recedentes, singuli eorum hospicia sua causa reficiendorum corporum repecierunt. Hora tercia eiusdem diei dominice adveniente, prefati domini presidentes, prelati & procuratores modo quo supra predictam domum capitularem iterum sunt ingressi; et facto silencio in capitulo, emanauit[1] monicio a dominis presidentibus de secretis capituli non revelandis sub hac forma :—

Monicio de secretis non revelandis.

In dei nomine, Amen. Nos abbas sancte Osithe unus presidencium hoc capitulo vice mea & collegarum meorum auctoritate qua fungimur monemus[2] ac in virtute obediencie & sub pena contemptus omnibus et singulis hic presentibus precipimus[3] ne quis ipsorum revelat secreta presentis capituli nostri in dicti ordinis seu alicuius persone eiusdem detrimentum, opprobrium vel gravamen. Deinde sequebatur alia monicio de non recedendo a capitulo sine licencia sub hac forma; Nos prior sancti Oswaldi de Nostell' unus presidencium hic, vice mea & collegarum meorum auctoritate qua fungimur, monemus omnibus et singulis hic presentibus de iure interesse debentibus, quod ipsi & eorum singuli usque huius capituli dissolucionem inclusive expectent, inhibentes ne quis prelatus aut procurator huic capitulo subiectus ab eo recedat sine licencia speciali a nobis prius petita & obtenta sub pena suspencionis et excommunicacionis quas in non parentes huiusmodi monicioni nostre intendimus fulminare. Et consequenter domini presidentes nominauerunt et deputauerunt tres venerabiles et discretos viros, videlicet priorem de Colchestre, magistrum Willelmum Westkare & magistrum Willelmum George de Suscestre [*sic*] ad examinandum procuratoria sub hac forma :—

Examinacionis procuratoriorum.

In dei nomine Amen. Nos prior sancti Oswaldi unus presidencium in hoc capitulo, vice mea & collegarum meorum auctoritate qua fungimur, eligimus, statuimus & deputauimus vos priorem Colschestre, magistrum Willelmum Westkare sacre theologie professorem & magistrum Willelmum George priorem de Suscestre ad examinandum & discuciendum, approbandum seu reprobandum, admittendum seu reiciendum omnia procuratoria prelatorum absencium hic exibita seu

---

[1] amauit, MS.   [2] menemus, MS.   [3] presipimus, MS.

exibenda, & in hiis vobis committimus vices nostras, reseruata nobis potestate audiendi iuramenta procuratorum huiusmodi super causis excusacionum dictorum prelatorum, dominorum suorum, & eciam penas sine racionabili causa absentibus imponendas taxandi & moderandi.

Auditores compotorum.

Et incontinenti nominatis ac deputatis per dominos presidentes una cum consensu tocius capituli duobus venerabilibus patribus, videlicet prioribus de Tauntone & Colchestre, ad audiendum compotos omnium collectorum multarum, contribucionum & obuencionum in ultimo capitulo & citra usque hoc capitulum exclusive taxatarum & concessarum,[1] reuerendi patres diffinitores antedicti, assumptis secum certificatoriis visitatorum, examinatores procuratorum procuratoriis antedictis, convocatis sibi collectoribus, singuli ad sua conclauia seorsum a dominis presidentibus recesserunt, ad sua singula officia effectualiter prosequenda.

Examinacio certificatoriorum Cant' et Ruff'

Diffinitoribus uero in suo conclaui collocatis primo uocauerunt priorem de Combwell visitatorem in diocesibus Cantuariensi & Roffensi; quo comparente coram ipsis examinauerunt ipsius certificatorium; et quia eisdem diffinitoribus ex tenore eiusdem certificatorii liquebat omnia in dicta limitacione fore bene, predictus visitator quoad illam instanciam dimissus est.

Ebor' provincie.

Et idem de certificatorio prioris de Wirsop & Newstede in Shirwode, visitatorum in provincia Eboracensi; et ideo simili modo dimissi sunt. Et idem de certificatorio abbatis de Thorntone, visitatoris deputati una cum collega secum nominato, videlicet priore de Helsham, in archidiaconatibus Lincolnie, Stow, Leycestrie & Northamptone; & ideo pariformiter dimissus est abbas; prior vero de Helsham notatur de negligencia studiosa pro eo quod cum collega suo non certificat. Deinde procurator abbatis Thorntone viva voce coram dictis reuerendis viris diffinitoribus proposuit quod in prioratu de Kyma sue limitacionis est quidam canonicus, nomine Thomas Lek, etatis quasi LXX annorum, qui tempore suo iuuenali a dicto prioratu apostavit [*sic*] ac temeritate propria animique levitate ductus domum quorundam fratrum predicatorum ingressus est, & eorum habitum per aliquantulum

---

[1] taxatis & concessis, MS.

temporis, non tamen ibidem permanendi [causa] ut dicit, deferebat. Et postea iam elapsis XL annis iterum ad prioratum de Kyma & ad pristinum suum habitum in eodem est receptus & bene meritus est ac honeste conuersatur; & non eo minus propter sua antiqua demerita hucusque ultimus stat in choro ac locis aliis nec habet vocem in capitulo nec ea in aliquibus consequitur, que in dicto ordine & domo honoris sui statum concernunt. Unde idem Thomas canonicus presens ibidem, videlicet in hoc capitulo generali, procumbens ad pedes dictorum diffinitorum humiliter supplicauit se ob fauorem saltem sue senectutis ad premissa[1] restitui & sibi in hac parte graciose consuli cum effectu; super quo nichil diffinitum est; presidentes tamen priori de Kyma per litteras sigillis suis signatas demandauerunt quod ipse prefatum supplicantem in premissis restitueret, secundum quod sua intererat, sine mora.

Conventrens', Lichfeld' & Ass*avens'*

Compertum est per certificatorium prioris de Kylyngworth & Stone in dioc' Conventr', Lychfeld' & Assav' quod loca dicti ordinis constituta in episcopatu de Assav' sue limitacionis per eos non fuerunt visitata, pro eo & ex eo quod gens ibidem & lingua ipsis visitatoribus penitus erant ignote, ac eciam quia eis tutus non patuit accessus; unde dictis visitatoribus vocatis factaque per eos fide que in hac parte requiritur, dimissi sunt ab hac instancia. Et diffinitum est visitatores in hoc capitulo & deinceps deputandos, non obstante ignota lingua, cum Latinum ydioma[2] tum visitatoribus quum[3] visitatis presumitur esse commune, ibidem sue visitacionis officium sicut in aliis locis de cetero exercere debere, dummodo[4] accessus qui iam non est tutus pro tempore pacificetur & aliud canonicum non obsistat.

Comperta.

Deinde prefatus prior[5] de Kelyngworth unus visitatorum predictorum quedam[6] sinistra viva voce proposuit contra priorem de Repyngdone dicte limitacionis, que ipse simul cum collega suo audivit ut asseruit, dictam visitacionem exercendo. Et quia visum fuit tam quam[7] ipsi proponenti & suo college & prefatis diffinitoribus quod huiusmodi proposita de verisimili ab auctoribus malivolis & pocius ab opinione

---

[1] premisa, MS.
[2] ydonea, MS.
[3] q͞m cannot here stand for *quoniam*; it is an early instance of the word *quum*. The MS. seems to have been written

c. 1510–1520.
[4] & dummodo, MS.
[5] prior, om. MS.
[6] que, MS.
[7] cam, MS.

quam veritate fuerunt exorta, ideo sub dissimulacione & silencio diffinitorum oculis in hac parte connectibus [*sic*][1] pretulerunt pure.[2]

Baton', Wellens' & Excestr'

Compertum est per certificatorium prioris de Brutone et Bedneya visitatorum in dioc' Baton', Wellens' & Excestr', quod omnia in sua limitacione bene ; ideo et ipsi pariformiter dimissi sunt.

Hiis vero ex parte diffinitorum taliter expeditis, certis certificatoriis relictis crastino examinandis, & examinatoribus procuratoriorum in suo conclavi de & super negocio sibi commisso aliqualiter procedentibus, quia rescissius tempus istius diei facultatem sibi precludit ad tunc ulterius procedendi, omnes ad capituli locum, ubi domini presidentes resederunt, iterum sunt reuersi, ubi post modicam pausam, causa[3] diei ulterius non vacantis,[4] capitulum iterum est continuatum sub hac forma ; In dei nomine Amen. Nos abbas sancte Osithe unus presidencium in hoc capitulo vice mea & collegarum meorum auctoritate qua fungimur in hac parte continuamus istud capitulum usque horam septimam in mane diei Lune crastine videlicet iam subsequende ; et hoc facto capitulares prefati mutuo valefacientes, causa captande nocturne quietis, ad sua hospicia diuerterunt.

In crastino videlicet die Lune hora septima in mane prefatorum presidencium, prelatorum, procuratorum & aliorum subditorum capitularis locus iterum erat plenus, ubi & quando, repetitis sedilibus ut supra, Robertus Okborne, scolaris de Oseney, qui ad hoc in ultimo capitulo fuit assignatus, ut[5] liquet ex actis illius capituli, recepta ab uno presidencium benedictione, sermonem in Latinis, incipiendo a themate illius evangelii *Considerate lilia agri, quomodo crescunt*, multum eleganter[6] & fructuose proposuit ; quo finito, venerabilis pater prior de Butleya ad celebrandam missam solennem de sancto Augustino in ecclesia monasteriali ibidem se cum ministris preparavit. Iterum examinatores procuratorum ad conclave suum regressi, processerunt ulterius super officio sibi commisso. Et diffinitoribus iterum in conclavi suo collocatis, productum est in medium certificatorium prioris sancti Botulphi Colcestrie & Roystone, visitatorum in Londoniensi & Eliens' dioc'[7] ; in quo compertum quod duo canonici prioratus de Blakamer' sue limitacionis vagant apostatando ; super quo nichil diffinitum est in specie ; item quod priores de Crychirche & sancti Bartholemey London' cessauerunt per triennium ultimo elapsum ab

---

[1] Something wrong. Perhaps *conniventibus preterierunt*.
[2] pune, MS.
[3] causam, MS.
[4] vacantur, MS
[5] ut, om. MS.
[6] elegantur, MS.
[7] dioc', om. MS.

exhibicione scolarium in Uniuersitate. Diffinitum est super hoc quod procedatur[1] contra eos ad penam limitatam in constitutionibus super hoc editis. Item quod abbas de Waltham admittit visitatores ordinis nostri ad actum dumtaxat proposicionis verbi dei, ad exercicium aliorum actuum non, & quod in premissis tuetur se super priuilegium exempcionis a sede apostolica concessum. Diffinitum est quod hoc melius inquiratur erga proximum capitulum generale, & emanet contra eum monitorium et, si non pareat, compulsorium ad exhibendum dictum priuilegium in proximo capitulo generali. Item compertum est quod in prioratu de Lyes provisum fuit per episcopum London' de quodam canonico nomine Grene, nuper priore ibidem, qui quidem prior fuit mali meriti & culpa sua dictum prioratum quasi irreparabiliter depauperavit. Super hoc nichil diffinitum est. Similiter compertum est quod prioratus de Lactone & Beredone destituuntur canonicis & sunt collapsi, preterquam in dicto prioratu de Lactone est solus prior. Diffinitum est super hiis erga proximum capitulum fore maturius declarandum ac prospiciendum de remedio oportuno. Compertum est per certificatorium priorum de Bradnestoke & Selbrone visitatorum in diocesibus Wyntoniensi, Saresbiriensi & Cicestrensi quod Willelmus Marleborow, qui se gerit pro priore de Mottesfonte, ibidem intrusus est contra voluntatem omnium & singulorum canonicorum eiusdem prioratus & quod per eum pretensum priorem alienantur, destruuntur, diminuuntur[2], & quod eiusdem pretensi prioris negligencia cessatum est ibidem a divinis officiis nocturnis pariter & diurnis, in grave scandalum tocius ecclesie & presertim istius ordinis ; sed quia forma processus facti per eosdem visitatores & contenti in hoc certificatorio non satis liquebat, nec sufficienter probatum est[3] ad effectum priva-tionis[4] eiusdem pretensi prioris, prospectoque eo quod iuxta canonicas sanctiones in criminalibus probaciones debent esse luce clariores, visum fuit prefatis patribus diffinitoribus quod[5] ad dicti[6] prioris privacionem adtunc non est cum effectu procedendum nec ordinario intimandum ; & dimissi sunt visitatores hac vice ex favore diffini-torum.

Compertum est per certificatorium priorum sancte Fredeswyde & Caldewelle, visitatorum in archidiaconatibus Bedefordie & Bucking-hamie, Huntyngdonie & Oxonie, quod in prioratu de Coldnortone sue limitacionis tantum duo sunt canonici, quorum unus est prior & alius decrepitus ; qua de causa, ecclesia ibidem stat inofficiata. Super

[1] procedat, MS.   [4] privatuum, MS.
[2] diminutus, MS.   [5] quod, om. MS.
[3] est, om. MS.   [6] dictum, MS.

I

quo in specie nichil diffinitum.   Item compertum est quod a prioratu
de Huntyngdone dicte limitacionis egressi sunt tres canonici in
apostasia & vagant per orbem terrarum, nec sic de[1] hoc aliquid in
specie diffinitur.   Item compertum est quod apud prioratum de
Dunstaple est unus canonicus sacerdos & professus, nomine Thomas
Bledlowe, grandevus videlicet quasi LXXX annorum, notorius homicida
& adulter, qui ter abinde apostatizavit, primo per XX annos, secundo
semiannium [*sic*] & tercio per annum integrum & ultra, & iam illuc
nuper regressus propter inopiam remanet sequestratus a consorcio
fratrum, voluntarie mutus, & incorrigibilis est, & propter[2] enormem
horribilitatem perpetratorum scelerum timetur de ipsius seuicia, nec
tamen ibidem invinculatur propter fauorem senii ; unde diffinitum
quod a dicto [prioratu] transmittatur[3] usque ad monasterium sancte
Osithe, ibidem custodiendus sumptibus ipsius prioris de Dunstaple.
Et reuerendus pater & dominus abbas sancte Osithe, unus presidencium
in hoc capitulo, onus dicte custodie in se assumpsit & acceptauit in
forma supra diffinita.   Item compertum est quod prior de Chetwode
dicte limitacionis artat canonicos suos ad exstirpandum spinas &
exercenda opera ruralia instar laycorum ; cuius pretextu ibidem
cessatum est a divinis officiis.   Item quod idem prior est dilapidator
bonorum dicti prioratus maxime pro eo quod ipse escidit multas
quercus & aliud meremium pertinens ad dictum prioratum, & illa
exposuit venalia.   Diffinitum est quod ipse delatus veniat ad proximum
capitulum generale in & super premissis responsurus.   Et dimissi sunt
visitatores ut supra.

Compertum est per certificatorium abbatis Cirencestrie visitatoris in
diocesibus Wigorniensi, Herefordensi & Menevensi quod in illa
limitacione est quidam canonicus de Stodley, nomine Iohannes
Spencer, qui surripuit sigillum commune eiusdem prioratus & cum eo
sigillavit certas obligationes factas quibusdam amicis suis ad summam
DCXL marcas ; et quod preterea idem Iohannes sigillauit septem alias
cartas cum eodem sigillo instar scriptorum obligatoriorum aptatas ;
et quod idem Iohannes bis apostatizavit spoliando dictum prioratum
multis iocalibus presiosis ; insuper quod idem Iohannes est incontinens
& alias multipliciter flagitiosus ; et quod idem iam positus est in
monasterium sancti Augustini de Brystowe.   Super quo[4] diffinitum
est quod iste idem Iohannes remaneat ibidem in custodia carceris

---

[1] de, om. MS.
[2] Perhaps the scribe should have
written 'preter'

[3] diffinitum quod dicto transmutatus,
MS.
[4] quo, om. MS.

usque proximum capitulum generale, nisi interim alias pro eo fuerit prouisum; in omnibus aliis bene; & dimissus est abbas ut supra.

Compertum est per certificatorium prioris de Hekelyng & Ylyworth[1] visitatores in diocese Norwycensi quod in limitacione illa nichil sinistrum sed omnia bene; et dimissi sunt.

Examinacione vero certificatoriorum taliter ut premittitur expedita, omnes ut supra ad locum capitularem, ubi domini presidentes residebant, interim congregantur, ubi et quando fiebat continuacio[2] capituli sub hac forma: In dei nomine Amen; Nos abbas de Oseney, unus presidencium in hoc capitulo, vice mea & collegarum meorum auctoritate qua in hac parte fungimur, continuamus istud capitulum usque horam terciam post meridiem istius diei Lune; qua hora, videlicet tercia post meridiem huius diei Lune, iterum plenum erat capitulum; et dominis presidentibus cum ceteris prelatis & procuratoribus [congregatis],[3] repetitis[4] sedilibus ut [supra],[5] magister Willelmus Weskare, sacre theologie professor, prior canonicorum studencium Oxonie, ac ad colligendum certas multas et alia, prout clarius liquet per[6] ipsius commissionem, sufficienter deputatus statuit se in medio capituli coram dominis presidentibus et de eorum licencia protulit unum librum, parcellas[7] sui recept*us* et etiam misarum & expensarum continentem, easdem parcellas[8] publice legit, paratus ut asseruit incontinenter[9] plenam premissorum reddere racionem et compotum. Qui quidem W. per dominos presidentes remissus fuit ad priores de Colchestre et Thauntone, auditores compoti in actis assignatos ut supra patet. Cuius quidem compoti[10] pedem hic intersero. Summa totalis scilicet[11] recepcionum xxv li. v s. viii d. preter[12] x lib. receptas mutuo de Abbate de Oseney, de quibus x libris nichil hic, quia alias erit compotus. Summa totalis[13] allocacionum, ut patet per librum tam recepcionum quam expensarum istiuś computantis remanentem in manibus abbatis de Oseney, xlvi lib. xviii s. ii d.; et sic dictus magister W. computans habet in superplusagio[14] istius compoti xxi li. xii s. vii d. ob.

Post hec facto aliquantulo temporis intervallo iterum comparuit idem magister Willelmus Westker, & benigne se inclinando tradidit eius presidentibus litteram domini regis clausam sigillatamque

---

1 *Ixworth* is meant.
2 constitucio, MS.
3 Not in MS.
4 receptis, MS.
5 Not in MS.
6 pro, MS.
7 procell', MS.

8 procellas, MS.
9 incontinente, MS.
10 compotum, MS.
11 sive, MS.
12 pre, MS.
13 totius, MS.
14 supplus', MS.

privato sigillo de aquila ; que quidem littera per dictos dominos presidentes cum ea qua decuit reverencia recepta & aperta, publice in capitulo perlecta est ; cuius tenor tam in dorso quam infra hic subsequenter inseritur ; in dorso ' To oure trusty and wilbelovyd in God all the presidentez, prelatez and procuratorez of chanons regulerez of the ordre of seynt Austen of thys owre realme. Superscripcion by kynge.' Tenor littere. ' Rythe trusty and wilbeloued in God, we grete ȝow will and signifie unto yow how ore thys tyme we hav be credibully enformed that alle religious personez student in owre Uniuersite of Oxenford have byen and beyen in multitude unite & congregat in one plas, as honestie and perfeccion requireth of religion, all onely your chanons studentȝ withinne our seyd uniuersite except, the wich were dispersid & diuidid among seculere pepulle in scolers in gret dishoneste & repreve of your seyd religione ; wherfore ye desyred & made supplicacion unto us as for the more honestie & profeccion of your seyd ordre to have a place & grownde where ȝe mythe make a colege withinne oure seyd Uniuersite for the studentez of ȝour ordre, like as odur religious personez have ; we there in that your seyd supplicacion & desyre consideryng the hye plesaunce of alle myghty God, encrece of cristyn feyth, science, vertu & gret perfeccion of your seyd ordre and studentez there in our seyd uniuersite, have graunted a place, also grounde, were ȝe may hedifie a college for the studentes of ȝour seyd ordre ; and so now as yt is reportyd in this ȝour congregacion and generall chapter ys to gedur all the prelatez of ȝour seyd relygyon of this our realme. Therefore we hertyly prey ȝow, also require yow, that ye ordeyne suche sad menez, also ordinauncez, or ȝe dissolue the seyd chapter, for the bildyng of the seyd college, that yt goo forth in hast effectually : and moreover ȝe that bownden to fynde ȝour scolers there sendythe hem thedur in to the seyd place and college named of owre blessyd lady, that ȝowre studentez for more encres of science tary not so shamefully as yt is seyd hyt doth, notwytstondyng ȝe have grete helpe of seculer benefactours unto the same by reportaunce and also devocion in religious lyvyng to be conversaunte togedur, and the multes taxed and limited for absence of scolers, also subvencions graunted beforetyme in ȝour chaptour & now of thys ȝour present chaptour, also ȝe make discret ordinaunce for the colleccion & gederynge of the same, so that ȝour comynge to gedur for good rule, also devocion of yowr seyd religyon, presse [*sic*] not awey withowtyn good frute, or ells that the seyd multes, also subvencions, beforetyme and now limited, also taxed, ȝe graunte hem us, unto the bildyng of owre colleges, and shall make purvyaunce for the gederyng; so that off these we desyre to be certified, wrytone by owre trysty and wilbeloved clerke, Mr Will' Westkar', prior of ȝowr studentez chanons of our seyd Universite of Oxenford, bycause we send word to ȝour last chapter by mowthe and where not certified ȝit and that this done effectuelly at oure prayer, also requisicion, as ȝe desyre to do us any plezure or stond in the specialle favour and owre good grace ; ȝevyn under our signett of the Egle in our Castell of Wyndesoueres the xxiii day of June.'   Qua perlecta & concepta, quia res ardua vertebatur, domini presidentes interlocuti fuerunt super responso domino regi fiendo, & consensu totius capituli petitum est a dicto magistro Willelmo Westkare quatinus ille, quantum ad referendarium attinuit, sub paciencia tolleraret, permittendo inducias deliberatorias ad huiusmodi responsum domino regi fiendum, ne forte ex repentina & indeliberata responsione, presertim in scriptis, fienda offenderetur maiestas regia, quod absit, vel apud eundem status, honestas aut religionis privilegia periclitarentur ; quibus induciis antedictis[1] prefatus magister Willelmus Westkare, salva regie maiestatis[2] complacencia & salvo suo honore, hilariter acquievit.   Post hec vero reverendi patres diffinitores antedicti suum conclave repecierunt ; quo[3] etiam dominis presidentibus accedentibus & illic pariter cum eisdem residentibus, occurrerunt quedam per eos in hoc capitulo reformanda ordinanda, preter superius diffinita.   Et primo quia tam per plura certificatoria, ut patet superius, quam etiam per publicam famam necnon plurimorum in hoc capitulo existencium relacionem liquebat tempore moderno plus[4] solito quamplures nostri presertim ordinis discurrere per orbem terrarum apostatas & vagare in dicti ordinis grave scandalum & quotidianum vituperium prelatorum, ideo super hoc diffinitum est novellam constitucionem generalis capituli apud Leycestriam editam de talibus apostatis per prelatos eiusdem ordinis proximiores loco more sive vacabundie eorundem capiendis & incarcerandis solito arcius & vigilantius observari.   Ceterum cum manifestum sit ex parte iuris quod is non careat vicio societatis occulte, qui manifesto facinori desinit obviare, consensusque negligentie in prelatis maxime contra statuta canonum paulominus quam cooperacionis puniatur, etiam diffinitum est quod visitatores in futurum perpetuo deputandi diligenter in suis visitacionibus inquirant per unum speciale.[5]

[1] auidis, MS.
[2] regia magestati, MS.
[3] quom, MS.
[4] modernus, MS. for m. p.
[5] A gathering ends at this word : the next gathering is wanting.

54.

[Form for conducting a Chapter to be held at Oseney, 1449.]

W. fol. 1   Forma capituli generalis regularium canonicorum ordinis sancti Augustini regni siue prouincie Anglicane celebrati apud monasterium de Oseney iuxta Oxoniam in quindena Trinitatis anno domini M quingentesimo [*sic*] CCCCXLIX°.

Acta diei Sabbati.

Die Sabbati immediate precedente dictam quindenam hora post meridiem quasi quarta, presidentibus, prelatis, et procuratoribus presentibus in loco capitulari, tractandum est preparatorie de ordine & forma observandis in dicto capitulo ibidem in crastino inchoando; et sic valefacientes mutuo ab invicem discedant, illic in crastino ad mane hora septima reconventuri.

Acta diei dominice.

Die vero dominica hora septima in mane, flexis genibus, a presidentibus incipiatur ympnum, 'Veni creator spiritus Mentes tuorum visita; Imple superna gracia Que tu creasti pectora; Qui paraclitus diceris, Donum dei altissimi, Fons vivus, ignis, charitas Et spiritalis unctio; Tu septiformis munere, Dextre dei tu digitus, Tu rite promissum patris Sermone ditans guttura; Accende lumen sensibus; Infunde amorem cordibus, Infirma nostri corporis Virtute firmans perpetim; Hostem repellas longius, Pacemque dones protinus; Ductore sic te preuio Vitemus omne noxium; Per te sciamus da patrem, Noscamus atque filium, Te utriusque spiritum Credamus omni tempore; Dudum sacrata pectora Tua replesti gracia; Dimitte nunc peccamina, Et da quieta tempora; Sit laus patri cum filio Sancto simul paraclito, Nobisque mittat filius Karisma sancti spiritus. Amen.' Versus, 'Emitte spiritum tuum & creabuntur.' Oracio 'Deus qui corda fidelium sancti spiritus illustracione docuisti, da nobis in eodem spiritu recta sapere et de eius semper consolacione gaudere per eiusdem' [*sic*]. Postmodum fiet absolucio omnium prelatorum et fratrum qui post ultimum capitulum decesserunt sub hac forma: primo dicatur psalmus 'De profundis clamaui ad te, domine' cum antiphona Requiem eternam. Kyrieleyson, Criste eleyson, Kyrieleyson. Pater noster, Amen.[1] Et ne nos. Oremus pro fidelibus

---

[1] Anem, MS.

defunctis. Non intres in iudicium cum seruis tuis domine. Requiescant in pace. Domine exaudi oracionem meam. Dominus uobiscum.

Oracio.

'Omnipotens sempiterne deus, cui nunquam sine spe misericordie supplicatur, propitiare [1] animabus famulorum tuorum, ut qui de hac uita in tui nominis confessione decessit sanctorum tuorum numero facias aggregari.'

'Deus venie largitor et humane salutis amator, quesumus clemenciam tuam, ut nostrarum congregacionum fratres & sorores qui ex hoc seculo transierunt, intercedente beata Maria semperque virgine et beato Michaele archangelo cum omnibus sanctis tuis, ad perpetue beatitudinis consorcium peruenire concedas.'

'Absolue quesumus domine animas famulorum famularumque tuarum, parentum, fundatorum, prelatorum, fratrum, sororum, amicorum, benefactorum et omnium fidelium defunctorum ab omni vinculo delictorum, ut in resurrectionis gloria inter sanctos et electos tuos resuscitati respirent per dominum nostrum Ihesum Cristum filium tuum qui tecum v.' [*sic*].

Et in fine dicatur

'Anime eorum & omnium fidelium defunctorum per misericordiam dei in pace requiescant Amen.'

Monitorium de laycis amouendis.

Hiis factis, exeant seculares; et per prelatum illius monasterii claudantur [2] hostia claustri. Deinde deputentur [3] duo canonici ipsius monasterii ad custodiam ostiorum capituli.

Preconizatio prelatorum.

Tunc immediate subsequetur preconizacio prelatorum iuxta ordinem Kalendarii irregistrati.

Constitucio scribarum.

Post hoc fiet constitucio scribarum sub hac forma :—In dei nomine Amen. Nos abbas monasterii de N., unus presidencium in hoc capitulo, vice mea et collegarum meorum auctoritate qua fungimur vos N., N., et T. B.[4] canonicos elegimus, ordinamus et constituimus coniunctim et diuisim in scribas actorum istius capituli & cetera.

---

[1] proficiare, MS.
[2] cladantur, MS.
[3] deputantur, MS.

[4] No doubt Thomas Balscot, who was scribe in 1443 and was probably the author of this form.

Diffinitores.

Deinde elegantur [*sic*] xii prelati in diffinitores capituli per decretum iuxta formam capituli proximi precedentis.

Examinatores procuratorum.

Postea examinentur procuratoria iuxta formam decreti inde expressi in proximo capitulo precedente.

Auditores compoti.

Tunc deputantur auditores compoti collectorum subsidiorum, contribucionum, penarum et multarum commissarum usque ad presens capitulum.

De celebracione missarum.

Deinde prouisum est quod reuerendi patres abbas siue prior de N. illo die dominica [*sic*] missam de sancto spiritu celebret. Die uero Lune abbas siue prior de N. celebret missam de sancto Augustino, et die Martis abbas siue prior de N. celebret missam de requiem.

De processione.

Deinde ad processionem regendam quatuor prelati siue quatuor canonici sint assignati.

Continuacio capituli.

Sequitur continuacio capituli usque horam terciam post meridiem illius dominice diei per decretum.

Numeracio prelatorum.

Et sic, prelatis et canonicis in processione dispositis, numerati sunt prelati et alii canonici, et sic omnibus rite ordinatis processionaliter ad ecclesiam sancti N. transeant, et abbas siue prior illius monasterii missam de sancto spiritu celebret.

De sermone in Anglicis.

Et ibidem ante missam siue post missam, ut prelatis placuit, fiet sermo in Anglicis a quodam canonico in ultimo capitulo generali ad hoc deputato.

Monitorium de querelis proponendis.

Deinde proposito edicto quod querelare uolentes super aliquibus iniuriis infestis seu aliis grauaminibus ibidem tractandis huiusmodi suas formarent querelas, et citra horam sextam crastine diei porrigerent easdem, ulterioris super ipsis audiencie spe sibi omnino sublata.

Continuacio capituli.

Hora uero quinta post meridiem ipsius diei dominice, omnibus ad capitulum reuersis, domini presidentes capitulum iterum continuarunt usque horam crastine diei in mane septimam per decretum iuxta formam continuacionis expresse capitulo precedenti.

Die Lune.

Illa hora diei Lune, capitulo congregato, primo et ante omnia fiet sermo in Latinis ab aliquo canonico in ultimo capitulo generali ad hoc deputato.

De celebracione misse.

Deinde abbas siue prior de N. solenniter celebret missam de sancto Augustino.

Continuacio capituli.

Deinde omnibus ad locum capitularem reuersis, continuatum erat capitulum usque ad horam illius diei Lune terciam post meridiem per decretum, ut supra.

De compoto facto.

Insuper hora istius diei Lune quasi quarta post meridiem, duo prelati ad audiendum compotum contribucionum factarum in ultimo capitulo precedenti deputati sunt.

Die Martis.

Hora octaua, prelatis in capitulo congregatis, abbas siue prior de N. celebret missam pro fidelibus defunctis.

De denunciacione priorum scolares non habencium.

Deinde denuncientur omnes priores scolares in Oxonia siue Cantibrigia non habentes.

De deputacione priorum studencium.

Preterea deputentur duo canonici prout eis visum fuerit in priores studencium scilicet Oxonie et Cantibrigie.

Ultima preconizacio absencium.

Incontinenti fiet preconizacio prelatorum absencium, et contra non comparentes processum erat sub hac forma ;—In dei nomine, Amen. Nos abbas de N. unus presidencium &c.

Continuacio capituli.

Deinde fiet continuacio capituli usque ad horam illius diei Martis secundam per decretum ut prius, et congregato capitulo fiet communicacio pro fabricacione noui collegii canonicorum nuncupati sancte Marie Oxonie de contribucione noua facienda.

Eleccio presidencium ; et locus proximi capituli.

Consequenter eligentur iii prelati ad presidendum in proximo capitulo generali uidelicet in quindena Trinitatis ex tunc ad triennium, ac locus capituli eiusdem proximi assignatur, uidelicet in prioratu de N. ; necnon nominentur scolares qui in proximo capitulo sermones sunt facturi.

Dissolucio capituli.

Facta generali confessione, dissoluetur capitulum sub hac forma ;— In dei nomine, Amen. Nos abbas de N. unus presidencium in hoc capitulo vice mea et collegarum meorum auctoritate qua fungimur presens capitulum dissoluimus. Quo facto mutuo valefacientes discedant.

Processus siue ordinacio capituli generalis canonicorum regularium ordinis sancti Augustini apud Oseney celebrati. Finis.

55.

[Acts of a Chapter at Barnwell, 1506.]

Acta[1] celeberrima negocii regularium canonicorum, ordinis sanctissimi doctoris Augustini, totius Anglie provincie in prioratu sancti Egidii confessoris de Barnewelle iuxta almam Universitatem Cantabrigie celebrati, anno domini millesimo quinquagesimo sexto in quindena sancte Trinitatis.

Post meridiem, Trinitatis quindenam precurrente in vigilia, uti solet antiquitus fieri, serenissimis sacre religionis huius patribus abbate monasterii de Pratis Leycestrie & Priore de Meritone universi ordinis divi Augustini in tota Anglia presidentibus, ceteris cum quibusdam prelatis & procuratoribus absentium prelatorum, in loco capitulari convenientibus ac comparentibus, iuxta registri formam, prelati uocati sunt, & pro faciliore expedicione rerum crastino die agendarum hora limitatur septima crastine diei mane capitulo inchoando. Abierunt.

---

[1] Exchequer K. R. Ecclesiastical Documents $\frac{1}{9}$; a small parchment roll in the Record Office.

Hora diei dominice prefixa uenerabilibus patribus presidentibus una cum prelatis & procuratoribus unanimiter domum capitularem ingredientibus, abbate de Waltham consensu & assensu totius capituli in absentia prioris de Novo Burgo in tercium presidentem subrogato, post inuocacionem sancti spiritus capitulum solempniter inchoatum est. Incontinenti omnibus amotis secularibus, ac deputatis cito hostiorum custodibus, Thomas Halam canonicus de Pratis Leycestrie & Prior canonicorum regularium in Oxonia studentium, necnon Leo Medley canonicus de Thornetone in scribas deputantur. Omnibus postmodum ammonicione sub forma decreti in uirtute obediencie data, uidelicet ne quis in religionis seu alicuius persone obprobrium uel grauamen capituli secreta reuelet, deinde limitati sunt examinatores procuratorum Prior de Dunmowe, Prior de Reystone, frater Iohannes Grampulle,[1] frater Nicholaus Peper, canonicus de Tauntone. Postea preconizati, electi & intitulati sunt predicti capituli diffinitores duodecim, quorum nomina immediate subsequuntur.

Abbas de Derley
Abbas sancti Iacobi iuxta Northamtone
Prior de Westaker
Prior de Wroxstone
Prior de Brutone
Prior de Walsyngam
Prior de Barnewell
Prior de Esyngspytylle
Prior de Huntyngtone
Prior de Ledys
Willelmus Spyres, supprior de Gysborne
Iohannes Browne, supprior de Hexham.

Deinde prouisum est quod reuerendi patres, abbas de Pratis Leycestrie missam de spiritu sancto eodem die, Prior de Meritone de sancto Augustino die Lune, et abbas sancti [*sic*] Osithe die Martis de Requiem pro defunctis celebrarent. Postea uero ad processionem regendam assignati sunt Prior de Stoneley, Prior de Esyngspytell, frater Nicholaus Smyth canonicus de Kellyngworth, frater Rychardus Cambryg' canonicus de Thurtone. Et sic prelatis & canonicis in processione dispositis, numerati sunt prelati xliiii^{or} & alii canonici centum & octo. Omnibus sic peractis ad solempnem presentis diei missam de spiritu sancto properantibus ordinata est processio versus parochialem ecclesiam sancte Marie Cantibrigie, ubi post missam

---

[1] Probably the Prior of Oseney; see p. 183.

magister Iohannes Browne canonicus de Hexham, in sacra theologia
bacularius, illud prophete Ieremie accipiens pro themate ' Virgam
vigilantem ego video', profundo dicendi modo multum egregie Latina
sermonizat lingua. Quo finito redierunt. Hora uero secunda eiusdem
diei post meridiem omnibus interim reuersis ad capitulum, statutum
est quod si quis habeat sufficientem querimoniam aut grauamen pro
zelo & statu bone religionis nostre, die crastino coram diffinitoribus
illam uel illud in medium offerat. Item quod nullus canonicorum
ante capituli finem absque licencia presidentium iam existencium inde
recedat.

Die uero Lune circa horam septimam conuenientibus in unum presidentibus cum aliis & subditis, sermo quam ornatissime a domino
Nicholao Peper canonico de Tauntone in Latino editus est, cuius
thema ' Puteus altus est &c.' Quo peracto presidentes in suum conclaue & diffinitores in suum sese dederunt, ubi decretum est quod
statuta Benedictina nostre religionis auctoritatem concernentia sint in
custodia reuerendi patris in Cristo abbatis de Pratis Leycestrie ; & si
quis nostre religionis alias bullas in sua custodia habeat huiusmodi
religionem concernentes, illas ad prefatum reuerendum in Cristo ante
proximum capitulum generale deferat, sub pena XL librarum ad
edificacionem collegii beate Marie in Oxonia soluendarum ; et quod
ipse abbas de Pratis Leycestrie aut per se aut per alium ostendat siue
ostendere faciat huiusmodi bullas in proximo capitulo generali futuro
sub pena XL librarum. Item statutum est & diffinitum quod nullus
prelatus nostre religionis amodo & deinceps recipere presumat aliquem
conuersum nostre religionis in sacrum nostrum ordinem sub titulo
professionis, nisi prius habeat instructorem satis idoneum, qui eum
instruat in obseruantiis regularibus secundum quod cauent statuta
Benedictina. Item decretum est & diffinitum quod abbates[1] & priores,
abbates proprios non habentes, faciant scribere statuta Benedictina,
Octonis, Octobonis, cum statutis capitulorum de Northamtone celebrati anno domini MCCCXXV, et statuta capituli celebrati apud
Huntyngdone anno domini MCCCXXXVII[2], et capituli celebrati apud
Newenham anno domini MCCCLVI[3], et capituli celebrati apud sanctam
Fridiswydam in Oxonia anno domini MCCCXXXVIII[4] et capituli celebrati
apud Leycestriam anno domini MCCCXLVI et capituli celebrati apud
Dunstapulle anno domini MCCCXXXVIII[5], et capituli celebrati apud

---

[1] abbas, MS.
[2] MCCCXXVIII is meant.
[3] MCCCXL is meant.
[4] MCCCXXXVII is meant.
[5] MCCCXXXIII is meant.

Northamtone anno domini MCCC quinquagesimo, et capituli celebrati apud Osney anno domini MCCCLIII, et capituli celebrati apud Novum Locum iuxta Stanford anno domini MCCCLXX [1], etiam alterius capituli inibi celebrati anno domini MCCCLXII. Item statutum est & decretum per presidentes & diffinitores quod nullus prelatus de cetero permittet seu licentiabit canonicum ad vagandum seu ad alicuius cure secularis seruicii deseruiendum sub litteris suis patentibus & suo sigillo signatis ; ac etiam quicumque prelati canonicos habent quos sub regularibus obseruantiis seruare non poterunt, quod faciant eos teneri & mitti ad unum presidentium qui eum teneat sub arta custodia quamdiu peccatum suum non agnoscat ; agnoscens vero suam offensam demonstrat [*sic*], ac sic correptus & emendatus ad proprium monasterium sub scriptum proprii prelati in domino remittatur. Sicque capitulo continuato in septimam horam diei sequentis abierunt.

Die vero Martis hora prefixa omnibus iterum [2] ad capitulum reuersis, a venerabilibus patribus diffinitoribus statutum est quod nullo nostre religionis deinceps licebit uti calipodiis siue semisotularibus, anglice slyppars, nisi in tempore nocturno. Item decretum est & prohibitum omnibus & singulis nostre religionis fratribus non pecunias pro cibariis amplius recipere, sed honeste & laudabiliter secundum consuetudinem aliorum locorum cibaria insimul habere. Item decretum per diffinitores quod unumquodque monasterium nostre religionis soluat annuatim usque ad proximum capitulum generale duos denarios ad libram uel talem summam taxatam per discretionem visitatorum, si indigencia uel paupertas talium locorum id exposcat, pro reedificacione [3] collegii beate Marie in Oxonia & libertatibus defendendis. Item statutum est per diffinitores quod omnes studentes tam prelati quam subditi in alma Uniuersitate Oxoniensi in collegio beate Marie sint commorantes simul. Item decretum est sub pena XL librarum quod quelibet [4] domus nostre religionis habeat breuigerulum breuia ad deportanda pro animabus fratrum nostrorum defunctorum. Etiam actum est **quod** Prior de Westaker habebit superuisionem abathie de Creke aut **per se** aut per alium fratrem discretum usque ad proximum capitulum generale, ac Prior de Meritone super priorat' de Brommore & Prior de Led*es* super priorat' de Colnortone. Actumque est quod presidentes iam existentes sint personaliter ad proximum capitulum generale, nisi legittima causa fuerint prepediti. Ordinatum est etiam quod si quis [*sic*] ad sermones assignati defuerint in proximo capitulo,

---

[1] MCCCLVI is meant.
[2] inter, MS.
[3] reedificione, MS.
[4] quilibet, MS.

certo impedimento non cessante, si sit prelatus soluat XL s. ad edificacionem nostri collegii in Oxonia, & si sit subditus non exeat claustrum
suum per annum integrum.   Decretum est etiam per diffinitores quod
quilibet abbas IIII denarios, quilibet prior duos denarios & quilibet
procurator unum denarium ad predictum capitulum veniens amodo &
deinceps ad missam de Requiem offerat, & quod legittime absentes
summas pretaxatas[1] quoad istas oblationes per suos procuratores
mittant sub pena VI s. & octo denariorum.   Ac etiam eodem die post
meridiem approbatum est unum instrumentum coram diffinitoribus,
quod quidem instrumentum sic incipit *Ne desit dictis scolaribus &c.*,
concernens vitam & honestatem canonicorum regularium studentium
in Oxonia sit ratum[2] & firmum atque inviolabiliter obseruandum cum
sequelis in eodem instrumento sequentibus.   Actum est etiam per
diffinitores quod quilibet prelatus nostre religionis ad proximum
capitulum generale veniat personaliter, nisi canonico cessante impedimento; & si quis canonicum habeat impedimentum, tunc unum
mittat canonicum de sui gremio, si sint septem numero.   Ordinatum
est etiam quod visitatores iam existentes sua omnia & singula comperta visitatoribus deliberent sub expensis recipientium, non autem
habentium.

Ac inde sequuntur nomina contumacium qui nec per se nec per
alium ad capitulum generale venerunt.

Multati sunt eo quod non habent scolares hii quorum nomina hic
sequuntur.[3]

56.

[Acts of a Chapter at Leicester, 1509.]

Anno[4] domini millesimo quingentesimo nono, in quindena Trinitatis,
presidentibus abbatibus Leicestrie & Northamtone, in absentia prioris
de Gysburne abbas de Kyllyngworthe in tercium subrogatus est presidentem in generali capitulo canonicorum regularium ordinis sancti
Augustini in abathia sancte Marie de Pratis Leicestrie celebrato; ubi
congregatis prelatis & procuratoribus in loco ad hoc assignato, post

---

[1] pretaxas, MS.
[2] The construction is confused, but
the meaning is clear.
[3] The record ends abruptly; the
scribe copied no more. In *Hearne's
Diary*, vol. viii, p. 272 (O.H.S.), will
be found Letters of Fraternity issued at

Barnwell on June 23, 1506, by the
Abbot of Leicester and the Prior of
Merton, Presidents of the Augustinian
Chapter, to Robert Throkmarton, kt.,
and Goditha Peytoo.
[4] Exchequer K. R. Ecclesiastical
Documents $\frac{1}{10}$; in the Record Office.

invocationem spiritus sancti, aliis omnibus iuxta ritum & consuetudinem antiquam solemniter peractis, electi sunt in examinatores procuratorum Prior de Stodley, Prior de Coxford, Prior de Osney, Prior de Tynbryge, Prior Leicestrie, Prior de Esham[1]; in definitores sunt electi abbas de Osney, abbas de Derley, Prior sancti Gregorii Cantuarie, Prior de Landa, Prior de Plymton, Prior de Ledes, Prior de Esleng. spitell, Prior de Barewell, Prior de Wroxston, Prior de Iksworthe, Prior de Esham[2], et magister Petrus Hardy canonicus de Brydlyngtone.

Per quos quidem definitores una cum consensu & assensu predictorum venerabilium presidentium in primis decretum est quod Prior sancti Botulphi[3] visitetur infra tres menses per abbatem sancte Osithe & Priorem de Eslengspitell propter sentenciam contumativam quam intulit venerabilibus priori de Barnwell & Eslingspitell. suis visitatoribus ad capitulum ultimum celebratum generale apud Barnwell legitime deputatis. Deinde preconizati & requisiti singuli visitatores de statu & honestate religionis, Priores de Lande & Norhamton in monasterio de Dunstable magnam dicunt[4] fuisse discordiam inter Priorem & conventum quam quidem discordiam celaverunt, nec ipse Prior & conventus de Dunstable visitatoribus suis antedictis revelare voluerunt. Et quia idem prior de Dunstable suos visitatores repellebat, eis verba contumeliosa & inhonesta inferendo, secretaque generalis capituli ultimo celebrati apud Barnwell secularibus hominibus in scandalum religionis enunciando & puplicando, quare definitum est per referendissimos [*sic*] patres presidentes & definitores contra eundem priorem de Dunstable, ut a divinis sit suspensus et quod prior de Lande habeat facultatem memoratum Priorem de Dunstable absolvendi, si & quatenus hoc requisierit in debiti [*sic*] iuris forma ; et quod Prior de Lawde [*sic*] visitabit predictum Priorem de Dunstable, quam cito ad id oportunitas ei occurrerit post hoc presens nostrum generale capitulum, & multatur Prior de Dunstable propter suam contumaciam v lib.

Et quia ordinatum, inactitatumque exstitit per presidentes ultimi generalis capituli apud Burewelle [*sic*] celebrati quod nullis canonicis ordinis nostri traderentur denarii pro cibariis, Prior de Launcestone contra vim & effectum dicte ordinacionis nostre ut per visitatores conquertur [*sic*] quod ipse Prior tanquam rebellis suis tradidit fratribus canonicisque denarios huiusmodi illicitos ac per nos in hac parte prohibitos, ideoque

---

[1] Probably Ailesham, Lincolnshire.
[2] Perhaps Hexham.
[3] i.e. Colchester.
[4] fuit, MS.

in penam sue contumacie in summam c sol. ad edificationem collegie [*sic*] sancte Marie in Oxonia solvendorum ; etiamque decretum est per presidentes & definitores quod subprior de Launstone per aliquod tempus remoueatur ad prioratum de Iskworthe & dominus Defort eiusdem loci canonicus ad prioratum de Ledes, sub sui magistri propriis expensis, eo quod reperti sunt speciales rebelles per visitatores, Priorem de Plimtone & Priorem de Tauntone, contra statuta diversa a venerabilibus patribus nostre religionis antehac edita, sicut sufficienter coram definitoribus a visitatoribus est affirmatum & approbatum. Comparuit etiam coram definitoribus Prior sancti Botulphi submittens se omnibus statutis, decretis, ordinacionibus regularibus nostre religionis ; omnimodas bullas & earum vim et effectus a suis predecessoribus contra libertates dicte religionis optentas sponte dimisit, quarum prima sic incipit ; ' Pascalis episcopus servus servorum dei dilecto in Cristo filio Eynulpho preposito ceterisque dilectis filiis & fratribus ecclesie Colcestrie ', alia ' Alexandrus episcopus servus servorum dei dilectis Iohanni priori &c. ', altera ' Innocentius episcopus servus servorum dei &c. ' ' Honorius episcopus servus &c. ' ' Urbanus episcopus servus &c. ' ' Bonifatius episcopus &c. '

Item statutum & ordinatum est per presidentes & diffinitores quod nullus prelatus nostre religionis amodo & deinceps solvat reuerendo patri in Cristo Priori de Mertone duos denarios ad libram & ad edificacionem collegii beate Marie in Oxonia, nisi prius manifesto cognoverit ipsum fecisse iustum & fidelem compotum in propria persona coram presedentibus pro tempore existentibus de eisdem pecuniis sic taxatis & ab eo actenus receptis. Item actum & definitum quod magister Thomas Bole canonicus Novi Hospitalis [1] sancte Marie apud London' sit Prior Studencium in collegio beate Marie in Oxonia per unum solum annum presens capitulum immediate sequentem ; et quod ipse habeat x marcas pro stipendio suo de multationibus. Item ordinatum quod Prior de Roystone ab omnibus divinis officiis sit propter suam contumaciam suspensus, & multatur xx s.

Nomina multatorum non comparencium in presenti capitulo :—

Prior de Butley	xl s.
Prior de Ansleysey [2]	xl s.
Prior de Essthby [3]	xx s.
Prior de Dunstable	v lib.
Prior de Calewell [4]	vi s. viii d.

[1] Bishopsgate.
[2] Anglesey.
[3] Ashby.
[4] Caldwell.

Prior de Ravenstone	vi s. viii d.
Abbas Cirencestrie	x lib.
Prior Huntyndone	xx s.
Prior de Bussmede	x s.
Prior de Stoneley	vi s. viii d.
Prior de Dudeforde [1]	x s.
Prior de Haferdia [2]	x s.
Abbas de Bradesey [3]	xl s.
Prior de Pennon [4]	x s.
Prior de Betykeleth [5]	x s.
Prior de Modestedwall [6]	x s.
Prior de Calceto iuxta Arundelle	vi s. viii d.
Prior de Sowthewarke	v li.
Prior de Raygate	xiii s. iiii d.
Prior de Tawrugge [7]	xiii s. iiii d.
Prior de Buresshoghe [8]	xl s.
Prior de Grysley	vi s. viii d.
Prior de Parco de Breydschall	iii s. iiii d.
Prior de Coleburne [9]	x s.
Prior de Pynkeney [10]	vi s. viii d.
Prior de Chirburg [11]	vi s. viii d.
Prior de Bradenstoke	v lib.
Prior de Standifforde [12]	xiii s. iiii d.

Nomina non habencium [scolares] [13]; propterea merito mulctantur prout sequitur :—

Prior de Colcestria	v lib.
Abbas Leycestrie	v lib.
Prior de Dunstable	v lib.
Prior sancte Fridiswithe	xx s.
Abbas de Hamond	xx s.
Abbas Sirencestrie	v lib.

---

[1] Dodford in Worcestershire; but as it was given to Halesowen in 1463 and became a Premonstratensian cell, it shows that this list of absentees cannot be trusted.

[2] Probably Haverford.

[3] Bardsey Abbey in Carnarvon, assigned to the Benedictines by Dugdale and Tanner.

[4] Penmon in Anglesey, assigned to the Benedictines by Tanner.

[5] Bethgelert.

[6] Unknown; perhaps in North Wales to judge from the sequence of names.

[7] Tandridge.

[8] Burscough, Lancashire.

[9] Not Selborne, which existed no longer, but an unidentified Priory in Wales, sometimes spelt Chalborne.

[10] An unknown Priory, probably in Wales.

[11] Chirbury in Shropshire.

[12] Sandleford near Newbury.

[13] Not in MS.

Prior de Sowthwyke	iii lib.
Prior de Sowthwerke	v lib.
Prior de Novo Loco iuxta Gilforde	xl s.
Prior sancti Oswaldi Nostell	v lib.
Prior de Kyrkeham	xl s.
Prior de Novo Burgo	v lib.
Prior de Bolton	iii lib.
Prior de Thurgartone	iii lib.
Prior de Carehole [1]	v lib.

Electio futurorum visitatorum erga proximum generale capitulum.

Visitatores Londoniensis & Eliensis diocesum, Prior sancti Bartholomei & Prior de Anglesey.

Visitatores Cantuariensis, Cicistriensis & Roffencensis [*sic*] diocesum, Prior de Tortington et Prior de Hardename.

Visitatores Wintoniensis & Sarisburiensis diocesum, Prior sancte Marie Overys in Southwarke et Prior de Brymmore.

Visitatores Batoniensis & Wellensis & Exoniensis diocesum, Prior de Plymtone & Prior de Tauntone.

Visitatores Norwicensis diocesis, Prior de Peyntney & Prior de Cox-forde.

Visitatores Coventrensis & Lychfyldensis diocesis, Prior de Repyndone et Prior sancti Thome iuxta Stafforde.

Visitatores Lincolniensis diocesis in archidiaconatu Lincolnie, Stow, Leicestrie & Norhamtone, Prior de Elssham et Prior de Noctone Parke.

Visitatores in archidiaconatu Oxonie, Buckyngham, Bedeford & Huntyngdone, Prior de Neunam & Prior de Lande.

Visitatores Wigorniensis, Herfordensis & Monoviensis [*sic*] diocesum, Prior de Lentony & Prior de Harewyke.[2]

Visitatores pro parte borientali [*sic*] prout in capitulo apud Barnewell ultimo celebrato continetur.

Abbas Cirencestrie, magister Thomas Bole canonicus Novi Hospitalis apud Londoniam, magister Andreas Sayne canonicus de Barnewelle ad sermonem in Anglicis assignantur.

Magister Petrus Hardy canonicus de Brydlintone, dominus Willelmus Wale canonicus de Kyllingworthe, dominus Iohannes Spylman canonicus de Westakar' ad primum sermonem in Latinis assignantur; dominus Thomas Egertone canonicus de Ledes, Cristo-

---

[1] Carlisle.   [2] *Haverfordwest* in the Acts of the next Chapter.

ferus Barmsame canonicus de Walsingam, dominus Ricardus
German canonicus de Tauntone ad secundum sermonem in Latinis
assignantur.

Electio presidentium; presidentes in capitulo futuro Abbas de
Oseney, Abbas de Dareley & Prior de Gysborne; a toto preterea
capitulo diffinitum est proximum capitulum generale fore in monasterio
beate Marie de pratis Leycestrie.

Per me, Robertum Goodman Aschbie Canonicorum.

57.

[Acts of a Chapter at Leicester, 1518.]

Acta generalis capituli canonicorum regularium ordinis sancti C. fol. 63
Augustini provinc' Anglie celebrati in monasterio beate Marie de W. fol. 139
Pratis Leycestrie in quindena sancte Trinitatis anno domini millesimo
quingentesimo decimo octavo.

Diei uero Sabbati quindenam antedictam precedentis [1], horam circiter
quartam post meridiem, reuerendo in Cristo patre priore ecclesie
beate Marie de Gisborne uno presidentium ultimo in capitulo legitime
electo, quamplurimisque prelatis aliis et absencium procuratoribus in
domo capitulari monasterii predicti convenientibus, aliisque duobus
dominis presidentibus adtunc legitime absentibus, altero uero scilicet
abbate de Oseneya pre nimia qua se laborare constabat infirmitate,
alteroque scilicet abbate de Derleya pre teterrima qua se compertum
est morte preuentum, preconizati sunt iuxta vetusti cuiusdam [2] regestri
ordinem, pro faciliori expedicione in dicto capitulo crastino agendorum [3],
eidem capitulo interesse debentes; tractatisque quibusdam [4] crastine [5]
diei preuiis, hora eiusdem matutinalis septima pro capitulo tunc inchoando publice assignata est; nocteque quasi instante, ibidem
congregati sua singuli pecierunt.

Hora dominice diei matutinali prefixa, predicto venerabili patre
priore de Gisborne presidente una cum prelatis procuratoribusque
congregat*is*, Spiritus sancti gracia more consueto deuote invocata,
exclusisque interesse non habentibus, et hostio eiusdem domus capitularis per duos fratres dicti monasterii de Leicestria debite seruato,
in loca presidencium ut prefertur absencium subrogati sunt patres

---

[1] precedentis, om. C.   [4] quibuscumque, W.
[2] eiusdem, W.   [5] crastina, W.
[3] agendum, W.

reuerendi prior ecclesie beate Marie de Merton et prior ecclesie de Lanthon'; per eosdem tres simul presidentes, indicto silentio, emanauit ab eisdem sub obediencie uirtute preceptum uniuersis ibidem congregatis de non reuelando eiusdem capituli secreta; taliterque[1] inchoato capitulo frater Hugo Witwycke prior studencium in Oxonia canonicus dicti monasterii de Leicestria, & frater Iohannes Lacy in utroque iure bachalarius canonicus de Merton predicta, presentis capituli actorum coniunctim et diuisim deputantur in scribas; per quos ex decreto capituli iterum[2] preconizati sunt et vocati pridie non comparentes prelati. Quorum pluribus personaliter, nonnullis uero per procuratores tunc se presentantibus, aliis quamplurimis nullo modo comparentibus, mediante priore de Ledes coram presidentibus egregiis et toto capitulo predicto productus[3] est venerabilis pater Willelmus Tyesthurst, abbas de Lesynge ordinis Arusiencium, qui sponte submisit se et suos[4] cum omnibus successoribus suis imperpetuum capitulo nostro predicto genuflectens, & manus suas coniunctas inter manus dicti reuerendi patris prioris de Gisborne extendens iuramentum obediencie perpetue deuote prestitit. Postea uero debite per decretum eiusdem capituli diffinitores electi sunt reuerendi patres prior de Newsted in Shirwode, prior de Bodiminia[5], abbas de Kenelworth, prior de Walsingham, prior sancte Marie de Ouereys, abbas de Wellowe[6], prior de Taunton, prior sancte[7] Frideswide, prior de Newneham, prior de Elsingespitell, prior de Hexam, prior sancti Oswaldi et prior de Wartre. Exinde omnium procuratorum et procuratoriorum examinatores deputati et limitati sunt venerabiles patres prior de Brommor, prior de Bushemede, prior de Stodeley et frater Robertus Watson canonicus de Gisborne. Deinde ordinatum et prouisum est quod reuerendi patres prior de Gisborne predicta isto die dominico in ecclesia parochiali sancti Martini in uilla Leicestrie de Spiritu sancto, prior de Merton die Lune de sancto Augustino in ecclesia conuentuali monasterii de Leicestria predicta, et prior de Lanthon' die Martis in eadem ecclesia ad Requiem missas sollenniter celebrarent. Moxque nominati sunt ad regendum processionem ipso die dominico a dicto monasterio ad ecclesiam usque sancti Martini predicti venerabiles patres prior de Keym, prior de Elsham, magister Stawntone in sacra theologia bachalarius canonicus de Gisborne et frater Iohannes Draper canonicus de Cristechurche Twynham. Quibus sic dispositis et ordinatis, continuatum est capitu-

---

[1] totaliterque, W.
[2] interim, W.
[3] predictus, W.
[4] socios, W.

[5] Bedminia, W.
[6] Wellowey, W.
[7] ecclesie, C.

lum usque in horam huius diei terciam post meridiem ; et statim ordinata
est processio ut prefertur progrediens.   In qua quidem processione
numerati sunt canonici CLXX ; de quibus XXXVI prelati fuerunt.   Et ad
magnam crucem in medio fori pretor ville predicte cum XX suis scarleto
indutis, viris profecto probis, processioni nostre [1] ex sentencia obuiam
fecerunt ; ubi tam subditis precedentibus [2], quam prelatis subsequentibus
vinum opulentissime [3] cum humanissima liberalitate gratissimisque
salutacionibus exhibuerunt.   Terminata uero processione huiusmodi,
absque interuallo missa de Spiritu sancto solenniter inchoata, post
cuius offertorium magister Thomas Bele [4], sacre theologie professor,
canonicus hospitalis beate Marie extra Bisshoppisgate in predicte
parochialis ecclesie pulpito solennem in Anglicis sermonem perorauit
a themate illius scripture incipiens *Sapientia edificavit sibi domum.*
Quo eleganter laudabiliterque completo, sua quique repecierunt hospicia.   Hora uero eiusdem diei tercia prefati domini presidentes cum
prelatis & procuratoribus predictis domum capitularem sunt ingressi,
silencioque indicto emanauit ab eisdem dominis presidentibus sub pena
suspensionis monicio quod nullus inde nec a villa recederet ante
finalem dissolucionem capituli, nisi speciali licencia ab eisdem dominis
presidentibus [5] primitus petita et obtenta.   Deinde inter presidentes et
ceteros prelatos tractatum est in generalitate quadam de lamentabili [6]
tocius religionis imminente ruina tam in capitibus quam in membris
reformanda, tam in regularibus observanciis quam temporalibus
possessionibus eorundem miserabiliter ruentibus, de veresimili breui
penitus perituris ; que quidem ex dei vindicta contingere sibi vide-
bantur eo quod [7] contemptis censuris ecclesiasticis, quas plerique &
fere omnes ex varia statutorum multitudine sub eisdem censuris indicta
nec ferme [8] in aliquo observata inevitabiliter & pene inuiti incurrere
cogantur.   Qua de re in salutem animarum tam mortuorum quam
viuentium expedire videbatur, ut facilius dei graciam et misericordiam
optineant et recuperent, quod auctoritate apostolica eidem religioni et
presidentibus eiusdem ab antiquo et sepe concessa, ante dissolucionem
huius capituli finalem, plenaria absolucio ab omnibus censuris ecclesiasticis solenniter fiat, saluis semper auctoritate et actis huius presentis
capituli ; pluribusque aliis in genere tractatis, continuatum est capitu-

[1] processionem nostram, W.
[2] presidentibus, W.
[3] 'in wyne spent at the chapter to
the chanons at the High Cross x galons
Gasgon wyne vi s. viii d., in kakes xii d.,
item   wafforns   viii d.' (*Records of
Leicester,* ed. Miss Bateson, iii. 8).

[4] Beld, W.
[5] sub ... presidentibus, om. C.
[6] q. d. l., om. W.
[7] The grammar would be better if *eo
quod* were omitted, and *indictorum* and
observatorum were read.
[8] forme, W.

lum in horam usque septimam matutinalem crastine diei. Quo facto inde surgentes tam prefati domini presidentes quam diffinitores ac procuratorum examinatores ad loca seu conclaue suis officiis deputata perrexerunt; quibus inspectis et erga crastinum cognitis, ad sua quisque redit.

Die Lune et hora prefixa advenientibus, capituloque congregato, magister Petrus Hardynge in sacra theologia bacallarius canonicus et supprior monasterii de Bridlingtone, accepta benedictione, sermonem in Latinis ornate satis compositum, multisque laudibus dignum pronunciavit, illud scripture in thema sumendo *Egredere de terra tua*; quo religiose devoteque finito, presentate sunt littere per dominum priorem de Gisborne presidentem a reuerendissimo domino cardinali Ebor' ad presidentes huius capituli, quarum suprascriptio hec est ' Venerabilibus in Cristo fratribus dominis prefectis[1] generalis capituli de Leicestria nostris plurimum dilectis'. Et quia alta est iam dies, decretum est easdem litteras non ante missam publice legendas; et ideo ad missam de sancto ut premittitur Augustino solennem cum debitis ministris properatum[2] est, ut omnes eidem misse interessent, hiis dumtaxat exceptis quos circa sua officia fore oportet occupatos. Missa uero debite finita, regressisque ad capitulum cunctis, lecte et publicate sunt dicte littere quarum tenor sequitur in hunc modum; ' Thomas miseracione diuina tituli sancte Cecilie sancte[3] Romane ecclesie presbiter cardinalis Ebor', apostolice sedis legatus, inclitique regni Anglie magnus cancellarius, generali ordinis canonicorum regularium diui Augustini capitulo, ceterisque omnibus et singulis eidem prefectis salutem et Cristiane religionis perpetue augmentum. Quum nihil ad catholice fidei Cristianeque religionis conseruacionem et incrementum eque ac bonas litteras prodesse videamus, tum omnium tum vero[4] eorum quos dominus noster Ihesus Cristus in terris vicarios sibi substituit, maxime interesse censemus ut consilia, labores, suas denique cogitaciones omnes eo[5] dirigant[6] unde ingenii[7] cultum capere simul et erudicionem, per quam brutis animantibus seiungimur, sibi acquirere valeant; quo quidem in hoc fragili mortalium seculo Altissimo gratius[8] quispiam prestare queat, plane ignoramus; quoniam[9] presertim doctrina rerumque sciencia ea sola sit que nos officium nostrum apprime doceat quidque[10] declinandum quid sectandum sit haud obscure[11]

---

[1] profectis, W.
[2] preperatum, W.; preparatum, C.
[3] sacrosancte, W.
[4] de, C.
[5] se, C.
[6] dirigantur, W.

[7] ingenium, C.
[8] gracias, C.
[9] qui, C.
[10] quidquid, W.
[11] obscurum, C.

moneat, et per quam deinde non nobis solum verumetiam aliis plurimum conferre possimus. Quum itaque ingenti quodam affectu sacri
vestri ordinis religionem semper fuerimus prosecuti[1], non absque
animi nostri molestia nec mediocri vestre religionis dedecore perpaucos
vestrum et propemodum nullos esse videmus qui bonarum litterarum
vereque discipline ut par esset studio oblectentur. Quapropter
sperantes aliqua ex parte nostro officio fungi, rem omnipotenti deo
bonorum omnium datori acceptam vobisque omnibus non inutilem
posse facere, quo vestre religioni periclitanti ac ruinam brevi com-
minanti opem in tempore ferremus, collegium ubi vestri ordinis canonici
bonis tantum litteris incumbant in illisque ingenium suum excolant,
nostro favore, opera[2], sumptibus quoque erigere construereque decre-
uimus. Vos ideo omnes vehementer hortamur in dominoque deo
nostro obtestamur ut vestram[3] communem[4] causam una nobiscum
suscipiatis, ad hocque tam sanctum tamque laudabile opus absolven-
dum, sicuti in Cantuariensi sinodo decretum fuit, opem et auxilium
vestrum contribuere atque demum consilia vestra in isto generali[5] capitulo dirigere velitis ; nihilque ambigatis vos summa cum leticia[6] quos[7]
dulces vestrorum laborum fructus excerpseritis brevi percepturos fore,
atque ita, preterquam quod plusquam aliquis[8] exprimere queat, vobis
ipsis proderitis[9], nos quoque vestri honoris, commodi et emolumenti
maxime studiosos semper experiemini[10]. Ex villa de Bekensfelde die
XII Iunii anno domini millesimo quingentesimo decimo octauo, tanquam[11] frater Thomas, Cardinalis Eboracensis.' Quibus perlectis[12],
diligenciusque auditis, continuatum est capitulum ad horam usque
eiusdem diei post meridiem secundam ; qua hora adveniente et capitulo congregato, decretum est tam dominos[13] presidentes quam diffinitores et procuratorum[14] examinatores sua loca & officia adire & maturius
expedire.

Diffinitoribus uero in suo conclaui collocatis[15], productum est certificatorium priorum de Newneham et de Landa visitatorum in archidiaconatibus Oxonie, Bukk', Beddford et Huntyngdon Lincolniensis
diocesis, qui inter cetera certificant priorem de Wymundleia siluam
quandam minus prudenter vendidisse ad summam scilicet xxx librarum,

---

[1] persecuti, W.
[2] operam, C. ; opere, W.
[3] u. v., om. C.
[4] communionem, W.
[5] venerabili, W.
[6] deligentia, C.
[7] quo, C.
[8] aliquid, C.

[9] prodentibus, C.
[10] experienn', C. ; exiemur, W.
[11] From *tanquam* to the end of the
paragraph is omitted in C.
[12] prelatis pre-electis, MS.
[13] MS. inserts *per* before *dominos*.
[14] procuratores, MS.
[15] collatis, C.

cuius valor tendebat ad summam centum librarum, quia qui cortices eiusdem silue emit, viginti libras pro corticibus soluit. Item dictus prior domus sue statuta peruertit, eo colore ut secundum statuta viuat domus Dorcestrie, que de ordine Arusiensium existit, et ideo non iam uenit ad capitulum ; unde mulctatus est in viginti solidis ; et quia repertus est inobediens, dicens se nolle parere et obedire cuiquam alii quam episcopo, decretum est eum visitandum per suos visitatores ante festum Michaelis proximum et per eosdem, nisi resipuerit[1] et paruerit, pro rebelli denunciandum reuerendo in Cristo patri domino episcopo Lincolniensi loci illius ordinario, ut priorem prenotatum[2] tanquam inutilem et negligentem a dicto prioratu amouere dignetur, iusticia id exigente.

In diocesibus Exoniensi, Bathoniensi et Wellensi visitatores domini priores de Plymtone et Tauntone inter cetera infra suam limitacionem[3] bene disposita certificant quod in monasterio in Launcestone est unus canonicus nomine Thomas Wandesworth, qui non solum priori est in- obediens verumetiam, quod nequius est, inter fratres discordiam seminare continue, omni reformatione postposita et penitus despecta, conatur et solicitus est. Unde decretum est eum in proxima visitacione ante festum Pentecostes obseruanda per visitatores ibidem incarcerari nisi resipuerit[1] vel, aliquo id impediente, ad proximum nostre religionis presidentem incarcerandum tradi.

In archidiaconatu Stowe, Leicestrie et Northamptone visitatores priores de Elsam et de Nocton Parke dicunt quod abbas de Burne noluit visitari quia dicit se non esse de capitulo nostro ; pro quo decretum est visitatores in sua proxima visitatione diligencius debere inquirere seriem et veritatem rei, et secundum quod eis videbitur iuri et racioni consonum procedere et de eodem proximum presidentem nostre religio- nis debite certificare pro eius auxilio, si opus fuerit, prestando. Item compertum est priorem de Torkesey non habere claustrum neque dormitorium ; unde decretum est eum per visitatores compellendum de eadem reedificando pro posse suo erga proximum capitulum sub pena suspensionis. Item per eosdem presentatur visitatores quod prior claustralis de Willow est valde rebellis contra abbatem suum ; unde decretum est, si non resipuerit, ut uel per abbatem ibidem incarceretur uel proximo presidenti incarcerandus tradatur[4].

In diocese Couentrensi et Lichfeldensi priores de Repyngdon et sancti Thome iuxta Stafforde certificant quod prior de Calwiche cum

---

[1] respuerit, C. ; respernerit, W.
[2] priori denotatum, W.
[3] libertatem, C.

[4] teneatur, W. ; the sentence *Item . . . tradatur* is omitted in C.

uno canonico non suo ut dicit per visitatores comparere in hoc capitulo generali citatus est ; de quibus petunt dicti visitatores per dominos presidentes prouideri ; et quod prior de Brishowe[1] numerum habere canonicorum antiquum per eosdem compellatur.

Conuocatis igitur et ad capitulum generale congregatis tam presidentibus quam diffinitoribus ceterisque patribus ac procuratoribus uniuersis, stabilita sunt per eosdem predicta omnia hanc post meridiem decreta. Et preterea coram eisdem vocatus comparuit prior de Calwiche cum uno dicto canonico vocato domino Iohanne Deane, in prioratu de Trentham ut idem asseruit professo, quem predictus prior de Calwiche tam ex suo consensu quam ex dominorum presidencium iniunccione procurare promisit quantum in eo erit a dicto priore de Trentham ante festum Michaelis proximum sufficienter recipi uel dimitti ; quem[2] si sic dimitti contigerit in canonicum suum de Calwiche predicta eundem dominum Iohannem Deane recipi et ante festum Natalis Cristi proximum legitime incorporari, et iam medio ab hinc tempore in predicto prioratu de Calwiche regulariter vivere et permanere ; que omnia diligencius perfici & exequi cum effectu visitatores eiusdem limitacionis decretum est providere sub pena suspensionis in eum qui in hac parte deliquerit per eosdem visitatores quando et quociens opus fuerit declarande vel incarceracionis eiusdem canonici in hac, quod absit, parte rebellis.[3] Similiter et decretum est priorem de Brisshowe ad antiquum numerum canonicorum ante festum Pasche proximum secum permansurorum debere compelli per eosdem visitatores. Sicque nocte fere instante continuatum est capitulum in horam usque sequentis diei Martis septimam ante meridiem. Qua hora adveniente et capitulo iterum repleto,[4] domino priore de Ouereys contorsis manibus et digitis, miserabiliter et cum lacrimis genuflectente et humiliter declamanti[5], ut regula nostra ad verbum obseruetur et, ut a plerisque putabatur, ad novum suum viuendi modum obscure suadenti cum magno fere omnium susurro, per presidentes et plerosque alios patres et maxime dominum priorem de Merton, tam sanctissimi patris nostri Augustini confessionalia et scripta quam alia iura et doctorum dicta verbis et scriptis allegantes, responsum est predicte regule nostre ad verbum tam a ceteris omnibus quam a se ipso esse satisfactum. Quibus altercacionibus premeridie fere consumpto, ad missam

---

[1] Brysto, W. ; really Burscough, Lancashire.
[2] quomodo, C. ; W. reads *sufficienter recepi quem sit se dimitti contigerit.*
[3] que omnia ... rebellis, om. C.

[4] capitulum ... replenti, C. ; capitulo ... replento, W.
[5] declinante, C. : the sentence begins with the ablative but turns to the dative after *responsum.*

ut prefertur de Requiem properatur; monicione premissa de solitis oblacionibus ad eandem faciendis[1]. Et continuatum est capitulum usque post missam.

Qua facta et capitulo iterum congregato, post multa[2] ibidem tractata decretum est ut inter diffinitores post meridiem agitetur qualiter sit litteris predictis domini Cardinalis respondendum; et quia hora instat prandii continuatum est capitulum ad horam usque secundam post meridiem. Quam circa horam reuersis ad capitulum cunctis, singulos ad suum conclave[3] regressuros tractandaque tractaturos est decretum; que[4] post modum[5] diligenter ut videbitur [*sic*] a cunctis presidentibus, diffinitoribus, et procuratorum[6] examinatoribus difficili rerum assiduitate exacta[7], et ad horam fere octauam congregato iterum capitulo quod, quum ut soli*tum* dissolui a ceteris sperabatur, urgente negociorum multitudine, continuatum est ad horam sequentis diei Mercurii in aurora septimam. Atque iterum ad eandem horam congregato capitulo,[8] cuidam canonico de Brummor[9] domino Conwey cum simili quo prefertur declamatorio[10] summe[11] nescient*i* et certe voluntarie iurgia suscitanti per ceteros fere omnes una voce acclamatum[12] est et responsum 'In proximo apud Oxoniam ut speratur futuro capitulo cuicumque[13] talia proponenti respondebitur, disceptabitur publice et deo fauente concludetur.' Deinde decreti sunt auditores et examinatores antiquioris compotus recepcionum et solucionum per collectores deputatos in commissione convocacionis per reverendum in Cristo patrem dominum Henricum Cantuariensem archiepiscopum celebrate[14] ad edificacionem collegii beate Marie in Oxonia, reverendus pater prior de Drax, prior de Landa, prior sancti Thome iuxta Stafford et prior de Canonsashby; quibus dominus prior de Merton unus collectorum predictorum libros sui compoti tam recepcionum quam[15] solucionum tradidit, protestando quod paratus erit respondere cuiquam billam aliquam sufficienter contra eum inducenti[16]; item minoris[17] compoti[18] recepcionum et solucionum per collectores a reuerendissimo in Cristo patre domino Cardinale deputatos ad edificacionem dicti

[1] faciendum, W.
[2] multum, C.
[3] conclave, om. C.
[4] quem, C.
[5] meridiem, W.
[6] procuratoribus, C.
[7] exacto, C.; exacte, W.
[8] W. omits 'quod quum... capitulo'. .
[9] Bremmor, W.
[10] declinatorio, C.; declamare, W.

[11] summa, W.; summo, C.
[12] acclamant', W.
[13] cuiusque, C.; cuiuscumque, W.
[14] This must have been in 1502; see No. 91 in the Appendix.
[15] et, C.
[16] inducentem, W.
[17] numerus, C.
[18] compotum, W.

collegii, decreti sunt auditores et examinatores prior claustralis de Cisciter[1], prior de Uluescroft, prior de Kyma et prior de Stodeley. Post hec alia orta altercacione[2] an a presidentibus, pro quibus iuxta statuta[3] Benedictina elegendi sunt presidentes futuro capitulo, dictis Benedictinis contraria allegantur,[4] decretum est ut simul unusquisque[5] suum conclaue repetat[6] et hora duodecima eiusdem diei Mercurii continuato capitulo[7] ad horam eiusdem diei secundam ; qua hora, reuersis ceteris, et presidentibus in suo conclaui manentibus una cum diffinitoribus, publicata[8] sunt certificatoria prioris de Brommor et Ouereys[9] visitatorum Wintoniensis et Sarisbiriensis diocesum, qui dicunt quod abbatissa de Lacocke dicit se non esse de capitulo nostro, et ideo renuit visitari ; unde decretum est proximos visitatores[10] eam ante Pascha visitare et hoc nolente a diuinis[11] suspendere. Similiter et priorem de Mayden Bradley.

Compertum est etiam per certificatorium dominorum diffinitorum quod domini[12] priores de Barthelmewe et Anglesey ultimi visitatores deputati in diocesibus London' et Eliensi non visitauerunt ; et ideo quamplures patres sue limitacionis non comparent, quia non sunt moniti. Unde dominus prior sancti Bartholomei iam per procuratorem comparens propter negocia regia absens excusatus est. Sed quia visitacionis sue officium non per se nec per alium administravit, ideo mulctatur in x libris ; et prior de Anglesey similiter mulctatur in c solidis.[13]

In Norwicensi diocese priores de Penteney et de Coxford visitatores sunt ; quorum prior de Pentenay nec visitauit nec iam comparet per se nec per alium, et ideo mulctatus est in c solidis. Et prior de Coxford dicit quod prior de Bliburghe recusauit per eos uisitari quia dicebat se subiectum abbati ecclesie sancte Osithe ; quod dicti domini presidentes admittunt esse verum, quia cella est dicti abbatis ; sed visitatoribus iniunguntur ut plenius de hoc inquiratur.

Visitatores uero Wigorniensis, Herefordensis & Meneuensis diocesum, priores de Lanthony et de Herfordewest ; sed dictus prior de Herforde-

---

[1] Cicestria, W.

[2] alteracione, W.

[3] statuta sunt, for i. s., W.

[4] C. omits ' Post hec ... allegantur '.

[5] suum utriusque, W.

[6] Both MSS. read *repeciat.*

[7] Grammar requires *continuatum est capitulum.*

[8] publicate, W.

[9] ordinis, C.

[10] proximo visitare, C. omitting *visitare* afterwards.

[11] ad minus, W.

[12] dicti, C.

[13] W. reads ' Et quia prior de Anglesey similiter non visitavit, nec per se nec per alium iam comparet, mulctatur in c solidis. Preterea ad instanciam diffinitorum decretum est quod prior de Blacamor celerius quo fieri possit & ante festum Michaelis proximo visitetur et provideatur ne tota domus dissipetur.'

west non visitavit quia talem non invenisse se de capitulo nostro dicit prior de Lantony[1]. Unde decretum est ut visitatores iam proximo[2] deputati diligencius super hoc inquirant.

Dicunt etiam Cantuariensis, Cicestrensis et Roffensis diocesum visitatores priores de Thornenyngton[3] & de Harden[4] quod priorissa de Essebourne noluit visitari, quia dicit se non esse de capitulo nostro. Prior de Shelberd[5] cum suo conventu commedunt carnes in Aduentu; et[6] prior de Tonbryge non comparet per se nec per procuratorem, quia non fuit visitatus, ut prefertur; ad que etiam reformanda proximis visitatoribus ante festum Michaelis proximo visitare[7] iniungitur. Certificant insuper Eboracensis diocesis visitatores, priores de Kyrkham et Worshthorpe quod prior de Worshorpe mortem obiit; quod prior de Carlille nec per se nec per procuratorem comparet[8], cum quo tamen mitius agitur pre matura sua liberalitate, licet[9] debita, in mittendo taxas tocius illius plage ad edificacionem collegii nostri in Oxonia, sed iniunctum est visitatoribus ibidem futuris quod fratres ibidem ocreis sub pedibus duplicatis uti faciant. Item[10] dicunt ultimi visitatores ibidem quod prior de Cartmell habet unum canonicum dictum dominum Willelmum Panell lapsum in apostasiam; qui ambo presentes ad capitulum tam mutuo sic consensu quam presidentium auctoritate & decreto, ut decet, ordinati sunt, et dominus prior dictum suum canonicum, iuramentum obediencie sibi in presencia capituli prestantem, in suam congregationem recepit & dimisit. Similiter etiam presentant visitatores ibidem quod prior de Hexam presens quendam canonicum nomine I. Borell ibidem presentem in apostasia dimisit cum indenturis[11] cuiusdam annuitatis quinque marcarum; tam mutuo eorum consensu quam presidentium mandatis[12] idem frater I. indenturas renunciavit coram presidentibus & easdem in manu presidentium tradidit; et decretum est ut abhinc ad annum iam proximum idem frater I. de monasterio de Thornton canonice & regulariter viuat & deo inseruiat, vel tanquam inobediens perpetuis carceribus mancipetur[13]; ad que omnia diligenter exequenda visitatoribus ad proximum futuris ibidem iniungitur ut premissa debite execucioni demandentur.

Sicque finitis certificatoriis, ceteris omnibus plene tractatis, in dicto

---

[1] d. p. d. L., om. C.
[2] proximi, W.
[3] Thortyngton, W.
[4] Herden, W.
[5] Sheword, W.; Shulbred Priory is meant.
[6] et prior... iniungitur, om. C.
[7] visitatur, MS.

[8] om. W.
[9] loci, C.
[10] From *item* to the end of the paragraph is omitted in C.
[11] indenturas, MS.
[12] mandant', MS.
[13] mancepatur, MS.

capitulo[1] publicatum est[2] ad presens [quod][3] secundum statuta Benedictina allegant presidentes & visitatores, quousque in proximo capitulo
res plenius discuciatur; [et][4] hora quarta diei Mercurii post meridiem
omnibus ad capitulum reuersis, in primis decretum est quod omnes &
singuli prelati scolarem seu scolares de iure uel consuetudine exhiben-
dos non exhibentes mulctentur annuatim secundum taxas consuetas,
hoc est quantum singuli scolares annuatim expenderent, scilicet pro
singulis scolaribus ad decem marcas. De quibus omnes visitatores
diligencius inquirant et certificent. Preterea decretum est quod uniuersi patres nostre religionis, et singuli, [qui][5] scolares exhiberent,
quales sunt omnes prelati qui scolares exhiberent preter subscriptos,
abbatem Leicestrie, priorem de Gisborne, priorem de Kirkam, priorem
sancti Oswaldi[6], priorem de Plymton, priorem de Bradstocke, priorem
de Crichurch Twynnam, abbatem de Kenelworth[7], multantur in c s. ;
quos non exhibentes iam non aliter nominamus tam ob defectum
kalendarii eorundem quam ob expedicionem temporis. Et ideo
decretum est quod singuli visitatores kalendarium omnium locorum
nostre religionis in suis limitacionibus ad proximum capitulum adducant sub pena contemptus. Ulteriusque per venerabiles dominos presidentes et diffinitores concordatum et diffinitum est ut littere responsorie
mittantur reuerendissimo domino Cardinali continentes summas[8] graciarum acciones pro suis et summa sua in eisdem litteris benevolencia nostre
religioni exhibita; ob quam eundem in tocius nostre religionis confratrem capituli auctoritate admittamus; omnia et edificium et statuta
collegii nostri in Oxonia plene sue ordinacioni et reformacioni in
omnibus et cum omni ope[9] nostra committamus, eandemque totam
religionem nostram sue tuicioni conseruandam et defendendam; et
eiusdem religionis dominacionem suam conseruatorem et defensorem
cum precibus humilibus constituamus, unanimiter concedentes suam
in eisdem litteris obtestacionem ad taxas per constitutionem provincia-
lem reverendissimi in Cristo patris domini Henrici Cantuariensis
archiepiscopi institutas, tanquam suum nobis mandatum, constitui;
humillime[10] supplicantes quatinus, sua dominacione permittente, nostre
religionis liceat visitatoribus omnibus in novissima sue dominacionis
taxa sentientes se grauatos & ad eandem a dictis visitatoribus repertos

---

[1] capitulo...proximo, om. C.
[2] publicand' s', MS.
[3] Not in MS.
[4] Not in C. or W.
[5] Wanting in both MSS.
[6] W. adds *de Nostell.*
[7] W. adds 'priorem sancte Fryswyde,

priorem de Cristchurch in London,
priorem de Merton, priorem de Walsyngham, abbatem de Bruton.'
[8] suas, C.
[9] opere, W.
[10] humillime ... persolvantur, om. C.

insufficientes seu inhabiles relevare et moderate taxare aliosque prelatos maiores minori quam decet taxe ascriptos gravius in suis visitacionibus onerare moderateque taxare, ut equius & facilius dicte taxe
persoluantur.   Supplicatur insuper quatenus dignetur sua dominacio
se fundatorem dicti collegii et esse velle, suisque ad dominum regem
mediis idem collegium incorporari posse et debere.   Ast ubi, quibusdam iniquitatis filiis a sua immo nostra religione degenerantibus, cum
ad levandum multas per dictos religionis patres legitime et more
solito sub sensuris ecclesiasticis procedetur[1], scripti[2] seu brevis regii
premenire[3] nuncupati terror obiciatur, sue dominacioni[4] placeat tam
ex sua ipsius animi[5] pietate quam nostris humillimis ad id precibus
nobis et nostre religioni concedere idem scriptum a sua cancellaria
emanare seu exire non debere in casu premisso, ut predicte mulcte
sic facilius levate ad acceleracionem dicti collegii edificacionis[6]
preparentur.

Deinde omnia procuratoria ex fauore ad presens sunt admissa cum
precepto de cautela in futurum ut antiqua de eisdem statuta melius
obseruentur.   Deinde frater Hugo Witwicke officium prioratus in
Oxonia studencium continuare discernitur.   Et quia nullus pro Cantibrigia comparuit nunc[7] prior studencium ibidem deputatur.

Post hec uero per predictos venerabiles presidentes[8] publicantur
visitatores erga proximum capitulum generale, electi per predictos
presidentes, videlicet in Cantuariensi, Roffensi et Cicestrensi diocesibus
priores de Tortington et de Tymbrige[9]; Norwicensis diocesis priores
de Walsingam et Coxforde; Exoniensis, Bathoniensis et Wellensis
diocesum priores de Bodman et Tanton; Lincolniensis diocesis in
archidiaconatu Stowe, Leicestrie et Northampton priores de Markby
et Keymam[10]; in archidiaconatu Oxonie et Buckingham priores de
Newnam et sancte Frediswide; Conuentrensis et Lichfeldensis diocesis
abbas de Darley et prior de Repyndon; Londoniensis et Eliensis diocesum priores de Angleia & sancta Trinitate in London; Wynton' & Sar'
diocesum[11] priores de Ouereys & de Ivechurche; Wigorniensis et Herefordensis diocesum priores de Stodeley et sancti Oswaldi iuxta Gloucestriam; in Eboracensi diocese priores de Hexam et Newstede.   Post hec
uero per predictos venerabiles patres presidentes priorem de Merton et

---

[1] procedere, C.
[2] scripto, C.
[3] prevenire, W.
[4] obiciente sua dominacione, W.
[5] cum, W.
[6] edificacionem, both MSS.
[7] W. reads *cuius nullus* for *nunc*.

[8] *et incontinente* for *Post...presi-
dentes*, W.
[9] Tonbrige, W.
[10] Keymare, W.
[11] priores de Angleia ... diocesum,
om. C. No doubt the scribe means
Angleseia.

priorem de Lanthony,[1] electus est iterum primus presidens dominus prior de Gisborne, pro capitulo futuro et per eosdem tres presidentes alii duo, scilicet abbas de Kenelworth et abbas sancte Osithe, qui publicati sunt ad preessendum et presidendum proximo capitulo generali divina gracia celebrando apud Oxoniam [in][2] prioratu sancte Frideswide ad communes contribuciones presidencium et diffinitorum pro se ipsis et suis in[3] exoneracionem dicti prioratus sancte Frediswide, ubi ad sermonem in Angiicis dicendum assignantur primo loco dominus Willelmus Salynge prior de Merton, sacre theologie professor, secundo loco dominus Edmundus Forest prior de Lanthony,[4] sacre theologie professor, tercio loco dominus Hugo Witwicke prior studencium; ad sermonem uero in Latinis ibidem dicendum nominatur primo loco dominus prior de Walsingam, secundo loco dominus Iohannes Stauntone in sacra theologia bacallarius, canonicus de Gisbourne, tercio loco dominus Willelmus Yorke canonicus de Brutone; receptique sunt in fratres et sorores dicti nostri ordinis illustrissimus rex et regina cum domina principissa, reverendusque dominus Cardinalis, domina regina Francie cum marito suo domino Carolo, duce Suffolke, cum multis aliis nominatim subscriptis[5]. Quibus receptis, et iniuncto[6] cuilibet canonico sacerdoti tam absenti quam presenti quod eorum singuli infra mensem post loca present*ibus*[7] repetita, post absent*ibus* cognicionem present*ium* iniunctam unam missam pro animabus prelatorum, fratrum, et sororum benefactorum dicti ordinis et precipue pro animabus Thome Holden et Elizabeth uxoris sue, fundatorum dicti collegii nostri, celebrent seu celebrari faciant; generalique confessione facta, solennique absolucione, ut in scriptis fertur, de qua etiam prefertur, subsecuta[8] ' In dei nomine, Amen. Nos Willelmus, Willelmus et Edmundus huius presentis capituli presidentes auctoritate apostolica qua in hac parte fungimur omnes et singulos eiusdem capituli fratres et sorores tam vivos quam defunctos ab omnibus censuris ecclesiasticis quas nostre religionis statutorum regule seu observancie contemptu, ignorancia seu negligencia incurrerunt certis ex causis duximus absolvendos[9] et per altissimam dei misericordiam absolvimus in hiis scriptis ', et sic tandem dissoluitur capitulum circa horam illius diei Mercurii septimam post meridiem.[10]

---

[1] C. reads ' Per priorem de Llanthony' for ' Post ... Llanthony'; W. reads *prior* for *priorem* in both places.
[2] om. both MSS.
[3] in, om. W.
[4] p. d. L., om. W.
[5] n. s., om. C.
[6] iniunctis, W.
[7] presentia, W.
[8] subsequent*ibus*, W.
[9] absolvandos, W.
[10] C. omits all the ending after *negligencia.*

APPENDIX I

DEEDS CONNECTED WITH THE TRIENNIAL
AUSTIN CHAPTERS

58.

[How to conduct a Chapter.]

R. fol. 34
T. fol. 118 De[1] ordine ad capitulum nostrum generale servando ab universis tam prelatis quam subditis nostri ordinis convenientibus.

Generale capitulum sub hoc ordine celebretur. Primo tam prelatis quam subditis in nigris cappis regularibus & superpelliciis ac sine amiciis in capite in locum in quo capitulum celebrandum est ordinate & mature convenientibus, si quis episcopus presens fuerit vel episcopo absente unus rectorum capituli incipiat ympnum, *Veni creator spiritus.* Quo solempniter percantalo, subiungat versiculum *Emitte spiritum tuum & creabuntur.* Deinde collectam, *Deus qui corda fidelium* Secundo, fiat sermo commonitorius ad ordinem & disciplinam, quem per se uel per alium fieri rectores providebunt. Et huic sermoni omnes qui volunt poterunt interesse. Quo finito, anime omnium prelatorum & fratrum ordinis nostri & aliorum per amicos oracionibus capituli commissorum solempniter absolvantur cum psalmo *De profundis* et oracione dominica et cum precibus & collectis competentibus. Tercio loco, ostiarii canonici a rectoribus provisi excludant universos, exceptis solis prelatis. Et tunc rectores cum concilio aliorum eligant quatuor diffinitores providos et discretos qui seorsum loco secreciori ab aliis divisi determinent questiones & causas, quas rectores capituli cum aliis prelatis sibi assistentibus previderint esse transmittendas. Ipsi etiam diffinitores suum habeant ianitorem canonicum, ne quis eis se ingerat non vocatus. Quarto, rectores cum aliis prelatis in loco ubi sermo factus est

---

[1] This document seems to be of early date; the Chapter is expected to last only one day, as in early times. It assumes that a bishop might be present, of which we hear nothing in later times. Also from 1249 onwards the Chapter was begun on a Sunday, whereas the earlier Chapters were on May 6 whatever day of the week it was. In this form there is no indication that the day would be a Sunday.

remanentes faciant proclamari ut, qui absentes excusare voluerint, litteras excusationis exhibeant. Et diligenter annotentur per eos qui sufficienter se excusaverint, scilicet per litteras de ratihabicione; item qui insufficienter; item qui per se venerunt, et eorum nomina qui in defectu fuerint mittantur diffinitoribus. Quinto, audiant querelas tam a visitatoribus si qui eis inobedientes fuerant in visitacionibus suis, et si quos articulos generali capitulo reservaverunt decidendos, quam ab omnibus aliis, salvis tamen iure & reverencia episcoporum. Et hec omnia rectores mittant ad diffinitores per duos discretos prelatos, qui raciones hinc inde propositas eis diligenter exponant, et in diffinicione sanum concilium administrent, ita quod si aliqua questio ardua emerserit omnes discreciores capituli super hoc consulantur. Sexto, dum hec aguntur a diffinitoribus, ipsi rectores cum consilio prelatorum sibi assidencium eligant rectores futuri capituli et locum competentem ad hoc assignent, visitatores etiam idoneos provideant, qui binos & binos mittant ad domos ordinis nostri in Cantuariensi provincia constitutas, et singulis binariis certos episcopatus limitabunt. Qui quantumlibet divites fuerint, ne in eorum adventu domus aliqua sumptibus aggravetur, octonarium vecturarum numerum non excedant. Iniungatur eciam eis ut officium visitacionis sue pro posse suo sic diligenter & efficaciter exequantur ut precipue servetur regula beati Augustini, secundum quam se vivere profitentur canonici regulares, deinde ut statuta prelatorum in capitulis generalibus iuxta formam Lateranensis concilii ad conservacionem[1] regule & reformacionem ordinis directe pertinencia inviolabiliter observentur. Septimo, cum a rectoribus hec diligenter fuerint annotata, diffinitores redeant ad rectores, et summatim eis ostenso & approbato atque in publicum deducto, quod prius provisum fuerat in secreto, adnectantur et alia, si qua per discrecionem presidencium de unanimi assensu tocius capituli ad profectum ordinis de novo fuerint instituta. Deinde si placet, recitentur constituciones capituli generalis[2] anni domini millesimi ducentesimi quadragesimi quarti[3] apud sanctam Frideswitham Oxonie celebrati, in quo quidem sentencie contra graviter delinquentes in nostro ordine continentur. Octavo loco, scilicet in fine, nunciatur a presidentibus singulis prelatis & excusatoribus absencium ut cum ad domos suas redierint, quam cicius commode fieri

---

[1] observanciam, T.

[2] After *generalis* T. reads *apud Northamptone celebrati. Octavo, &c.* R. was apparently copied from a MS. drawn up before 1325, when the Chapter of Northampton was held.

[3] An error for 1234. If the triennial sequence of Chapters was observed, there could have been no Chapter in 1244. The Chapter at St. Frideswide's in 1234 was important, and we have its Acts.

poterit, faciant in conventu & privatim celebrari divina pro omnibus fratribus et benefactoribus ac familiaribus nostri ordinis vivis pariter ac defunctis, sicut evidenter in prefato Oxoniensi capitulo contineri videtur. Quo peracto, universi confessionem & rectores capituli absolucionem faciant. Et sic ad sua monasteria, domino ducente, cum gaudio reuertantur.[1]

Item nota quod, quociens generale capitulum celebretur apud Osneyam sive sanctam Frideswidam, ex ipsis ad capitulum convenientibus quatuor per presidentes assignentur, qui processionem ut honeste continuetur ab Osneya ad sanctam Frideswidam sive a sancta Frideswida ad Osneyam in combinando regant & ordinent, videlicet primo loco cruciferarius cum conventu loci capitularis, secundo loco capellani prelatorum, tercio loco procuratores, quarto loco priores, quinto abbates, sexto visitatores, septimo diffinitores, & ultimo presidentes; et per ipsos quatuor assignentur tres combinati inter procuratores & capellanos qui letaniam cantabunt, et alii tres inter abbates & priores, et sint omnes preter presidentes in nigris cappis.[2]

59.

[Notice of the proceedings of a chapter, possibly at Northampton in 1282.]

L. p. 413 Viris venerabilibus & dilectis in Cristo fratribus, abbatibus & prioribus regulam beati Augustini professis & eorum capitulis [in] Wigor' & H. &c. diocesibus constitutis, H. dei gracia abbas & R. Prior de N. in vero salutari salutem. Iuxta concilii Lateranensis statuta presidentes in capitulo generali apud N. die sancti N.[3] anno gracie MCC &c. assistentibus nobis viris religiosis & discretis abbatibus & prioribus & excusatoribus quorundam prelatorum excusancium, invocata spiritus sancti gracia, unanimi assensu omnia statuta concilii Oxoniensis [sub] venerabili patre S. dei gracia Cant' archiepiscopo celebrati ad ordinem nostrum pertinencia iussimus firmiter & fideliter obseruari, & quolibet collegio ordinis nostri in aliquo tali libro scribi

---

[1] T. ends at this point.

[2] Then follow the constitutions of Pope Benedict, in the middle of which the MS. ends.

[3] If this means Nicomede (i.e. June 1), and if the Chapter met, as was usual at that time, on the octave of Trinity Sunday, then the date of this document must be 1282. In no other year in that century does Trinity Sunday fall on May 25. The Chapter was held at Northampton in 1282. The manuscript is of about that date. On the other hand, in three other places where N. occurs it seems to stand for *Nomen* and no more.

ut singulis valeat simul cum statutis capituli de facili legendi facultas exiberi. Insuper etiam omnes prelatos nostre provincie qui ad dictum capitulum non venerint nec se canonice excusaverint, a misse celebratione suspendimus, donec caverint competenter, vel nobiscum vel visitatoribus a nobis electis, mandatis generalis capituli de cetero se humiliter parituros. Unanimi etiam consilio excommunicamus omnes ordinis nostri proprietarios &c.; que per totum ordinem nostrum in Cantuariensi provincia in supradictis episcopatibus per carissimos fratres de N. et R. priores, viros religiosos & providos & honestos, communi consilio visitatores electos apud nos in capitulis nostris, statuimus publicari. De quibus volumus & auctoritate consilii mandamus quatinus cum ad vos venerint eisdem visitatoribus reverentiam debitam exibeatis. Et que pro correctione ordinis & observancia regulari providerint observanda secundum regulam beati Augustini & statuta memorati concilii debita devotione servetis. Ipsis etiam visitatoribus cum ob hanc causam ad vos venerint studeatis regulariter & caritative in necessariis providere, pro certo scituri si quam sentenciam suspensionis vel excommunicationis previa racione in rebelles fulminaverint, ipsam usque ad condignam satisfactionem faciemus firmiter observari. Ad hec sciendum quod in alterius domo potest alter solus visitare & visitacionis officium exercere & erit capitulum & [*sic*] N. & erunt presidentes F. & F.

60.

[A letter from the Abbot of Roucester to the General Chapter of 1334.]

Littera ad presidentes pro vagantibus.

Religiosis[1] viris ac discretis dominis abbati Leycestrie & priori **T. fol.** Kenilworth presidentibus hoc instanti capitulo generali celebrando **202** apud Donstaple ac uniuersis prelatis & procuratoribus ibidem consistentibus frater eorum minimus abbas Roucestre in Douuedale Coventrensis & Lichfeldensis diocesis & eiusdem loci conuentus salutem cum omni reuerencia & honore. Cum iuri & racioni sit congruum regulares vagantes atque discurrentes per villas & oppida, curias principum & potencium, salutis proprie detrimentum incurrentes, sollicite annuatim cum debita diligencia inquirere & ad claustrum suum reuocare, ut ibidem iuxta regularia constituta diuinis obsequiis

---

[1] The date is probably spring 1334.

intentius atque sanctius valeant vigilare, ne sanguis eorum de manibus prelatorum suorum requiratur; vestre uniuersitati innotescimus per presentes quod cum frater G. S. canonicus domus nostre dudum zelo bono per nos destinatus extitisset ad curiam domini regis pro aliquibus negociis domus nostre expediendis, cui viatica necessaria cum aliis necessariis sufficienter iuxta facultates nostras ministrauimus; qui dei timore postposito negocia domus nostre temere omisit penitus insecuta & inexpedita, discurrendo per patriam contra obedienciam sibi iniunctam ac consumendo illicite maximam summam pecunie de bonis monasterii nostri per nos sibi ministratam pro negociis antedictis expediendis; et sic detinet penes se munimenta aliqua domus nostre sibi per nos tradita ut citius per inspeccionem eorundem expedirentur negocia predicta, & reliquias sanctas similiter, in maximum detrimentum & obprobrium domus nostre; ac demum nos pro maiori scandalo evitando ex officii nostri debito fecimus eundem G. S. coram nobis evocari atque citauimus eundem peremptorie, quatenus compareret coram nobis in loco capitulari monasterii nostri responsurus super sibi regulariter obiciendis ad meram anime sue salutem; qui contumaciter resistit mandatis nostris contempnendo bonum obediencie in anime sue periculum non modicum & scandalum plurimorum; reuocacionem & emendacionem status predicti contumacis iudicio uniuersitatis vestre relinquimus ad exoneracionem nostram pro presenti & futuro; quia non reputamus predictum contumacem & incorrigibilem fore in statu salvandorum, nisi deus propicietur adiutorio ecclesie militantis. Valeat & vigeat vestra veneranda uniuersitas semper in domino.

61.

[A letter from the outgoing presidents to the incoming presidents.]

T. fol. 120
June 9,
1334

Littera ad mittendum rescriptum apostolicum visitatoribus.[1]

Venerabilibus in Cristo patribus dominis dei gracia abbati Oseneye & priori de Brenwelle, capitulo generali canonicorum regularium ordinis sancti Augustini Cantuariensis provincie presidentibus, sui humiles & deuoti confratres abbas Leycestrie & Prior de Kenilworth,

---

[1] This word is incorrect. The letter is not sent to the visitors but to the presidents.

dudum eiusdem president[ium] licet immeriti nomen habentes, debitam obedienciam cum honore. Rescriptum apostolicum quod vestri & nostri predecessores & precessores ab antiquis temporibus optinere [solebant][1] penes eos, una cum actibus omnibus capitulum nostrum generale nuper apud Dunstaple celebratum concernentibus, in quadam indenture particula content[um], vobis transmittimus per presentium baiulum litterarum. Et si forsan in aliquo facti articulo magis instrui curaueritis & per nos uel alterum nostrum plenius informari posse putaueritis, vestrum & utriusque vestrum pro libito voluntatis erit imperare, et nostrum est & erit coniunctim & divisim pro viribus obedire. Ad commissum universalis regiminis & speciale commodum & honorem infundat vobis omnipotens deus graciam, sapienciam & virtutem. Scriptum apud Kenilworth v Idus Iunii, anno domini millesimo cccxxxiiii[to].

62.

**[From the Prior of Barnwell to the Abbot of Oseney return-
ing letters to be sent to the Abbot of Roucester and the
Bishop of Lichfield.]**

Littera ab uno presidente ad alium.

Reuerendo in Cristo patri ac domino, domino Thome permissione diuina abbati monasterii Oseneye, frater Iohannes dei gracia prior de Brenwelle reuerenciam & honorem ac deuotam in Cristo caritatem. Litteras vestras recepimus continentes quod, cum diffinitum fuerat in ultimo capitulo generali apud Dunstaple celebrato in octavis sancte Trinitatis anno domini mcccxxxiiii quod nos & vos, capitulo generali canonicorum ordinis Cantuariensis provincie presidentes constituti, scriberemus Conuentrensi & Lichfeldensi episcopo ac eciam abbati Roucestrie in Douuedale quod per omnem censuram ecclesiasticam reuocent ad claustrum fratrem G. S. eiusdem monasterii canonicum vacabundum, ipsasque litteras vestras per vos signatas vobisque remittendas nobis destinaueritis[3], vobis per presencium latorem remittimus, dicto domino Conuentrensi & Lichfeldensi episcopo ac abbati de Roucestre celeriter destinandas pro dicti fratris G. vacabundi inquisicione diligenti, ac inquisiti & inventi ad claustrum suum reduccionem faciend'; valete semper et feliciter in domino.

T. fol.
202
Nov.
1334[2]

---

[1] Not in MS.
[2] The date must be guessed from the next letters.
[3] destinantes, MS.

63.

[A letter from the presidents of the Chapter to the Bishop of Lichfield about a fugitive canon.]

T. fol.
203
Nov.
1334 [1]

Littera presidencium episcopo pro vagabundis regularibus.

Venerabili in Cristo patri ac domino reuerendo domino Rogero dei gracia Conuentrensi & Lichfeldensi episcopo sui si placet capellani humiles & deuoti abbas Oseneye Lincolniensis & prior de Brenwelle Eliensis diocesum, generali capitulo ordinis canonicorum regularium sancti Augustini in provincia Cantuariensi presidentes, reuerencias tanto patri debitas cum honore. Domine reuerende, ne religiosi vagandi occasionem habentes salutis proprie detrimentum incurrant & sanguis illorum de prelatorum manibus requiratur, presidentes capitulo generali ordinis nostri ad requirendum annuatim fugitivos & eiectos de ordine suo arcius astringuntur; ac dicti presidentes ordinis nostri contra fratrem G. S. canonicum monasterii Roucestre vestre diocesis in capitulo nostro generali nuper apud Dunstaple celebrato legitime procedentes ipsum tanquam fugitivum & vagabundum ad suum monasterium reducendum fore decreverunt, & ipsum inobedientem inuentum ab ecclesiarum prelatis excommunicatum publice nunciari, donec ad mandatum ipsorum humiliter reuertatur; expeditque premissa racione decretum dicti capituli nostri effectui mancipari. Vestram [igitur] [2] reuerendam paternitatem humiliter si placet requirimus & rogamus quatenus dictum fratrem G. sic fugitivum, si in dicta vestra diocese inventus fuerit, vestris sacris monicionibus, ut ad claustrum suum redeat, inducere velitis ; et si in sua contumacia animo perdurato perstiterit, excommunicacionis sentenciam in eundem fulminare, si placet, curetis. Vestram paternitatem conservet altissimus ad ecclesie sue regimen & honorem. Dat' quoad nos abbatem de Oseneya apud Oseneyam viii Kal. Decembris & quoad nos Priorem de Brenwell in prioratu de Brenwelle quarto Kal. eiusdem, anno &c.

64.

[A letter of the presidents of the Chapter to the Abbot of Roucester.]

T. fol.
203
Nov.
1334

Littera presidencium ad proprium prelatum fugitiuorum.

Venerabili in Cristo patri domino dei gracia abbati de Roucestria

---

[1] As the Chapter is described as 'nuper', we may assume that the letter is of 1334 ; in fact it is strange that the   letters were not sent five months earlier.
    [2] Not in MS.

in Douvdale Conuentrensis & Lichfeldensis diocesis, abbas Oseneie Lincolniensis et prior de Brenwelle Eliensis diocesum, capitulo generalis ordinis sancti Augustini canonicorum regularium in prouincia Cantuariensi presidentes, salutem & sancte religionis perpetuam in domino caritatem. Ne religiosi vagandi occasionem habentes salutis proprie detrimentum incurrant & sanguis illorum de prelatorum manibus requiratur, presidentes capitulo generali ordinis nostri ad requirendum annuatim fugitivos & eiectos de ordine suo arcius astringuntur[1]; ac dicti presidentes ordinis nostri contra fratrem G. S. canonicum vestrum in capitulo nostro generali nuper apud Dunstaple celebrato legitime procedentes, ipsum tanquam fugitivum & vagabundum ad suum monasterium reducendum fore decreuerunt & ipsum inobedientem inventum ab ecclesiarum prelatis excommunicatum publice nunciari, donec ad mandatum ipsorum humiliter reuertatur; expeditque premissa racione decretum dicti capituli nostri effectui mancipari. Vobis igitur in virtute sancte obediencie iniungimus & mandamus quatinus dictum, prout nostis, sic fugitivum, si inveniri poterit, ad claustrum suum redire, prout tenemini, compellere studeatis, ac ipsum ibidem secundum canonicas sancciones & regulares obseruancias inter vos antiquitus approbatas freno religionis honesto de cetero tractare curetis, ne sua reprobanda dissolucio in improperium religiosorum cedere videtur [*sic*] & scandalum. Valeat vestra religio veneranda diu & prospere in domino Ihesu Cristo. Dat' &c. ut supra, anno &c.

65.

[A letter of the presidents on behalf of the visitors for the dioceses of Worcester, Hereford, and St. Davids.]

Abbas Oseneye Lincolniensis ac prior de Brenwelle Eliensis diocesum presidentes capitulo generali ordinis sancti Augustini in prouincia Cantuariensi uniuersis prelatis abbatibus, prioribus abbates proprios non habentibus, abbatissis, priorissis abbatissas proprias non habentibus & eorum subiectis ordinis antedicti in Wigorniensi & Herefordensi & Meneuensi diocesibus constitutis salutem & sancte religionis perpetuam in domino caritatem. Iuxta domini pape constitucionem & capituli nostri ordinacionem officium nostrum debite exequentes religiosos viros de Stodleye & de Cherebury dictarum Wigorn', Hereford' & Meneuen' diocesum priores visitatores ad

T. fol. 120
May 1,
1335

---

[1] astringantur, MS.

vos duximus deputandos ; uniuersitati uestre auctoritate qua fungimur in hac parte, de qua vobis sufficienter constat & ad plenum, committimus & mandamus in virtute sancte obediencie, vobis & cuilibet vestrum firmiter iniungentes, quatenus ipsos cum ad vos venerint racione predicta admittere & curialiter, sicut decet, exhibere curetis & que inter vos fuerint reformanda eisdem fideliter exponatis, per eos de eisdem salubre remedium recepturi, pro constanti habituri quod sentencias suspensionis seu excommunicacionis, si quas in vos vel aliquem vestrum racione previa promulgauerint, firmiter faciemus obseruari. Dat' quoad noš abbatem de Oseneya apud Oseneyam Kal. Maii et quoad nos priorem de Brenwelle apud Brenwelle tercio nonas Maii anno domini mcccxxxv.

66.

[A mandate from the presidents to the houses in the dioceses of Rochester and Canterbury to admit the visitors when they make their visitation.]

June, 1339

Abbas[1] monasterii Oseneye Lincolniensis ac prior de Bernewelle Eliensis diocesum, presidentes capitulo generali ordinis sancti Augustini in provincia Cantuariensi, universis prelatis, abbatibus, prioribus proprios abbates non habentibus, abbatissis, priorissis abbatissas proprias non habentibus & eorum subiectis ordinis antedicti in Cantuariensi et Roffensi diocesibus constitutis salutem & [. Cum] officium nostrum debite exequentes religiosos viros sancti Gregorii Cant' & de Tunebrige priores, Cant' & Roff' diocesum [   ] visitatores, ad vos duximus destinand', universitati vestre auctoritate qua fungimur in hac parte, de qua vobis sufficienter constat et ad plenum, committimus & mandamus in virtute sancte obediencie, vobis & cuilibet vestrum firmiter iniungentes quatinus ipsos, cum ad vos venerint racione predicta, admittere & curialiter, sicut decet, exhibere curetis, et que inter vos fuerint reformanda eisdem fideliter exponatis, per eos de eisdem salubre remedium recepturi, pro constanti habituri quod sententias suspensionis seu excommunicacionis, si quas in vos vel aliquem vestrum racione preuia promulgauerint, firmiter faciemus obseruari. Dat' quoad nos abbatam Oseneye vii Kal. Iunii anno domini mcccxxxix et quoad nos priorem de Bernewelle Idus Iunii anno supradicto.

[1] Kent Roll 7, Bodleian Library.

67.

[A mandate from the presidents that those who had been appointed visitors should make their visitation.]

Abbas[1] monasterii Oseneye Lincolniensis ac prior de Bernewelle **June,** Eliensis diocesum, capitulo generali ordinis canonicorum regularium **1339** sancti Augustini in provincia Cantuariensis presidentes, religiosis viris sancti Gregorii & de Tunebrig' prioribus salutem & sancte religionis perpetuam in domino caritatem. Auctoritate qua fungimur in hac parte, de qua vobis & utrique vestrum sufficienter constat & ad plenum, in virtute obediencie firmiter iniungimus & mandamus quatinus ad singulas domus religiosorum ordinis antedicti in Cantuariensi & Roffensi diocesibus constitutas temporibus oportunis accedentes, deum pre oculis habentes, tam in capite quam in membris omnium religiosorum predictorum super statu ac reformacione dicti ordinis & obseruancia regulari eiusdem necnon & si statutum de scolaribus ad scolas mittendis vel de lectore habendo fuerit obseruatum, ac super aliis omnibus & singulis quibus iuxta tenorem diffinic*ionum* in capitulis generalibus apud Huntyngdon, Norhampton & Dunstaple ac sancte Frideswide ultimo celebratis promulgat*arum* & quibus videritis fore inquirendum, solerter inquiratis. Vobis insuper eadem auctoritate firmiter iniungendo mandamus quatinus ea que per inquisicionem vestram huiusmodi inueneritis corrigenda seu reformanda [   ] corrigatis & reformetis. [*The rest is illegible.*]

68.

[A mandate to the visitors to cite the heads of certain monasteries to be present at the next General Chapter to answer for their disobedience.]

Abbas[2] monasterii Oseneye Lincolniensis ac prior de Bernewelle **June,** Eliensis diocesum, capitulo generali ordinis canonicorum regularium **1339** sancti Augustini provincie Cantuariensis presidentes, religiosis viris sancti Gregorii & de Tonebrege, de Heryngham & de Motesfunt, sancte Marie de Bisshopesgate & de Blakemore, de Kerseie & de Wormeseie [*sic*], Lantonia iuxta Gloucestriam & Lantonia prima, sancti Thome de Stafford & de Erdbury, de Newenham & de Ravenestone, & de Kyma prioribus ac abbati de Grymmesby[3] salutem &

---

[1] Kent Roll 7, in the Bodleian.
[2] Kent Roll 7 (Bodl. Lib.); in very bad condition.

[3] This omits the visitors for the dioceses of Wells and Exeter.

sancte religionis [ple]nam in domino caritatem. Auctoritate qua fungimur in hac parte, de qua vobis sufficienter constat & ad plenum, firmiter iniungendo mandamus quatinus priorem de Bradele, priorem de Pyke[nni,   ], priorem de Corgesford, abbatem de Creke, priorem de Walsynham, priorem de Spineto, priorem de [   ] & abbatem de Waltham citetis, citet seu citent aliquis vel vestrum aliqui, prout religiosi [   ] sub vestra iurisdictione racione visitacionis vestre per vos [   ] faciende existere dinoscuntur, quod compareant in proximo capitulo generali in ecclesia conventuali de Newenham iuxta Bedeford in octabis sancte Trinitatis anno domini mcccxl proximo futuro celebrando, super contemptu & inobediencia iuxta formam decreti per diffinitores in ultimo capitulo generali in ecclesia sancte Fredeswide Oxonie celebrato promulgati, ac aliis in ipso capitulo repertis & diffinitis responsuri, ulteriusque facturi quod iusticia suadebit ; monentes insuper priorem de Blakemore, priorem de Selebourne quod denarios de [quot]a pro lite contra abbatem de Waltham alias mota ordini predicto impositos citra proximum capitulum satisfaciant, ut tenentur. Et quid in premissis feceritis nos in dicto capitulo generali certificetis, certificet seu certificent ille vel illi qui dictum nostrum mandatum fuerint executi. Dictum nostrum mandatum nolumus penes vos remanere, sed facta per vos inde copia latori presencium absque more diffugio liberari. Dat' quoad nos abbatem de Oseneye vii Kal. Iunii anno domini mcccxxxix, & quoad nos priorem de Bernewell idus Iunii anno supradicto.

69.

[Pope Benedict directs the Abbot of Thornton and the Prior of Kirkham to convene a Chapter of the Augustinian Order to receive the new constitutions, July 1, 1339.]

C. fol. 40
W. fol.
173

Benedictus episcopus seruus seruorum dei dilectis filiis abbati de Thorntone et priori de Kyrkham, per priorem solito[1] gubernari monasterio[2], Lincolniensis & Eboracensis diocesum, salutem & apostolicam benedictionem. Paterne consideracionis aciem ad salubrem statum ordinis seu religionis canonicorum regularium ordinis sancti Augustini attencius dirigentes, pro salute & prosperitate ipsorum, prehabita deliberacione matura, nonnulla statuta edidimus & ordinaciones fecimus, que volumus & mandamus[3] in eodem ordine seu religione

---

[1] soliti, W.   [2] monasterium, W.   [3] mandauimus, W.

prefata perpetuis futuris temporibus obseruari. Et quia in eisdem statutis & ordinacionibus inter alia duximus statuendum quod in ordine seu religione prefata in singulis prouinciis, per nos in ipsis ordinacionibus nouiter statutis et eciam designatis, fiat de quadrennio in quadrennium prouinciale capitulum abbatum, & priorum monasteriorum abbates proprios non habencium, & eciam priorum ecclesiarum cathedralium ordinis seu religionis ipsius seu aliorum maiorum in ipsis ecclesiis existencium post antistites eorundem, apud unum de monasteriis eiusdem ordinis ad hoc aptum, vel si hoc fieri non possit apud alium locum ad hoc congruum et securum, de quo monasterio seu loco et die primi capituli huiusmodi celebrandi et aliis ad id oportune facientibus prouidere habent qui super hoc per sedem apostolicam forent deputati, prout in dictis ordinacionibus plenius continetur; ut[1] hec executioni debite demandentur, vos de quorum circumspectionis industria plenam in domino fiduciam optinemus, ad exequenda premissa & alia infrascripta in Cantuariensi & Eboracensi prouinciis, quas quoad celebrandum nunc & in posterum huiusmodi prouinciale capitulum pro una volumus et statuimus reputari prouincia, tenore presencium deputantes, discrecioni vestre auctoritate apostolica committimus et districcius iniungimus ut pro celebrando hac prima vice[2] huiusmodi capitulo in dicta prouincia per nos, ut premittitur, designata aliquod monasterium eiusdem ordinis seu religionis ad hoc aptum, si in ea valeat reperiri, alioquin locum alium ad hoc congruum et securum ac diem ad id eciam congruum cum continuacione dierum sequencium eligentes, abbates priores et alios prenominatos ad huiusmodi capitulum conuocare curetis, diem & locum predictos eis per litteras vestras nichilominus intimantes, per quem in ipso primo[3] instanti capitulo missa solenniter celebrari sermoque conuenientibus ad dictum capitulum[4] fieri debeat provide ordinando. Eodem quoque capitulo congregato, faciatis aliquas personas ydoneas per ipsum capitulum eligi, que dicto proximo capitulo presideant, eaque faciant et adimpleant, que iuxta huiusmodi nostras ordinaciones vel alias sunt per presidentes huiusmodi prouincialibus capitulis facienda. Statuta quoque et ordinaciones huiusmodi que vobis et[5] dicto capitulo sub bulla nostra transmittimus in eodem capitulo publicetis, ac legi et ascultari faciatis,[6] omnes abbates et priores et alios predictos conuenientes ad capitulum memoratum, necnon procuratores absentium

---

[1] et ut, C.
[2] hac vice sermo, W.; *sermo* being a misreading of *primo.*
[3] post, W.
[4] locum, W.
[5] in, C.
[6] integraliter faciatis, W.

monendo, et si necesse fuerit compellendo, ut ipsorum statutorum seu ordinacionum copiam sub autentica scriptura recipiant, illa ad ecclesias, monasteria seu loca ipsorum fideliter delaturi; que eciam in dictis ecclesiis, monasteriis atque locis legi faciant et diligencius custodiri ac etiam obseruari.   Volumus eciam per dictum primum capitulum prouideri de loco ad hoc commodo et securo[1] eiusdem provincie, ubi liber ordinacionum seu statutorum nostrorum huiusmodi bulla nostra munitus perpetuis futuris temporibus diligenter debeat obseruari.[2] Statuta eciam in provincialibus seu communibus abbatum & dictorum priorum predictarum Cantuariensis & Eboracensis prouinciarum vel alicuius earum capitulis olim facta portari per eos, qui illa habent[3], ad prefatum primum capitulum & ipsa per aliquos ab eodem capitulo deputandos examinari cum diligentia faciatis, et que de illis, que tamen predictis nostris ordinacionibus non obuient, in ipsa vestra provincia obseruari debeant in sequenti eiusdem prouincie capitulo ordinetur.

Deinde[4] ad ecclesias cathedrales, monasteria & alia loca conventualia eiusdem ordinis seu religionis infra eandem prouinciam existencia coniunctim uel diuisim per diuersas partes, prout adinvicem conueneritis, personaliter accedentes, de ipsorum, necnon membrorum suorum, facultatibus ac quot canonici esse consueuerint in eisdem, quot eciam de dictis facultatibus, incumbentibus eis subportatis oneribus, commode valeant sustentari diligencius inquirere, nosque de premissis per diligentem et fidelem relacionem plenarie informare curetis, ut consideratis facultatibus et omnibus supradictis certum in eis canonicorum numerum statuere valeamus.   Insuper ut in exequendis premissis vos[5] non contingat expensis propriis grauari[6], pro diebus singulis quibus post dictum capitulum celebratum in predicte execucionis persecucione fueritis eundo, morando & redeundo cuilibet vestrum exigendi & recipiendi quinquaginta Turonen' argenti dumtaxat ab ecclesiis, monasteriis, aliisque locis predictis conventualibus & membris eorum, congrua per vos vel vestrum alterum de illis inter ecclesias, monasteria, loca et membra predicta distribucione facta, [liberam damus facultatem][7]; ita videlicet quod ad ultra quinquaginta Turronen' predict' vos aut familiares vestri ab ecclesiis, monasteriis, locis uel membris predictis uel a prelatis seu quibusvis personis

---

[1] secturo, W.

[2] So in both MSS.; we should expect *conservari*.

[3] ea habuerint, W.

[4] The following paragraph is omitted in C., probably because it was made ineffective by the royal prohibition.

[5] nos, MS.

[6] regnari, MS.

[7] Not in MS., but the words may be supplied from the last sentence of the letter.

ipsorum petere, exigere, vel eciam a volentibus solvere seu dare recipere [non][1] presumatis; alioquin penis contra visitatores in provincialibus capitulis deputandos ac familiares eorum, preter expensas eis in victualibus ministrandas, pecuniam aut munera recipientes, in dictis constitucionibus & ordinacionibus nostris inflictis, vos et familiares vestros predictos volumus subiacere.

Contradictores quoque premissorum, vel in aliquo de premissis, per censuram ecclesiasticam & alia oportuna remedia compellendi, non obstantibus quibuscumque statutis & consuetudinibus Cathedralium ecclesiarum, monasteriorum & aliorum locorum eiusdem ordinis seu religionis provincie predicte[2] contrariis, iuramentis, confirmacionibus apostolicis aut quibusvis firmitatibus aliis roboratis[3], seu si abbatibus, capitulis aut prioratibus supradictis coniunctim vel separatim a prefata sede indultum existat quod excommunicari, suspendi vel interdici non possunt per litteras apostolicas 'non facientes plenam & expressam ac de verbo ad verbum de indulto huiusmodi mencionem' aut quibuscumque confeccionibus vel statutis privilegiis, indulgenciis vel litteris apostolicis generalibus vel specialibus contrariis quorumcumque tenore existant, per que presentibus non expressa, vel totaliter non inserta, earum effectus impediri valeat quomodolibet vel differri, et de quibus quorumcumque totis tenoribus habenda est[4] in nostris litteris mencio specialis, plenam atque liberam[5] tenore presencium concedimus potestatem. Quod si non ambo premissis exequendis potueritis interesse, alter vestrum nichilominus exequatur. Ceterum quia pro[6] predictorum statutorum & ordinacionum expedicione & ordinacione dilectos filios Raymundum[7] Fomerii[8] de Bebbontino[9], Gilbertum de Astard[10] de Celsis Nemausenensis[11] diocesis prioratuum priores ac Robertum de Mandagoto prepositum ecclesie Uticensis dicti ordinis decretorum doctores in Romana curia prosecutores per alias litteras nostras duximus deputandos, et eis[12] uel duobus ex ipsis inter alia exigendi ab abbatibus, capitulis, prioribus & aliis administracionibus eiusdem ordinis seu religionis, de quibus videtur eisdem, pro premissorum expedicione, certas pecuniarum summas & taxandi ac distribuendi inter dictas provincias, quantum videlicet quelibet provincia per nos distincta de expensis per eos in scripturis aut alias

[1] Not in MS.
[2] obstantibus . . . predicte, om. C.
[3] roboratis, om. W.
[4] ut, W.
[5] l., om. C.
[6] pro, om. C.
[7] Edmundi, C.
[8] Furnerii, W.
[9] Bellocincino, W.
[10] Guillermum Bastardi, W.
[11] Noumansensis et Pictauensis diocesum, W.
[12] ut eis, W.; all after *deputandos*, except the date, is omitted by C.

premissorum occasione factis soluere teneatur, liberam dedimus potestatem, volumus & mandamus ut tam vos quam presidentes primo provinciali capitulo ceterique abbates eiusdem provincie taxacionem per eos in ipsa vestra provincia impositam soluere & alias circa hec eorum mandatis devote & efficaciter parere curetis.   Dat' Avinioni Kal. Iulii pontificatus nostri anno quinto.

70.

[The officials who had drawn up and issued the constitutions of Pope Benedict demand from the English houses the sum of 200 gold florins, as their share of the cost, July 24, 1339.]

W. fol. 177

Reverendis in Cristo patribus universis dominis, abbatibus, prioribus, decanis, prepositis aliisque personis ordinis seu religionis canonicorum regularium in proximo ipsorum provinciali capitulo in Cantuariensi et Eboracensi provinciis secundum constituciones apostolicas quoad hec una provincia designata [*sic*] celebrando congregatis, Ramundus Furnerii de Bellocincino ac Guillermus Bastardi beate Marie de Celsis [1] Noumansen' [2] & Pictaue' dio*cesum* prioratuum priores, eiusdem ordinis, decretorum doctores, salutem cum votivis, prosperis & salubribus incrementis.   Beatissimus in Cristo pater ac dominus noster dominus Benedictus divina providencia papa XII super expedicione statutorum & ordinacionum que in ordine canonicorum regularium salubriter edidit, cuius egregius ecclesie doctor gloriosissimus Augustinus specialis & precipuus extitit institutor, nos duos cum venerabili & religioso viro Roberto de Mandagoto preposito ecclesie Uticensis [3], adiecta clausula ' vos vel duo vestrum &c.', prosecutores in Romana curia per suas litteras deputavit, et nobis inter alia pro predictorum & diversarum scripturarum propterea conficiendarum expedicione utili & celeri, ac premissorum missione ad diversas provincias, necnon premissorum occasione expensis per nos faciendis ab abbatibus, capitulis, prepositis, archidiaconis, prioribus & aliis in dignitatibus & personatibus, officiis ac administracionibus eorundem ordinis seu religionis constitutis, exemptis & non exemptis, de quibus nobis videtur magis expedire, certam summam pecunie exigendi, taxandi quoque & distribuendi quantum abbates, capitula, priores,

---

[1] Apparently Prior of the Abbey of St. Mary ' de Cella ', diocese of Poitiers (*Gallia Christiana*, ii. 1336).

[2] If this means *Nemausensis*, the diocese of Nismes, no priory of Bello-cincino is found in that diocese in *Gallia Christiana*.

[3] An error for Ucitensis, i.e. Usez in the province of Narbonne (*Gallia Christiana*, vi. 650).

prepositi, archidiaconi ac ceteri in dignitatibus, administracionibus & officiis eorundem religionis seu ordinis constituti solvere teneantur, ad finem quod de prefata summa pecunie recepta & congregata de dictis provinciis prefatis abbatibus, capitulis, prioribus, prepositis, archidiaconis & ceteris qui nobis predictam summam primitus transmiserint plenaria satisfaccio seu restitutio impendatur, et insuper ad premissa omnia & singula omnes & singulos prefatos abbates, prepositos & alios in supradictis dignitatibus, administracionibus & officiis constitutos per censuram ecclesiasticam compellendi dedit plenam & liberam potestatem, prout hec in dictis litteris apostolicis & aliis que publicatoribus dictarum ordinacionum in vestra deputatis[1] provincia diriguntur plenius continentur; vobis igitur tenore presentium intimamus quod matura super hec deliberacione prehabita, certis[2] ex causis vestram provinciam totam pro expensis per nos factis occasione premissorum & ut ab abbatibus & ceteris, a quibus predictam summam pro celeri expedicione recepimus, satisfaccio ac restitucio impendatur, auctoritate apostolica nobis in hac parte commissa taxamus in ducentis florenis auri boni & legittimi ponderis de Florencia vel valoris. Verum quia iuxta litterarum apostolicarum nobis directarum seriem & tenorem taxacio huiusmodi per presidentes ipsi primo capitulo vestro provinciali per ipsum capitulum eligendos inter singulos abbates, capitula, priores ac administratores alios abbates vel superiores alios non habentes eiusdem religionis vestre provincie debet proportionaliter distribui, secundum ipsorum & membrorum suorum suppetenciam, auctoritate apostolica nobis in hac parte commissa requirimus & tenore presencium monemus primo, secundo, & tercio & una monicione peremptoria pro omnibus, illos ex vobis qui in eodem primo capitulo presidebunt ut taxacionem nostram predictam inter abbates, capitula, priores et alios administratores ipsius religionis vestre provincie abbates vel alios superiores dicti ordinis proprios non habentes, iuxta singulorum & membrorum suorum facultates, antequam ab ipso discedant capitulo, equaliter & racionabiliter distribuant, omni gracia & inordinato favore reiectis; et vos & omnes & singulos, ut partem vos & loca vestra iuxta distribucionem dictorum presidencium contingentem in ipso primo provinciali capitulo vel infra triginta dies post ipsum capitulum immediate sequentes ipsis presidentibus exsolvatis; et eosdem insuper presidentes ut totam predictam nostram taxacionem infra duos menses dictos triginta dies immediate secuturos mittant tam pro se quam pro aliis ad Romanam curiam, nobis ibidem vel mandato

---

[1] deputata, MS.   [2] ceteris, MS.

nostro tunc tradendam & realiter assignandam. Quod si forte mandatis nostris immo verius apostolicis non parueritis cum effectu, nos auctoritate predicta ingressum ecclesie omnibus & singulis vestrum qui super hiis contumaces & inobedientes fueritis exnunc et extunc predicta monicione canonica premissa interdicimus in hiis scriptis. Si vero predictum interdictum per sex dies sustinueritis, in hiis scriptis suspendimus vos a divinis; et si forte, quod absit, predictas interdicti & suspencionis sentencias per alios sex dies prefatos sex dies immediate sequentes animo sustinueritis indurato, in omnes & singulos ex vobis qui ut premittitur contumaces & rebelles fueritis in premissis canonica monicione premissa exnunc et extunc in hiis scriptis excommunicacionis sentenciam promulgamus.   Postremo singuli abbates, capitula, priores & alii, superiores in eadem religione non habentes, secundum dictarum litterarum tenorem partem de summis predictis ipsos & eorum loca seu monasteria iuxta distribucionem dictorum presidencium contingentem inter se ac subditos seu membra sua proportionaliter dividant, secundum quod ipsorum suppetent facultates. Vos tamen omnes et singulos requirimus & monemus quatinus premissorum occasione a subditis vestris ultra partem eos veraciter & racionabiliter contingentem, salvis tamen expensis pro dictis summis congregandis & ad nos mittendis, nullatenus exigere presumatis. Quod si forte, quod absit, aliqui contrarium fecerint, hortamur super hoc restitucionem plenariam fieri & tam per presidentes predictos quam ipsarum ordinacionum publicatores seu visitatores alios salubre remedium adhiberi.   In quorum omnium testimonium presentes litteras seu publicum instrumentum per Iohannem Nauelli clericum Pictauen*sis* diocesis notarium publicum infrascriptum scribi & publicari mandauimus & sigillorum nostrorum appensionibus roborari.   Datum & actum Avinione in domo habitacionis dicti domini prioris de Celsis in librata[1] reverendi in Cristo patris & domini, domini P. dei gracia episcopi Pen', sancte Romane ecclesie vicecancellarii, sub anno domini mcccxxx nono, die xxiiii mensis Iulii indiccione septima pontificatus sanctissimi in Cristo patris ac domini, domini Benedicti pape XII anno quinto, presentibus discretis viris domino Iohanne Moisom presbitero, Besyn & Bernardo Alani clericis Nauneton', Pictaven' & Leonen' diocesum, testibus ad premissa vocatis & rogatis.

Ego Iohannes Nauelli clericus Pictavensis diocesis auctoritate imperiali publicus notarius premissis omnibus & singulis una cum prenominatis testibus presens interfui, hocque presens instrumentum

---

[1] Must be an error for *libraria*.

mea propria manu scripsi & in hanc publicam formam redegi signoque meo signavi, vocatus specialiter & rogatus per dominos priores supradictos.

71.

[**A mandate to the Prior of Ledes to act as collector in the dioceses of Rochester and Canterbury.**]

Mandatum pro collecta levanda pro placito prosequendo contra abbatem de Butteleie.[1]

Thomas permissione divina abbas exempti monasterii sancte Crucis **Dec. 1,** de Waltham ordinis sancti Augustini, Londoniensis diocesis, una cum **1353** religiosis viris dominis abbate de Leycestre & priore de Gisbourne dicti ordinis Lincolniensis & Eboracensis diocesum, provinciali capitulo canonicorum regularium eiusdem ordinis presidens, religioso viro priori de Ledes ordinis predicti Cantuariensis diocesis salutem & sinceram in domino caritatem. Cum nuper in capitulo nostro provinciali apud Osneyam iuxta Oxoniam in quindena festi sancte Trinitatis ultimo iam preteriti celebrato pro quibusdam necessitatibus, utilitatibus & negociis arduis dictum nostrum capitulum & omnes de eodem tangentibus & in presenti occurrentibus, in ipsoque nostro capitulo clare & explicite tunc expositis, que absque necessariarum expensarum oneribus subveniri nequeant seu debite supportai, per nos dicti capituli presidentes & eius diffinitores, de consensu eciam omnium de capitulo nostro antedicto, statutum extitisset & concessum sit de bonis omnibus·tam temporalibus quam spiritualibus virorum religiosorum tocius ordinis predicti per Cantuariensem & Eboracensem provinc*ias*, que pro una provincia in hac parte reputantur, exnunc de singulis videlicet marcis estimacionis bonorum huiusmodi, secundum quod ipsa bona ad solucionem decime amplius sunt taxata, singuli oboli in subsidium onerum in hac parte incumbencium supportandorum persolvi debeant & levari, prout inter cetera statuta in dicto nostro capitulo provinciali salubriter edita perlucide sit contentum ; Nos abbas exempti monasterii sancte Crucis predicti presidens antedictus, ad levandum & levari faciendum singulos obolos huiusmodi de bonis predictis provenientes & debitos, ut prefertur, sufficientem potestatem a dictis collegis nostris & toto nostro capitulo predicto habentes in hac parte, vobis auctoritate apostolica qua fungimur in

[1] The account of Butley in the Victoria County History throws no light on the dispute between Butley and the Chapter, nor explains why the prior is described in this deed as an abbot.

hac parte committimus & firmiter iniungendo mandamus ac vos tenore presencium & in virtute sancte obediencie monemus primo, secundo & tercio ac una monicione peremptoria pro omnibus sub pena excommunicacionis maioris in personam vestram, mora & culpa vestris in hac parte precedentibus, canonice fulminande, quatinus a singulis monasteriis & domibus religiosis ordinis antedicti in diocesibus Cantuariensi & Roffensi constitutis singulos obolos huiusmodi de bonis ad dicta monasteria & domos pertinentibus, iuxta taxacionem eorundem & prout ad solucionem decime tunc taxate, colligi & levari plenarie faciatis citra festum Purificacionis beate Marie proximo iam futurum; contradictores vero & rebelles per censuras ecclesiasticas nostra auctoritate quin verius apostolica compescendo; ad que omnia facienda vobis committimus vices nostras quousque eas ad nos duxerimus revocandas. Et quicquid per vos seu auctoritate vestra in hac parte collectum fuerit & totam ipsam pecuniam inde receptam infra quadraginta dies dictum festum Purificacionis beate Marie immediate sequentes nobis apud monasterium nostrum de Waltham antedictum integraliter persolvatis seu persolvi faciatis absque mora. De die vero recepcionis presencium ac de nominibus soluencium huiusmodi & de pecuniarum summis inde receptis ac de nominibus non solvencium & rebellium in hac parte [et][1] quid in premissis d uxeritis faciendum nos in dicto nostro monasterio infra dictos xl dies distincte certificetis & aperte per litteras vestras patentes & habentes hunc tenorem. Dat' apud Waltham predictam primo die mensis Decembris anno domini MCCCLIII.

Prior[2] de Tonebregge satisfecit isti mandato die dominica in crastino Conversionis sancti Pauli apostoli anno domini supradicto. Summa obolorum vi s. ii d. ob.

72.

[The Priors of Merton and Tandridge, the visitors for the dioceses of Chichester and Winchester, appoint the Prior of Breamore as their deputy to carry out a visitation of Christ Church, Twynham, where there are dissensions; Oct. 1363.]

Oct. 1363   Venerabili[3] & religioso viro fratri nostro carissimo, domino priori ecclesie conventualis de Brommore ordinis sancti Augustini Wynto-

---

[1] Not in MS.
[2] This document is from Kent Roll No. 8, a. a. (Bodl. Lib.), a roll which contains copies of letters sent to or from

Tunbridge Priory.
[3] Exchequer K. R. Ecclesiastical Documents $\frac{2}{18}$.

niensis diocesis fratres.Galfridus beate Marie de Meritone & Iohannes de Tanrugge[1] ecclesiarum & prioratuum priores eiusdem ordinis dioce*sis*que predi*ct*e in Wyntoniensi & Cicestrensi diocesibus auctoritate capituli nostri generalis apud Novum Locum iuxta Saunford [*sic*] celebrati visitatores deputati & assignati, salutem in auctore salutis. Quia ex fidedignorum relacione non sine merore concepimus quod in agro dominico prioratus ecclesie Cristi de Twynham ordinis nostri Wyntoniensisque diocesis prefate, in quo deceret flores honoris et fructus honestatis in ubertate succrescere, coruptele, dissenciones et facinora, mediante sizanine [*sic*] seminatore, pululare in morum diversitate ut dolenter refertur non desistunt ; nos iuxta officii nostri debitum ad locum huiusmodi a nobis multum remotum & distantem propter diuersas occupationes & viarum discrimina ac pericula varia hiis diebus imminencia in presenti accedere & eundem locum debito modo visitare non valentes, de vestris igitur circumspeccione & industria plenam in domino fiduciam optinentes vobis auctoritate qua fungimur in hac parte & in virtute sancte obediencie qua presidentibus capituli nostri generalis estis astricti firmiter iniungendo mandamus quatinus ad prioratum Cristi ecclesie de Twynham predicta vobis convicinum personaliter accedentes, ad certum diem citra festum beati Nicholai proximum iam futurum per vos limitandum & assignandum cum continuacione & prorogacione dierum tunc sequencium prioratum de Twynham predictum tam in capite quam in membris iuxta constituciones Benedictinas & alias canonicas sancciones diligenter visitare curetis, et si qua inibi correccione digna fuerint inventa que per vos corrigi & reformari valeant debite corrigatis & saluberrime reformetis ; si que vero ardua vel obscura in dicta visitacione vestra fuerint comperta que per vos legittime corrigi seu reformari minime valeant, nos seu alterum nostrum simul cum omnibus & singulis in eadem visitacione vestra compertis una cum die recepcionis presencium, necnon quid feceritis in premissis, visitacione vestra completa, celerius quo poteritis per litteras vestras patentes harum seriem continentes & clausas cum compertis debite certificetis. Ad que omnia facienda vobis vices nostras committimus cum cohercionis canonice potestate. Dat' apud Mertone quo ad nos priorem de Mertone, nono Kalendas Novembris, anno domini Millesimo ccc sexagesimo tercio, quo ad priorem de Tanrugga octavo Kalendas mensis predicti anno domini supradicto.

Endorsed Hec commissio venit quarto Kalendas Decembris.

---

[1] Tandridge, Surrey.

73.

[A citation by the visitors of the Order to the Prior of St. Frideswide before a visitation.]

T. fol.
163

Ad capitulum generale canonicorum regularium ordinis sancti Augustini tocius regni Anglie celebratum in prioratu de Brenwelle iuxta Cantebrigiam anno domini millesimo ccclxv^{to} abbas Oseneye & prior de Burncestre deputati fuerunt visitatores in archidiaconatu Oxon, Bucks, Bedef' & Huntyndon ; qui prout decuit officium suum exequi volentes anno eiusdem domini mccclxviii mandata sua religiosis domibus infra archidiaconatus predictos dirigenda sub tali conceperunt

Aug. 10, tenore :—'Abbas monasterii Osen' & prior prioratus de Burncestre
1368 ordinis sancti Augustini Lincolniensis diocesis per capitulum generale dicti ordinis ultimo auctoritate apostolica celebratum, in archidiaconatibus Oxon', Bucks, Bedef' & Huntyndone visitatores deputati, religioso uiro & domino priori prioratus sancte Fredeswide Oxonie (*vel alii qui ibidem preest ordini, quia prior ibidem fuit absens* [1]) salutem in omnium saluatore. Quia vos & prioratum vestrum predictum tam in capite quam in membris undecimo die mensis Septembris proximo futuri cum continuacione & prorogacione dierum sequencium usque ad dicte visitacionis expedicionem finalem, si opus fuerit, facienda per dei graciam auctoritate prefata ex officio nostro ut incumbit proponimus visitare, tenore presencium vos citamus peremptorie, & per vos omnes & singulos canonicos & conversos dicti prioratus vestri presentes, & absentes consimiliter citari volumus & mandamus, quod predicto die in domo vestra capitulari coram nobis vel commissariis nostris, si tunc rationabiliter impediti fuerimus, compareatis & compareant & quilibet eorundem compareat, visitacionem nostram predictam humiliter subituri & super concernentibus statum dicti prioratus & personarum eiusdem ac interrogar' super hoc faciend' personaliter responsuri, facturique ulterius & recepturi quod officium dicte visitacionis exigit & natura. Vobis insuper tenore presencium inhibemus & per vos omnibus & singulis dicti prioratus presidentibus inhiberi volumus & mandamus ne exnunc quicquam in preiudicium dicte visitacionis nostre sic pendentis attemptetis vel attemptent, faciatis aut faciant aliqualiter attemptari. De procuracione quoque nobis racione dicte visitacionis nobis debita dictis die & loco faciatis congrue pro-

---

[1] These words are underlined with red.

videri, scientes quod super exhibicione presencium vobis facienda nuncio nostro iurato earundem latori fidem credulam intendimus adhibere. De die vero recepcionis presencium & quid in premissis feceritis & duxeritis faciendum una cum nominibus & cognominibus omnium & singulorum canonicorum & conversorum dicti prioratus vestri dictis die & loco nos vel comissarios nostros certificetis litteris vestris patentibus hunc habentibus tenorem. Dat' Oxonie iiii Idus Augusti anno &c.'

74.

[The Abbot of Oseney appoints William de Weston to be his deputy in conducting a visitation of Augustinian houses.]

Frater Thomas permissione divina abbas monasterii Osen' ordinis sancti Augustini Linc' diocesis, visitator ordinis predicti una cum priore de Burncestre collega meo ordinis antedicti per presidentes & capitulum generale ultimo in prioratu de Bernwelle celebratum in archidiaconatibus Oxon, Bucks, Bedef' & Hunt' specialiter deputatus, dilecto nobis in Cristo fratri Willelmo de Weston concanonico nostro salutem in amplexibus salvatoris. Variis & arduis negociis dicti monasterii nostri occupatus, senio[1] confractus & alias multipliciter impeditus quominus dicte visitacioni & eius execucioni intendere valeamus, tibi de cuius circumspectione & industria plenius confidimus, ad visitandum nomine nostro omnia monasteria sive prioratus infra limitacionem predictam constituta & eorum conventus una cum collega nostro predicto, comperta visitacionum huiusmodi publicanda, corrigenda, punienda crimina et defectus & excessus quecumque in visitacionibus huiusmodi comperta, penitencias salutares iniungendas iuxta constituciones Benedictinas & canonicas sancciones, penitencias huiusmodi pro quibuscumque rebus sive excessibus quibuscumque personis impositas mutandas & relaxandas, necnon omnia alia & singula facienda, exercenda & expedienda que ad premisse visitacionis officium pertinent, casibus in & super quibus capitulo generali est referendum dumtaxat exceptis, vices nostras committimus cum cohercionis canonice potestate. In cuius rei testimonium sigillum nostrum fecimus hiis apponi. Dat' in monasterio nostro &c., anno domini &c.

T. fol. 163

Aug.
1368

---

[1] Thomas de Cudelington had been abbot for 38 years.

75.

[A visitation of Stoneley Priory, Hunts.]

Certificatorium super compertis in visitacione.

T. fol.
200
Aug.
1368

Reverendis [1] in Cristo patribus & dominis abbati monasterii sancte Marie de Pratis Leycestrie, prioribus de Mertone, Cantuariensis, & de Giseborne, Eboracensis provinciarum capitulo provinciali canonicorum regularium ordinis sancti Augustini in regno Anglie in monasterio sancti Iacobi iuxta Northamptone die dominica proxima ante festum sancti Michaelis celebrando, vel aliis quibuscumque prelatis dicti ordinis dicto capitulo presidentibus, sui humiles & deuoti filii abbas monasterii sancte Marie Oseneye, & prior prioratus de Burcestre [2] Lincolniensis diocesis in ultimo capitulo provinciali apud Brenwell celebrato in archidiaconatibus Oxon, Buck', Bedeford', & Huntynd' visitatores deputati obedienciam & reuerenciam & honorem. Vestre reverende paternitati tenore presencium innotescimus quod nos una cum collega nostro predicto per fratrem W. de B. [3] canonicum monasterii nostri commissarium nostrum in hac parte auctoritate dicti capituli in omnibus & singulis domibus ordinis nostri infra dictos archidiaconatus institut*is* officium dicte visitacionis exercuimus secundum tenorem consilii generalis ac novellarum constitutionum in hac parte editarum, & in eisdem corrigenda corrigi & reformanda secundum discrecionem nobis desuper datam reformari fecimus, omnibus & singulis prelatis & subditis predictarum domuum visitacionem nostram humiliter & deuote subeuntibus, preter quosdam defectus in prioratu de Stonle in archidiaconatu Huntynd' compertos, quorum reformacio vires nostras & discrecionem nostram excedit, & ideo discrecioni vestre ipsorum correccionem duximus relinquendam, videlicet quod licet dictus prioratus satis habundet pro eiusdem statu in facultatibus, collapsus est tamen in religione, eo quod prior dicti loci confractus senio & corpore viciatus inpotens est & insufficiens ad regimen dicti prioratus tam in spiritualibus quam in temporalibus, et inter conuentum non viget regularis obseruancia, immo quasi seculariter & voluntarie vivunt; inter quos eciam habetur quidam canonicus, in seruicio ecclesie minime instructus; artem medicine publice & generaliter omnibus ipsum requirentibus excercet, & ad hoc euecciones retinet in prioratu, & pro libito voluntatis sue ad hoc

---

[1] The Chapter met at Barnwell in 1365 and also in 1386; but the names of the presidents prove that the former is meant.

[2] Wincestre, MS.

[3] An error for W. de W.

egreditur, pecunias congregando, que in utilitatem domus parum cedunt. Et sic officium dicte visitacionis secundum formam nobis traditam, obedienter & reuerenter pro viribus nostris sumus executi. In cuius [&c. sealing]. Dat'.

76.

[Notice of the appeal of the Prior of Southwark against the command of the Abbots of Oseney and Leicester, that he should send one of his canons to a University.]

Appellacio tuitoria contra presidentes capitulo generali super missione scolarium ad studium.

Offic alis curie Cantuariensis discretis viris &c. salutem. Ex parte 1380 or fratris H.[1], prioris prioratus canonicorum regularium beate Marie de 1381 Sutwerk ordinis sancti Augustini Wyntoniensis diocesis, nobis extitit intimatum quod ex parte eiusdem, integri status, bone fame et opinionis illese existentis, metuentis ex quibusdam causis probabilibus & verisimilibus coniecturis sibi circa statum suum huiusmodi graue posse preiudicium generari, ne quis in ipsius preiudicium circa premissorum aliquod quicquam attemptaret seu faceret aliqualiter attemptari, ad sedem apostolicam et pro tuicione cur' Cantuar' palam et publice legitime extitit prouocatum. Venerabiles tamen & religiosi viri, monasteriorum de Leycestre et Oseneye abbates, capitulo generali in Anglia dicti ordinis presidentes se pretendentes, dicta prouocacione que ipsos verisimiliter non latebat non obstante, post & contra eam, nullam in hac parte habentes iurisdiccionem, auctoritatem, seu aliam legitimam potestatem prefato fratri H. priori predicto, quatinus unum de fratribus suis ad hoc ydoneum, infra terminum nimis breuem & peremptorium, ad studium generale secundum formam & effectum constitucionum Benedictinarum pretens' eligi et transmitti faceret, cum ad hoc nullatenus tenebatur nec tenetur, cause cognicione in ea parte de iure requisita penitus pretermissa, absque causa racionabili seu legitima quacumque, sub penis & grauibus censuris preceperunt & ipsum monuerunt iniuste, in ipsius fratris H. prioris predicti preiudicium & grauamen. Unde &c. tuitorie appellatur.

---

[1] Henry, Prior of Southwark, 1360–95. The abbots of Oseney and Leicester were presidents at the Chapter of 1380. This document comes from fol. 193 of a manuscript in the Registry at Peterborough, known as Snappe's Formulary.

77.

[Injunctions after a visitation of Christ Church, Twynham.]

Decretum visitatorum ordinis apud Twynham.

T. fol.
210
May 10,
1388

Omnibus quorum interest seu in hac parte poterit interesse frater W. de Horsleghe & Iohannes de Hyndone de Southwike & Motesfount prioratuum ordinis sancti Augustini Wyntoniensis diocesis regulares canonici visitatorum domorum quarumlibet in diocesibus Wynton', Sar' & Cicestr' per capitulum generale ordinis supradicti in Anglia deputatorum commissarii generales in hac parte deputati siue constituti salutem in omnium saluatore. Ad noticiam vestram deducimus per presentes quod nos prioratum Cristi ecclesie de Twynham ordinis & diocesis predictorum actualiter visitantes propter bonum intimum caritatis & pacis quedam duximus perpetuo obseruanda; hec videlicet quod si quis canonicorum ibidem in capitulo coram presidente eiusdem, siue fuerit prior, supprior, tercius prior siue custos ordinis aut quiscumque presidens tunc super aliquo fuerit proclamatus, idem proclamatus humiliter surget & stabit coram eodem presidente & sibi humiliter inclinabit; et si forsan reus fuerit absque pluri se super mattam prosternet dicendo 'Mea culpa', & tunc presidens ille sibi faciat quod est suum. Si uero ut premittitur proclamatus a proclamatione huiusmodi sit immunis stando humiliter se inclinet & excuset. Volumus & statuimus quod dum capitulum celebrabitur ibidem nulle fiant confabulaciones seu locuciones per aliquem canonicorum huiusmodi, nisi tunc presidens aliquem auctorizet seu iubeat ut loquatur, sub pena in contrarium facienti in quolibet premissorum infligenda, domini prioris loci eiusdem qui pro tempore fuerit arbitrio moderanda. Dat' in domo capitulari prioratus predicti x die mensis Maii anno domini MCCCLXXX octauo.

78.

[The Abbot of Oseney appoints a proctor for the General Chapter.]

T. fol.
200
June 17,
1395

John, Abbot of Oseney, writes to the Abbot of Norton, the Prior of St. Bartholomew's, London, and the Prior of Thurgarton, presidents of the Chapter which is to meet at Northampton on the Sunday before June 24, that owing to infirmity which makes labour difficult he is unable to come to the Chapter in person, but is sending John Hasele, one of his canons, to be his proctor; xv Kal. Iul., 1395.

79.

[A certificate from the Prior of Launceston that he has visited the houses in the diocese of Exeter, leaving to his colleague the houses in the diocese of Bath.]

Certificatorium visitatorum ad presidentes capituli generalis canonicorum regularium.

T. fol. 198
May 31, 1404

Reverendis in Cristo patribus & dominis in capitulo provinciali Anglie canonicorum regularium ordinis sancti Augustini rite & canonice presidentibus suus humilis deuotus in Cristo filius, prior prioratus siue monasterii sancti Stephani Launcestone Exoniensis diocesis in ultimo capitulo provinciali dicti ordinis celebrato una cum collega meo, priore de Tantone, visitator ordinatus & prouisus, obedienciam & reuerenciam tantis patribus debitas cum honore. Quia ego visitacionis officium tanquam filius obediencie, curam & solicitudinem meam impendens, iuxta discretionem a deo michi datam personaliter exercui cum effectu in singulis domibus mee visitacionis in diocese Exoniensi predicta, preterquam in monasterio de Canonleghe, cuius quidem monasterii ceterorumque monasteriorum Bathoniensis diocesis visitaciones de consensu college mei predicti, meo & assensu, eidem college specialiter sunt & fuerunt reseruate, et preterquam in monasterio de Corneworthe, cuius priorissa mandatorio meo verius vestro dixit se nolle visitari per aliquem nisi per episcopum, et si qui venirent ad visitandum ibidem excepto episcopo se velle eis resistere, mandatum insuper visitacionis sibi directum recepit & contempnabiliter a se reiecit in ordinis nostri predicti scandalum manifestum, nolens in ea parte quoquomodo obedire ; sicque quod singularum personarum tam prelatorum quam subditorum dicte mee limitacionis crimina, excessus, & dissoluciones coram me detecta & comperta canonice sunt correcta pariter & punita ; ceteraque que reformacione indigebant per remedia prouisa & oportuna sunt regulariter reformata, illis dumtaxat exceptis que in monasterio de Corneworthe predicta detegi, corrigi & reformari deberent, que vestris paternitati & dominacioni ex causis predictis duxi reseruanda. Omnes eciam & singuli prelati in limitacione mea saltim in diocese Exoniensi predicta constituti, exceptis priorissis monasteriorum siue prioratuum de Canonleghe & Corneworthe predictis, ad personaliter comparendum coram vobis in capitulo provinciali apud Northamptone in quindena Trinitatis celebrando iam instanti per me personaliter & peremptorie sunt citati. Quorum nomina in cedula presentibus annexa plenius continentur. Et quia sigillum non habeo, iam nouiter ad prior*atus* assumptus officium, sigillum commune monasterii siue prioratus mei antedicti de consensu meo omniumque fratrum meorum in fidem & testimonium omnium premissorum presentibus est annexum. Dat' in monasterio siue prioratu meo antedicto ultimo die mensis Maii anno domini millesimo cccc quarto.

80.

[Injunctions issued by the Prior of Launceston after visiting the Priory of Plimpton.]

Decretum apud Plympton per visitatores.

T. fol.
196
May 16,
1413

Prior Launcestone, in Exoniensi & Bathoniensi diocesibus capitulo prouinciali canonicorum regularium ordinis sancti Augustini apud Northamptone auctoritate apostolica ultimo celebrato per presidentes dicti capituli generalis visitator legitime deputatus, religiosis viris priori & conventui prioratus Plymptone salutem in auctore salutis. Ut defectus comperti in visitacione nostra per nos die Martis viz. xvi^{to} die mensis Maii anno domini millesimo ccccxiii^o canonice exercita, diuina opitulante clemencia in melius reformentur, moniciones, precepta & mandata infrascripta vobis indicimus per presentes, quatinus vos coniunctim & divisim concernunt firmiter obseruanda. Inprimis vobis iniungimus & mandamus quatinus omnes administratores, officiales seu officiarii per vos in officiis deputati seu deputandi saltem semel in anno presente toto conuentu aut aliquibus ex senioribus ad hoc per capitulum deputatis de statu prioratus vestri predicti & de administracione sua plenarie reddant racionem, sub pena que cauetur in constitucione domini Octoboni quondam sedis apostolice in Anglia legati, que incipit *De prelatis autem*. Item iniungimus & mandamus quatinus antiquitus [*sic*] canonicorum numerus teneatur, cum commode habiles ad hoc poteritis reperire. Et quod confratribus vestris in infirmaria vestra egrotantibus in cibariis & seruientibus deseruiatur iuxta laudabilem antiquam consuetudinem. Et ut moniciones & decreta nostra firma maneant & in futurum inviolabiliter obseruentur, monemus vos priorem & conuentum singulasque personas eiusdem prioratus primo, secundo & tercio ac peremptorie sub pena iuris quatinus huiusmodi moniciones & decreta nostra antedicta absque offensa seu contradiccione quacumque iuxta formam & exigenciam premissorum in omnibus obseruetis, & non contraueniatis quouismodo, prout penas iuris caucius volueritis evitare. Precipimus insuper & mandamus vobis priori & conuentui prioratus supradicti sub pena iuris quatinus omnia & singula suprascripta effectui debito mancipetis, certificantes nos distincte & aperte, si quem seu quos rebellem seu rebelles predictis decretis & iniunctionibus nostris in hac parte resistentem seu resistentes inueneritis quouismodo. Et quid feceritis in premissis nos citra festum Pentecosthes proximo nunc futurum in monasterio sancti Stephani Launcestone distincte & aperte certificetis per litteras vestras patentes vel clausas harum seriem continentes sigillo vestro consignatas. Dat' Plympton' in domo capitulari eiusdem prioratus quoad consignacionem presencium xvi die mensis Maii anno domini supradicto.

81.

[Injunctions issued by the Prior of Launceston after visiting the Priory of St. German's.]

Prior prioratus sancti Stephani Launcestone in Exoniensi & Bathoniensi diocesibus capitulo prouinciali canonicorum regularium ordinis sancti Augustini apud Northamptone auctoritate apostolica ultimo celebrato per presidentes dicti capituli generalis visitator legitime deputatus, religiosis viris priori & conuentui sancti Germani salutem in amplexibus saluatoris. Ut defectus comperti in visitacione nostra in prioratu predicto per nos die Veneris, videlicet xix die mensis Maii anno domini millesimo ccccxiii in domo capitulari dicti prioratus canonice excercita diuina opitulante gracia in melius reformentur, moniciones, precepta & mandata infrascripta vobis indicimus per presentes quatenus vos coniunctim uel diuisim concernunt firmiter obseruanda. In primis vobis iniungimus & mandamus quatenus omnes administratores, officiales seu officiarii per vos in officiis deputati seu deputandi saltem semel in anno presente toto conuentu aut aliquibus ex senioribus & prudentioribus ad hoc per capitulum deputatis de statu prioratus vestri predicti & de administracione sua plenarie reddant racionem, sub pena in constitucione domini Octoboni quondam sedis apostolice in Anglia legati que incipit *De prelatis autem* contra negligentes expressata. Item iniungimus & mandamus quatinus antiquitus canonicorum numerus teneatur & presertim quod habeatis duos canonicos plures in ordine vestro professos infra annum proximo sequentem. Item iniungimus & mandamus vobis priori predicto quatinus confratribus & concanonicis vestris dicti prioratus in pane & potu ac in aliis victualibus necessariis prouideatis sufficienter & decenter iuxta laudabilem & antiquam con-

T. fol. 194 v. May 20, 1413

suetudinem. Inhibemus vobis eciam sub pena iuris quatenus tabernas seu loca inhonesta vel suspecta de cetero ne exerceatis. Et ut moniciones & decreta nostra firma maneant et in futurum inuiolabiliter obseruentur, monemus uos priorem & conuentum singulasque personas eiusdem prioratus primo, secundo & tercio ac peremptorie sub pena iuris quatinus huiusmodi moniciones & decreta nostra predicta absque offensa seu contradiccione quacumque iuxta formam & exigenciam permissorum in omnibus obseruetis & non contraueniatis quouismodo, prout penas iuris caucius volueritis euitare. Precipimus vobis insuper & mandamus vobis priori & conuentui prioratus supradicti sub pena iuris quatinus omnia & singula suprascripta effectui debito mancipetis, certificantes nos distincte & aperte si quem seu quos rebellem seu rebelles predictis decretis & iniunccionibus nostris in hac parte resistentem vel resistentes inueneritis quouismodo. Et quid feceritis in premissis nos citra festum Pentecostes proximo nunc futurum in monasterio sancti Stephani Launcestone distincte & aperte certificetis per vestras litteras patentes vel clausas harum seriem continentes, sigillo vestro consignatas. Dat' apud sanctum Germanum in domo capitulari eiusdem prioratus quoad consignacionem presencium xx die Maii anno domini supradicto.

82.

[Mention of the Chapter in 1413.]

Littera correctionis super crimine incontinencie.

T. fol. 197 May 20, 1414

B. C., Prior of Launceston, who had been appointed visitor for the dioceses of Bath and Exeter by the General Chapter held at Northampton[1] on the quindene of Holy Trinity, 1413[2], gives notice that he has injoined penance on A. de B., canon of the priory cf C., who has confessed that he has been guilty of incontinence with a woman. May 20, 1414.

83.

[The Prior of Launceston appoints a proctor to represent him at the General Chapter.]

Procuratorium ad comparendum nomine abbatis sive prioris coram presidentibus in capitulo generali.

T. fol. 199 May 31, 1416

Uniuersis pateat per presentes quod ego Rogerus prior prioratus

---

[1] As there was no prior of Launceston with the initials B. C., and no Augustinian priory in the dioceses of Exeter or Bath, the name of which began with C., the whole of this document may be imaginary, including the date ; if so, it is of no value.

[2] 1403, MS.

siue monasterii sancti Stephani Launcestone ordinis sancti Augustini Exoniensis diocesis in ultimo capitulo prouinciali dicti ordinis una cum collega meo priore de Tantone in Exoniensi & Bathoniensi diocesibus visitator ordinatus, propter hostium nostrorum discrimina, regnum Anglie & ecclesiam Anglicanam in partibus meis diebus & noctibus insultancium, invadencium & deuastancium, ad quorum defensionem per ordinarium meum ymo verius per regem nostrum litteris suis patentibus eidem ordinario meo directis sub pena forisfacture omnium, que forisfacere poterunt, clerus & populus in dies requisitus[1], ac aliis diuersis infirmitatibus prepeditus aliaque legitima impedimenta in hac parte eminencia, capitulo prouinciali dicti ordinis apud Northamptone in quindena Trinitatis celebrando personaliter nullatenus valens interesse, seu a dicto monasterio siue prioratu meo aliqualiter absentare, dilectum michi in Cristo filium dominum Thomam Trethak' confratrem meum & concanonicum meum verum & legitimum procuratorem [&c. in the usual words of appointing a proctor]; dat' ultimo die mensis Maii anno domini MCCCCXVII[2].

84.

[Injunctions of the Prior of Launceston after a visitation of the Priory of St. German's.]

Aliud decretum apud sanctum Germanum per visitatores ordinis.

Iohannes prior Launcestone, Exoniensis & Bathoniensis diocesum capitulo prouinciali canonicorum regularium ordinis sancti Augustini apud Northamptone auctoritate apostolica ultimo celebrati per presidentes dicti capituli generalis visitator, una cum collega nostro legitime deputato, religiosis viris priori & conuentui sancti Germani salutem in domino. Ut defectus comperti in uisitacione nostra in prioratu predicto per nos die Ueneris XII die mensis Maii anno domini &c. decimo nono in domo capitulari dicti prioratus canonice excercita [reformentur],[3] moniciones, precepta & mandata infrascripta vobis indicimus per presentes quatinus vos coniunctim & diuisim concernunt firmiter obseruanda. In primis vobis iniungimus & mandamus quatenus omnes administratores seu officiarii tam regulares quam seculares per vos in officiis deputati seu deputandi saltem semel in anno presente toto conuentu aut aliquibus ex senioribus ad hoc per capitulum deputatis de officiis suis plenarie reddant racionem. Item

T. fol. 195
May 12, 1419

---

[1] i.e. est requisitus.
[2] 1416 is meant. There was no
Chapter in 1417.
[3] om. MS.

iniungimus & mandamus quatinus antiquitus [*sic*] canonicorum numerus teneatur, et presertim quod habeatis duos canonicos plures in ordine vestro professos citra festum Natalis domini proximo sequens, ac eciam duos alios canonicos quam cito comode poteritis infra annum ex tunc proximo futurum. Item iniungimus & mandamus vobis priori quod in pane & potu vestris canonicis dicti prioratus sufficienter provideatis & decenter iuxta laudabilem & antiquam consuetudinem. Item iniungimus & mandamus vobis priori & conuentui quatinus de cetero in omnibus principalibus maioribus & minoribus festis ad magnam missam in choro habeatis torticeos cereos tempore eleuacionis corporis Cristi continue ardentes, ac eciam cetera parua luminaria cerea accensa in principio omnium magnarum missarum, vesperorum, & matutinarum in choro predicto dicti prioratus usque ad finem diuinorum predictorum continue ardentia. Et ut moniciones & decreta nostra firma maneant & in futurum inuiolabiliter obseruentur, monemus vos priorem & conuentum singulasque personas eiusdem prioratus primo, secundo & tercio ac peremptorie sub pena iuris ac sub pena que cauetur in constitutione domini Octoboni que incipit 'De prelatis autem' contra negligentes expressata; precipimus insuper & mandamus vobis priori & conuentui prioratus predicti sub pena iuris quatinus omnia & singula suprascripta effectui debito mancipetis, certificantes nos distincte & aperte, si quem seu quos rebellem seu rebelles predictis decretis seu iniunccionibus nostris in hac parte inueneritis resistentem seu resistentes quouismodo. Et quid in premissis feceritis nos citra festum Pentecostes proximo nunc futurum debite certificetis per litteras vestras sigillo vestro consignatas. Dat' in domo capitulari sancti Germani die & anno supradictis.

85.

[The Prior of St. German's having sent a mandate that he proposes to visit the Priory of Launceston, the sub-prior acknowledges the receipt.]

T. fol. 184.
c. May 1, 1431

Venerabili & religioso viro Iohanni dei gracia priori prioratus sancti Germani in Cornubia ordinis sancti Augustini Exoniensis diocesis, visitatori ordinis supradicti per presidentes & capitulum generale in prioratu sancti Iacobi iuxta Northamptone ultimo celebratum in diocese Exoniensi legitime deputato, religiosus vir Simon Anteswell supprior claustralis prioratus Launcestone ordinis supradicti obedienciam & reuerenciam cum honore. Mandatum vestrum reuerendum ultimo die mensis Aprilis anno domini millesimo quadringentesimo tricesimo primo sub eo qui sequitur tenore verborum recepi. Iohannes permissione diuina &c. Cuius quidem mandati vestri reverendi auctoritate omnes & singulos concanonicos & confratres dicti monasterii prioratus quos poteram reperire, videlicet fratres Thomam Osborne, Iohannem Cade, Iohannem Launcels, Willelmum Laneman, Robertum Parys, Petrum Benys, Iohannem Degendone, Nicholaum Gerecote & Robertum Alan ad comparendum coram vobis vestrove commissario dictis die & loco subituros, exhibituros, deposituros, facturos & recepturos per omnia, ut mandatum ac huiusmodi negocium visitacionis in se exigit & requirit, peremptorie citaui. Alios vero concanonicos & confratres nostros uidelicet Willemum Schere[1], Robertum Toker & R. Yurll ad citandum minime inveni; quia dictus frater W. S. est Londonie pro prosecutione electionis sue in priorem dicti prioratus per nos rite & canonice ac concorditer de se facte coram reverendo in Cristo patre & domino, domino H. Cantuariensi archiepiscopo & apostolice sedis legato, ita quod non poterat per me apprehendi. Dominus vero R. Toker, canonicus & confrater noster, cum eodem domino W. S. electo antedicto est ex assignatione mea & omnium confratrum meorum. Dominum uero R. Yurll minime citare potui, quia diu antequam recepi mandatum vestrum reverendum predictum recessit & abiit ad loca nobis ignota, & adhuc est extra dictum prioratum nostrum absque licencia siue sciencia mei supprioris predicti seu alicuius confratrum meorum per ipsum siue per alium petita seu optenta, ad adnullandum electionem nostram per nos de W. S. confratre & concanonico nostro rite, concorditer & canonice factam & celebratam, & ad eiusdem electionis nostre confirmationem nequiter & iniuste preter & contra voluntatem nostram inpediendum, ad domus nostre dilapidacionem, & adhuc ad monasterium sive prioratum nostrum predictum redire minime curavit sive curat in presenti, ob cuius defectum missas, oraciones, & observaciones solitas que de iure facere tenemur minime peragere possumus in presenti. Et sic mandatum vestrum iuxta posse diligenter sum executus. In cuius rei testimonium sigillum nostrum commune ad meum specialem rogatum est appensum. Dat' in domo nostra capitulari Launcestone XII die mensis Februarii anno domini MCCCCXXX[2].

---

[1] William Shyre was declared prior on Aug. 21, 1431. The post had been vacant nearly a year (Oliver's *Monasticon Exon.*, p. 22).

[2] This date must be a mistake; if the mandate was received on April 30, 1431, the reply could not be of Feb. 12, 1431.

86.

[The Prior of Merton writes to the Prior of Bruton that he is unable to pay his fine.]

Amice[1] carissime, quia morum honestas & virtutum probitas ac religionis & ordinis serenitas id exposcunt, ut religionis quisque prelatus alium contempletur & sibi quatinus poterit mutue compassionis obtentu subueniat in agendis, ut sic lucerna in ecclesia dei posita nullatenus extinguatur, sed introeuntibus lumen prebeat indeficiens & religionis excellencia recto tramite gubernetur; nuper siquidem monicionis vestre litteras nobis gratas recepimus leta manu, inter cetera continentes quod sub certis penis & censuris in personam nostram sub certa forma fulminandis vobis de x libris, in quibus ut asseritis vobis tenemur racione non comparicionis nostre legittime in capitulo nostro generali ultimo celebrato, citra festum sancti Petri quod dicitur Aduincula proximo futurum satisfaciamus in prioratu vestro de Brutone nisi quatenus causam racionabilem in hac parte pro nobis poterimus allegare; verum quia tam ingruente in partibus nostris diuersarum bestiarum pestilencia non modica nostrique dormitorii & aliarum domorum nostrarum antiquarum casura subitanea & repentina, quibus aliis pretermissis nos oportebat cum omni diligencia subvenire & earum reparacioni modis omnibus succurrere, ut tenemur, quam eciam aliis mundanis tribulacionibus quampluribus hiis diebus nobis & monasterio nostro non nostris meritis, nouit ipse deus, plus solito contingentibus nequimus ad presens nec citra dictum festum predictam summam argenti vobis transmittere, ut vellemus, absque magno dispendio domus nostre, vos ex intima cordis affecione rogamus quatinus attenta premissorum veritate non nobis tantum sed & latori presencium, qui nomine nostro si oporteat fidem faciet, de premissis credere & nos super dicte pecunie solutione retardata usque in proximum capitulum nostrum celebrandum, quo personaliter interesse intendimus divina favente clemencia, habere velitis si placeat excusatos, ut cum sors ex parte nostra ceciderit, vobis teneamur refundere vices gratas. Ad regimen gregis vobis commissi columpnam incolumem diu conservet in prosperis clemencia saluatoris. Per W. Sutton Waltero Michenhale canonico Mertone.

---

[1] Laud MS. 723, fol. 35. From the handwriting the date is between 1400 and 1450.

87.

[The form of appointing Visitors by the Presidents of the Chapter.]

Commissio presidencium visitatoribus bona [1].

Willelmus abbas monasterii sancte Crucis de Waltham Londoniensis
diocesis, Iohannes abbas sancti Iacobi iuxta Northamptone Lincolniensis
diocesis & Iohannes prior de Gisburgh Eboracensis diocesis, capitulo provinciali canonicorum regularium ordinis sancti Augustini
in Anglia presidentes, venerande discrecionis viro Iohanni priori sancti
Oswaldi in Nostell salutem quam peperit uterus virginalis. Cum
clamosa tam cleri quam populi insinuacione pulsemur quod omnis
quasi conuersacio plurium domorum ordinis nostri in tantam infamiam
& dissolucionem deuenit quod toti ordini nostro cedit in uituperium
& status eiusdem inde multipliciter deformatur ; vobis de cuius industria
plenissime nobis constat, ad inquirendum, corrigendum & puniendum
quorumcumque crimina, excessus, & defectus subditorum nostri dicti
ordinis tam in capite quam in membris, necnon ad reformandum
reformanda tam in spiritualibus quam in temporalibus in omnibus
domibus nostri ordinis antedicti infra Eboracensem provinciam constitutis, iuxta tenorem constitucionum consilii generalis & nouella statuta
celebris memorie Benedicti pape XII, super reformacione ordinis nostri
dudum a curia Romana emanancia, procedendum, necnon ad omnia &
singula faciendum & expediendum que ad officium visitacionis iuxta
canonicas sanctiones & statuta regularia ac preteriti temporis morem
[pertinent],[2] auctoritate apostolica qua fungimur in hac parte vices
nostras committimus cum cohercionis & execucionis cuiuslibet potestate.
Dat' sub sigillis nostris presidencialibus in capitulo nostro generali
apud Northamptone tento, viii die mensis Iunii anno domini
mccccxxx quarto.

T. fol.
209
June 8,
1434

88.

[The Bishop of Salisbury and Thomas Faux are admitted as brethren.]

Universis[3] sancte matris ecclesie filiis presentes litteras nostras
visuris vel audituris I. dei gracia abbas sancti I. iuxta N[orthampton]
Lincolniensis diocesis in generali capitulo eiusdem ordinis ultimo

1437

---

[1] bona 'a good specimen'.   [3] Royal MS. 10 B. ix, fol. 137.
[2] Not in MS.

N

celebrato unus presidencium legittime deputatus, salutem que prodiit de latere salvatoris. Noverit universitas vestra nos unanimi consensu aliorum presidencium ac diffinitorum[1], mero motu pietatis, participes fecisse nostros veros et dilectos in Cristo magistrum Robertum N.[2], episcopum Sar', et dominum T[homam] F[aux][3], rectorem ecclesie sancte Brigide, omnium missarum, ieiuniorum, vigiliarum, oracionum, elemosinarum ac ceterorum divinorum officiorum omniumque bonorum spiritualium que inter nos iam presentes seu successores nostros imposterum futuros in monasteriis, prioratibus, cellulis, domibus seu in locis aliis quibuscumque fiendis largiendis ministrare dignaretur clemencia conditoris. Et sic predictos R. et T. cum consensu & assensu omnium & singulorum prelatorum et confratrum capituli generalis in nostram fraternitatem nunc recepimus & illis tenore presentium impertimur & indulgemus. Dat' sub sigillo nostro &c. anno domini &c.

89.

[The Prior of Taunton appoints a deputy to carry out a visitation in the diocese of Exeter.]

Littera ad visitandum per commissarium.

T. fol. 219
Apr. 23, 1440

Thomas permissione divina prior prioratus Tantone ordinis sancti Augustini, Batoniensis & Wellensis diocesis, visitator ordinis predicti una cum collega nostro priore de Plymptone Exoniensis diocesis per presidentes & capitulum generale in abbathia sancti Iacobi iuxta Northamptone ultimo celebratum in diocesibus Baton', Wellens' & Exon' specialiter deputatus, dilecto nobis in Cristo Roberto Dryer canonico Plymptone salutem in visceribus crucifixi. Variis & arduis negociis dicti prioratus nostri multipliciter occupatus quominus dicte visitacioni et eius execucioni intendere valeamus, tibi de cuius industria & circumspeccione plenius confidimus[4], ad visitandum nomine nostro omnia & singula monasteria infra limitacionem Exoniensis diocesis constituta & eorum conuentus crimina & excessus in visitacionibus huiusmodi comperta [reformandum],[5] ac penitencias salutares iniungendum iuxta Benedictinas constituciones & canonicas sancciones,

---

[1] defunctorum, MS.
[2] Robert Nevill was Bishop of Salisbury from Oct. 26, 1427, to Jan. 1438.
[3] Thomas Faux was not instituted to St. Bride's, Fleet Street, until Oct. 1437, if we may credit Hennessy's *Novum*

Repertorium; but he may have been presented before June 9, which was the day on which the General Chapter met.
[4] confidentes, MS.
[5] Not in MS.

penitencias huiusmodi pro quibusdam criminibus siue excessibus quibuscumque personis inpositas mutandum & relaxandum, ac procuraciones petendum & recipiendum & acquietancias si necesse fuerit faciendum, necnon omnia & singula alia faciendum, excercendum & expediendum que ad premisse visitacionis officium pertinent, iis[1] super quibus capitulo generali est referendum dumtaxat exceptis, vices nostras committimus cum cohercionis cuiuslibet canonice potestate. In cuius [&c. sealing]. Dat' in prioratu nostro Tauntone vicesimo tercio die Mensis Aprilis anno domini mcccc quadragesimo.

90.

[Mention of a Chapter at Huntingdon in 1479.]

Memorandum ad orandum per preceptum ultimi capituli de Huntyngtone pro animabus Thome Holden & Elizabethe uxoris sue fundatorum collegii beate Marie de Oxonia, que obiit anno regni regis Edwardi quarti xixᵒ.

T. fol. 248

91.

[Notice that Missenden was to be visited on May 4, 1506, and the answer of the Abbot.]

Monasteriorum[2] beate Marie de Pratis Leycestrie, Thornetone, & sancti Iacobi iuxta Northamptone permissione divina abbates, canonici regulares & professi ordinis sancti Augustini Lincolniensis diocesis, auctoritate sacrosancte sinodi ecclesie cathedralis sancti Pauli Londonie anno domini mcccccii per reverendissimum in Cristo patrem & dominum, dominum Henricum divina providentia Cantuariensem archiepiscopum tocius Anglie primatem & apostolice sedis legatum celebrate, ac auctoritate capituli generalis eiusdem ordinis apud monasterium de Osenea iuxta Oxoniam ultimo celebrati, omnium & singulorum locorum canonicorum regularium dicti ordinis sancti Augustini & aliarum quarumcumque domorum quarum canonici habitum eiusdem religionis gerunt, sive de capitulo dicti ordinis fuerint, sive non, infra diocesim Lincoln' visitatores & reformatores coniunctim & divisim deputati, religioso viro abbati de Myssenden salutem in omnium salvatore. Quia vos & monasterium vestrum tam in capite [quam] in membris quarto die mensis Maii proximo futuro proponimus,

[1] in &, MS. [2] From Sloane MS. 747, fol. 68.

N 2

domino concedente, auctoritate prefata ex officio nostro, ut incumbit, visitare, tenore presencium peremptorie vos citamus & per vos omnes & singulos canonicos & conuersos dicti vestri monasterii presentes, & absentes consimiliter citari volumus & mandamus, quod dicto quarto die mensis Maii cum continuacione & prorogacione dierum subsequencium usque ad dicte visitacionis expedicionem finalem, si opus fuerit, faciendis, coram nobis aut quolibet nostrum in domo vestra capitulari compareatis & compareant ac quilibet eorum compareat, visitacionem nostram predictam humiliter subituri & super consernentibus statum dicti vestri monasterii & personarum eiusdem ac sertis interrogatoriis super hoc faciendis personaliter & veraciter responsuri, omnia & singula scripta, regulam sancti Augustini, statuta & constituciones domini Benedicti pape XII, Octonis & Octoboni olim in regno Anglie legatorum & alias in capitulis ipsius ordinis generalibus editas nobis cum effectu exhibituri, ulteriusque facturi & recepturi quod officium dicte visitacionis exigit & natura.   Vobis insuper tenore presencium inhibemus, et per vos omnibus et singulis dicti monasterii canonicis & conversis inhiberi consimiliter volumus & mandamus, ne extunc quicquam in preiudicium dicte nostre visitacionis attemptetis et attemptent, faciatis vel faciant aliqualiter attemptari.   De procuratione quoque nobis racione dicte visitacionis nostre debita dictis die & loco nobis faciatis congrue provideri.   De die vero recepcionis presencium, et quid in premissis feceritis aut duxeritis faciendum una cum nominibus & cognominibus omnium & singulorum canonicorum & conversorum dicti vestri monasterii dictis die & loco nobis certificetis, litteris vestris patentibus, habentibus hunc tenorem.   Dat' apud monasterium predictum sancti Iacobi iuxta Northampton primo die Aprilis sub sigillo officii nostri anno domini millesimo quinquagesimo [*sic*] sexto.

Reverendis in Cristo patribus & dominis, dominis permissione divina monasteriorum beate Marie de Pratis Leicestrie, Thorntone & sancti Iacobi iuxta Northampton abbatibus, visitatoribus & reformatoribus omnium & singulorum canonicorum regularium professorum ordinis sancti Augustini Lincolniensis diocesis aliarumque domorum, eiusdem religionis habitum gerencium, Lincolniensis diocesis vester humilis & devotus Henricus eadem gracia abbas monasterii sive domus de Missenden, ad mandatum presentibus annexum mandatorius, omnimodam reverenciam tantis patribus debitam cum honore.   Vestrum mandatum presentibus annexum nuper ea qua decuit reverencia viz. [*blank*] die mensis Aprilis recepi exequendum sub tali verbo & compendia 'Monasteriorum &c.'; cuius quidem mandati tenore pariter &

vigore omnes & singulos confratres ac concanonicos meos & conversos dicti mei monasterii viz. Will. Smyth priorem dicti monasterii, Thomam Cole, Will. Samon, Will. Honour, Ioh. Wode, Ioh. Fox, Thom. Marlowe, Ioh. Oxeford, Ric. Amersham, Ric. Langley dicti monasterii professos canonicos & confratres meos, viz. ultimo die mensis Aprilis anno domini MCCCCCVI infra ecclesiam meam conventualem iuxta vim, formam & effectum dicti vestri mandati peremptorie monui & citavi quod compareant ac eorum quilibet compareat coram vobis aut quolibet vestrum, die & loco in eodem mandato vestro reverendo contentis, dictam visitacionem et reformacionem vestras humiliter subituri, visuri, audituri ulteriusque facturi & recepturi quod officium dicte visitacionis exigat & requirat in hac parte. Quod [omnibus] [1] & singulis reverenciis significo ac certifico per presentes. In cuius rei testimonium sigillum meum ad causas presentibus apposui. Dat' primo die mensis Maii anno domini supradicto.

92.

[A citation to the Abbot and Convent of Oseney to undergo a visitation.]

Monasteriorum de Newenham et Lande priores canonici regulares ordinis sancti Augustini Lincolniensis diocesis, per capitulum generale dicti ordinis ultimo auctoritate apostolica celebratum apud Bernewelle iuxta Cantibrigiam in archidiaconatibus Oxonie, Buck', Bedford' & Huntyngdone visitatores deputati, reverendo patri ac religioso viro abbati de Oseney salutem in omnium salvatore. Quia vos et monasterium vestrum tam in capite quam in membris nono die mensis Maii proximo futuro proponimus domino concedente auctoritate prefata ex officio nostro ut incumbit visitare, tenore presencium peremptorie vos citamus et per vos omnes et singulos concanonicos et conversos dicti vestri monasterii presentes, et absentes consimiliter citare volumus et mandamus, quod nono die mensis Maii cum continuacione et prorogacione dierum subsequencium usque ad dicte visitacionis expedicionem finalem si opus fuerit facienda coram nobis aut quolibet nostrum in domo vestra compareatis et compareant ac quilibet eorum compareat, visitacionem nostram predictam humiliter [subituri] [1] et super concernentibus statum dicti vestri monasterii et personarum eiusdem ac certis interrogatoriis super hoc faciendis personaliter et veraciter responsuri, omnia et singula scripta regulam sancti Augustini et

W. fol. 13
Mar. 26, 1509

---

[1] Not in MS.

constitutiones domini Benedicti XII, Octoni et Octobonis olim in regno Anglie legatorum ac alias in capitulis ipsius ordinis generalibus editas nobis cum effectu exibituri, ulteriusque facturi et recepturi quod officium dicte visitacionis exigit et natura.[1] Vobis insuper tenore presencium inhibemus et per vos omnibus et singulis dicti vestri monasterii con-canonicis et conversis inhibere volumus et mandamus, ne extunc quicquam in preiudicium siue impedimentum dicte nostre visitacionis attemptetis et attemptare faciatis vel faciant aliqualiter attemptari. De procuracione quoque nobis racione dicte visitacionis nostre debita dictis die & loco nobis faciatis congrue provideri. De die vero receptionis presencium & quid in premissis feceritis aut duxeritis faciendum una cum nominibus et cognominibus omnium et singu-lorum concanonicorum et conversorum dicti vestri monasterii dictis die et loco nobis certificetis litteris vestris patentibus habentibus hunc tenorem. Dat' apud predictum monasterium sancti Pauli de Newenham vicesimo sexto die mensis Marcii sub sigillo officii nostri anno domini millesimo quingentesimo nono.

93.

[The Abbot of Oseney certifies that he has received and executed the citation.]

Certificacio in visitacione ordinis.

W. fol. 14
May 2, 1509

Venerabilibus religiosis et discretis viris ac dominis prioribus prio-ratuum monasteriorum de Newenham et Launde ordinis sancti Augustini Lincolniensis diocesis visitatoribus in archidiaconatibus Oxonie, Buk', Bedford', et Huntyngdone in ultimo capitulo provinciali Anglie[2] eiusdem ordinis celebrato visitatoribus deputatis, frater Willelmus permissione diuina abbas monasterii beate Marie virginis de Oseney obedienciam et honorem cum honore [*sic*]. Mandatum vestrum reverendum recepi vicesimo sexto die mensis Marcii sub eo qui sequitur tenore ; ' Monasteriorum de Newenham et Lande priores' et cetera ut supra. Cuius auctoritate mandati omnes et singulos canonicos mona-sterii nostri citaui quod compareant coram vobis aut quolibet vestrum certis die et loco superius annotatis. De procuracione vero racione huiusmodi vobis debita intendo satisfacere ut iuris est. Nomina vero et cognomina omnium et singulorum canonicorum meorum in cedula presentibus annexa plenius ascribuntur, et sic mandatum vestrum

---

[1] nature, MS.   [2] Anglic', MS.

reverendum cum omni reverencia sum fideliter executus. In cuius rei testimonium sigillum mei pastoralis officii presentibus est annexum. Dat' quoad sigillacionem secundo die instantis mensis Maii anno domini supra notato.

Hic immediate sequuntur singula nomina canonicorum monasterii visitati.

Dom. Willelmus abbas.

Dom. Iohannes Gramponde prior.

Frater Iohannes Tongulle subprior.

Frater Ricardus Columbene, & sic de similibus.

94.

[Injunctions issued at Launceston and Barlinch.]

Iniuncciones[1] apud monasterium de & supra Lanstone.

Quoniam antiquus numerus canonicorum non tenetur ibidem, iniungimus & mandamus quatenus duos canonicos plures habeant in ordine nostro ante festum Michaelis archangeli proximo futurum; aceciam duos alios canonicos quam cito comode poterit infra annum extunc proximo futurum. Item precipimus & mandamus priori quatinus confratribus suis in infirmaria egrotantibus in cibariis & lectis deseruiatur iuxta laudabilem & antiquam consuetudinem nostre religionis. Item iniunximus & mandauimus quatinus omnes & singuli canonici intersint refectorio, viz. in omnibus refeccionibus suis, ita quod nullus habeat cameram nisi supprior, senescallus & alius senex, cui nomen Ricardus Lylle, nisi speciali dispensacione prioris. Precipimus ulterius & mandauimus [*sic*] priori quatinus soluat uel solui faciat priori qui pro tempore fuerit qualibet septimana pro pane, potu & aliis cibariis iiii s., & cuilibet concanonico septimanatim pro predictis necessariis iii s., prouiso tamen quod istud decretum erit in vigore usque ad festum sancti Michaelis archangeli quod erit in anno domini MDX, & extunc partiant singuli canonici prout receperunt ex consuetudine antiqua & laudabili. Item precipimus priori quod de cetero nullus canonicus frequentat tabernas seu loca suspecta. Item precipimus & mandauimus quod nullus canonicorum exeat monasterium deuillando per spacium unius diei, nisi ex speciali licencia prioris petita & adepta. Item precipimus omnibus & singulis dicti prioratus canonicis, quatinus

---

[1] This document is Exchequer K. R. Ecclesiastical Documents ¾ in the Record Office. The date is probably Spring 1509.

horis canonicis diurnis & nocturnis a principio usque ad finem omnes & singuli intersint[1], nisi licencia prioris aut supprioris eos contigerit absentare. Precipimus ulterius quod seruent silencium in ecclesia, claustro, dormitorio & refectorio.

Iniuncciones apud monasterium de Berlynch.

Quoniam antiquus numerus canonicorum non tenetur ibidem, iniunximus & mandauimus quatinus duos canonicos plures habeant in ordine nostro ante festum sancti Michaelis archangeli proximo futurum. Inhibuimus insuper & mandauimus quod nullus canonicorum exeat cepta monasterii per spacium unius diei nisi ex licencia speciali prioris petita & optenta. Inhibuimus ulterius quod nullus exeat monasterium gracia recreacionis seu quauis causa, nisi ex licencia prioris vel supprioris petita & adepta. Prohibuimus eciam & mandauimus quod nullus exeat dormitorium post completorium, nisi ex licencia supprioris in refectorio ad collacionem quandam[2] ut decet petita & optenta. Precipimus insuper & mandauimus quatinus omnes canonici intersint refectorio seu alio loco honesto in vice refectorii in prandio, cena & aliis refeccionibus necessariis, ita quod unus legat qualibet refeccione bibliothecam, vitas sanctorum patrum prout tempus exigit[3], prouiso tamen quod semel in septimana legatur regula sanctissimi patris nostri Augustini, prout mandant constituciones Benedictine. Precipimus ulterius quod nullus canonicorum retineat apud se nisi unum seruientem siue puerum sub pena contemptus. Precipimus insuper seruent[4] silencium in ecclesia, claustro, dormitorio & refectorio ita quod utentur signis ut decet. Precipimus & mandamus quod nullus canonicorum reuelet secreta seu enormitates religionis vel canonicorum secularibus ullo modo sub pena incarceracionis per spacium unius mensis uel ulterius, prout utilius priori videbitur. Prohibuimus quod nullus canonicorum contradicat priori, suppriori seu seniori suo in hiis que concernunt religionem, sub pena abstinencie panis & aque feriis quartis & sextis per spacium unius mensis. Precipimus eciam & mandauimus priori quatinus deseruiatur canonicis in refectorio honeste & laudabiliter prout solet. Mandauimus insuper quatinus preparetur unus qui instruat canonicos in grammatica quam cito fieri commode possit. Precipimus ulterius quod habeant lumen in ecclesia coram altare die & nocte. Precipimus ulterius & mandauimus quatinus reparetur dormitorium iam ruinosum.

[1] extersint, MS.
[2] quodam, MS.
[3] eigit, MS.
[4] serviant, MS.

95.

[A letter from the Presidents to the Priors of Launde and
Newenham.]

Ricardus, Henricus & Radulphus dei paciencia monasteriorum W. fol. 9
beate Marie de Pratis Leycestrie, sancti Iacobi iuxta Northamptone ac Aug. 30
beate Marie de Kelyngworth ordinis sancti Augustini Lincolniensis & 1511
Conventrensis diocesum abbates, necnon in ultimo capitulo generali
apud monasterium beate Marie de Pratis Leicestrie predicte celebrato
in provinciis Cantuariensi & Eboracensi presidentes, dilectis confratribus nostris prioribus de Newneham et Laund in archidiaconatu
Oxonie, Buck' et Bed' [visitatoribus] [1] eiusdemque sancti Augustini
ordinis salutem. Quia per decretum constitucionis sanctissimi patris
Innocencii pape de triennio in triennium capitulum celebrare cogimur
et tenemur, quocirca auctoritate qua fungimur in hac parte virtute
sancte obediencie mandamus firmiter iniungentes quatenus ad singulas
domos religiosas ordinis antedicti in et per totum archidiaconatum Oxon,
Buk' et Bed' constitutas temporibus oportunis coniunctim aut divisim
seu per vestros commissarios idoneos accedentes, deum pre oculis
habentes, tam in capite quam in membris super statu ac reformacione
ordinis et observancie regularis [2] ac aliis super quibus videritis inquirendum celeriter inquiratis, que eciam in illis corrigenda fuerint ac
reformanda corrigentes diligenter ac reformantes. Et si qua inveneritis
que per vos ut decet expediri non poterunt, presidentibus in proximo
capitulo generali in monasterio beate Marie de pratis Leicestrie in
quindena Trinitatis proximo futura celebrando, deo annuente, cum zelo
iusticie constare faciatis, per presidentes de eisdem salubre remedium
recepturi. Citetis insuper peremptorie prelatos [3] universos, ad quos
predicta de causa vos venire contigerit, quod personaliter intersint
celebracioni capituli generalis predicti apud monasterium beate Marie
de Pratis Leicestrie predicte in quindena Trinitatis supradicta nisi
causa racionabili legittime fuerint prepediti; tunc enim [4] per procuratores suos sufficienter constitutos compareant allegaturi et probaturi
causam seu causas dicte sue absentie si qua vel quas habeant; et quod
vos feceritis tam super visitacione quam citacionibus factis necnon et
de nominibus locorum visitatorum [5], dictis die et loco coram presidentibus in proximo capitulo generali certiorare valeatis iuxta tenorem dicti

---

[1] Not in MS.
[2] regulari, MS.
[3] prefatos, MS.; corrected by the
letter of 1518; see p. 188.
[4] So in both letters.
[5] visitatis, MS., in both letters.

nostri mandati; proviso quod vicissim alter alterius domum visitet et reformanda reformet; et ad quem vestrum presentes littere pervenerint, ipse college sue presens constare faciat mandatum; ulteriusque ad colligendum & recipiendum omnes et singulas denariorum summas quas singule nostre religionis domus infra limites vestre visitacionis ad fabricam & edificacionem collegii beate Marie virginis in alma Universitate Oxonie pie erogare et contribuere statuerint, una cum omnibus et singulis penis prelatorum in eodem capitulo contumaciter absencium ac ibidem debite multatorum, iusticia id poscente; quorum nomina cum singulis eorum summis in cedula presentibus annexa annotantur; easque sic collectas et receptas ad manus reverendi patris abbatis de Oseney ac Willelmi Walle in eadem Universitate regularium studencium prioris citra festum Purificacionis beate Marie virginis proximo futurum secundum statuta et ordinaciones nostre religionis in eodem capitulo nostro edita & promulgata tradendas & deliberandas, vobis coniunctim et divisim committimus, atque ad ea diligenter facienda in virtute sancte obediencie firmiter iniungendo mandamus, nobisque de eo quod feceritis in premissis sub compoto fideli per singulas billas[1] inter vos et partes sic satisfacientes indenta*tas* onera*to* cerciorare curetis, cum ad hoc debite requisiti fueritis; rebelles et contradicentes, si quos inveneritis, ipsos et eorum quemlibet ad eiusdem statuta observandum[2] per censuras ecclesiasticas compellere & cohercere vices nostras et plenam in domino concedimus potestatem in hac parte. In cuius rei testimonium presentibus sigilla nostra apposuimus. Dat' ultimo die Augusti anno domini millesimo quingentesimo undecimo.

Nomina prelatorum absentium
in dicto capitulo.

Prior de Butteley	xl s.
Prior de Anglesey	xx s.
Prior de Asshby	xx s.
Prior de Dunstabull	v lib.
Prior de Caldwell	vi s. viii d.
Prior de Ravenstone	vi s. viii d.
Prior de Huntyngdone	xx s.
Prior de Busshmede	x s.
Prior de Stonley	vi s. viii d.
Prior de Bureshoghe	xl s.

[1] singularum villarum, MS., but correct in No. 96.   [2] observanc', MS.

Prior de Gresleya	vi s. viii d.
Prior de Perco de Bredeshale	iii s. iiii d.
Prior de Colburne	x s.
Prior de Pynkeney	vi s. viii d.
Prior de Charbury	vi s. viii d.
Prior de Stanys [1]	xx s.
Prior de Trensham	xx s.
Abbas Cirecestrie	x lib.
Prior de Dudford	x s.
Prior de Herford [2]	x s.
Abbas de Bradley [3]	xl s.
Prior de Penmon	x s.
Prior de Leytokeleyt [4]	x s.
Prior de Medestedewale	x s.
Prior de Calceto iuxta Arundell	vi s. viii d.
Prior de Southwerk	v lib.
Prior de Reigate	xiii s. iiii d.
Prior de Taurugg	xiii s. iiii d.
Prior de Bradenstoke	v lib.
Prior de Sadelford	xiii s. iiii d.
Prior de Walsyngham	iiii lib.

Nomina non habencium scolares.[5]

Prior de Cecestria	v lib.
Prior de Dunstable	v lib.
Prior sancte Fridiswide	xx s.
Abbas de Hamond	xx s.
Abbas de Cirencestria	v lib.
Prior de Sowthwark	iii lib.
Prior de Novo Loco iuxta Gilford	xl s.
Prior sancti Oswaldi in Nostel	v lib.
Prior de Kyrkham	xl s.
Prior de Novo Burgo	v lib.
Prior de Boltone	iii lib.
Prior de Thurgartone	iii lib.
Prior de Carliole	v lib.

[1] Stone, Staffordshire.
[2] Probably Haverford.
[3] Means Bardsey; see the Acts of 1509.
[4] Means Bethgelert; see the Acts of 1509.
[5] The Acts of 1509 show that the first name should be Colcestria, and that Southwick and Leycester are omitted.

96.

[A letter from the Abbot of Leicester to the Priors of Launde and Newenham.]

W. fol.
16
Jan. 12,
151⁷⁄₈

Ricardus dei paciencia abbas monasterii beate Marie virginis de Pratis Leycestrie unus presidencium in capitulo generali ordinis sancti Augustini in provincia Cantuariensi religiosis viris, prioribus de Newenam et Lawnd salutem in domino. Quia per decretum [&c. as in the letter of 1511, but adding the archdeaconry of Huntingdon; reading 'predicto monasterio' for 'monasterio sancte Marie de Pratis Leycestrie . . .'] faciat mandatum. Dat' in monasterio beate Marie virginis de Pratis Leycestrie predicte sub sigillo officii nostri duodecimo die mensis Ianuarii anno domini millesimo quingentesimo decimo septimo.

97.

[On the way to conduct a visitation.]

W. fol.
18

Fratribus in capitulo congregatis dicat visitator 'Viscerosissime dilecti domini et confratres, vobis plane constat quod processum huius visitacionis habet prevenire verbum dei; quo a fratre nostro pro forma collacionis pronunciato, omissis aliorum verborum preambulis ad huius visitacionis negocium rite et canonice est procedendum.'

Quo dicto sequatur sermo; deinde legatur certificatorium; quo lecto procedat visitator in hunc modum:—'Reverendi patres et confratres, causa nostri adventus est visitare seu visitacionis officium excercere; ad quod debite exequendum tria principaliter requiruntur; primo visitatorum seu visitancium diligens inquisicio; secundo corrigendorum et puniendorum plenaria deteccio; tercio delictorum debita reformacio. Sed quia visitatores, ad quos pertinet diligens inquisicio et compertorum debita reformacio, non possunt proficere nisi fuerint qui corrigenda et reformacione digna voluerint detegendo manifestare, hinc est quod vobis omnibus et singulis tam prelato quam subditis iniungimus in virtute obediencie et in periculo vestrarum animarum et sub pena maioris excommunicacionis, quatinus omnia et singula ad statum domus istius vel personarum eiusdem concernencia correccione seu reformacione [digna]¹ bono zelo, non ex odii fomite, sed desiderio correccionis seu reformacionis debite, nobis detegatis et reveletis, nisi

¹ om. MS. in both passages, here and below.

talia fuerint occulta, de quibus deus habet iudicare. Et quia diligens inquisicio in hac parte secreto et singillatim fieri oportebit, vobis, fratres et domini, humiliter supplicamus quatinus simul ad tempus paululum declinare velitis et sic unus post alium denuo ad nos revertatur, et prelatus nobiscum manebit[1], quid sibi sit dicendum humiliter auditurus.'

Fratribus in capitulo congregatis dicat reformator ordinis:—' Viscerosissime dilecti domini et confratres, vobis plane constat quod processum huius capituli habet prevenire ordinem [*sic*] divini seruicii, quo a me ipso pro forma colacionis [*sic*] pronunciato, omissis aliorum verborum preambulis ad huius capituli negocium rite et canonice est procedendum.'

Loco sermonis iam ad tempus loquar*is* de servicio divino causa difficiente silicet sermo [*sic*].

' Reverendi patres [&c. as before . . . substituting *reformator* and *reformatio* for *visitator* and *visitacio* and *me* for *nos* . . .] auditurus.'

[Then follow :

Two forms suitable for excommunicating canons who have not appeared at the visitation, or have despised corrections imposed on them.

A form to be used by one who repents and promises to perform the penance imposed on him.

Two forms of absolution from excommunication.

A form giving notice that a canon accused of fornication has purged himself.

A form for the publication of absolution from excommunication.]

Nota quod facta examinacione singulorum canonicorum fiat pupplicacio compertorum hoc modo: ' Comperta hec in visitacione nostra pupplicamus.' Et postmodum singuli canonici iuxta comperta, incipiendo a superiore, super aliquo crimine impetiti habent[2] respondere secrete super veritate facti; et si quis nunc desideratus[3] non vult respondere sic monitus et iussus, excommunicetur vel suspendeatur sub forma infra notata.

Interrogatoria specialia ad prelatos.

Primo inquiratur de statu domus an bene gubernetur an male. Si male per quem vel per quos. Item de excessibus religionis et si sint aliqui inobedientes proprio prelato vel eius officiariis religionem

---

[1] mabit, MS. ; *manebit* in the second passage.

[2] hunc, MS.
[3] non desideratis, MS.

custodientibus. Item si sint aliqui incontinentes vel diffamati contuberniis mulierum seu aliarum suspectarum personarum in tabernis incongruis temporibus diei ac noctis, locis inhonestis vacantes. Item si sint aliqui proprietarii habentes peculium propriis manibus seu alienis sine licencia superioris. Item si seruicium divinum nocturnum et diurnum hilariter, unanimiter, assidue et devote ab universis dicatur vel si qui revelent secreta capituli extraneis. Item si silencium in locis claustralibus secundum statuta et claustrum post completorium contemplentative [*sic*] custodiatur. Item si antiquus numerus canonicorum servetur; et si non, inquiratur causa ; et utrum recipiunt vestimenta necessaria vel pecuniam pro indumentis.

Interrogatoria specialia de prelatis et eorum officio.

Si prelatus non distribui faciat victum et vestitum secundum facultates domus. Si prelatus sine personarum accepcione nunc hos nunc illos in camera ad recreacionem non habuerit. Si prelatus non corrigit secrete ea que ostensa sibi fuerint. Si prelatus fuerit necgligens in corrigendo, personarum vel condicionum acceptor fuerit, uni parcens et alium flagellans. Si prelatus fuerit incontinens et cum qua, vel si dilapidator fuerit in administracionibus bonorum communium per se vel per alios permittendo. Si prelatus se absentaverit ab ecclesia et ab aliis locis regularibus, cum conventui congrue poterit interesse. Si prelatus facit convivia, aut lautis conviviis aut commessacionibus intendat, aut sumptus excessivos facit, aut si tenuerit familiam nimis onerosam domui non necessariam ; si prelatus mutuum contraxerit per se vel per alios officiales absque consilio et tractatu prehabito cum sanioribus, senioribus et prudencioribus conventus. Si prelatus inmobilia corrodia, penciones [1] aut prebendas seu porciones ad vitam seu ad certum tempus vel imperpetuum ad firmam sine consensu vel causa racionabili per saniores approbata, ita quod non recipiunt pro huiusmodi concedendis pre manibus secundum valorem singulis annis. Si prelatus pro alienis debitis domum obligaverit. Si prelatus celebret missam maiorem aut executor divinorum officiorum non fuerit in festis duplicibus. Si prelatus sit elatus, dominans in potestate, non ministrans in caritate. Si sit inventarium indentatum factum in installacione prelati de singulis mobilibus, et si illud de anno in annum renovetur. Si carte, instrumenta, munimenta, libri, reliquie et cetera ornamenta teneantur extra loca propria. Si prelatus deputet instructorem congruum noviciis in ordine suo et in scienciis primitivis. Si prelatus habeat capellanum quem mutaverit singulis annis. Si

---

[1] pencionis, MS.

sigilla communia et ad causas non habuerint sub custodia trium canonicorum, et sub tribus seris custodiantur.

Interrogatoria specialia de officio subprioris. Si supprior vel custos ordinis necligens fuerit in corripiendo & corrigendo. Si intimaverit prelato crimina que forsan modum vel vires eius excedant. Si subprior non sit potens[1] in opere et sermone doctrine, exemplum monstrans bone vite subditis, instruens eos in bonis et a malis revocans. Si sepius non ministraverit infirmis[2] et non eis secundum eorum infirmitatem fecerit ministrari. Si subprior non deputet fratrem ydoneum ad tenendum et supplendum vices suas in sua absencia. Si subprior tractet in capitulo sufficienter de disciplina et reformatione. Si in absencia prelati capitulum regularem [*sic*] cotidianum non teneat. Si legit seu legi faciat singulis septimanis regulam sancti Augustini & bis in anno statuta papalia et observaciones locales. Si lectura in mensa habeatur continua.

Interrogatoria specialia de officio sacriste. Si sacrista crisma, eucaristiam sub custodia clavium non custodiat. Si debitis horis pulset campanas vel pulsari faciat. Si calices, vestimenta & quecumque ornamenta ecclesiastica officiis deputata honeste custodiat & reparari faciat. Si portas ecclesie vel cimiterii non clauserit seu claudi fecerit. Si in noctibus debitam horam surgendo custodiat fratresque debite excitando.

Interrogatoria de officio precentoris. Si precentor bene et fideliter omnes libros custodiat, salvet et corrigat. Si singulis diebus fratribus petentibus liberet & reassumat libros sine murmure. Si officia divina debito modo deputaverit.

Interrogatoria de omnibus officiis communiter. Si celerarius vel subcelerarius, infirmarius, refectorarius, elimosinarius et alii quicumque officiales circa provisionem et administracionem communem victualium deputati sufficienter et decenter secundum facultates domus et secundum quod tractatum fuerit in annali capitulo ministraverint. Si fratribus suis sanis [vel][3] infirmis ministrent per se et per alios officiales seculares. Si elimosina perveniens de fragmento mense prelati vel canonicorum absque diminucione distribuatur. Si camerarius vestimenta, calciamenta et cetera necessaria corporalia absque dilacione vel murmure cum poscuntur secundum indigenciam ministraverit[4] et [si][5] in promtu non habuerit[6] quam cicius potuerit non procuraverit.[7]

---

[1] petens, MS.
[2] infirmos, MS.
[3] Not in MS.
[4] ministrent, MS.

[5] Not in MS.
[6] habuerint, MS.
[7] procuraverint, MS.

Si prelati et quicumque officiales reddant de suis receptis [et] [1] expensis fidelem, distinctam et plenariam racionem. Si celerarius domos, clausuras, terras cultas et incultas, instaurum vivum et mortuum, et alia huiusmodi ordinaverit commode et prudenter ad utilitatem domus per ministracionem ballivorum et aliorum ministrorum. Si quis plus procuraverit aut intenderit proprie occupationi tanquam suo proprio negocio quam occupacioni rei communis.

Modus dissolvendi capitulum.

Omnipotenti deo graciarum inmensas referimus actiones, cuius concomitans gracia operata est in vobis irreprehensibilem vestre religionis sancte observanciam, intus quoque exterius, in quantum comperire valuerimus, profectum et statum debitum temporaliter & spiritualiter in omnibus cum incremento laudabiliter requisitum. Pauca tamen reformacione digna, sed de facili emendanda existunt, huius loci prelato venerabili secrete, secundum iuris exigenciam statuta quoque nostri ordinis, [2] intimata [3]. Data igitur, auctoritate qua fungimur, absolucione, dissolvemus hoc capitulum pro hac vice. Confiteor. Misereatur. Absolucionem. Vel sic :—Reverendi patres et domini, quia, ut novistis, nos iuxta auctoritatem nobis commissam, et delictorum inquisicionem et eorum reformacionem iuridice perfecimus et vos eorundem relationem caritative detexistis et quia, regracietur omnipotens deus, non multum gravia nec ad reformandum difficilia reperimus, hinc est quod auctoritate predicta in presenti nostra visitacione concessa vos omnes et singulos absolvimus. Confiteor. Misereatur. Absolucionem.

98.

[How to end a satisfactory visitation.]

T. fol. 197 Ista sunt dicenda a visitatore dicti ordinis in secundo capitulo sue visitacionis viz. ultimo die ad complecionem omnium, ut sequitur.

Ecce fratres mei carissimi bene constat vobis quomodo & sub qua forma acta capitularia hesterne diei debent vel deberent hic in presenti capitulo detegi, reuelari, reformari & corrigi. Sed quia nulla inuenimus in hac visitacione nostra in hoc loco reformacione seu correccione indigencia sed omnia se habent graciose & honeste secundum regulam

---

[1] Not in MS.
[2] The order of the words in the MS. is s. q. n. o. e.
[3] intimatur, MS.

ordinis nostri, regracietur deus. Ideo dissoluimus istam visitacionem nostram, et commendamus vos deo qui nos omnes regat & protegat et post huius seculi labencia ducat ad celi gaudia. Amen.

99.

[Assessment of expenses of a visitation of the dioceses of Salisbury, Exeter, and Bath and Wells.]

Taxacio facta per capitulum generale quantum quelibet domus T. fol. soluet visitatoribus pro eorum expensis a domo visitata ad domum 198 visitandam faciendis.

Prior Launcestone soluet	xiii s. iiii d.
Prior Bodminie soluet	xiii s.
Prior sancti Germani soluet	viii s.
Prior Plymptone soluet	xx s.
Prior de Berlyche soluet	vi s.
Prior Tauntone soluet	xx s.
Prior de Brutone soluet	xxvi s. viii d.
Prior de Iuechurche soluet	xi s. viii d.
Prior de Bradestoke soluet	xxix s. x d.
Prior de Poghole soluet	iiii s. x d.
Prior de Sandeforde soluet	ii s. viii d.
Prior de Brightlesham soluet	vi s. iiii d.
Priorissa de Lacok soluet	xxvi s. viii d.
Priorissa de Legh' canonicorum solvet	xviii s. viii d.
Priorissa de Corneworthy	[*blank*]
Priorissa [1] de Maydenbradeleghe	[*blank*]

Summa [*blank*]

100.

[A summary of the duties of the Presidents, the Visitors, and the Diffiners.]

De [2] eleccione presidencium in capitulo provinciali canonicorum.

In bulla pape Innocencii super primo capitulo celebrando sic con- T. fol. tinetur, quod abbates de Welbek & de Croxton ordinis Premonstraten' 108 duos prelatos ordinis sancti Augustini sibi associent, quos viderint

---

[1] Maiden Bradley was ruled by a Prior.
[2] The latest Chapter mentioned in this document is of 1362. Probably it was composed soon after.

o

expedire, ac ipsi quatuor presint capitulo uniuerso, & quod statutum fuerit per capitulum, vel per diffinitores nomine capituli ipsius, & illis quatuor approbantibus, inuiolabiliter obseruetur omni excusacione, contradiccione & appellacione remotis. *Extra' de statu monach' C. In singulis* [1].

Item de eodem in bulla executoria super statutis Benedicti pape abbati de Thorntone & priori de Kyrkham directa sic continetur :— ' Eodemque capitulo congregato, faciant aliquas personas ydoneas per ipsum capitulum eligi que dicto capitulo proximo presideant, eaque faciant & adimpleant que iuxta huiusmodi ordinaciones nostras vel alias sunt per presidentes huiusmodi prouincialibus capitulis facienda.' Item de eodem in statutis Benedictinis de capitulis prouincialibus capitulo Constitucionem sic ' ad que uniuersi conueniant impedimentum canonicum non habentes, dictam constitucionem circa prefatum prouinciale capitulum & alia in ea tam prouide quam salubriter instituta in religione prefata irrefragabiliter obseruantes '. Item in eodem postea sic ' Persone uero que prefuerint huiusmodi prouincialibus capitulis celebrandis, quarum potestatem de uno provinciali capitulo ad aliud prouinciale capitulum volumus perdurare, arbitrentur & discernant &c.' Item in eodem sic ' Et ut super eodem capitulo & per illud extunc in posterum racionabilis ordinacio habeatur, in dicto capitulo primitus celebrando & in aliis eciam per successiones temporum similiter celebrandis, presidentes eiusdem seu maior pars eorundem &c. Eligant quoque tam locum in quo alia vice capitulum huiusmodi proximo fuerit celebrandum quam eos qui presidentes esse debeant in eodem.'

Propter que euidenter apparet quod neque capitulum neque diffinitores nomine capituli possunt eligere presidentes, sed quod presidentes in uno capitulo eligere debent presidentes pro futuro ; nec presidentes in uno capitulo presidere debent in alio nisi possint eligere seipsos, quod non videtur iuri consonum aut racioni ; sed quod duo de tribus eligere possunt tercium collegam suum pro capitulo futuro & alios duos prelatos loco suo.

De potestate eorundem irrequisitis diffinitoribus.

Pro proximo capitulo celebrando dies, terminum, locum, & presidentes, per quem vel per quos sermones fieri misseque debeant celebrari, eligere & prouidere debent [2], & ordinare religiosas ac circumspectas personas ex eis qui ad ipsum capitulum venire tenentur visita-

---

[1] Decretals, Lib. III, Tit. xxxv, Cap. vii.   [2] debeant, MS.

tores, & quociens loca sue limitacioni subiecta debeant usque ad proximum sequens capitulum visitare, ordinare & prouidere : *Extra' de statu monach', capitulo In singulis*[1] *; et in Statutis Benedict' de prouincialibus capitulis, capitulo Constitucionem.*

Et pro huiusmodi visitatorum procuracionibus & expensis[2] in pecunia numerata, prout eis videatur expedire, moderare & taxare & discrete prouidere : *in statutis Bened' capitulo Visitatores.*

Item excusaciones & absencias prelatorum a capitulis prouincialibus sufficientes vel insufficientes arbitrari, multas & summas taxare & moderare secundum quod huiusmodi absentes in veniendo, morando & redeundo facerent, [vel][3] irremissibiliter leuare & recipere in utilitatem ipsius prouincialis capituli conuertendas. *Bened' cap' Constitucionem.*

Item contribuciones de consensu maioris partis capituli vel diffinitorum imponere, leuare & ad solvendum compellere. *Bened', cap' Cum in provinciali & annali.*

Item quoscumque prelatos ad habendum numerum antiquum canonicorum per censuram ecclesiasticam auctoritate apostolica compellere. *Benedict' cap° Cum sit consonum.*

Item non exequentes officia diuina debite in missis & aliis, debite subicere discipline.

Item circa obseruancias forme honestatis habitus & calceamentorum prelatos locorum compellere ut obseruentur ; subditos uero in contrarium facientes per penas limitatas debite punire, quod ceteri a similibus arceantur. *Benedict' capitulo Dignum fore.*

Item prelatos & officiales deputatos necessaria in victu & uestitu & medicinialibus tam infirmis quam sanis [providere][4] per censuram ecclesiasticam compellere & negligentes in hac parte in capitulis prouincialibus graviter arguere & corrigere quod cedat aliis in exemplum *Benedict' capitulo Institucionibus, & capitulo Cum expediat.*

Item prelatos & alios privilegia & munimenta extra ioca sua tenentes, prebendas seu porciones concedentes, personas seculares contra formam constitucionis Benedictine secum tenentes, arguere & pena grauiore punire. *Benedict' cap' Religionis, & cap' Prohibemus insuper, & cap' Prohibemus ne canonici.*

Item prelatos &c. possessiones inmobiles alienantes, si exempti fuerint sedi apostolice, alioquin ordinariis locorum per scripturam autenticam intimare. *Benedict' cap° Perpetuo.*

---

[1] Decretals, Lib. III, Tit. xxxv, Cap. vii.
[2] procuraciones & expensas, MS.
[3] Not in MS.
[4] Not in MS.

Item non soluentes pensiones studencium auctoritate apostolica per censuram ecclesiasticam compellere, & canonicos transmissos ad studia quinque vel quatuor ad minus simul morari in studio, providere priorem studencium inhibi [*sic*] ordinarie per annum tantummodo duraturum. *Benedict' Quoniam insistentes.*

Item canonicos ydoneos de loco religioso ad locum collapsum assumere & transmittere per censuram ecclesiasticam. *Benedict' capitulo Si aliqua.*

Item visitatores munera recipientes vel negligenter in huiusmodi officio procedentes seu nomina illorum, qui eis[1] aliqua secreta in visitacione reuelauerint, reuelantes debite punire. *Benedict' Capitulo Visitatores.*

Item super inhabilitate & suspencione prelatorum & subditorum pro venacione & retencione armorum dispensare & penitencias iniungere salutares. *Benedict' cap° Porro.*

Item super irregularitate per iuris ignoranciam contracta & super inhabilitate dispensare & a sentenciis interdicti, suspensionis & excommunicacionis in casibus permissis absoluere. *Benedict' cap. Dignum fore, & cap. Licet contra, & cap' Religionis eiusdem, & cap' Multis fraud', & cap' Monasteriorum, & cap' Quoniam insistentes, & cap' Consonum.*

Item per censuram ecclesiasticam appellacione remota patronos, advocatos, vicedominos, rectores, consules, magnates & milites ac eciam quoslibet alios compellere, ne monasteria presumant offendere in personis aut rebus, & si forsan offenderint, eos ad satisfactionem compellere ut liberius & quietius valeant domino famulari. *Extra' de statu monach', cap' In[2] singulis ; & Benedict' cap' Consonum.*

Item prelatos negligentes in correctione subditorum suorum proclamare, corrigere & publice punire in capitulo prouinciali, quod ipsorum pena sit aliis in exemplum. *Extra' de statu monach' cap° Ea que & cap' Cum ad monasterium[3].*

Item si quicquam difficultatis emerserit quod per eos nequeat expediri, ad apostolice sedis iudicium referre, ceteris irrefragabiliter obseruatis que concordi fuerint deliberacione prouisa. *Extra' de statu monach' In singulis[2].*

Item presidentes de multis, cotis[4], contribucionibus de capitulo in capitulum plenarie calculum & racionem reddant secundum tenorem cedule indentate inter presidentes & collectores deputatos. *Capitulo*

---

[1] eos, MS.
[2] Decretals, Lib. III, Tit. xxxv, Cap. vii.
[3] Decretals, Lib. III, Tit. xxxv, Caps. vi and vii.
[4] i.e. quotis.

Leycestrie anno domini MCCCXLVI, Northamptonie L°, & Osney LIII°.

Item prelatos locantes ad firmam pro magno termino corrigere. *Benedict' cap° Quoniam ex nimiis.*

Item quod duo presidentes absque tercio capitulum poterint celebrare & terminare, dum tamen alter eorum sit de plaga Eboracensi. *Cap° Osney anno &c. LIII°.*

Item presidentes de una cista cum tribus clauibus pro privilegiis dicti ordinis &c. tenentur prouidere & custodire. *Cap° Stanford anno domini &c. LVI.*

Item presidentes & eorum quilibet per se vel per alium, de ordine tamen, in hac parte commissarium, tam in capitulo quam extra suam iurisdiccionem ubilibet quociens opus fuerit in singulis domibus ordinis libere valeat exercere visitando, corrigendo, inquirendo, reformando &c. A quorum decreto, licet grauamen intulerint, ad capitulum prouinciale & nulli alii libere appelletur. *Cap° Leycestrie anno &c. XLVI° & Stanforde LVI°.*

De ordinacione & prouisione uisitatorum.

Ordinentur de prelatis, qui ad capitulum venire tenentur, & prouideantur religiose & circumspecte persone que singula loca ordinis visitabunt, corrigentes & reformantes in spiritualibus & temporalibus que viderint corrigenda, ita quod canonicos delinquentes per prelatos locorum corrigi faciant, & eis iniungi penitenciam salutarem ; & prelati[1] in hac parte negligentes in proximo capitulo per visitatores proclamentur & per presidentes corrigantur & publice puniantur. Negligencias & excessus priorum visitatorum presidentibus futuri capituli referant puniendos. Idem de presidentibus obseruetur. Item visitatores canonicos quos contumaces inuenerint & rebelles, non sustinendo correccionem & penitenciam eis iniunctam per prelatos suos iuxta modum culpe, auctoritate apostolica regulari censura percellant absque personarum respectu[2]. *Extra' de statu monach', cap. In singulis, & cap' Ea que.*[3]

Item prebendarios & corrodarios importune & criminose se gerentes similiter referant presidentibus. *Extra' de statu monach' Ea que, & Bened' cap. Prohibemus, prope finem.*

Item omnes cellas antiquitus factas in anteriori parte faciant aperiri. Nouas cellas post publicationem statuti Benedictini factas dirimere & faciendas impedire, facientesque huiusmodi cellas in casibus non per-

[1] prelatos, MS.
[2] deiectu, MS., written on an erasure.
[3] Decretals, Lib. III, Tit. xxxv, Cap. vii and viii.

missis excommunicatos denunciare, eosque in casibus permissis absoluere. *Bened' cap. Rursus precipimus.*

Item honestatem habitus indumentorum & calciamentorum cogere seruare & contrauenientes debite punire, vestesque irregulares auferre & pauperibus erogare. Beneficiatos huiusmodi infra xv dies non dimittentes aut ablationi resistentes ab administracione temporalium per quatuor menses suspendere. Non beneficiatos ad beneficia optinenda inhabilitare prelatosque locorum monere ut hec faciant a suis subditis obseruari. *Bened' cap' Dignum fore.*

Item prelatos & officiales non prouidentes nec ministrantes sufficienter & in tempore congruo tam infirmis quam sanis victualia & cetera necessaria compellere & cogere per censuras ecclesiasticas. *Bened' cap' Institucionibus & cap' Cum expediat.*

Item contra conspiratores & coniuratores occultos penas grauiores statuere. *Bened' cap' Cum ex conspiracionis.*

Item de registris & inuentariis diligenter inquirere, & an res et bona predicta teneantur in locis eisdem, & defectus emendare & delinquentes punire. *Bened' cap' Ut ecclesiarum.*

Item prelatos & subditos priuilegia seu munimenta tenentes extra loca sua arguere & punire. *Bened' Cum religionis.*

Item seculares cum regularibus morantes, si inportune se gerant arguere & punire. *Bened' cap' Prohibemus.*

Item sentencias interdicti, suspensionis, inhabilitatis, excommunicacionis relaxare & absoluere & super irregularitate in casibus permissis dispensare. *Bened' cap' Multis fraudibus, & cap' Monasteriorum, & cap' Constitucionem.*

Item locantes ad firmam contra statutum Benedictinum corrigere & punire. *Bened' cap' Quoniam ex nimiis.*

Item statutum de magistro & canonicis instruendis facere obseruari & capitulo referri. *Bened' cap' Quoniam per excercicium.*

Item locum visitatoris college sui eodem anno visitare nec ultra duos dies pro visitacione in vno loco remanere nisi de consilio seniorum eiusdem loci. *Bened' cap' Visitatores.*

Item procurationes & expensas in veniendo & redeundo faciendas in pecunia, per presidentes taxatas & moderatas, et pro locis collapsis huiusmodi expensas de communi contribucione licite recipere, et de huiusmodi locis collapsis presidentibus referre; *Bened' cap' Visitatores, & cap' Si aliqua.*

Item secreta seu nomina reuelancium huiusmodi detecta non reuelare sub penis &c. *Bened' cap' Visitatores.*

Item in casibus permissis ad visitandum alteri vices suas committere, loca non visitata ante festum sancti Michaelis visitare. Singulos prelatos sue limitacionis citare, & de statu & rebus monasterii diligenter inquirere & certificare. Ac eciam de constitucionibus & statutis, si in singulis locis habeantur & debito modo legantur & a cunctis audiantur. *Ottobon' cap° Porro.*

Item de decisione & terminacione detectorum siue compertorum ad loca visitata quociens opus fuerit, si visitatores.[1] In capitulis provincialibus *Dunstaple anno XXXIIII, & North' anno XLIII, Stanford anno LVI°, North' anno LIX°, Neunham anno XL°, & Stanford LXII°.*

De eleccione diffinitorum.

Diffinitores qui vices & voces capituli gerunt, pro eo quod perlongum & pernocuum foret vota singulorum singillatim inquirere & ad concordiam effectualem deducere, a capitulo eligi debent. *Bened' cap' Cum in provincial', et in primo capitulo provinciali autentic' Northamptonie.*[2]

Sed hucusque minus canonice processum est in eleccione eorundem, cum neque per viam sancti spiritus neque per viam scrutinii neque per viam compromissi huiusmodi eleccio fuerit celebrata. Quapropter[3] quamplures prelati & subditi se non reputant obligatos ad eorum diffiniciones obseruandas. Exergo [*sic*] videtur et racioni consonum [et][4] iudicio meliori, ut visitatores & prelati singularum limitacionum inter se conueniant & unum de seipsis magis ydoneum, zelum & feruorem religionis habentem, secundum scienciam, deum pre oculis habentem, odio, fauore & timore postpositis, eligant seu nominent & presidentibus presentent ad huiusmodi officium diffinitoris, sic quod tot [sint][5] diffinitores quot sunt limitaciones, et huiusmodi diffinitores certificatoria visitatorum, excessus & crimina tam prelatorum quam subditorum presidentibus certificata inspicere & diligenter examinare, & super hiis & aliis exhibitis remedium oportunum prouidere, ordinare, statuere & diffinire pro conformitate ordinis, & super hoc officium presidencium pro approbacione eorundem implorare & petere cum effectu. Que si per ipsos presidentes approbata fuerint, inuiolabiliter ab omnibus obseruari debent. Diffinitores quoque in capite capituli a dextris & a sinistris presidencium sedeant propiores, quatuorque ex ipsis per presidentes assignentur qui processionem in combinando regant &

---

[1] Ends abruptly thus.
[2] i.e. in 1325. See p. 11.
[3] Propter, MS.

[4] Not in MS.
[5] Not in MS.

ordinent ut honeste continuetur, videlicet primo loco cruciferarius cum conuentu loci capitularis; secundo loco canonici prelatorum capellani; tercio loco procuratores;[1] quarto loco visitatores; quinto loco ceteri diffinitores preter quatuor predictos; ultimo loco presidentes; et inter capellanos & procuratores tres combinati qui per diffinitores assignati letanias cantabunt, aliique tres inter visitatores & diffinitores &c.

Explicit.

IOI.

[How to conduct a visitation.]

The following document was probably drawn up about the years 1395-1404. It refers to the Acts of the Chapter of 1395, but makes no reference to the important decision of the Chapter of 1404 that honour should be paid to John of Bridlington. From the fact that the author writes 'anno XXV' when he means 'anno CCCXXV', we might argue that the date is before 1400.

The authorities from which the treatise is composed are the Rule of St. Augustine, the Council of Oxford of 1222, the Constitutions of Ottobone, the Decretals, the Constitutions of Benedict XII, and the Statutes of the Triennial Chapters. At a first glance it might be thought that the author refers to sources that we have lost, for he quotes the first General Chapter, the third, the fourth, the fifth, the sixth, the tenth, the eleventh, and the twelfth; but by this he does not mean the Chapters of the thirteenth century that are wanting, but the Chapters of the fourteenth century. By the first Chapter he means the Chapter of 1325 and so on, except that the short and irregular Chapter of 1341 is not reckoned, and the Chapter of 1356 for some reason is omitted, perhaps for the reason that most of its legislation was repealed; but we have two quotations from 'the tenth Chapter', both of which are in the Acts of 1353, two from 'the eleventh Chapter', both of which are found in the Acts of 1359, and three from 'the twelfth Chapter', of which two, if not all three, came from the Acts of 1362. In some cases the writer refers to Chapters in a confusing way. Thus when he speaks of 'Capitulum anno &c. IIII', he does not mean a Chapter in 1304 or 1404, but the fourth Chapter (i.e. 1334) reckoning from 1325. The only Chapter that he quotes before the Chapter of 1325 is that held in 1234 at St. Frideswide's.

If the early Chapters were so entirely neglected by this writer, it is not likely that they will be recovered unless they are found in a manuscript that was written before 1325. It is remarkable that although Pope

---

[1] After the *procuratores* no doubt came the heads of houses, who were present in person, but were not of sufficient prominence to be visitors, diffinitors, or presidents.

Benedict in 1341 made the great alteration of uniting both provinces, yet the first Chapter for the Augustinian Order was considered by this author to be the Chapter of Northampton in 1325.

Articuli requirendi in visitacione prelatorum.

T. fol.
185

In primis igitur circa substancialia & regule requirenda.

Utrum omnes confratres continentes vivant. *Regula.*

An servent veram obedienciam prelato suo, ut tenentur. *Regula.*

An in ecclesia fiat aliquid quod fieri non deberet, ut mercatus & huiusmodi, vel ligacio librorum sive strepitus confratrum. *Regula & Ottob'.*

An aliquis recipiat litteras vel aliquod munus sine licencia prelati. *Regula.*

Utrum omnes canonici sint professi eiusdem monasterii. *Benedict' capitulo II.*

An aliqui sint proprietarii in monasterio. *Extra' de statu monachorum, capitulo Super quodam*[1] ; & *Benedict' capitulo Licet contra*[2].

An prelatus bis in anno de eis inquirat. *Octob' capitulo Quia vero* ; & *Capitulo provinciali XXVIII°.*[3]

An aliqui sint conspiratores publice vel occulte. *Benedict' capitulo XXXVIII.*

An aliqui crimen aliis imponant maliciose, & tunc excommunicati sunt ipso facto. *Oxon' capitulo primo.*[4]

An aliqui sint detractores & precipue prelatorum & an super eis fiat inquisicio. *Capitulo provinciali anno XXV.*[5]

An aliqui portant cultellos invasivos, qui in pane & aqua ieiunent. *Capitulo provinciali XI°:*[6] *Extra' de vi. et ho. cle., cap. II.*[7]

An silencium debite servatur in claustro & mensa & aliis locis [et] horis debitis & consuetis. *Oxon' capitulo*[8] & *Provinciali XXV.*[9]

An divinum servicium debite die & nocte celebratur, et an omnes ibidem concurrant & morentur insimul usque ad finem. *Benedict' capitulo XXXI.*

An bene serventur ieiunia secundum canones & sue regule instituta. *Lex. Extra' de observatione ieiuniorum, per totum titulum.*[10]

---

[1] Decretals, Lib. III, Tit. xxxv, Cap. 4. *Extra'* does not mean *The Extravagantes,* but is the mediaeval way of quoting the Decretals.

[2] i.e. Cap. xxxvii.

[3] i.e. the Chapter of Huntingdon, 1328. See p. 15.

[4] The Council of Oxford of 1222; Wilkins, *Concilia,* i. 585.

[5] The Chapter of Northampton, 1325.

[6] The Chapter of 1359, reckoned as the eleventh General Chapter. See p. 64.

[7] Decretals, Lib. III, Tit. i, Cap. 2.

[8] The Council of Oxford, 1222.

[9] The Chapter of Northampton, 1325.

[10] Decretals, Lib. III, Tit. xlvi.

An ieiunium sexte ferie inviolabiliter observatur. *Provinciali, anno &c. XXV.*[1]

An abstineatur de esu carnium per totum Adventum, ut habetur. *Benedict' capitulo XXVIII°.*

An omnes frequenter confiteantur & frequenter celebrant & cui confiteantur. *Octob' capitulo Ad hec quia.*

An singuli saltem semel in anno confiteantur precipue prelato. *Provinciali &c. anno &c. XXVIII.*[2]

An debite provideatur de libris & ornamentis ecclesiasticis. *Benedict' capitulo XXXII.*

An monasterium sit collapsum vel religio collapsa. *Benedict' XXXVI.*

An aliquis sit vacabundus vel secularibus immiscens negociis. *Benedict' capitulo XXXIX.*

An omnes simul in refectorio comedant & in dormitorio dormiant. *Octob'; concilium Oxon'.*

An due partes conventus sint cotidie in refectorio ad minus. *Octob' capitulo Statuimus.*

An aliqui seculares comedant in refectorio vel in infirmaria sine licencia. *Capitulo provinciali, anno &c. XXVIII.*[3]

An sint ibidem capitula frequenter & quid agatur in eis. *Benedict' capitulo V.*

An aliqui exeant de dormitorio post completorium causa bibendi seu confabulandi sine licencia. *Provinciali XL.*[4]

An reliquie cibi & potus pauperibus erogantur & an elemosina bene procuratur. *Provinciali capitulo XL.*[5]

An aliqui sint impudici actu, verbis, cantilenis, tripudiis, aut oscul' mulierum. *Cap' provinc' anno &c. XXXIIII & XXXVII.*[6]

An alique mulieres sint pregnantes infra cepta monasterii. *Capitulo provinciali X°.*[7]

An uxores aut concubine serviencium vel alie mulieres nimis frequentant. *Extra' de co. cle. & mul., capitulo primo.*[8]

An aliqui extra [absque] ocreis incedant vel tabernas excerceant nisi eis privilegiatum sit. *Provinc' anno &c. XXXVII.*[9]

---

[1] The Chapter of Northampton, 1325.
[2] The Chapter of Huntingdon, 1328.
[3] The Chapter of Huntingdon, 1328.
[4] The Chapter of Newnham, 1340.
[5] The Chapter of Newnham, 1340
[6] See the Chapters of 1334 and 1337; see pp. 17 and 18.

[7] See the Chapter of Oseney of 1353, the tenth General Chapter; from which it is evident that *perhendinantes* should be read for *pregnantes.*
[8] Decretals, Lib. III, Tit. ii, Cap. 1.
[9] See the Chapter of 1337, which shows that *absque* must be inserted.

An parliamenta sive conventicule in claustro sint utilia sive licita. *Nota C. de episcopis & clericis .l. conventiculam.*[1]

An aliqui ex consuetudine nimia diu loquantur cum mulieribus. *Capitulo provinciali V;*[2] *Extra' de cohabitacione cle. & mul., capitulo II.*[3]

An omnes ad capitulum conveniant & humiliter ibidem se habent &c. *Extra' de statu monachorum, capitulo Cum ad monasterium vel in oratorio.*[4]

An omnes simul cubant & simul surgant. *Oxon' cap' I.*[5]

An aliqui habeant arma in dormitorio sine licencia. *Benedict' capitulo XXXIIII.*

An fratres bene & debite custodiant meridianam horam & horam quietis. *Provinc' anno &c. CCXXXIIII.*[6]

An qui non sunt sacerdotes confiteantur semel in quindena & communicantur semel in mense. *Benedict' XXXI.*

An aliqui signantur in capitulo, vel non, ad audiendum confessiones. *Capitulo provinciali VI.*[7]

An prelatus & prior claustralis inquirant a confessoribus nomina sibi confitencium semel in mense, ut non confitentes arguantur. *Octob' capitulo Ad hec quia.*

An sit debitus numerus canonicorum. *Octob', Ceterum cum secundum ; & Benedict' capitulo XVI.*

An facultates suppetant ad numerum vicenarium, ut habeant scolarem in studio generali. *Benedict' capitulo XI, & provinciali V^{to}.*[8]

An habeant scolarem & si solvatur eidem pensio debita. *Benedict' capitulo XI.*

An ostia claustri bene custodiantur. *Capitulo provinciali XII.*[9]

An aliquis sit notatus vicio gule vel murmuris pro cibo & potu & aliis, quominus valeat in crastino celebrare vel ad matutinas surgere. *Extra' de vi. et ho. cle., capitulo A crapula*[10].

An aliquis sit rebellis vel excusans a mandato superioris. *Extra' de maior. & obe., capitulo Cum in ecclesiis ; & de of. or. capitulo I & Cum ab ecclesiarum ; & de sy. capitulo Sicut*[11].

---

[1] Cannot be identified.

[2] Something of this kind is in the Chapter of 1337, the fifth General Chapter. See p. 18.

[3] Decretals, Lib. III, Tit. ii, Cap. 2.

[4] Decretals, Lib. III, Tit. xxxv, Cap. 6.

[5] This should be Cap. xli, i.e. in the Council of 1222.

[6] See the Chapter of 1234.

[7] Probably the Chapter of Newnham is meant; it was the sixth General Chapter. See p. 20.

[8] See the Chapter of 1337, the fifth General Chapter.

[9] The twelfth General Chapter was at Newstead in 1362, but this statute is not in our records of that Chapter or of any Chapter.

[10] Decretals, Lib. III, Tit. i, Cap. 14.

[11] Decretals, Lib. I, Tit. xxxiii, Cap. 10; Lib. I, Tit. xxxi, Caps. 1 and 3; the third cannot be verified.

An aliquis sit superbus in gestu vel verbis.

An aliquis sit iracundus, an maledicus aut assuetus magnis iuramentis.

An aliquis sit notatus de periurio, mendacio, detraccione & huiusmodi.

An aliquis sit percussor vel comminator. *Extra' de cler' percussione, capitulo I.*

An aliquis intromittat se de mercationibus aut secularibus lucris. *Octob' capitulo Venalium.*

An aliqui recipiant depositum alicuius sine licencia prelati.˙ *Capitulo provinciali X.*[1]

An aliqui sint executores testamentorum sine licencia ordinariorum & suorum superiorum. *Constituciones Lameth' Peccham, capitulo Religiosa. In Cle[mentinis] de testamentis capitulo I.*

An aliqui sint venatores aut aucipites vel teneant venaticos infra monasterium. *Benedict' capitulo XXXIIII. In Cle[mentinis] de statu monachorum capitulo I ; & Extra' eodem titulo capitulo I.*[2]

An aliqui utantur zonis sericis, auro vel argento ornatis, vel vestibus de blueto. *Oxon' capitulo Quod religioni*[3]. *In Cle[mentinis] de statu monachorum capitulo I.*

An aliqui utantur veste superiori non talari, aut incedant infra claustrum cum capuciis & non cum almiciis, et an utantur vestibus botenatis, aut occultant habitum sub aliis vestibus. *Benedict' capitulo XIX.*

An utantur furruris de ventribus variorum aut squyrrellorum cum dorsis permixtis. *Benedict' capitulo Dignum fore.*[4]

An aliqui incedant sine ocreis aut sine rocheto. *Capitulo provinciali primo & quinto.*[5]

An aliqui sagittent cum secularibus in publico. *Provinciali capitulo XXXVII.*[6]

An infirmi bene procurentur in infirmaria in victu, in medicinis & aliis. *Benedict' capitulo XV & capitulo I.*[7]

An libri chorales sint concordes; alioquin corrigantur pro precentorem & iuniores.

An pernoctantes extra monasterium habeant breviarium pro servicio divino dicendo. *Benedict' XX.*

---

[1] See the Chapter at Oseney, 1353.

[2] Decretals, Lib. III, Tit. xxxv, Cap. 1.

[3] There is no Chapter in the Council of 1222 which begins with these words.

[4] See p. 247.

[5] See the Chapters of 1325 and 1337.

[6] The Chapter of 1337. See p. 18.

[7] See the Chapter of 1325, the first General Chapter. See p. 13.

An qualibet septimana cum vacaverit dicatur servicium de sancto Augustino. *Capitulo provinciali anno &c. XXV.*[1]

An festa apostolorum & quatuor doctorum sint duplicia. *Capitulo provinciali anno &c. XXVIII.*[2]

An festum de corpore Cristi celebratur more duplicis festi. *Capitulo provinciali anno &c. XXV.*[3]

An post completorium omni nocte cantetur antiphona de sancta Maria. *Capitulo provinciali anno XXXIIII.*[4]

An statuta papalia & statuta Ottonis & Ottobonis & capitula generalia & constituciones de Lameth & Oxon & XII capitula Decretalium habeantur & legantur semel in anno. *Ottob' capitulo, Porro.*

An celle fiant in dormitorio & numquid sint aperte anterius. *Benedict' capitulo XXIX, Oxon' capitulo.*[5]

An hospitalitas ad canonicos & eciam brevigerulos debite exhibeatur. *Capitulo provinciali primo et XII.*[6]

An omnes semel in anno monstrant prelato suo singula frugalia sua & ponant in eius potestate absolute. *Capitulo provinciali X.*[7]

An aliqui habeant peculium, euecciones, vel servientes nisi racione officii vel dignitatis sine licencia prelati. *Benedict' XVII & Lex VI[to].*

An recipiant pecuniam pro habitu. *Ottob', Et quidem ; & Oxon.*[8]

An bis in anno fiat inquisicio de conspiratoribus, confederatoribus, criminatoribus, delatoribus, detractoribus & malum domui inferentibus. *Capitulo provinciali anno &c. XXVIII*[9] *; Benedict' capitulo XXXV.*

An secunda feria Quadragesime denuncientur excommunicati conspiratores & publice inobedientes. *Capitulo provinciali anno &c. XXXIIII.*[10]

An missi ad alias domos pro penitencia agenda recipiantur sub pena C solidorum. *Capitulo provinciali anno &c. X.*[11]

An munimenta cum communi sigillo & ad causas sint sub custodia trium canonicorum. *Capitulo provinciali anno &c. XXV.*[12]

An aliqui sint nimis curiosi vel abiecti in vestibus aut utantur nimis curtis. *Benedict' XIX.*

---

[1] The Chapter of 1325. See p. 13.
[2] The Chapter of 1328. See p. 15.
[3] The Chapter of 1325. See p. 12.
[4] The Chapter at Dunstaple, 1334.
[5] Council of Oxford, 1222, Cap. xli.
[6] i.e. Northampton, 1325, and Newstead, 1362. See pp. 12 and 66.
[7] The Chapter of Oseney, 1353. See p. 60.

[8] Council of Oxford, 1222, Cap. xxxv.
[9] Perhaps a mistake for xxv. There is a statute somewhat to this effect in the Chapter of 1325 but not in 1328.
[10] See the Chapter of 1334; p. 17.
[11] This is in the Acts of the tenth Chapter, held in 1353 at Oseney.
[12] See the Chapter of 1325; p. 14.

An aliqui utantur tunicis cum manicis latis vel dependentibus vel botonatis. *Capitulo provinciali anno &c. IIII.*[1]

An alicui vendatur porcio seu concedatur prebenda ad terminum vite. *Benedict' capitulo tercio.*

An aliquis canonicus habeat manerium vel ecclesiam ad firmam, & nota penam. *Octob' capitulo ad firmam.*

An aliquis magnus locus tradatur ad firmam sine consensu capituli. *Benedict' XXIIII.*

An aliqui asportent munimenta, libros, vestimenta &c. in preiudicium ecclesie. *Benedict' XXX.*

An corrodium concedatur sine licencia episcopi. *Ottob' capitulo Volentes & Oxon*[2].

An beneficiati maneant soli & an facultates sufficiant pro duobus; alioquin deserviatur per secularem. *Benedict' capitulo XIII, & Ottob' Monachos.*

Quod canonicus solus potest manere, monachus vero non, patet. *Extra' de statu monachorum, capitulo Quod dei*[3].

An tales beneficiati comedant & dormiant simul & an comedant in villa aut bibant sine licencia prelati. *Benedict' XIII.*

An beneficiati per curiam subsint suis prelatis, ac si essent per eos beneficiati. *Benedict' XIII.*

An singuli canonici celebrant statim post capitulum pro prelatis interim & fratribus mortuis. *Capitulo provinciali anno primo.*[4]

An sit iugiter lumen ante Corpus Cristi, & an sit lumen iugiter in dormitorio per noctem.

An in Adventu & in Sabbatis abstineant a carnibus, sed de Septuagesima et quarta feria per annum iudicet prelatus. *Benedict' XXVIII.*

An in principio cuiuslibet hore de domina nostra dicatur Ave Maria. *Capitulo provinciali anno &c. LXXXX.*[5]

An aliqui sint percussores secularium clericorum & tunc non sunt absolvendi citra sedem apostolicam. *Extra' de sententia ex co., capitulo Cum illorum, § Quoniam si clericum*[6].

---

[1] This is in the Acts of the Chapter of 1334, the fourth General Chapter.

[2] Council of Oxford, 1222, Cap. xxxiv.

[3] Decretals, Lib. III, Tit. xxxv, Cap. 5.

[4] The scribe should have omitted *anno*; the statute is in the Acts of 1325, the first General Chapter.

[5] lxxxxv is meant; see the statutes of the Chapter of 1395; p. 77.

[6] Decretals, Lib. v, Tit. xxxix, Cap. 32. *Quoniam* is an error for *Quod*; the sentence is 'Quod si clericum percusserit secularem, non nisi per Apostolicam sedem, &c.'.

Circa prelatum specialiter inquirendum.

An prelatus sit nimis austerus aut negligens aut remissus in correccionibus faciendis & tunc est deponendus. *Extra' de statu monachorum, capitulo Cum ad monasterium*[1].

An prelatus sit frequenter cum conuentu. *Extra', eodem capitulo.*

An prelatus habeat sigillum & nomen suum inscriptum. *Ottob', capitulo Quoniam tabellionum XXVII.*[2]

An prelatus sit dilapidator domus & tunc deponendus per episcopum. *Extra' de statu monachorum, Ea que*[3].

An prelatus mutet annuatim capellanum suum. *Oxon' capitulo anno &c. XXVII, capitulo Ut autem*[4].

An prelatus habeat honestos socios in camera & alibi in testimonium conversacionis sue. *Oxon' capitulo Ut autem.*

An prelatus habeat familiam superfluam vel ministros inutiles intus vel [extra][5]. *Benedict' capitulo, Prohibemus ne canonici*[6].

An habeat familiam rebellem seu nutrientem discordiam inter ipsum & conventum.

An gravet domum per parentes & consanguineos suos. *De donacionibus, capitulis secundo & tercio X q. II capitulo I et hoc ius porrect' XII q. II sine excepcione.*[7]

An prelatus doceat, predicat & corrigat culpas subditorum sine personarum accepcione.

An debite regat temporalia & spiritualia & defendat iura monasterii.

An frequenter intrat capitulum peccata corrigendo.

An sit continens, sobrius, humilis & quietus.

An ecclesiam, domos & maneria competenter sustineat.

An vicissim comedat in refectorio.

An sit delicatus in cibis & potibus.

An faciat officiarios de suis administracionibus semel in anno ad minus computare coram personis ad hoc per capitulum deputatis. *Ottob' capitulo, De prelatis autem.*

An constituat officiarios sine consensu conventus vel saltem sanioris partis. *Capitulo provinciali XXV.*[8]

---

[1] Decretals, Lib. III, Tit. xxxv, Cap. 6.

[2] These are the first words of Cap. xxviii of the Constitutions of Otho, not of Ottobone.

[3] Decretals, Lib. III, Tit. xxxv, Cap. 8.

[4] This is the thirty-third paragraph, not the twenty-seventh, of the Council of Oxford of 1222 (see Wilkins, *Concilia*, i. 591).

[5] Not in MS.

[6] See p. 244.

[7] Decretals, Lib. III, Tit. xxiiii, Caps. 2 and 3.

[8] See the Chapter of Northampton, 1325.

An benigne & prompte audiat fratres querelantes & eis debitam iusticiam inpendat.

An vocet ad refeccionem nunc hos nunc illos sine personarum accepcione. *Ottob' capitulo Statuimus.*

An faciat deservire conventui sufficienter in victualibus & aliis secundum facultates loci. *Benedict' XXVII.*

An vitat seu vitari faciat in monasterio prohibitos & illicitos accessus mulierum.

An sicut convenit tractet de negociis communibus in conventu & ordinando ordinet de conventus consensu vel maioris partis eiusdem prout negocii qualitas exigit & natura. *Capitulo provinciali primo.*[1] *Extra' de hiis que conceduntur a prelatis sine consensu capituli, c. Novit &c. Quanto*[2].

An prelatus vel suus officiarius fideiubeat vel mutet ultra summam a conventu limitatam, & quod summa illa sit in custodia plurium. *Benedict' capitulo XXIII. Extra' de fideiussione capitulo quarto.*[3]

An prelatus seu alius gravet ecclesiam suam pro debitis alienis. *Extra', de solucionibus, capitulo Si quorundam*[4].

An prelatus aliqua faciat vel concedat per symoniacam pravitatem, aut non sit misericors ad suos tenentes pauperes &c. *Oxon' capitulo Statuimus*[5].

An habeat patronatus ecclesiarum & si debito modo presentet personas ydoneas sine aliqua pacacione. *Extra' de prebend', capitulo Grave*[6].

An prelatus computum reddiderit de statu domus annuatim vel non. *Oxon' capitulo Item ut rectius*[7]. *Ottob' capitulo, De prelatis.*

An sit discretus corrector delinquencium, precipitus, moderatus vel contumeliosus.

An sit defamatus de incontinencia vel aliquo crimine. *Extra' de statu monachorum capitulo II.*[8]

An continue cubat in dormitorio vel alibi. *Oxon, cap. I.*[9]

An commestionem refectorii frequentet vel seorsim delicate se reficiat.

An elemosinam domus integraliter vel pro parte suo tempore an aliquo alio tempore defraudaverit.

---

[1] Northampton, 1325. See p. 14.
[2] Decretals, Lib. III, Tit. x, Caps. 4 and 5.
[3] Decretals, Lib. III, Tit. xxii, Cap. 4.
[4] Decretals, Lib. III, Tit. xxiii, Cap. 2.
[5] Council of Oxford, Cap. i.
[6] Decretals, Lib. III, Tit. v, Cap. 29.
[7] Council of Oxford, Cap. xxxi.
[8] Decretals, Lib. III, Tit. xxxv, Cap. 2.
[9] This seems to be Cap. xli of the Council of Oxford.

An servicia canonicorum de consuetudine domus debita diminuerit. *Oxon' capitulo Omnia autem.*[1]

An temporalia suo tempore qualitercumque diminuerit.

An dileccionem vicinorum vel favorem dimiserit & demeriti causa.

An propter odium sue persone querenda non quesierit vel quesita perdiderit.

An cognatis & consanguineis seu simulatis amicis domum supervacue oneraverit. *Oxon' capitulo, Statuimus* [2].

An conversacio sua quibuscumque in exterioribus sit suspecta & qua de causa.

An aliquos fratres obedienciarios vel aliquos seculares in officio aliquo sine consensu conventus constituerit.

Nota quod nullus admittatur ad accusacionem prelati sui nisi prius se obligaverit ad penam condignam si defecerit.[3]

De priore et suppriore claustrali.

An sit prior vel supprior claustralis ubi sunt xii canonici vel solebant esse. *Benedict' capitulo IIII.*

An in absencia sua alium subrogat. *Benedict' IIII.*

An sit potens in opere & sermone, habens zelum ad religionem. *Benedict' capitulo IIII.*

An ubi plenus conventus habeatur cotidie capitulum & ubi non est plenus conventus semel in septimana. *Benedict' capitulo V.*

An excessus & negligencie ibi corrigantur absque clamore & protervia. *Benedict' capitulo V.*

An proclamati in capitulo humiliter veniam petant. *Provinciali XI.*[4]

An officiarii constituantur & destituantur publice in capitulo & cum consensu seniorum & saniorum. *Capitulo provinciali primo.*[5]

An officium Sacriste, Thesaurarie, Elemosinarie &c. vel dignitas conferatur alicui infra vicesimum quintum annum. *Benedict' XVIII.*

An officiarii sint fideles, & an bona dissipent vel augeant. *Provinciali anno &c. CCXXXIIII.*[6]

An veniant ad capitulum tempore correctionis, quando sunt in domo.

---

[1] No Chapter of the Council of Oxford begins with these words, but they are the beginning of the second sentence of Chapter 1.

[2] Not in the Council of Oxford.

[3] See p. 264.

[4] See the Chapter of Northampton, 1359, the eleventh General Chapter.

[5] See the Chapter of Northampton, 1325.

[6] The scribe should have placed this reference after the next entry. The Chapter of 1234 ordered that the *officiarii* should be present in the Chapters.

P

An multum sunt extra & in quali societate, ac qualis fama de eis est.

An bene & fideliter in victu & vestitu fratribus suis procurent. *Benedic' XXVI capitulo.*

An detur alicui officium perpetuo possidendum.

An aliquod innovatur circa victum vel pitanciam tempore vacacionis. *Capitulo provinciali anno CCCXXXIIII.*[1]

An ecclesia vel possessio sit obligata vel alienata sine licencia curie Romane. *Benedic' XXI.*

An manerium vel ecclesia datur alicui ad firmam qui vendicat aliquid iuris in ea, sine causa nota episcopo. *Benedic' capitulo, Ex nimis*[2].

An sint regestra de bonis immobilibus & inventaria de mobilibus. *Benedic' XXV.*

An sit aliquid circa personam sacriste vel eius administracionem.

An sit aliquid corrigendum circa personas Senescalli, Cellerarii, Camerarii, Granatorii & sic de aliis officiariis & eorum administracionem.

An bona & res dictorum officiorum bene custodiantur & administrentur.

An omnes observancie ordinis scripte sunt adinfra. *Provinciali anno &c. CCXXXIIII.*[3]

De quolibet obedienciario.

An sit industrius in obediencia.

An pocius propter industriam persone quam favorem fuerit quis in sua obediencia prefectus.

An aliquis de conventu magis utilis foret in obediencia quam prefectus[4].

An aliquis de claustralibus habeat aliquid proprium & quid & quantum.

An habeatur numerus plenus canonicorum secundum consuetudinem domus vel non.

An aliquis eorum sompnolentus vel piger in matutinis, vel obsequiis continue non vigilet seu frequenter sine causa se absentat. *Benedic' capitulo XXXI.*

An aliquis extra claustrum vagat[ur] sine racionabili causa.

Quis eorum conversaciones sive collocuciones frequenter cum

---

[1] See the statute passed at Dunstaple in 1334.

[2] See p. 255.

[3] See the Chapter held in 1234.

[4] prefecti, MS.

mulieribus habeat & cum quibus.   *Extra' de vita & honestate cleri-corum, capitulo Si quisquam.*[1]

Quis eorum in suum prelatum conspirator fuerit seu detractor seu mandatis eius canonicis contradictor seu rebellis.   *Capitulo provinciali anno &c. CCXXXIIII.*[2]

Quis eorem propter odium sui prelati abhorreat seu detractet sibi facinora sua revelare.   *Capitulo & anno predictis.*

Quis eorum confratri suo ex consuetudine convicia dicit seu tranquillitatem claustralem verbo vel facto impedit.

Quis negligens sit & remissus circa officium divinum sibi in tabula ascriptum.

Circa statum conventus.

An alicui de conventu iniungatur ne secreta domus in visitacione quoquomodo revelaret, an iuramento medio vel quo vinculo spirituali.

An quis eorum receptus fuerit ad professionem ordinis pacto vel pecunia mediante.   *Oxon' capitulo, Preterea statuimus*[3].

An quis eorum horis locisve debitis sine causa fregerit.

An quis eorum canonem misse seu verba confeccionis eukaristie non intelligat.

An conventui in victualibus sine causa sit detractum.

An hospitatis debita & consueta subtracta fuerint.

An infirmi sive valetudinarii iuxta suum statum humaniter procurentur.

An aliqui claustrales ad custodias talium deputati negligenter vel abominabiliter se habuerunt.

An quis eorum penitenciam sibi iniunctam pro commissis per rebellionem facere recusaverit.

An domus liberacionibus seu corrodiis variis fuerit onerata & a quo tempore.

An cotidiana suffragia pro fundatoribus domus & benefactoribus ex consuetudine faciant.

An aliquis eorum ante ingressum suum maiori vel minori excommunicacione fuerit innodatus & postea ad ordinem promotus & postmodum in idem ceciderit.

An altare magnum & cetera altaria sint dedicata.

---

[1] This is not from 'de vita & honestate clericorum', but chapter ii in the next *titulus* 'de cohabitacione clericorum'.

[2] At the Chapter of 1234 it was laid down that one who makes a conspiracy to persecute his *prelatus* is to be declared excommunicate. The Chapter did not speak of those who refuse to make their confessions to him.

[3] Council of Oxford, Cap. **xxxv**.

An altaria in aliqua parte sint confracta.

An eukaristia & reliquie monasterii inhonestius quam deceret reponantur.

An vestimenta & cetera ornamenta ecclesie diu sordida negligenter dimittantur.

De noviciis.

An aliqui inydonei recipiantur ad religionem etate vel literatura & quod publice recipiantur. *Benedict' capitulo primo ; & provinciali capitulo anno &c. III.*[1]

An recipiantur ante decimum octavum annum sine necessitate. *Oxon', capitulo Monachi*[2].

An aliqui precio recipiantur ad religionem vel fraternitatem. *Extra' de statu monachorum, capitulo Monachi*[3].

An iuvenes habeant magistrum & bene instruantur in regula & aliis statutis. *Benedict' capitulo primo ; et capitulo provinciali V*[4] *& Ottob'.*

An novicii in fine anni probacionis sine dilacione profiteantur. *Benedict' capitulo II ; lex III.*

An habitus professorum & non noviciorum benedicatur, et quod infra annum liceat recedere. *Lex IIII, & capitulo primo.*[5]

An sacerdos professus preponatur non sacerdoti. *Capitulo provinciali XII.*[6]

Quomodo novicii recipiuntur, & utrum interveniat examinacio, et an postea bene informentur circa divinum servicium.

De monachis.

An comedant carnes infra refectorium vel extra ; & si ita, puniendi per ordinarium, nisi sint infirmi. *Ottob' capitulo Ad hoc.*

An utantur vestibus vel lintheaminibus lineis. *Extra' de statu monachorum, capitulo Cum ad monasterium, in principio.*[7]

An iaceant in sistonibus vel culcitris.

De monialibus specialiter.

An moniales egrediantur quinque loca eis prohibita,[8] viz. oratorium, dormitorium, capitulum, refectorium & claustrum.

---

[1] See the Chapter of Cheshunt, 1331.

[2] There is no chapter in the Council of Oxford which begins with this word.

[3] Decretals, Lib. III, Tit. xxxv, Cap. 2.

[4] Probably an error for iv ; the fourth General Chapter held at Dunstaple in 1334 dealt with this matter.

[5] See the Chapter of Northampton, 1325.

[6] See the Chapter of Newstead, 1362.

[7] Decretals, Lib. III, Tit. xxxv, Cap. 6.

[8] *non prohibita* would make sense.

An seculares nimis conversentur cum eis, & si post legitimam monicionem iidem debent excommunicari. *Extra' de vita & ho. clericorum capitulo Monasteria*[1].

An clerici nimis frequentant monasteria earum et tunc deponendi sunt ab ordinario ab officio & beneficio. *Extra' ut supra, capitulo Monasteria.*

An loquantur cum personis suspectis aut locis privatis sine socia deum timente & singula audiente.

An alique frequentent officinas nisi officiarie, et an ille sine sociis & sine magna necessitate.

An exeant monasterium in processionibus solemnibus. *Peccham. Oxon.*

An maneant extra monasterium cum quantumcumque coniuncto ultra tres vel sex dies sine licencia episcopi, cessante infirmitate. *Peccham.*

An sint incontinentes, tunc cognoscentes eas excommunicantur & sunt absolvendi a diocesano.

An post annum probacionis, cum ad discrecionem pervenerint et si non palam profiteantur, exeunt religionem, tunc redire compellantur.

An utantur velo vel camellis argenteis et quod non utantur nisi unico anulo. *Oxon' capitulo Et sanctimonialis*[2].

An confiteantur aliis sacerdotibus quam per episcopum deputatis, et si sic, absolvende sunt a diocesano. *Peccham.*

An recipiant plures moniales quam possunt de bonis monasterii sustentari.

An alique recipiantur precio. *De statu monach', capitulo Monachi*[3].

Contra ius visitandi non potest prescribi, cum pertineat ad salutem anime. *Extra' de prescripcionibus libro II, Cum ex officio § Nos igitur*[4].

---

[1] Decretals, Lib. III, Tit. i, Cap. 8.

[2] No chapter in the Council of Oxford begins with these words, but Cap. xxxii deals with the dress of nuns, and one sentence begins ' et sanctimonialis deferat anulum '.

[3] Decretals, Lib. III, Tit. xxxv, Cap. 2.

[4] Decretals, Lib. II, Tit. xxvi, Cap. 16. A sentence in the middle of the chapter begins *Nos igitur.*

APPENDIX II

THE CONSTITUTIONS OF POPE BENEDICT

ALTHOUGH the Constitutions of Pope Benedict are in print in the *Bullarium Romanum*, vol. i, p. 237 (ed. 1727) and also in vol. ii, p. 629, of Wilkins's *Concilia*, it has been thought best to print them again, for the reason that the former work is not generally accessible, while the text in Wilkins is untrustworthy. The Librarian of Lambeth, the Rev. C. Jenkiñs, has often remarked how much a new edition of the *Concilia* is needed; nothing it contains can be trusted until it has been corrected with the original. This was not altogether the fault of Wilkins; but, as we learn from Hearne's Diary [1], he was supplied with transcripts which had been made for Archbishop Wake many years before, and many of them were evidently by inexperienced scribes. Had Wilkins been a man of less ability, the work would have been better; for the errors would have remained obvious. But there can be little doubt that when Wilkins perceived his texts to be incorrect, he had recourse to conjecture. The consequence is that the grammar and the sense are correct enough, and a student does not know how untrustworthy a guide he is using. We have an example of this in the first chapter where all the manuscripts read *reciprocantes affectum* but Wilkins has *recusantes assensum*, and shortly after, where three words had been omitted by the scribe, Wilkins inserts a *non* to make sense. It has not been thought necessary to draw attention to all the errors in Wilkins, but only some of the more striking. How far the errors were found in the manuscript that was copied, we shall never know; for the transcript was taken from a Cotton manuscript (Otho A. XV) which had perished in the Cotton fire before Wilkins began to print; but if he had cared to verify his materials, he could have referred to another Cotton manuscript, which still survives and is one of the sources of what follows. It will be noticed that the text is compiled from three manuscripts and that for the first half of the Constitutions a fourth manuscript survives.

W. 182
T. 72
R. 38
C. 2

Benedictus episcopus servus servorum dei ad perpetuam rei memoriam, ad decorem ecclesie sponse dei & sanctarum religionum fundatarum in ea, que licet diversis distincte sint gradibus in unius tamen vere fidei propositum coeuntes eandem ecclesiam venustant

[1] Hearne, *Diary*, vols. x and xi (Oxf. Hist. Soc.); see under Wilkins in the Index.

variis floribus meritorum, pro iniuncte nobis apostolice seruitutis officio summis vigiliis & indefessis studiis intendentes, ad ea que pro divini nominis laude personarum religionum ipsarum mentium puritatem, honestatem morum, regularis obseruancie disciplinam & sacrarum periciam scripturarum respiciant, labores nostros libenter impendimus & oportune solicitudinis diligenciam adhibemus. Ideoque inter religiones alias[1] in agro eiusdem plantatas ecclesie, ad religionem canonicorum regularium ordinis sancti Augustini ab eodem glorioso doctore in primitiua ecclesia sacris institucionibus stabilitam gerentes precipue caritatis affectum, ac nolentes que in eadem religione reformanda cognouimus absque reformacionis remedio preterire, omnia que in religione[2] predicta tam in prima institucione ipsius quam a sacris canonibus sunt salubriter instituta omnino immota in sua firmitate manere censentes, nonnulla que experiencia deesse probavit & suplenda dicte religionis utilitas quinimmo necessitas persuadet, statuenda providimus in ea, perpetuis futuris temporibus obseruanda.

I. De creacione canonicorum.

Statuimus igitur ut quando in ecclesia cathedrali, monasterio seu loco alio religionis eiusdem canonicorum creacio fuerit facienda, nullus recipiatur uel induatur in canonicum nisi persona ydonea uel de cuius ydonietate spes verisimilis habeatur, et talis qui inibi in divinis vel aliis deo possit & velit debite impendere obsequia oportuna, et quod huiusmodi creacio et habitus tradicio fiant publice infra ecclesiam, monasterium seu locum alium conventualem religionis eiusdem, nisi causa racionabilis eas alibi fieri suaderet, nullisque promissionibus seu obligacionibus cum iuramento vel sine cuiquam faciendis. Quod si secus actum fuerit eo ipso irritum habeatur, quodque huiusmodi creacio seu habitus tradicio non nisi persone seu personis religionis eiusdem que tunc eciam in ecclesia, monasterio seu loco predictis fieri debeat, aliquatenus committatur. Hii vero qui creati fuerint in canonicos infra probacionis tempus in loco in quo saltem septem canonici resideant necesse habeant residere, eisque ydoneus & fidelis deputetur instructor qui eos instruere valeat in divinis officiis & observancia regulari. Ceterum si canonicorum creacio fuerit facienda, eaque pertineat ad prelatum una cum capitulo uel conuentu, uel cum consensu fieri debeat eorundem, si capitulum seu conuentus vel eorum maior pars pure ad eam procedere, vel creacioni faciende sine causa

---

[1] om. T.
[2] W. omits from *reformanda* to *religione*.

racionabili renuerint consentire, prelatus ex quo euidenter sibi expediens vel necessarium apparebit huiusmodi canonicorum creacionem [1] fieri debere vel per prelatum & capitulum seu conventum aut per illum seu illos, ad quem seu quos pertinuerit concorditer deliberatum & diffinitum fuerit fore creacionem huiusmodi faciendam, tunc prelatus moneat capitulum seu conventum & in virtute obediencie eis iniungat ut pure et secundum deum infra unius mensis spacium ad dictam creacionem cum eo in primo casu procedant vel in secundo creacioni faciende suum prestent consensum. Quod si prefati capitulum seu conventus monicioni vel iniunccioni huiusmodi parere neglexerint vel recusaverint, creacio ipsa ea vice libere pertineat ad prelatum, dummodo per eum nil in premissis factum fuerit fraudulenter. In casu autem devolucionis huiusmodi, prelatus faciendi eandem creacionem cum consilio seniorum eorundem capituli uel conuentus, eligendorum per ipsum prelatum, terciam partem numero ad minus faciencium eorundem capituli vel conventus,[2] de personis ydoneis liberam habeat facultatem, ita tamen quod tunc per dictum prelatum tot et non plures creentur quod, attentis facultatibus ac statu antiquo & debito locorum, racionabiliter creandi seu creati fuissent, si prelatus & capitulum seu conventus in creacione huiusmodi concorditer convenissent. Rursus eorum arbitrium, qui ad privata suorum commoda reciprocantes affectum [3], faciende creacioni canonicorum huiusmodi nolunt aliter consentire nisi concedatur eisdem quod unus vel plures quos maluerint seu nominaverint in canonicos creentur, penitus detestantes hoc deinceps omnino fieri prohibemus, decernentes concessiones huiusmodi, si que eis facte fuerint, fore nullas, quodque nulli ex recepcione seu creacione ex ea uel ob eam secuta ius aliquod in loco in quo seu ad quem facte fuerint aliquatenus adquiratur. Insuper premissis adicimus quod capitulum vel conventus religionis eiusdem in novitate sui prelati nequeant eidem prelato vel alteri occasione ipsius facere graciam super recepcione vel creacione canonicorum plurium quam duorum nec ad huiusmodi pro duobus graciam faciendam eos, nisi de libera eorum voluntate processerit, intendimus obligare.

II. De professione canonicorum.

Presenti [4] quoque statuimus sanccione quod singuli canonici religionis eiusdem professionem expressam faciant non clandestine sed patenter

---

[1] creacioni, W.
[2] Wilkins omits from *eligendorum* to *conventus.*

[3] recusantes assensum, Wilkins.
[4] presentis, T.

&, si commode fieri poterit, in ecclesia & cum missa. Quod si forte prelatus ad quem spectabit professionem ipsam recipere tempore probationis elapso per canonicum profiteri volentem congruo loco & tempore humiliter requisitus eandem recipere sine racionabili causa renuerit vel ultra debitum forte distulerit, dictus canonicus extunc in sua ecclesia vel monasterio ac[1] membris ipsius ad omnia ydoneus censeatur ad que censeretur[2] si foret expresse professus; teneatur tamen[3] cum ad hoc oportunitas se optulerit expresse nichilominus profiteri; alioquin extunc ad premissa donec expresse professus fuerit minus ydoneus habeatur ac nichilominus possit per proprium prelatum ad profitendum expresse compelli. Prelatus quoque qui professionem ab eo recipere renuerit aut distulerit, ut prefertur, ad professionem ipsius admittendam expresse per suum immediate superiorem religionis eiusdem seu eum ad quem pertinuerit compellatur.

III. De prohibitis prebendis.

Prohibemus insuper ne in ecclesia cathedrali seu monasterio vel loco alio religionis eiusdem quivis clericus secularis vel laicus recipiatur ad prebendam seu eciam porcionem, nisi eidem ecclesie seu monasterio vel loco dederit primitus se et sua; nec huiusmodi prebenda seu porcio ad vitam detur vel ad tempus vendatur[4] seu alias concedatur eidem. Quicquid autem contra prohibitionem huiusmodi attemptatum fuerit omnino decernimus irritum & inane; ac nichilominus recipientes, vendentes, dantes & concedentes huiusmodi ultra penas a iure statutas suorum superiorum arbitrio puniantur. Per premissa vero non intendimus circa officia vel ministeria aut alia obsequia oportuna inibi consueta per seculares clericos vel laicos exerceri, aliquid[5] immutare.

IV. De priore claustrali[6].

Ut autem dicta religio salubriter in omnibus dirigatur in ecclesia seu monasterio, locove alio collegiato seu conventuali religionis eiusdem, superiorem dicte religionis non habente, ac eciam in quolibet collegiato seu conventuali[7] loco XII uel maiorem numerum canonicorum habente, eciam si[8] superiorem in ipsa religione habeat, necnon in loco alio

---

[1] a, Wilkins.
[2] a. q. c., om. Wilkins; and *non* inserted after *si*.
[3] om. Wilkins.
[4] W., R., C., and Wilkins place *detur* after *vendatur*.
[5] om. W.
[6] claustri, T.
[7] T. omits *religionis . . . conventuali*.
[8] om. W.

eciam minorem duodenario numerum habente in quo prior claustralis
esse consueverit, constituatur huiusmodi prior claustralis, dictique
prioris constitucio fiat per illum seu alios ad quem vel ad quos
pertinuerit cum consilio aliquorum seniorum illius loci in quo con-
stituetur, attencius providendo quod persona que zelum religionis
ordinatum habeat queve existat ydonea ad exercendum prioris claustralis officium in loco in quo constituta fuerit assumatur. Dictus vero
prior cum eum abesse vel sic impediri contigerit quod incumbens sibi
officium per se nequeat exercere, teneatur aliquem ex canonicis dicti
loci ad hoc ydoneum deputare, qui huiusmodi absencia vel impedimento durante vices ipsius gerat, nisi alicui ex privilegio seu statuto
uel consuetudine, racione dignitatis personatus vel alterius beneficii,
premissis casibus gerere vices huiusmodi competere nosceretur, vel nisi
dicti prioris superior aliquem ad hoc pro ipso priore duxerit depu-
tandum. In loco autem in quo secundum premissa prior claustralis
minime fuerit statuendus, presidens tali loco, cum ipsum impediri vel
abesse contigerit, ut de priore claustrali premittitur, teneatur aliquem
loco sui, quoad ea que ad officium prioris claustralis pertinent, deputare. Per hoc autem quod volumus constitucionem dicti prioris fieri
de consilio seniorum non intendimus circa amocionem ipsius de pristina
observantia aliquid immutare.

V. De capitulis cotidianis.

Pro regulari disciplina attencius obseruanda in ecclesia cathedrali
seu monasterio locove alio conventuali religionis eiusdem diebus
singulis, in aliis vero locis in quibus quatuor aut plures canonici
fuerint deputati saltem semel in septimana, ac eciam sepius in
eisdem si in ipsis sepius, ac in quibusvis locis non conventualibus
tociens & quando, est in eis fieri consuetum, regulare capitulum
teneatur. In quo antequam ad tractanda alia procedatur, canonicorum
excessus, transgressiones & negligencie corrigantur ac de disciplina
& reformacione regulari tractetur salubriter & agatur, nullo ibidem
proterve aut clamose seu irreverenter se habere quomodolibet pre-
sumente.

VI. De capitulis annalibus.

In singulis quoque ecclesiis cathedralibus, monasteriis atque locis
collegiatis seu conuentualibus religionis prefate principalibus, non ab
aliis dependentibus, etsi in eis alias non fuerit consuetum & in singulis

aliis locis[1] religionis eiusdem habentibus membra sibi subiecta aut si inibi solitum est capitulum celebrari, annis singulis capitulum celebretur die videlicet ad hoc statuto vel per ipsum capitulum annis singulis statuendo, in loco scilicet principali & non alibi, nisi evidens necessitas suaderet huiusmodi capitulum alibi celebrandum. Prelatus autem loci principalis in loco in quo celebrabitur ipsum capitulum eidem capitulo studeat omnino personaliter interesse, cui eciam preesse debebit. Qui, si eum tunc ab eodem capitulo abesse contigerit, teneatur alicui ydoneo loci & religionis eiusdem committere vices suas qui intersit & presit capitulo memorato, nisi ex privilegio, statuto vel consuetudine alteri hoc competere nosceretur. Ad huiusmodi autem capitulum abbates, prepositi, priores & administratores eidem loco[2] principali subiecti, necnon ubi fuerit consuetum eciam canonici administracionem non habentes extra ecclesias, monasteria & loca predicta morantes personaliter convenire, impedimento cessante legitimo, aut, impedimento huiusmodi subsistente, abbates, prepositi, priores & administratores prefati procuratorem ydoneum sufficienter instructum cum mandato legitimo causam seu causas impedimenti huiusmodi, & expresse iurandi in animas ipsorum constituencium causas huiusmodi fore veras & reddendi racionem infrascriptam & alia faciendi que facere possent, si essent presentes, potestatem continente, ad ipsum capitulum dirigere teneantur. Is vero qui tunc preerit dicto capitulo, cum quatuor senioribus per ipsum capitulum aut maiorem partem ipsius eligendis, an cause huiusmodi sufficientes fuerint arbitrati, vel eis non venientibus aut nullum talem procuratorem mittentibus vel causas minus[3] sufficientes pretendentibus de pena condigna ob hoc talibus infligenda habeat extimare; quam ipse solus presidens infligendi & alias contra ipsos absentes si opus fuerit auctoritate apostolica, prout iusticia & regularia instituta suaserint procedendi habeat facultatem[4]. Convenientes autem ad dictum capitulum vitam ducant communem & faciant proportionaliter simul omnes expensas, nisi forte ex consuetudine vel statuto aut alia ordinacione rationabili incumberet alii aut aliis onus expensarum huiusmodi faciendi. Quos tamen, si ex hoc quod singulis annis fieri volumus capitulum memoratum vel ex aliis supra vel infra statutis ampliores expensas fieri contigerit, nolumus in expensis[5] plus solito onerari; sed tunc huiusmodi ampliores expense fiant per omnes simul proportionaliter, ut prefertur. Quod si forsan aliquis ex locis predictis in quibus ut prefertur debet dictum capitulum

---

[1] om. W.   [2] loci, W.   [3] unius, W.
[4] facultas, W.   [5] W. adds *ipsis*.

celebrari, membra habeat adeo sibi remota quod administratores principales dictorum membrorum nequeant annis singulis ad ipsum capitulum
absque notabili dispendio convenire, tunc dictum capitulum teneatur
ordinare quando dicti administratores ad capitulum huiusmodi debeant
convenire. In huiusmodi autem capitulo tractetur precipue de reformacione morum & observancia regulari, ac corrigantur & reformentur in
eo que super spiritualibus & temporalibus religionis eiusdem corrigenda fuerint & eciam reformanda ; ipsoque capitulo perdurante
abbates, priores, prepositi & archidiaconi ceterique administracionem
habentes in religione predicta quovis nomine censeantur de suis
administracionibus eidem capitulo teneantur offerre & in scriptis
tradere racionem, declarando videlicet si administraciones ipse aliquibus & quantis & ex quibus causis quibusve personis & qualibus [1]
obligacionibus & an sub usuris sint debitis obligate et an ipsa debita
possint de rebus extantibus mobilibusque persolvi, aliaque onera sibi
suisque administracionibus incumbencia supportari sine debitorum
augmento, & generaliter an administraciones ipse in casu desolacionis
& quare, vel in statu prosperitatis existant. Huiusmodi autem scripture
continentes administracionum ipsarum tam onera quam augmenta in
loco principali cuius tenetur capitulum sub fida custodia fideliter conseruentur eorum a quibus racio reddita fuerit propriis subscripcionibus
communite. Volumus autem quod in casu ubi abbatibus, prioribus,
prepositis, archidiaconis & aliis administracionem habentibus minime
videretur expediens sed periculosum esset revelare in dicto capitulo
commoda seu augmenta, que de administracione huiusmodi superessent, quatuor eligendis de dicto capitulo, duobus per ipsum abbatem,
seu priorem vel prepositum seu archidiaconum vel quemvis alium
administracionem habentem & duobus aliis per capitulum vel maiorem
partem ipsius, qui [2] quatuor huiusmodi officium in virtute obediencie
recipere teneantur, revelare predicta que supersunt, in quibuscumque
rebus consistant, fideliter teneantur, eisdem quatuor sic electis
iuramentum in presencia dicti capituli prestituris quod non revelabunt
predicta nisi cedentibus uel decedentibus hiis qui reddiderint racionem
vel alia causa racionabili exigente & tunc eciam de licencia superioris
sui vel illius qui dictam reddidit racionem.

VII. De capitulis provincialibus.

Constitucionem insuper consilii generalis de communi capitulo
abbatum atque priorum, abbates proprios non habencium, in singulis

---

[1] quibus, Wilkins.   [2] in, W.

regnis sive provinciis faciendo, volentes exacta diligencia observari, statuimus quod in religione predicta in singulis provinciis per nos designatis inferius & distinctis fiat in loco qui ad hoc fuerit deputatus de quadrennio in quadrennium, saluo iure diocesani, commune seu provinciale capitulum abbatum, prepositorum, ceterorumque prelatorum, abbates seu alios prelatos superiores eiusdem religionis non habencium, necnon prepositorum, priorum vel aliorum maiorum in ecclesiis cathedralibus post antistites existencium ac post ipsos antistites regularem curam canonicorum habencium, quocumque nomine nuncupentur, sive prenominati exempti sive non exempti existant; ad quod universi conveniant impedimentum canonicum non habentes, dictam constitucionem circa[1] prefatum provinciale capitulum & alia in ea tam provide quam salubriter instituta in religione prefata irrefragabiliter observantes. Qui vero ad prefatum capitulum personaliter venire nequiverint, legitime impediti, ad allegandam causam impedimenti huiusmodi & probandam, necnon ad recipiendum ordinaciones seu statuta atque mandata in dicto capitulo facienda ac si idem taliter impeditus personaliter presens esset, canonicum suum eiusdem ecclesie, monasterii sive loci, si commode fieri possit, alioquin aliam personam ydoneam cum sufficienti mandato causam impedimenti huiusmodi continente & eciam potestatem in animam constituentis eundem iurandi causam huiusmodi esse veram ad dictum capitulum transmittere teneatur. Persone vero que prefuerint huiusmodi provincialibus capitulis celebrandis, quarum potestatem de uno provinciali ad aliud provinciale capitulum volumus perdurare, arbitrentur & decernant an excusacionum[2] cause dictorum non veniencium ad capitulum vere & sufficientes existant; a quarum arbitrio seu decreto super hoc nulli appellare liceat vel eciam reclamare. Non venientes autem ad dictum capitulum, legitimo impedimento cessante, aut cum subest impedimentum, procuratorem ad illud cum sufficienti mandato ut premittitur non mittentes, teneantur expensas quas fuerant in veniendo ad dictum capitulum, morando & redeundo facturi iuxta presidencium dicto capitulo seu maioris partis eorum arbitrium extimandas in termino per ipsos presidentes statuendo de bonis sue administracionis persolvere in utilitatem ipsius provincialis capituli convertendas[3], super quibus nulli in totum vel in partem gracia fieri valeat vel remissio indulgeri. Possunt[4] eciam dicti presidentes[5]

---

[1] contra, T.
[2] excusacionem, T., R.; excusacionem talem, C.
[3] convertenda, W.

[4] possint, W.
[5] possint eciam predicti, Wilkins, for p. e. d. p.

eosdem ad earum solucionem per censuram ecclesiasticam auctoritate apostolica cohercere suosque processus & sentencias publicare
seu facere publicari in locis dicte religionis, provincie tamen eiusdem ;
et nichilominùs alias contra non venientes prefatos, maxime si ut
correccionem evitent sive ut nesciatur status ecclesie vel monasterii
eorundem vel alias maliciose se subtrahant, prout dictis presidentibus
seu maiori parti ipsorum visum fuerit procedatur.   Circa presidentes
vero ac visitatores in eisdem capitulis deputandos & alia queque in
eis exequenda illa serventur que in eiusdem[1] generalis concilii &
felicis recordacionis Honorii pape tercii predecessoris nostri constitucionibus expressius continetur, prout statui & religioni congruit
eorundem, seruatis tamen statutis, ordinacionibus & adiectionibus
nostris supra & eciam infra scriptis.   Ad hoc decernimus abbates,
prepositos, priores & maiores prefatos, capitula, conventus, cunctosque
canonicos ecclesiarum & monasteriorum eiusdem religionis, eciam si
in ipsis ecclesiis vel monasteriis sive extra ea ubicumque prioratus
officia vel administraciones habuerint seu moram traxerint, tam
exemptos quam non exemptos, dictorum capitulorum provincialium
districcionibus, correctionibus & ordinacionibus subici & ipsis astringi,
eosque ad observanciam illarum fore per presidentes vel alios ad quos
pertinuerit compellendos.   Decernimus eciam quoscumque dictarum
ecclesiarum & monasteriorum vel aliorum locorum religionis eiusdem
canonicos beneficia optinentes ad contribuendum[2] in expensis
moderatis & racionabilibus per capitulum annuale religionis eiusdem
immediate precedens taxandis, secundum suarum exigenciam facultatum, quas dicti convenientes facient ad dicta capitula eundo,
morando & redeundo, imposita tamen dictis convenientibus secundum
suarum exigenciam facultatum[3] de dictis expensis congrua porcione,
fore per eosdem convenientes auctoritate apostolica per remedia
oportuna sublato appellacionis obstaculo compellendos ; ordinariis
locorum exemptis & non exemptis districcius iniungentes quod nullum
predictis impedimentum apponant vel apponi permittant, sed legitime
requisiti ea faciant execucioni mandari[4] & inviolabiliter observari.
Quod si forte tempore quo imminebit provinciale capitulum celebrandum contigerit ecclesias cathedrales religionis eiusdem carere
maioribus prelibatis vel monasteria seu loca religionis eiusdem suis
vacare vel carere pastoribus, qui si adessent astricti forent ad conveniendum in provinciali capitulo memorato, capitula ecclesiarum &

[1] eisdem, W.
[2] distribuendum, T.
[3] W. omits from *quas* to *facultatum*.
[4] execucione mandati, T.

conventus monasteriorum & aliorum locorum conventualium predictorum teneantur personam sufficientem de gremio eorundem, si
commode fieri possit, alioquin aliunde transmittere ad huiusmodi
capitulum celebrandum, ad faciendum & implendum omnia iuxta
arbitrium presidencium que facere possent & tenerentur prelati seu
maiores prefati si venirent ad dictum capitulum & in eo personaliter
interessent. Quod autem premittitur de provinciali capitulo de
quadrennio in quadrennium celebrando, ad cuiuslibet hesitacionis
scrupulum amputandum, ad sanum referri volumus intellectum, ut
scilicet cum uno anno provinciale capitulum fuerit celebratum, duobus
futuris annis proximis ab eo valeat abstineri, eo in alio anno sequenti
immediate omnimodo[1] celebrando. Huiusmodi vero commune seu
provinciale capitulum apud unum de monasteriis religionis eiusdem
ad hoc aptum, si in eadem existat provincia, debeat celebrari ;
alioquin celebretur in loco alio congruo & securo de quo ac[2] die
primi[3] capituli huiusmodi celebrandi & aliis ad hoc facientibus
oportune providebunt illi qui super hoc per sedem apostolicam
deputati fuerint prima vice. Et ut super eodem capitulo & per illud
extunc inposterum racionabilis ordinacio habeatur, in dicto capitulo
primitus celebrando & in aliis eciam per successiones temporum
similiter celebrandis presidentes eiusdem[4] seu pars maior eorum
provideant & ordinare procurent per quem in sequenti capitulo sermo
fieri missaque debeat celebrari. Eligant quoque tam locum in quo
alia vice proxima huiusmodi capitulum fuerit celebrandum, quam
eos qui presidentes esse debeant in eodem. Provideant eciam qui
abbates quive prepositi seu alii ex eis qui ad ipsum capitulum venire
tenentur, que et quot et quociens ecclesias cathedrales, monasteria
& loca alia religionis eiusdem debeant usque ad aliud proximum
sequens provinciale capitulum visitare. Ceterum prohibemus ne
venientes ad provincialia seu annalia capitula secum ducant vel duci
faciant seu permittant euecciones seu familiares numero superfluos
seu quomodolibet excessivos, aut tales de quibus presumi valeat quod
alicui ad ipsa capitula venienti aut in eis moranti vel de illis redeunti
aut ecclesiis, monasteriis, prioratibus vel aliis locis eorum inferant per
se vel alios in personis vel rebus iniuriam vel offensam, vel quod in
aliquo de dictis capitulis aut in ecclesia vel monasterio seu loco quibus
illa contigerit celebrari scandalum suscitare vel turbacionem facere seu

---

[1] omnimode, R., C., Wilkins; omnino
de, T.
[2] in, Wilkins.

[3] primo, Wilkins, spoiling the sense.
[4] eisdem, W., R., C., and Wilkins.

discordiam vel contencionem movere versimiliter presumatur; sed numero eveccionum & familiarium statui cuiuslibet eorum congruo sint contenti. Si quis autem eorum scienter & ex proposito duxerit vel tenuerit aliquem vel aliquos ad inferendum iniuriam vel offensam huiusmodi ut turbetur uel impediatur imminens capitulum vel aliquem seu aliquos ad hoc convocaverit, & ob hoc turbacio seu impedimentum secuta fuerit vel secutum, necnon quicumque alius[1] de personis religionis eiusdem consenciens in premissis extiterit, prestando auxilium vel favorem scienter & ex proposito ut premissum est excommunicacionis incurrat sentenciam ipso facto. Eandem quoque sentenciam excommunicacionis quicumque religionis prefate per se vel alium impediverit maliciose, scienter & ex proposito quominus dicta capitula, provinciale & annale & eorum quodlibet valeant celebrari, aut propterea presumpserit euntes ad illa vel aliquod eorundem vel in eis morantes seu de ipsis redeuntes capere seu capi facere, detinere aut impedire vel eis aut eorum familiaribus in personis vel rebus inferre dampna, iniurias vel offensas, necnon quicumque ipsius religionis, qui ad hoc ne fiat aut impediatur visitacio maliciose & ex proposito predicta vel eorum aliquod per se vel alium commiserit in personas[2] abbatum, priorum, vel aliorum proprios subiectos visitancium, vel in personas visitatorum, qui in provincialibus capitulis aut per abbates seu prelatos alios fuerint deputati, vel familiarum eorum aut in bonis eorum, dum tamen propter hoc visitacio huiusmodi fuerit impedita, ipso facto incurrant. Presidentes autem provincialibus & annalibus capitulis prelibatis & eorum quilibet, postquam simpliciter & de plano eis constiterit aliquem ex predictis prefatam excommuni-cacionis sentenciam incurrisse, ipsum excommunicatum per omnia ipsius religionis loca vicina de quibus eis videbitur tam diu solemniter publicent & faciant ab aliis auctoritate apostolica publicari, eos ad hoc per censuram ecclesiasticam appellacione postposita compellendo, donec excommunicacionis huiusmodi condignam super hoc satisfactionem impendent & absolucionis beneficium meruerint optinere. Possunt[3] autem ab huiusmodi excommunicacionis sentencia, congrua satisfactione premissa, absolvi per presidentes dictis provincialibus capitulis & quemlibet eorundem, quorum offensa concernet[4] eorum provinciale capitulum, aut per visitatores deputatos ab eo. Illi vero quorum offensa respiciet annale capitulum per prelatos, qui huiusmodi

---

[1] aliis, T.
[2] in premissis, Wilkins.
[3] possint, W., R., C., and Wilkins.

[4] consernet, R., W.; concernit, Wilkins.

annali seu annalibus capitulis prefuerint, aut per ipsos prelatos visitantes seu visitatores deputatos ab eis congrua satisfaccione premissa
absolvi valeant, nisi forsan offensa adeo gravis existeret quod super
ea sedes apostolica foret merito consulenda. Ut autem professores
religionis eiusdem quietius & liberius valeant domino famulari, districte
precipimus tam diocesanis quam personis que provincialibus capitulis
presidebunt, ut advocatos, patronos, magnates, rectores, vicedominos,
consules, milites & quoscumque alios per censuram ecclesiasticam
appellacione remota compescant, ne cathedrales ecclesias, monasteria
& loca alia religionis eiusdem presumant offendere in personis aut
rebus eorum; eosque si forte eisdem offensas intulerint ad satis-
faciendum eis compellere non omittant. Ut autem de provinciis in
quibus dicta capitula provincialia fuerint celebranda distincta limitacio
habeatur, nec[1] de ipsis in posterum hesitetur, quamlibet provinciam
quoad huiusmodi provincialia tenenda & celebranda capitula, prout
sequitur, limitamus. In primis urbs Romana cum episcopatibus
nobis immediate subiectis, in nostra speciali provincia constitutis, cum
toto regno Sicilie pro una provincia computentur; provincie Theban',
Creten', Athenien', Patracen'[2], Corinth' & Neopat'[3] cum toto patri-
archatu Constantinopolitano pro una; regnum Cipri pro una; regnum
Corsice & Sardinie pro una; provincie Pisan', Ianuen', Mediolanen'
& Rauennas[4] cum episcopatibus Placentium, Ferrarien' & Ariminum[5]
pro una; patriarchatus Aquilegen', Agraden'[6] cum provinciis Iadren',
Splanatens', Ragusin', Anbaren'[7] pro una; provincie Strigonien',
Colocen' & Quezmen' cum episcopatu Canunen' pro una; Rigen' pro
una; Salzburg', Magdeburg' & Bremen' pro una; Colon', Maguntin'
& Treveren' cum episcopatu Bambergen'[8] pro una; Ebredunen',
Viennen', Aquinen', & Arelatenen' pro una; Lugdun', Tarantasien'[9]
'& Bisuntinen' pro una; Remenen' & Senonen' pro una; Rothomag'
& Turonen' pro una; Burdegalen' & Bituricen' cum episcopatu
Anicien' pro una; Narbonen' & Tolosan' & Auxitanen' pro una;
Terracon' & Cesaraugustanen' cum episcopatu Maioricarum pro una;
Toletan', Ispalen', Compostelan' ac Bracharens' pro una; Cantuarien'
& Eboracen' pro una; tota Hibernia pro una; regnum Scocie pro
una; regna Dacie, Norwegie & Swecie pro una provincia computentur.

---

[1] ut, W.
[2] Patriarc', T.; the best version of
these names is in the text in *Bullarium
Romanum*, vol. i, p. 240.
[3] Neophaten', W.; Neopathen', R.
[4] Nannenas, W.

[5] Drumen, W.; Arminensium, Wilkins.
[6] ac Graden', R.
[7] Antibaren', R.
[8] Lambergen, T.; Lambargen, R.
[9] Taranfasien', T.

Si qua vero episcopatus vel monasteria aut loca alia dicte religionis existant, que in aliqua dictarum provinciarum minime includantur, quoad dicta capitula provincialia, intelligantur esse de illa provincia cui viciniora existere dinoscuntur.

VIII. De visitatoribus.

Visitatores siquidem qui secundum constitucionem dicti generalis consilii fuerint in provincialibus capitulis deputati, sint soliciti circa huiusmodi visitacionis officium exequendum, & quantum statui & religioni eorum conuenit obseruare studeant que in dictis constitucionibus prefatorum consilii & Honorii sunt[1] statuta. Quod si omiserint illa exequi negligenter a presidentibus provincialibus capitulis, cum eis huiusmodi negligencia nota fuerit, graviter arguantur, & per eos prout qualitas culpe ipsorum exegerit, puniantur. Ut autem dictorum visitatorum officium cum omni sinceritate procedat, districcius inhibemus ne quis visitatoris sibi deputati eodem anno esse valeat visitator. Dicti autem visitatores & familiares eorum in ecclesia cathedrali seu monasterio vel alio loco ipsius religionis ad que visitacionis causa duxerint declinandum, ultra duos dies nequaquam remaneant, nisi evidens necessitas foret vel magna utilitas ecclesie, monasterii, sive loci huiusmodi ampliorem moram visitatorum vel familiarium exigeret eorundem. Quo casu possunt ulterius remanere, ita tamen quod id faciant de consilio seniorum dicte ecclesie seu monasterii sive loci. Dicti quoque visitatores vel familiares eorum ecclesie, monasterio sive loco, cui officium visitacionis impendunt, onerosi nequaquam existant nec sumptuosas epulas querant, sed cum graciarum accione recipiant quod honeste & competenter eis fuerit ministratum. Caveant insuper ne quisquam ipsorum aut familiares eorum per se vel interpositam personam aliquam pecuniam huiusmodi uel alia occasione quacumque, nisi pro expensis dumtaxat & tunc secundum infrascriptum modum, exigant aut eciam a volente recipiant, neque aliquod munus quodcumque sit vel qualitercumque offeratur, presumant recipere a quocumque, ut[2] non que sua sunt videantur querere sed que Cristi. Quod si fuerit contra presumptum duplum eius quod receperint ecclesie, monasterio, sive loco, a qua vel quo id receptum fuerit infra mensem reddere teneantur ; alioquin duplum ipsum eis ultra dictum tempus restituere deferentes[3], tamdiu sint ab officio & beneficio suspensi quousque gravatis ecclesiis,

---

[1] super, Wilkins.   [3] differentes, W., R., C.
[2] ne, T.

monasteriis sive locis de huiusmodi duplo plenariam satisfaccionem impendant, nulla eis in hoc dantium liberalitate, remissione vel gracia valitura. Et nichilominus iidem visitatores, si opus fuerit, per presidentes dictis capitulis provincialibus & eorum quemlibet ad restitucionem prefati dupli auctoritate apostolica per censuram ecclesiasticam & alia oportuna remedia compellantur. Concedimus tamen ut presidentes dictis capitulis vel pars maior eorum ordinare possint, prout & quando eis videbitur expedire, quod dicti visitatores expensas recipiant in pecunia. Et eo casu quo hoc duxerint ordinandum, dictas expensas, omni odio & favore remotis, moderari habeant & taxare, proviso tamen quod summa in constitucione quam super moderacione procuracionum edimus que incipit ' Vas electionis ', nullatenus excedatur. Idem eciam presidentes discrete provideant ut cum inter loca visitata & visitanda magna fuerit distancia, quantum quilibet eorum locorum visitatus scilicet & eciam visitandus soluere habeant visitatori pro suis sumptibus moderatis. Si tamen monasteria visitanda in facultatibus fuerint collapsa, tunc de expensis quas dicti visitatores facturi erunt occasione visitacionis locorum huiusmodi collapsorum provideatur eisdem de communi.contribucione in provinciali capitulo facienda. Ut autem via scandalis precludatur inhibemus visitatoribus memoratis ne illos seu eorum nomina qui eis aliqua secreta in visitacionibus revelaverint presumant aliis revelare, sed tunc demum procedant dicti visitatores super dictis revelatis si & prout secundum canonica regularia instituta fuerit procedendum. Quod si dicti visitatores, contra inhibicionem huiusmodi, reuelauerint seu eorum nomina detexerint, prout facti qualitas exiget per presidentes vel eorum quemlibet puniantur.

IX. De subventionibus.

Cum in provinciali et annali capitulis & aliis negociis expense necessarie requirantur, ut onus divisum in partes levius supportetur, statuimus ut in eisdem capitulis, cuiusdam contradiccione vel absencia non obstante, pro communibus libertatibus defendendis necnon necessitatibus, utilitatibus & aliis plerumque occurrentibus necessariarum oneribus expensarum auctoritate apostolica inponantur collecte, subvenciones seu contribuciones, videlicet in capitulo provinciali pro tangentibus ipsum capitulum secundum arbitrium ipsius provincialis capituli vel maioris partis eiusdem ; in annali vero capitulo pro tangentibus ipsum annale capitulum vel locum principalem ubi debet ipsum capitulum celebrari secundum arbitrium prelati presidentis ipsi capitulo annali & diffinitorum, ubi diffinitores fuerint, & ubi non fuerint secundum arbitrium ipsius capituli seu maioris partis eiusdem. Volumus tamen quod libertates, necessitates seu utilitates & alia, pro quibus huiusmodi collecte, subvenciones seu contribuciones fuerint imponende, in eisdem capitulis provincialibus & annalibus clare & explicite exponantur, & aliter quam ut premittitur imponi non possunt. Et si secus actum fuerit, imposicio & processus ac sentencie, occasione huiusmodi imposicionis facti et late, omni careant roboris firmitate ; ac nichilominus restituatur eisdem quicquid occasione huiusmodi ab ipsis exactum fuerit & receptum.   De dictis autem subventionibus, contribucionibus seu collectis possit membris necessitatem pacientibus subveniri, prout, expositis prius dictis necessitatibus annali capitulo, predicti [1] quorum arbitrio subvenciones, contribuciones seu collecte huiusmodi imponi habuerint in ipso annali capitulo fuerint arbitrati ; proviso tamen quod administratores dictorum membrorum necessitatem paciencium expendere habeant pro dictis necessitatibus quantum membra ipsa poterunt sustinere.   Ut autem in conseruacione collectarum, subuencionum, seu contribucionum huiusmodi adhibeatur cautela diligens & eciam oportuna, precipimus ut ille que imposite fuerint in capitulo provinciali per tres bonos & fideles de illis qui ad ipsum capitulum provinciale venire tenentur in aliqua ecclesia, monasterio seu alio loco convenienti & securo, que vero imposite fuerint in annali per tres fideles canonicos loci in quo imponentur, quorum unum ponat [2] ille qui prefuerit ipso capitulo annali, alium vero priores & administratores, et tercium capitulum ecclesie seu conventus monasterii sive loci ubi huiusmodi annale capitulum fieri debeat, in una archa serata tribus diuersificatis [3] seris & clavibus fideliter custodiantur, & in usus dumtaxat pro quibus imposite fuerint conuertantur.   Pro hiis autem collectis & subvencionibus seu contribucionibus fideliter conservandis & ut premittitur expendendis, dicti tres qui ad hoc fuerint in provinciali capitulo deputati prestent in presidencium ipsius capituli, & alii prefati tres canonici in prelati, presidentis, & capituli seu conventus loci principalis, cuius annale capitulum celebratur, presencia corporaliter iuramentum, nec imponi valeat alia contribucio quamdiu aliquid de prima contribucione quod sufficeat contigerit [4] superesse. Habeant autem dicti presidentes & eorum quilibet quoad huiusmodi provincialia capitula, similiter quoque prelati seu alii qui preerunt

---

[1] predictis, Wilkins and R.   [3] diversitatis, W.
[2] inponat, T.   [4] contigere, T.

dictis annalibus capitulis quoad ipsa annalia capitula auctoritate apostolica supradicta exigendi, colligendi & leuandi collectas, sub-venciones & contribuciones predictas, & contradictores ac rebelles quoslibet eadem auctoritate per censuram ecclesiasticam vel alia iuris & ipsius religionis [1] remedia, remoto cuiuslibet appellacionis obstaculo, compellendi & eciam publicandi & exequendi libere suos processus ac sentencias super premissis habitas & prolatas in ecclesiis cathedralibus, monasteriis, aliisve locis religionis eiusdem quando & quociens eis visum fuerit expedire, necnon eciam absolvendi, congrua tamen satisfaccione premissa, a dictis sentenciis & relaxandi & tollendi omnes processus & sentencias eorundem, et cum eis qui dictis [2] ligati [3] sentenciis, per simplicitatem & iuris ignoranciam, non tamen in contemptum clavium, celebrando divina vel se ingerendo eisdem irregularitatem incurrerunt super irregularitate huiusmodi dispensandi, liberam potestatem.

X. De studentibus in monasterio.

Quoniam per exercicium lectionis studentes litterarum scienciis imbuuntur, nos [4] cupientes ut viri religionis eiusdem in primitivis & deinde in divini & canonici iuris [5] scienciis instruantur, statuimus ut in qualibet ecclesia cathedrali, monasterio, locove alio conventuali seu collegiato dicte religionis, cui ad hoc suppetent facultates, habeatur magister qui canonicos doceat infra septa locorum in scienciis primitivis viz. grammatica, logica & philosophia, proviso attencius ut seculares instruendi cum ipsis canonicis docendis in eisdem monasteriis sive locis nullatenus admittantur. In ecclesiis tamen cathedralibus religionis eiusdem iura super hoc edita obseruentur. Provideatur autem cotidie prefato magistro, si alius quam canonicus eiusdem loci fuerit, sufficienter in pane & vino & pitancia per illos qui talia tenentur in eadem ecclesia, monasterio sive loco canonicis ministrare ; eidemque magistro pro vestimentis & calceamentis ac salario suis congrua pensio annua assignetur, summam xx librarum Turonensium parvorum nequaquam excedens, que de infrascripta communi contribucione soluatur, donec pro ea certi & perpetui redditus fuerint assignati. Si vero in locis predictis fuerit canonicus ad huiusmodi instruccionem ydoneus ipse per superiorem suum ad quem hoc pertinuerit deputetur instructor, & ad hoc si necesse fuerit compellatur. Cui vero instructori

---

[1] monasteria, T.
[2] dicti, T.
[3] legati, Wilkins.

[4] non, T.
[5] viris, W.

canonico ultra victum & vestitum pro libris emendis & aliis necessitatibus suis iuxta disposicionem superioris sui decem libre parvorum Turonensium assignentur. Prelati vero, seu alii ad quos spectaverit, canonicos instruendos dociles tam de capite quam de membris cum consilio seniorum eligere & de ipsorum certo numero ac de locis & temporibus quibus lectionibus quibusve divinis officiis seu obsequiis aliis oportunis intendant ordinare pure & provide teneantur. Si tamen dicti canonici instruendi teneri & instrui commode in loco principali nequiverint, & propter hoc fuerit hactenus consuetum ipsos instruendos in aliquo de membris ipsius loci teneri atque instrui, non intendimus circa hoc, dummodo ibidem vigeat observancia regularis, aliquid immutare. Possint autem prefatus magister seu instructor & instruendi cum consilio seniorum prout expediens visum fuerit eis ad quos pertinuerit removeri & per eos loco eorum qui remoti fuerint alii subrogari. Precipimus insuper cunctis visitatoribus in provincialibus capitulis deputatis quod ea que sunt de magistro seu instructore & personis instruendis & aliis super hoc superius ordinata faciant auctoritate apostolica per censuram ecclesiasticam & alia oportuna remedia, appellacione remota, firmiter obseruari, & nichilominus ea que super predictis fecerint & invenerint presidentibus capitulo provinciali referant; qui eciam auctoritate apostolica si eis vel maiori parti ipsorum visum fuerit contra negligentes vel rebelles in premissis procedant, sicut viderint expedire.

XI. De mittendis ad studia.

Quia vero expedire dinoscitur ut iidem canonici postquam in scienciis primitivis fuerint eruditi ad sacre theologie vel canonum transeant facultates, statuimus ut ecclesia cathedralis, monasterium, prioratus, locusve alius religionis eiusdem membris suis inferius declarandis de quolibet vicenario numero canonicorum unum canonicum aptum pro huiusmodi scienciis adquirendis ad generalia seu solennia studia mittere & cuilibet mittendorum ipsorum teneantur de infrascripta annua pensione providere. Huiusmodi autem vicenarium numerum sic volumus computari, ut viz. illi dumtaxat canonici numerum ipsum efficiant in hoc casu qui fuerint in ecclesia, monasterio, vel loco alio principali, & in alio loco ei subiecto habente octo vel plures canonicos preter priorem vel administratorem loci subiecti, & ipsorum canonicis[1] ipsius ecclesie seu monasterii & loci alterius

---

[1] canonicos, W.

principalis in computacione ac missione huiusmodi coniungantur. Quod si forsan ultra dictum numerum vicenarium aliqui superessent qui tamen vicenarium alium non complerent, non propter hoc artentur aliquem mittere ad studia prelibata. Ubi autem huiusmodi ecclesia, monasterium sive locus ad mittendum plures ad predicta studia quam premittitur astringerentur de consuetudine vel ordinacione alia seu statuto non intendimus consuetudini, ordinacioni, seu statuto huiusmodi per premissa aliquatenus derogare. Si vero in huiusmodi ecclesia, monasterio vel loco alio principali vicenarius canonicorum numerus non existat, numerus tamen maior senario sit ibidem, teneantur visitatores per provinciale capitulum deputati cum in ea vel eo visitacionis[1] officium exercebunt inquirere de facultatibus & oneribus huiusmodi ecclesie, monasterii sive loci, et si, huiusmodi oneribus supportatis, invenerint facultates sufficere pro uno vel pro pluribus canonicis ad dicta studia destinandis, relacionem de hoc faciant in provinciali capitulo subsequenti in quo presidentes cum consilio & assensu maioris partis capituli ordinent auctoritate apostolica iuxta huiusmodi suppetenciam facultatum de uno vel pluribus canonicis ad eadem studia destinandis. Eligantur autem ipsi canonici mittendi, prout ad sciencias theologie vel iuris canonici seu magis ad unam quam ad alteram apciores poterunt inveniri, sic tamen quod si tot apti reperiantur[2] pro ipsius theologie studio, ad minus medietas mittendorum pro ipso theologie studio destinetur[3]; & qui electus fuerit ad unam de hiis scienciis ad aliam proprio arbitrio nequeat se transferre; quod si fecerit de studio revocetur. Ut autem ad eleccionem canonicorum ad predicta studia mittendorum sincere & cum celeritate congrua procedatur, capitulum ecclesie cathedralis religionis predicte, septem; abbas vero, prior & quivis alius prelatus monasterii sive prioratus & loci conventualis religionis eiusdem habentis vicenarium aut maiorem numerum canonicorum, quinque; habentis vero numerum minorem vicenario, tres canonicos seniores, qui dictam eleccionem facere habeant infra quinque dies post festum beate Marie Magdalene quod primitus a publicacione huiusmodi nostre constitucionis in eorum capitulis annalibus facta occurrerit & deinde singulis annis in perpetuum quociens eleccio de canonicis ut permittitur mittendis extiterit facienda, infra idem tempus eligere teneantur. Seniores autem ipsi antequam ad huiusmodi eleccionem procedant iuramentum prestent, ad quod prestandum per superiores suos, si

---

[1] At this point there is a large gap in R., probably a missing leaf.

[2] recipiantur, Wilkins.

[3] destinentur, T.

opus fuerit, eos volumus coartari, quod timore, amore, odio, precio seu favore reiectis, illos ex canonicis in scienciis primitivis & regulari-bus observanciis informatos [1] ac vita & moribus commendandos [2] eligant ad studia supradicta, quos magis dociles et apciores esse crediderint ad [3] alterutram ex theologie & iuris canonici scienciis ad quam fuerint destinandi. Cum vero dicti seniores prestiterint huius-modi iuramentum teneantur infra tres dies cum consilio instructoris, si canonicus extiterit, iuramento simili astringendi [4], eligere coram ecclesie cathedralis capitulo vel abbate seu priore vel alio prelato pre-dictis mittendos prefatos [5]. Electione autem huiusmodi facta per seniores eosdem vel maiorem partem numeri eorundem, cum consilio ut premittitur instructoris [6], is, ad quem pertinuerit, licenciam eundi ad studia supradicta infra sex dies post habitam de dicta eleccione noticiam eis [7] concedere sit astrictus; iidemque electi mittendi ad Parisiense studium illuc in Exaltacione sancte Crucis, alii vero ad alia studia destinandi illuc in sancti Luce festis vel circa adesse procurent. Quod si forsan dictum capitulum infra predictos quinque dies prefatos septem seniores non elegerit, aut si ipsi septem ab eodem capitulo vel, dictis quinque seu tribus senioribus a prefato abbate seu priore vel alio prefato ut prefertur electis, iidem seniores vel eorum maior pars in casu quolibet predictorum infra tres dictos dies huiusmodi canonicos mittendos non duxerint eligendos, extunc in ecclesia cathedrali ad illum qui preest in regularibus disciplinis post antistitem, in mona-sterio vero seu prioratu locove alio ad abbatem seu priorem vel alium prelatum quemcumque eo ipso huiusmodi eleccio devolvatur. Ille vero ad quem ipsa eleccio fuerit devoluta, eleccionem dictorum mitten-dorum infra triduum post noticiam devolucionis huiusmodi cum consilio quatuor canonicorum discretorum sue ecclesie seu monasterii aut prioratus vel loci huiusmodi quos ad hoc elegerit & simili astrixerit iuramento facere teneatur. Qui vero in premissis repertus fuerit deliquisse, prout delicti qualitas exegerit puniatur, nichilominus hiis que circa [8] hec negligenter omissa vel dolose commissa fuerint supplendis quam cicius [9] et eciam reformandis.

---

[1] informatis, W., C., and Wilkins.
[2] commendandis, W. and Wilkins.
[3] om. Wilkins.
[4] astringi, T.
[5] eligere, Wilkins.

[6] institutoris, Wilkins.
[7] eius, T.
[8] contra, T.
[9] quam tocius, R., C., T., W., and Wilkins.

XII. De pensionibus studencium.

Quoniam insistentes litterarum studiis diuersa subire oportet onera expensarum, predictis canonicis, qui mittentur ad studia generalia, magistris & bacallariis legentibus ac scolaribus studentibus, in subsequentibus quantitatibus pro expensis huiusmodi fore decrevimus & decernimus pensiones annis singulis ministrandas, viz. in theologia magistro sexaginta, baculario quadraginta ac scolari similiter quadraginta, in iure vero canonico doctori quinquaginta[1] baculario vero ac scolari cuilibet eorum viz. triginta quinque libras Turonensium parvorum, vel earum valorem in alia moneta, tam pro victualibus, vestimentis & calciamentis quam pro libris & quibuscumque necessariis ac necessitatibus eorundem. Si autem in aliqua ecclesia, monasterio siue loco est taxatum siue ordinatum quid & quantum assignari[2] debeat canonico in studio existenti, illud detur & assignetur loco pensionis eiusdem, eciam si eandem excedat, ei qui[3] ut premissum est ad studium transmittetur. Ubi vero huiusmodi taxacio vel ordinacio non est facta, volumus quod hii qui tenentur canonicis residentibus in suis ecclesiis, monasteriis sive locis de victualibus & vestiariis providere, provisionem huiusmodi hiis qui mittentur ad huiusmodi studia eciam si taxacionem dictarum pensionem excedat loco pensionum[4] huiusmodi integraliter facere teneantur. Quod si huiusmodi taxacio, ordinacio sive provisio ad summam dictarum non ascenderet pensionum, de infrascripta communi contribucione id quod ei defuerit supleatur. Et si forte taxacio, ordinacio sive provisio prefate non in pecunia sed in aliis rebus ipsis canonicis consueverint assignari, ne super extimacione earum possit altercacio suboriri, in primo annali capitulo ecclesie, monasterii sive loci eorum qui mittentur ad studia, tres probi viri per ipsum capitulum vel maiorem partem ipsius deputentur, qui in pecunia valorem provisionis eiusdem, computando ea que computanda fuerint, de bono & equo & compensando[5] unum annum cum alio debeant extimare. Que siquidem pensiones, provisiones seu alia, que loco earum fuerint assignanda, per eos qui ad eorum solucionem tenebuntur in festo Assumpcionis beate Marie anno quolibet collectoribus ad earum colleccionem deputatis integraliter persoluantur, & per eos illis viz. qui ad studium Parisiense in festo Exaltacionis sancte Crucis vel circa illud, eis vero qui ad alia studia generalia vel solennia fuerint deputati in

---

[1] quadraginta, Wilkins.
[2] ordinari, T.
[3] eique, Wilkins.
[4] pensionis, T.
[5] compessando, T.

festo sancti Luce vel circa illud singulis annis infallibiliter transmittantur. Si quis abbas, prepositus, prior vel administrator vel quicumque alius qui ad predicta solvenda tenebuntur, illud quod ipsorum quilibet pro rata contingente [debet], in termino ad hoc statuto solvere dictis collectoribus non curarent, teneantur extunc, ultra quantitatem ad quam erunt ad premittitur obligati, quintam partem eiusdem quantitatis nomine pene soluere dictis collectoribus infra mensem. Quod si non fecerint, sit eis eo ipso tam diu ecclesie interdictus ingressus donec tam „ principalem quantitatem quam huiusmodi quintam partem duxerint persoluendas ; & si extunc per quatuor menses pertinaciter huiusmodi sustinuerint interdictum, sint ipso facto tam diu a divinis suspensi donec utrumque duxerint persoluendum, nulla sibi premissorum remissione quomodolibet profutura. Quantitas autem huiusmodi pene nomine ut premittitur persoluenda in acquisione librorum utilium & profectus alios dictorum studencium iuxta superioris eorum arbitrium conuertatur. Quod si priores, prepositi vel alii prelati seu eciam administratores quicumque qui non presunt collegio nec habent per eleccionem assumi, abbatibus tamen seu prelatis aliis eiusdem religionis subiecti, huiusmodi summas solvere contempserint & prenominatas penas per alios quatuor menses immediate sequentes sustinuerint, animis induratis, excommunicacionis incurrant sentenciam eo ipso, a qua, satisfactione premissa, possint absolvi tam per diocesanos locorum quam presidentes deputatos in capitulis provincialibus illius provincie cuius erunt vel alterum eorundem. Quod si eandem sentenciam per annum, animis pertinacibus, sustinuerint, eo ipso quibuscumque obtentis beneficiis sint privati per illos ad quorum collationem vel aliam disposicionem pertinuerit, libere personis aliis conferendis. Nullus autem cuiuscumque fuerit preeminencie, condicionis, dignitatis aut status sive collector pensionum huiusmodi seu reddituum assignandorum pro ipsis aliquid sibi vel alteri seu usui cuicumque de prefatis pensionibus vel fructibus, reddditibus seu proventibus qui assignabuntur pro pensionibus ipsis quomodolibet applicare vel alienare presumat in diminucionem pensionum seu preiudicium studencium predictorum. Si quis autem collector vel quivis alius adversus hoc aliquid applicaverit vel alienaverit, necnon collector qui dictas pensiones in supradictis terminis eisdem studentibus mittere non curaverit, prout culpe qualitas exegerit, per illos ad quos pertinuerit puniatur, et nichilominus si solvendo fuerit, de dampnis & interesse satisfacere compellatur. Ut autem omnes pensionum huiusmodi levius supportentur contribuciones que pro pensionibus studencium & instructorum predictorum fuerint faciende, soluantur per capitulum ecclesie cathedralis & per abbatem, priorem, prepositum seu conuentum & quemvis alium administratorem monasterii, prioratus, locive alterius religionis eiusdem, necnon per beneficiatos quorumlibet beneficiorum canonicalium ad ecclesiam, monasterium, prioratum vel locum alium pertinencium vel dependencium ab eodem iuxta divisionem inter eos omnes secundum taxacionem vel extimacionem decime in taxatis, in non taxatis vero beneficiis secundum taxacionem proportionaliter & racionabiliter iuxta valorem ipsorum in primo cuiuslibet ecclesie cathedralis monasterii seu prioratus vel alterius loci ipsius religionis annali capitulo faciendam per illum qui eidem capitulo preerit & per ipsum capitulum seu maiorem partem ipsius. Quam si forte in huiusmodi annali capitulo facere neglexerint vel noluerint, tunc presidentes provinciali capitulo illius provincie & quilibet ipsorum presidencium ac visitatores per dictum provinciale capitulum deputati & eorum quilibet ipsos auctoritate apostolica per censuram ecclesiasticam & alia remedia oportuna ad illam faciendam appellacione cessante compellere teneantur, donec ea que per communem contribucionem in supplementum huiusmodi dari debent studentibus & instructoribus prefatis in certis & perpetuis redditibus de novo pro hiis adquisitis fuerint assignata. Si qui vero ex predictis beneficiatis proventus habeant adeo tenues & exiles quod secundum communem extimacionem non sufficiant, supportatis eius necessariis oneribus, ad ratam contribucionis huiusmodi, ad eandem contribucionem minime teneantur. Ad hoc prohibemus ne ulli canonico quodcumque beneficium quantumcumque modicum vel aliam pensionem habenti, nisi illa vel illo omnino dimisso seu dimissa aliqua de dictis pensionibus studencium assignetur. Quod si secus actum fuerit nullius penitus sit momenti. Si vero ipsi canonico huiusmodi pensionem studencium optinenti beneficium aliquod quantumcumque modicum conferatur, volumus quod adepta pacifica possessione ipsius cesset ipsa pensio ipso facto, eaque privatus existat, studenti alteri assignanda, ut non desit studens de numero instituto, nec per litteras a sede apostolica vel legatis ipsius super provisione canonicorum aut quorumlibet aliorum optentas de pensione aliqua studencium ipsorum cuiquam valeat provideri, nec possit alicui alteri nisi fuerit de studentibus supradictis ipsa pensio per aliquem [1] assignari [2]. Alias nulla sit assignacio huiusmodi ipso iure, et tam assignans quam recipiens ad restitucionem omnium que inde recepta fuerint teneantur, que in libris vel aliis necessitatibus dictorum studencium convertantur.

[1] aliquam, W. and T.   [2] assignata, Wilkins.

Alienacionem quoque librorum, qui dictis studentibus fuerint deputati, seu distraccionem, vel eciam obligacionem ipsorum per eos fieri, districcius inhibemus, nisi studens huiusmodi utiliores libros emat, & eciam id faciat licencia sui immediati superioris optenta, volentes quod & libri predicti, defunctis eisdem studentibus ad ecclesias, monasteria, & loca alia ad que pertinuerint libere revertantur. Volumus eciam quod si in ecclesia, monasterio & loco alio religionis eiusdem libri multiplicati fuerint, libris necessariis in ecclesiis, monasteriis & locis aliis remanentibus, ceterorum librorum per antistitem, abbatem seu alium ad quem pertinuerit de consilio sui capituli seu conventus vel maioris partis ipsorum fiat conveniens distribucio inter studentes eosdem; fiatque prius de personis studencium, quibus dicti libri tradentur, & librorum nominibus predictorum memorialis scriptura, que in ecclesia, monasterio, seu loco huiusmodi conseruetur, proviso tamen quod pulcriores & utiliores in eisdem ecclesia, monasterio sive loco debeant remanere. Si quis vero de studentibus ipsis, per se vel alium, librum seu libros huiusmodi qui sic pervenerint ad eundem contra hec distraxerit aut obligaverit, eo ipso sit inhabilis per biennium ad quodcumque beneficium optinendum, & nichilominus de studio revocetur & loco sui alius subrogetur, & eciam per suum superiorem prout facti qualitas exegerit puniatur. Possit tamen dictus superior super inhabilitate huiusmodi dispensare si sibi visum fuerit expedire. Ubi autem erit aliquis de ipsis studentibus qui sit vite laudabilis & alias ydoneus & discretus & ad bacalariatum vel magisterium dispositus vel propinquus, vel de cuius fructu sciencie adquirende possit verisimilis spes haberi, prior dictorum studencium qui erit pro tempore cum consilio aliquorum studencium eorundem proborum scribat presidentibus antedictis, ut proprio prelato ipsius mandent et ordinent cum eodem quod talem de studio non revocet, sed eum in sciencia proficere & ad statum baculariatus & honorem magisterii pervenire, lecturamque continuare permittat, ipsumque & alios similes quos in sciencia laudabiliter proficere noverit, dignis attollat honoribus & promocionibus efferat oportunis. Provideant quoque presidentes & alii prelati convenientes in ipso capitulo provinciali quod canonici ad dicta studia transmittendi, prout conveniencius & commodius fieri poterit insimul commorentur saltem quinque vel quatuor ad minus, & quatuor vel quinque huiusmodi duobus servientibus[1] sint contenti. Precavere nempe volentes & eciam providere ut dictis scolaribus in dictis studiis pro tempore morantibus regularis non desit salubre gubernaculum discipline,

---

[1] servitoribus, R., W., and Wilkins.

ordinamus quod in capitulis provinciarum, in quibus erunt huiusmodi
studia, presidentes unum de hiis qui debent ad provinciale capitulum
convenire, vicinum loco ubi studium erit, quem quociens eis placuerit
ponere valeant & mutare, deputent & assignent, qui ex dictis studentibus unum inibi priorem studencium constituat per annum solummodo
duraturum, quem tamen priorem tam ipse quam eciam presidentes
& quilibet eorundem mutare valeant infra annum, si & quociens eis
videbitur expedire. Constituatur autem ipse prior talis qui sit potens
in opere & sermone ut canonicos studentes pensionarios & alios eciam
beneficiatos in bono instruat & a malo revocare studeat, ipsosque
quociens sibi videbitur expedire convocet ad aliquem locum competentem eisque quoad regularem presideat disciplinam, & potestatem
habeat illos corrigendi, puniendi & absolvendi & cum eis dispensandi,
quamdiu in ipsis studiis moram traxerint, ab omnibus a quibus & super
quibus & prout possit superior post antistitem vel abbas seu alterius
prelatus eorum propriis in ecclesia, monasterio vel alio loco unde
claustrales existunt, ipsosque informandi, instruendi & tenendi sub
regularibus disciplinis & illos eciam cohercendi ne vagentur vel actibus
seu operibus vacent illicitis, sed studeant & perficeant sicut decet,
vivantque laudabiliter & honeste. Prouideat insuper idem prior
studencium quod dicti canonici pensionarii studentes expensas faciant
moderatas, non superfluas nec aliquatenus excessivas eosque cogat ad
reddendum de receptis & expensis in fine mensis cuiuslibet, vel prout
alias sibi videbitur, racionem illi vel illis providis & discretis quos idem
prior ad id duxerit deputandos. Et quando ipsorum studencium con-
dicio seu demerita suaserint eos studio revocandos, idem prior teneatur
id, consulte tamen & caute, antistiti, abbati vel alii prelato eorum propriis
per suas litteras intimare; idemque antistes, abbas seu prelatus proprius
eos revocare debeat & in locis eorum canonicos totidem subrogare per
modum suprascriptum appellacione, contradictione vel reclamacione reiectis. Concedimus quoque dicto priori canonicos studentes pensionarios
& alios eciam beneficiatos quamdiu in ipsis studiis sunt ab excommunica-
cionum, suspencionum & interdictorum sentenciis per statuta provincialia
seu cuiusvis ecclesie, monasterii, sive loci dicte religionis, vel per diocesanum, contra studentes in locis ubi erunt studia generaliter promulgatis,
congrua satisfaccione premissa, iuxta formam ecclesie auctoritate
apostolica absolvendi & cum eis super regularitate, quam sic ligati
celebrando divina vel alias se ingerendo eisdem per simplicitatem
& iuris ignoranciam non tamen in contemptum clavium incurrerint, dispensandi auctoritate predicta liberam potestatem. Per hoc vero dictos

canonicos studentes a potestate antistitis vel aliorum ordinariorum suorum vel alterius prelati sui nolumus aliquatenus eximere vel eciam liberare. Quilibet autem dictorum canonicorum religionis eiusdem huiusmodi studiis insistentes pensionarii & alii eciam beneficiati prefato eorum priori de quinque solidis Turonensium parvorum vel eorum[1] valore in alia moneta providere annis singulis teneatur ad quorum solucionem idem prior possit eosdem per censuram ecclesiasticam & alia ipsius religionis remedia auctoritate apostolica remoto appellacionis obstaculo cohercere. Idem tamen sumptus nunciorum subeat quos pro premissis duxerit transmittendos. Dicti quoque presidentes in singulis eorum provincialibus capitulis deputent aliquem de illis, qui debent ad capitulum provinciale convenire, ydoneum ac vicinum studio in quo studentes huiusmodi morabuntur, & tam huiusmodi deputatus quam eciam visitatores in provinciali capitulo ordinati diligenter & fideliter se informent an eâ que per nos de studentibus & eorum pensionibus & aliis circa hec statuta & ordinata existunt, fuerint effectui mancipata, & si qua invenerint non completa, eorum plenam relacionem & eciam informacionem, qualiter compleri possint, faciant in proximo provinciali capitulo eorundem; in quo ordinari debeat quod efficaciter compleantur. Habeant insuper presidentes prefati & quilibet eorum faciendi compleri & inviolabiliter observari auctoritate apostolica omnia & singula supradicta, necnon contradictores & rebelles per censuram ecclesiasticam & per alia iuris seu ipsius ordinis remedia sublato appellacionis obstaculo compellendi, ac processus & sentencias eorum in locis religionis eiusdem solemniter publicandi, & illos qui sentencias ipsorum incurrerint congrua satisfaccione premissa iuxta formam ecclesie absolvendi, & cum illis ex eis,[2] qui huiusmodi ligati sentenciis, per simplicitatem & iuris ignoranciam, non tamen in contemptum clavium, divina celebraverint[3] officia, vel ingesserint se eisdem, super irregularitate per eosdem contracta auctoritate predicta dispensandi liberam facultatem. Rursus statuimus & eciam ordinamus quod nullus religionis eiusdem ad recipiendum magistratus seu doctoratus honorem de cetero assumatur, nisi prestito per eum primitus iuramento in presencia dicti prioris studencium ac sex proborum & discretorum ex studentibus antedictis, quod in assumpcione ipsius honoris, vel ante vel post, eius occasione circa cibos, vestes vel alia non expendat per se vel alium, undecumque habuerit vel fuerit sibi datum, nec quantum in eo fuerit a quibusvis aliis expendi permittat

---

[1] earum, T.

[2] ' With those of them, who '.

[3] celebrarent, Wilkins.

ultra valorem duorum milium Turonensium argenti. Illi eciam qui ad baculariatum fuerint assumendi iuramentum eciam prestare teneantur in presencia prioris studencium & quatuor proborum & discretorum de studentibus memoratis, quod huiusmodi sui baculariatus pretextu ipsa die qua bacularii erunt, vel ante seu post, nullum festum sive convivium facient per se vel alios, aut quantum in eis fuerit fieri permittent a quibuscumque aliis eciam eorum consanguineis vel amicis. Ad hec statuimus & eciam ordinamus quod quilibet ipsius religionis qui in dicto Parisiensi vel in aliquo alio generali studio per sex annos in theologia [1] studuerint, si [2], in illis primitivis scienciis prius sufficienter instructi & alias sufficientes, ad hoc ydonei fuerint, possint in ipso Parisiensi studio cursus biblie facere consuetos. Qui vero per octo annos in theologia studuerint librum sentenciarum legere valeant, si ad hoc sufficientes fuerint, in Parisiensi studio prelibato ; & quod in eodem Parisiensi & alio quocumque studio in quo ad magisterium in theologia licencia dari poterit seu consueuerit, cum digni reperti ad hoc extiterint ad magisterium ac doctoratum in theologia libere admittantur. Illi vero religionis eiusdem qui in ipso Parisiensi vel quovis alio studio generali audierint iura canonica per sex annos, de quibus per tres ad minus decretum audierint, dummodo sufficientes & ydonei fuerint, possint ad baculariatum & lecturam iuris canonici sive decretorum in eodem Parisiensi & quolibet alio studio in capa sue religioni congruenti assumi. Qui vero per quinque annos in Parisiensi uel alio studio generali iura canonica ut bacularii legerint, & de hoc primo fidem fecerint per eorum proprium iuramentum & duorum aliorum testium [3] iurancium se credere eos verum iurasse, possint si voluerint in capa similiter eorum religioni congruenti ad magisterium in decretis vel ad lecturam decretorum in eodem Parisiensi vel quolibet alio studio generali, dilacione & difficultate maliciosa & impedimento quibuscumque sublatis, sicut ibidem consueuerunt assumi ceteri clerici seculares, assumi [4] & per cancellarium ecclesie Parisiensis in Parisiensi, & in quolibet alio studio generali per illum ad quem pertinuerit, ad huiusmodi magisterium seu doctoratus honorem promoveantur libere & eciam admittantur, non obstantibus quibuscumque statutis & consuetudinibus monasteriorum & aliorum locorum religionis eiusdem, necnon Parisiensis & aliorum quorumcumque studiorum contrariis iuramentis confirmacionibus apostolicis

---

[1] i. t., om. T.
[2] si, om. T., W., R., C.
[3] testimonium, T. ; om. Wilkins ;

R. omits from *iuramentum* to *se*.
[4] R., T., and W. insert *possint* before *assumi* ; C. inserts *possunt*.

ac quibusvis firmitatibus[1] aliis roboratis, & illis presertim quibus in eodem Parisiensi studio caveri dicitur quod nullus possit legere cursum biblie, nisi studuerit inibi septem annis, nec permittatur sentencias legere nisi ibidem studuerit decem annis, quodque nullus canonicus vel religiosus alius legat ibidem iura canonica vel ad baculariatus statum aut magisterii honorem in iure canonico permittatur assumi, seu quod nullus sine rubea capa decretum legat seu legere permittatur ibidem, aut quod nullus ibi legere valeat iura canonica vel ad baculariatum assumi seu ut bacularius legere decretales aut ad magisterium ascendere in decretis sive doctor fieri decretorum aut ad lecturam in decretis assumi seu ipsam continuare nisi ibidem vel in aliquo studio generali audiuerit iura canonica per quinque vel alibi iura civilia per tres annos, aut alibi iura civilia per quinque & ibi vel in alio generali studio iura canonica per tres annos, prout sic vel aliter in statutis ipsius Parisiensis studii dicitur contineri vel consuetudine obseruari, & aliis consuetudinibus vel statutis eiusdem Parisiensis studii vel quibuscumque sub quacumque forma[2] vel expressione verborum in contrarium editis vel edendis, necnon quibuslibet privilegiis vel indulgenciis, generalibus aut specialibus, & literis apostolicis contrariis, ordinibus, ecclesiis, monasteriis, locis & studiis quibuscumque sive uniuersitatibus magistrorum vel scolarium eorundem, seu personis ecclesiasticis secularibus & regularibus exemptis & non exemptis cuiuscumque sint preeminencie, dignitatis, condicionis aut status sub quavis forma vel expressione verborum concessis, per que presentibus non[3] expressa vel totaliter non inserta effectus huiusmodi statutorum & ordinacionum & singulorum contentorum in eisdem presentibus impediri valeat quomodolibet vel differri, & de quibus quorumque totis tenoribus plenam & expressam ac de verbo ad verbum oporteat in illis vel aliis nostris literis fieri mencionem; quibus non intendimus quoad alia in aliquo derogari.

XIII. De mittendis ad beneficia.

Ut cultus augeatur divinus & religiosis vagandi[4] materia precludatur, statuimus quod canonici religionis eiusdem extra ecclesias, monasteria, sive loca alia principalia optinentes prioratus seu quevis alia beneficia, quibus ad hoc suppetent facultates, in ipsis beneficiis residere & socium vel socios sui ordinis secum habere iuxta ipsarum facultatum suppe-

---

[1] infirmitatibus, T.
[2] om. T.
[3] licet non, Wilkins.
[4] religionis vacandi, Wilkins and R.

tenciam teneantur, statutis & consuetudinibus contrariis non obstantibus quibuscumque, quodque[1] socium vel socios huiusmodi prelatus
seu is ad quem pertinuerit, prout locis congruere noverit & personis,
& cum consilio & assensu sui capituli seu conventus vocatis hiis qui
dicta beneficia optinebunt,[2] huiusmodi suppetenciam arbitrando, assignet eisdem. Quod si huiusmodi priores seu administratores, quibus
fuerint canonici in socios assignati, cessante causa racionabili, relin-
quendo[3] arbitrium[4] assignantis recusent admittere sibi assignatos vel
eis sufficienter & decenter in necessariis providere, cogantur ad hoc
per censuram ecclesiasticam & alia iuris remedia & oportuna, &
nichilominus de huiusmodi inobediencia puniantur. Qui autem in
ecclesiis cathedralibus seu monasteriis dignitates, personatus, officia seu
administraciones alias habuerint & in eisdem ecclesiis seu monasteriis
consueuerint residere, cogantur officium incumbens eis tam in divinis
quam in aliis debite exercere, familiamque infra claustrum presertim
excessivam non teneant aut talem per quam verisimiliter presumatur
in ipsis ecclesiis seu monasteriis scandalum generari. Et quia secundum premissa nonnulli de canonicis regularibus, qui in ecclesiis
seu monasteriis consueuerant residere, habebunt extra in suis prioratibus seu beneficiis aliis residenciam facere, in capitulo annali
cuiuslibet ecclesie & monasterii per prelatum & capitulum vel maiorem
partem ipsius, scito & cognito diligenter quot mittentur extra pro
residencia in dictis prioratibus & beneficiis facienda, provide ordinetur
quot loco eorum qui extra mittentur in ipsis ecclesiis seu monasteriis
fuerint subrogandi. Optinentes autem beneficia simplicia[5] quibus
non iminet[6] cura animarum, quorum ad tenendum socium non
sufficiunt facultates, si propinqua sint ecclesiis vel monasteriis a
quibus illa dependent, in dictis ecclesiis vel[7] monasteriis residenciam
facere compellantur & habeant de proventibus dictorum suorum
beneficiorum expensas, quas in victualibus in ipsis ecclesiis vel
monasteriis residendo facient, illi vel illis exsolvi qui in dictis ecclesiis
vel monasteriis victualia canonicis ministrare tenentur, dummodo ad
hoc redditus beneficii huiusmodi obtinentis sufficere dinoscuntur.
Quod si huiusmodi beneficia simplicia longe distent ab ecclesiis seu
monasteriis quibus subsunt, ac prioratibus vel administracionibus
eiusdem ecclesie seu monasterii, in quibus prioratibus & administracionibus canonici residere consueuerint, sint propinqua, modo premisso

---

[1] quoscumque, Wilkins; quemcumque, R.
[2] R. ends at this point.
[3] relinquenda, W.

[4] arbitrio, T., W., C.
[5] s., om. T.
[6] imminent, Wilkins.
[7] Wilkins omits from *vel* to *victualia*.

R

& cum satisfaccione simili expensarum optinentes huiusmodi beneficia seu administratores[1] eorum ad residendum in dictis prioratibus seu administracionibus deputentur nisi per fundatores huiusmodi beneficiorum aliter fuerit ordinatum, cui ordinacioni non intendimus derogare. Super distancia vero seu propinquitate beneficiorum huiusmodi stetur arbitrio annalis capituli eiusque in hoc deliberacio observetur. Quod si dicta beneficia simplicia tam ab ecclesiis vel monasteriis quam ab eorum prioratibus seu administracionibus sint remota, per dictum annale capitulum ordinetur, ubi tales debeant residere, proviso tamen quod divinus cultus exerceatur debite in beneficiis memoratis. Canonici autem in huiusmodi prioratibus seu administracionibus commorantes in ecclesia horis congruis cum dictis prioribus seu administratoribus simul intersint, canonicas horas dicant, in missis celebrandis suas ebdomadas ordinate teneant, & in locis ubi tres fuerint vel plures una per eos missa ad minus cum nota die qualibet celebretur & hore eciam canonice cum nota dicantur. Dicti quoque canonici socii dictorum priorum & administratorum in una domo communi regulariter iaceant, camerulis & cellulis eis penitus interdictis. In una eciam domo vescantur. Prior insuper[2] & administrator & canonici, nisi infirmitas vel alia evidens racio interdum aliud suaserit faciendum, in vestitu et eciam[3] tonsura a communi ecclesie, monasterii, sive loci cui subsunt[4] institucione vel debita observancia non recedant, ac suo priori vel administratori iuxta ordinacionem prelati sui vel superioris obediant humiliter & devote. Et si aliquando dictos canonicos in prioratibus seu administracionibus mori aut fugitivos fieri forsan continget, priores aut administratores predicti diem mortis aut fuge siue recessus ipsorum prelatis eorum superioribus, ut in ecclesiis seu monasteriis eorum principalibus pro defunctis consueta fiant suffragia, seu fugitivos revocare vel in prioratibus seu administracionibus alios loco eorum subrogare valeant, quam cito commode poterunt intimare per suas litteras teneantur. Quod si priores seu administratores predicti diem obitus seu fuge aut recessus huiusmodi prelatis suis superioribus significare distulerint terciam partem illorum quam canonicus expendisset, si non fuisset mortuus vel in fuga, pro pitancia capituli vel conventus ecclesie, monasterii vel loci principalis soluere teneantur. Illi insuper canonici predicti non soli sed honeste associati & cum habitu decenti incedant, nec in villis in quibus prioratus seu administraciones huiusmodi fuerint comedere vel bibere aut ingredi

---

[1] administraciones, T.
[2] insuper, om. T.
[3] eciam et, T., W.
[4] subiiciuntur, Wilkins.

domos presumant nisi cum honestis personis & tunc de sui prioris
seu administratoris licencia speciali. Qui vero contrarium fecerint
regulari subiaceant discipline. Ut autem efficacius observentur,
antistites, abbates & ceteri eorum canonicorum superiores, necnon
alii qui ad visitandum per eos fuerint deputati, cum prioratus &
administraciones huiusmodi visitabunt circa illa servanda [1], & non
servata corrigenda, curam habeant diligentem.

XIV. De optinentibus beneficia a sede apostolica.

Precipimus quod canonici religionis prefate qualiacumque in ipsa
religione auctoritate sedis apostolice vel legatorum ipsius beneficia
optinentes, obediant superioribus suis religionis eiusdem, ipsorumque
subsint correctionibus, ordinacionibus, punicionibus & statutis, et
beneficiis huiusmodi ex causis racionabilibus privari & ab illis amoveri
possint, quemadmodum possent, si foret per superiores suos de ipsis
beneficiis eis provisum.

XV. De infirmariis.

Cum expediat infirmis de domo seu loco congruo provideri,
statuimus quod in ecclesiis, monasteriis & locis aliis conventualibus
religionis eiusdem in quibus certa domus seu locus deputata vel
deputatus non fuerit pro infirmis, hii ad quos id pertinuerit, quibus
ad hoc suppetant facultates, domum seu locum huiusmodi sufficientes,
iuxta statum & facultates locorum, quam cicius [2] commode fieri
poterit deputare seu construere teneantur, eisdem [3] infirmis sufficienter
de lectis, victualibus, servitoribus, medicinis & rebus medicinalibus
& aliis quibuslibet necessariis providendo ; ad que peragenda &
complenda per superiores immediatos & per presidentes ac visitatores
& eorum quemlibet auctoritate apostolica per censuram ecclesiasticam
& alia remedia oportuna compellantur. Ubi autem administraciones [4]
eorum, qui ad premissa tenentur, sufficientes ad ea peragenda non
habuerint facultates, in annali capitulo per ipsum capitulum vel
maiorem partem ipsius auctoritate apostolica ordinetur quod administraciones huiusmodi sufficientes [5] ad hoc reddantur per assignaciones pensionum prout infra in alio casu sub rubrica de victualibus
& aliis administrandis noscitur esse provisum.

---

[1] observanda, Wilkins.
[2] quantocius, Wilkins ; quam tocius, T., W., and C.

[3] T. inserts *insuper* before *eisdem.*
[4] administratores, T.
[5] T. inserts *sint* before *sufficientes.*

XVI. Quod antiquus canonicorum numerus teneatur.

Cum sit consonum racioni ut optinentes beneficia, ipsorum onera debeant supportare, statuimus quod in monasteriis, prioratibus & aliis beneficiis quibuscumque religionis eiusdem personis quibuslibet extra prefatam religionem, cuiuscumque sint dignitatis, gradus seu preminencie, eciam si fuerint sancte Romane ecclesie cardinales, collatis vel commendatis seu de cetero conferendis vel commendandis, tot canonici teneantur quot in eis tenerentur si per canonicos regulares, monasteria, prioratus & beneficia huiusmodi regerentur; et quod nichilominus canonico in eisdem monasteriis, prioratibus & beneficiis committatur id quod supra vel circa alios canonicos inibi residentes haberet exercere administrator canonicus si preesset eisdem, quantum ad ea que pertinent ad regularem disciplinam vel observanciam sive ad regulam; et quod quilibet [1] predictorum, huiusmodi monasteria, prioratus & beneficia quomodolibet optinentes, ad procuraciones & alia quelibet onera ipsis monasteriis, prioratibus & beneficiis incumbencia supportanda, persoluenda & reddenda integre sint astricti; quodque ad hec & alia supradicta, auctoritate apostolica, per censuram ecclesiasticam & alias compelli valeant per capitulorum provincialium presidentes & quemlibet eorum, prout per superiores suos possent & deberent compelli canonici regulares si preessent monasteriis, prioratibus & beneficiis memoratis, nisi fuerint sancte Romane ecclesie cardinales, quos nolumus talium compulsionibus subiacere.

XVII. De personis secularibus & animalibus tenendis
in monasteriis & ecclesiis, vel non.

Prohibemus ne canonici regulares in ecclesiis cathedralibus, monasteriis seu locis aliis collegiatis seu conventualibus religionis eiusdem teneant aut nutriant equos seu alias evecciones, neve [2] familiares seu servitores habeant seculares, nisi racione dignitatum, officiorum vel administracionum suarum, que gesserint, id eis permissum fore noscatur. In infirmitorio tamen & coquina monasterii seu prioratus & aliis officinis atque serviciis aliis communibus possint tenere seculares servitores honestos & prout in ecclesiis seu monasteriis & aliis locis predictis fuerit actenus racionabiliter observatum, non in excessivo set moderato numero, iuxta arbitrium prelati sui immediati. Servitores autem seculares huiusmodi, quanto minus fieri poterit, cum canonicis

---

[1] quodlibet, T., for *q. q.*   [2] neque, Wilkins.

conversentur, nec cum eis in communi comedant neque bibant, eciam si presbiteri fuerint vel clerici seculares, nisi forte tales forent presbiteri vel alii in sacris ordinibus constituti, qui essent inibi perpetui & cum canonicis eciam in refectorio comedere assueti ; et tunc a canonicis sedeant segregati cum habitu consueto & eciam honesto, se eisdem canonicis in silencio & observanciis aliis honestis, quamdiu cum eis fuerint, conformantes [1] ; quibus provideatur iuxta morem inibi racionabiliter observatum. Et si presbiteri seu seculares clerici perpetui predicti infra ecclesiarum seu monasteriorum septa deliquerint seu excesserint in levibus, per adempcionem partis pitancie seu porcionis, quam fuissent alias percepturi, per immediatum prelatum regularem loci, unde sumunt predicta, vel per illum qui inibi preerit regularibus disciplinis possint corrigi & puniri. Caveant insuper abbates & priores, prepositi & ceteri quicumque ipsius religionis, ne lautis conviviis & commessacionibus occupentur, nec in hiis sumptus immoderatos faciant vel alias eciam excessivos [2] ; a familiarium quoque servitorum aut sequacium, necnon raubarum [3] seu vestium multitudine indecenti & excessiva ubique diligenter studeant abstinere, & honeste ac laudabiliter conversari. Dicti quoque abbates, necnon prepositi, priores, ceterique administratores & professores alii religionis eiusdem, extra loca sua proficiscentes, associati incedant prout ipsorum congruit honestati ; & ubi [4] canonicorum numerus sufficiens affuerit & ad hoc eciam suppetant facultates, abbates & alii prelati saltem religionis sue duos socios secum ducant. Presidentes autem capitulis provincialibus ac visitatores per ipsa capitula deputati, necnon prelati alii religionis eiusdem, quoad suos subditos attente provideant quod premissa diligencius observentur, transgressores arguendo & prout expediens fuerit puniendo.

XVIII. De etate & qualitate ad ordines & beneficia promovendorum.

Presencium auctoritate statuimus quod canonici beneficia simplicia optinentes, & alii non beneficiati religionis eiusdem, ad mandatum prelati sui infra terminum per eum prefigendum eisdem se faciant ad ordines quoslibet promoveri, nisi eos causa racionabilis, quam ipsi prelato infra dictum terminum exponere habeant, excusaret. Quod si non fecerint beneficiati, eo ipso ab optentis beneficiis sint suspensi ;

---

[1] commorantes, Wilkins ; wrongly. [3] robarum, Wilkins.
[2] inexcessivos, T., for *e. e.* [4] nisi, T.

non beneficiati vero ad beneficia optinenda sint & remaneant [1] inhabiles donec promoti fuerint ad ordines supradictos ; quodque prioratus, curam animarum habentes, & alia beneficia curata, quorum prioratuum & beneficiorum cura per perpetuos vicarios excercetur, committi nequeant vel conferri nisi eis qui vicesimum annum sue etatis peregerint [2]. Qui autem huiusmodi prioratus seu beneficia habuerint, infra annum computandum a tempore collacionis seu commissionis sibi facte de eis & possessionis adepte, vel infra vicesimum quintum etatis sue annum, si ante annum ipsum prioratus seu beneficia huiusmodi eis collata fuerint seu commissa, se faciant ad sacerdocium promoveri. Prioratus quoque conventuales, dignitates, personatus, officia seu administraciones, viz. sacristaria, thesauraria, elemosinaria, operaria, cameraria & similia, que in ecclesiis, monasteriis & aliis locis conventualibus seu collegiatis dicte religionis officia, seu administraciones & beneficia fuerint, eciam si eisdem officiis seu administracionibus animarum cura nullatenus sit annexa, alicui nisi vicesimum quintum annum attigerit, conferri nequeant aut committi. Et qui prioratus, dignitates, personatus, officia seu administraciones huiusmodi optinuerint infra annum a tempore collacionis seu commissionis eius facte de ipsis & adepte possessionis eorum se faciant ad sacerdotium promoveri, vel saltem ad ordinem quem dignitates, personatus, officia vel administraciones optenta requirent de iure, consuetudine vel statuto : nec contra hoc a quoquam valeat dispensari. Nos insuper commissiones seu collaciones factas contra premissa decernimus fore irritas & inanes. Hii quoque qui iuxta premissa, cessante causa racionabili, ad ordines promoti non fuerint, sint prioratibus, dignitatibus, personatibus, officiis, administracionibus & beneficiis predictis eo ipso privati, que ipsis iterum ea vice nullatenus conferantur. Nostre vero intencionis existit [3] quod presens constitucio quantum ad ea que de recipiendis ordinibus per priores & alios beneficiatos premisimus, illos eciam, post duos menses a tempore publicacionis presencium in eorum annali capitulo facte [4], astringat qui eciam in presenti talia beneficia optinent, vel dicto publicacionis tempore optinebunt, dummodo etatis legitime sint effecti ; alias [5] cum ad etatem legitimam pervenerint, ad recipiendum secundum premissa dictos ordines sint astricti,[6] nisi foret aliud canonicum quod eos ab huiusmodi suscepcione ordinum excusaret.

---

[1] maneant, T.
[2] attigerint, Wilkins. The text in the Bullarium Romanum is very inaccurate at this point.

[3] existat, Wilkins.
[4] facere, Wilkins.
[5] aliqui, W. and T.
[6] sine astrictu, W.

XIX. De forma & honestate habitus & vestimentorum.

Dignum fore censentes ut canonici religionis eiusdem non solum morum & vite, sed eciam habitus & vestimentorum refulgeant honestate, districcius inhibemus ne dicti canonici extra cepta ecclesiarum, monasteriorum seu locorum suorum proficiscentes, portent alias vestes super habitu quam capas, seu mantellos honestos, vel rotundellos, seu clocheas talares vel circa, iuxta usum & consuetudinem laudabilem ecclesiarum, monasteriorum seu locorum suorum, usum [1] seu verius abusum manticarum seu tabardorum, necnon rotundellorum vel clochearum notabilem habencium brevitatem, eisdem canonicis penitus prohibentes. Precipimus quoque quod in ecclesiis, monasteriis & locis aliis religionis eiusdem in quibus canonici capas a parte anteriori apertas de panno laneo consuevere deferre, que in quibusdam locis cape de choro nuncupantur, ipsas honestas non nimia longitudine vel brevitate notandas portare debeant locis & temporibus consuetis. Deferant eciam capas huiusmodi a festo Omnium Sanctorum usque ad festum Pasche infra cepta quarumcumque cathedralium ecclesiarum religionis eiusdem ac monasteriorum & aliorum locorum, mediatos superiores ipsius religionis non habencium, in quibus monasteriis sive locis fuerit duodenarius canonicorum numerus, licet actenus ipsas ibidem non consueverint deportare. Sane infra ecclesias, claustrum, capitulum, refectorium ac dormitorium non capuciis sed almiciis [2] honestis utantur. Capucia vero si ea per ipsos extra loca predicta contigerit deferri sint honesta, & illa que cum capis, mantellis, clocheis seu rotundellis portaverint, unius cum eis & eiusdem coloris existant, nisi ex privilegio aut institucione laudabili capucia certi coloris aut forme essent assueti portare. Almicie autem si de panno sint, illius cuius cape esse debent coloris existant. Per hoc autem non liceat portare capucia vel rotundellos [3] seu clocheas eis quibus alias portare licitum non existat. Prohibemus eciam ne dicti canonici de cetero ferant furraturas de ventribus vairiorum [4] aut squirilorum [5], eciam cum dorsis permixtis. Precipimus eciam quod canonici dicte religionis infra ecclesias & claustra locorum cathedralium aliorumque conventualium seu collegiatorum ipsius religionis & alibi conventualiter incedentes, portent superpellicia magna & ampla iuxta cuiuslibet ecclesie consuetudinem racionabilem, que in longitudine manicarum ultra manum

---

[1] usum enim, Wilkins.
[2] almuciis, Wilkins and W., which use this spelling always.
[3] rodondelles, T.
[4] variorum, W. and Wilkins.
[5] squirolorum, W. and Wilkins.

quatuor digitis transversalibus vel circa, & [1] ultra mediam tibiam vel circa in sui [2] longitudine protendantur. Extra ecclesias vero, claustra & loca predicta & ubique sub capis, rotundellis seu clocheis vel mantellis in locis debitis uti possint superpelliciis, quorum manice usque ad cubitum in latitudine vel circa & eorum longitudo usque ad mediam tibiam vel circa protendantur. Per hoc autem nolumus derogari consuetudini quorundam locorum que ab antiquo vel ab institucione habent usum superpelliciorum ad formam roketorum seu camisiarum Romanarum, proviso tamen quod minoris longitudinis superpellicia non existant & adeo longas manicas habeant quod ex eis brachia usque ad pugnum valeant cooperiri. Per formas autem huiusmodi superpelliciorum alias formas longiores & honestiores superpelliciorum & habituum non intendimus prohibere nec circa eas aliquid innovare. Statuimus insuper quod canonici dicte religionis vestibus albi, bruni, nigri, seu quasi nigri coloris dumtaxat utantur ; quodque illi qui altero tantum de dictis coloribus uti consueverint [3] seu tenentur, non possunt ad alium portandum seu assumendum aliquatenus se transferre, nisi ad album dumtaxat. Vestis quoque superior habitui proxima sit rotunda per circuitum & non fissa [4] nec longitudine nimia aut brevitate notanda. Ab eisdem quoque [5] canonicis in eorum vestibus linguate [6] manice non portentur nec in [7] apparenti consueticie vel quomodolibet botonate. In cathedralibus autem ecclesiis, antistites seu prepositi, priores seu alii maiores in illis post ipsos antistites existentes, aut in monasteriis abbates, prepositi, priores seu alii non habentes superiores religionis eiusdem, sic alias formam honestam vestium & calciamentorum omnium ordinent & disponant, quod sit omnibus canonicis eiusdem ecclesie seu monasterii tam extrinsecis quam intrinsecis uniformis ; ipsamque tam abbates quam prepositi, priores & administratores ac ceteri quicumque canonici & alii per proprios eorum antistites vel abbates seu prelatos alios, abbates vero & ceteri prelati superiores proprios eiusdem religionis non habentes per presidentes provincialibus capitulis seu per quemlibet eorum ac per visitatores in ipsis capitulis deputandos tenere & servare cogantur. Qui vero vestem vel habitum contra ordinacionem istius constitucionis deferre presumpserit per dictos superiores vel presidentes seu per visitatores sive eorum quemlibet sic debite puniatur quod

---

[1] Wilkins omits this and the next six words.

[2] sue, T. ; sua, Wilkins.

[3] consueverunt, Wilkins.

[4] scissa, Wilkins.

[5] q., om. T.

[6] lingulate, Wilkins.

[7] in, om. T.

ceteri a similibus arceantur, & nichilominus ab eo auferatur vestis prohibita, pauperibus eroganda. Et si, infra spacium quindecim dierum a tempore monicionis seu precepti sibi facti computandorum, vestem vel habitum huiusmodi non dimiserit cum effectu vel ablationi predicte restiterit, si beneficiatus fuerit per quatuor mensium spacium ab administracione temporalium sit suspensus ; non beneficiatus vero dicto tempore sit inhabilis ad ecclesiasticum quodcumque beneficium optinendum. Qui autem exhibens se in publico habitum [1] sub supertunicali vel cotardia vel guarnacia vel alias temere occultaverit, si monitus [2] emendare noluerit, iuxta premissam personarum distinccionem dictas suspencionis & inhabilitatis penas per idem tempus incurrat. Iniungimus insuper presidentibus, visitatoribus & prelatis aliis religionis eiusdem ut contra transgressores eorum, que circa honestatem vestium & habitus superius sunt statuta, prout ad eos & eorum quemlibet pertinuerit, monicionem predictam, cum transgressio eis nota fuerit, facere non omittant ; & nichilominus presidentes & visitatores predicti monere teneantur abbates, prepositos & alios, ad quos id pertinuerit, religionis predicte, ut premissa que ut predictum est circa honestatem vestium & habitus sunt statuta servent & faciant a suis subditis diligencius observari.

XX. De petenda licencia & volentibus monasterium egredi vel progredi.

Ut in religione predicta vitetur dissolucio & obediencia teneatur districcius inhibemus ne quivis canonicus dicte religionis de ecclesia, monasterio, vel loco suo conventuali exeat, nisi primitus optenta licencia ab illo qui eam valeat impertiri, quavis consuetudine contraria non obstante, quodque causam sui exitus veraciter & absque fictione exponat ei a quo erit licencia optinenda. Qui vero huiusmodi licenciam concesserit canonicis claustralibus, nullam administracionem vel beneficium optinentibus, terminum redeundi quanto conveniencius poterit, breviorem assignet eisdem. Sane administratoribus & beneficiatis, qui habent residere in claustro, possit dare licenciam sine prefixione termini, si hoc concedenti visum fuerit expedire. Si quis autem exiverit ecclesiam, monasterium seu locum alium conuentualem sine licencia, vel in termino assignato iusta causa cessante non redierit, pena que in tali casu per statuta uel consuetudines eiusdem ecclesie, monasterii seu alterius loci infligenda fuerit, infligatur eisdem. Et si

---

[1] habitu, T. and Wilkins. [2] fimo intus, Wilkins, for *si monitus*.

super hoc statutum vel consuetudo aliqua non existat, pena que sequitur infligatur viz. quod illi qui infra novem dies post exitum seu terminum predictos redierint, ultimi stent in choro ac secunda & quarta & sexta feriis eiusdem septimane in pane & aqua ieiunent. Illis vero qui infra huiusmodi novem dies non redierint, pena que sequitur imponatur, viz. quod a porta regulari, parlatorio seu alio loco decenti per claustrum cum magistro noviciorum vel alio ad hoc deputato ad capitulum veniat, camisiam [1], femoralia & caligas tantum habens, superpellicium in brachiis ac ferulam seu virgam in manibus [2] suis ferens, cum quibus in dicto capitulo venia prius recepta & culpa sua recognita coram omnibus verberetur, & nichilominus alia penitencia sive pena pro qualitate demeriti imponatur eidem, secundum arbitrium imponentis. Quod si sine scandalo huiusmodi pena imponi non posset, in penam aliam secundum arbitrium prelati sui de proborum & seniorum conventus consilio commutetur, quam in dicti conventus presencia facere teneatur, proviso attencius quod mensuram peccati [3] correctionis inflictio non excedat. Simili quoque vel alia condigna pena puniantur canonici, in prioratibus seu in administracionibus aliis exterius assignati, qui sine licencia priorum seu administratorum eorundem, de ipsis prioratibus seu administracionibus recedentes, fuerint evagati vel in termino non redierint assignato. Si autem de dictis prioratibus seu administracionibus ad claustrum seu ad prioratum suum, a suis prioribus seu administratoribus licencia non petita vel petita et non optenta, venerint, eidem prelato seu superiori suo causam sui adventus statim exponant ; qui prelatus seu superior an causa huiusmodi rationabilis & vera fuerit arbitretur, & si causam minus racionabilem seu falsam esse repererit, vel si huiusmodi venientes nullam causam ei exposuerint aut licenciam non petierint, per prelatum aut superiorem eorum prout eis visum fuerit expediens puniantur. Nullus quoque canonicus pernoctaturus extra ecclesiam, monasterium vel alium locum suum, abire sine breviario permittatur, in quo pensum servitutis sue dicendo horas canonicas possit solvere creatori.

XXI. De prohibita alienacione.

Perpetuo prohibemus edicto ne civitas, castrum, villa vel feudum notabile aut iurisdictio alicuius ipsorum vel grangia seu latum territorium [4], sive magnus possessionum sive terrarum numerus vendi vel eciam principaliter, specialiter & expresse obligari seu monasterium

---

[1] camisia, T.
[2] brachiis, T.

[3] predicte, T.
[4] pretorium, T.

vel prioratus vel ecclesia religionis prefate in alios [1] transferri valeat per quoscumque, in casu eciam alias a iure concesso, absque licencia sedis apostolice speciali ; omnem vendicionem, obligacionem & translacionem de premissis contra hec factam irritam decernendo ; ac nichilominus quilibet capitulis provincialibus presidencium ac visitatorum alienaciones huiusmodi & facientes [2] easdem ac consencientes eisdem sedi apostolice, si exempti fuerint, alioquin ordinariis seu diocesanis ipsorum, intimare per scripturam auctenticam vel litteram seu litteras eorum sigillis munitas quam cito commode · poterunt teneantur.

XXII. De fictis & dolosis contractibus.

Multis fraudibus & dolosis que per nonnullos religionis prefate in dampnum & preiudicium ecclesiarum, monasteriorum, prioratuum & aliorum locorum prout experiencia docuit committuntur oportunis obviare remediis, quantum cum deo possimus, salubriter cupientes, hoc consultissimo prohibemus edicto, ne abbates, prepositi ac priores vel quivis administratores & alii canonici seu conuersi religionis eiusdem, pretextu administracionum vel negociorum que gerunt, fraudulentes vel dolosos aut simulatos vel fictos contractus inire, vel mutua simulata vel ficta suscipere, sive proprio sive fideiussorio vel quovis alio nomine alieno, neve eciam confiteri instrumentis publicis vel autenticis aliisve scripturis se a patre, a fratre, nepote vel consanguineo seu quolibet alio coniuncto affine familiari, servitore, amico seu mercatore recepisse, mutuo vel alias, pecuniam, pannum [3], bladum, vinum, equos, boves sive animalia alia, vel res sive alia bona, eaque in utilitatem locorum quibus president, vel administracionum quas gerunt, conversa fuisse, cum tamen nec pro se seu locis eorum neque pro administracionibus suis ipsa receperint, quoquomodo presumant. Similiter eciam prohibemus ne fingant seu ponant vel scribant se fore principales debitores, neve ut tales se obligent, ubi revera non principales sed fideiussores existunt, neve in talibus contractibus, ut prefertur, simulate conceptis, se ac alios suo nomine, locaque ipsa,[4] possessiones, redditus, proventus, bona & iura locorum ipsorum obligent vel submittant, neque in fraudem seu dolose confiteantur, vel alios presertim debitores eorum facient confiteri seu eciam obligari, vel super hiis instrumenta vel autenticas seu alias scripturas in fraudem

---

[1] alio, T. and W.
[2] faciendas, T.
[3] pannos, W. ; panes, Wilkins.
[4] quoad loca iura, Wilkins, for *l. i.*

confici continencia, quod iura, redditus, possessiones, animalia, blada, pecunia seu alia bona, ad ipsos seu monasteria seu quevis alia loca religionis ipsius pertinencia seu debita, fuerint, sunt, vel esse debent patris, matris, seu fratris eorum, vel aliarum personarum predictarum, & ad ipsas personas pertinere, vel debita eis fore vel alios quoscumque contractus similes fraudulenter & dolose confingi faciant fierive procurent, per quos ecclesie, monasteria & alia loca religionis ipsius, quibus presunt, ac iura, redditus & possessiones seu alia bona ipsorum dampnificari, gravari, obligari vel alias impediri seu deperire valeant quovismodo. Nos autem omnes prenominatos in grave & enorme preiudicium administracionum suarum talia committentes vel fieri facientes aut eis consencientes, preter alias penas iuris, nisi infra duorum mensium spacium a tempore contractus seu commissi huiusmodi numerandum ea, quantum eis possibile fuerit, tolli fecerint & cessare, & ecclesias, monasteria, prioratus, administraciones & loca predicta reddiderint seu reddi fecerint indempnia, seu a talibus dispendiis liberaverint, excommunicacionis sentencie eo ipso decernimus subiacere. Quod si forte premissa effectualiter non poterunt revocare, teneantur infra alios duos menses immediate sequentes ea suis superioribus revelare. Quod si non fecerint, sentenciam excommunicacionis incurrant, & alias pro predictis excessibus debite puniantur taliter quod cedat ceteris in exemplum. Possint autem presidentes ac visitatores in provincialibus capitulis deputati, & eorum quilibet, abbates & alios quoscumque prelatos ac ministratores, non habentes superiores religionis eiusdem, qui huiusmodi sentenciam excommunicacionis incurrerint[1], satisfaccione premissa, absolvere & cum eis super irregularitate, si per simplicitatem & iuris ignoranciam, non tamen in contemptum clavium divina celebraverint vel se ingesserint eisdem, inde contracta misericorditer dispensare. Ceteros vero consimiliter absolvere & cum eis in similibus casibus dispensare valeant immediate superiores eorum.

XXIII. De mutuis recipiendis.

Monasteriorum & locorum religionis eiusdem dispendiis, que ex mutuorum contractu plerumque proveniunt, precavere[2] consulcius intendentes, statuimus quod abbas, prepositus, prior seu quivis alius administrator dicte religionis, cum per ipsum fuerit mutuum suscipiendum, ultra summam communi providencia per annale capitulum

---

[1] incurrent, Wilkins. [2] precario, Wilkins.

seu maiorem partem ipsius taxandam, infrascriptam solemnitatem observet, ut quilibet de predictis superiorem eiusdem religionis non habens qui habebit recipere mutuum supradictum, tractatum ad minus duorum dierum non continuatorum sed interpolatorum cum capitulo seu conventu suo diligentem habeat & maturum, & nichilominus de consensu sui capituli vel conventus mutuum huiusmodi recipiatur ab eo. In monasterio vero, prioratu & administracione conventuali vel non conventuali superiorem immediate in eadem religione habente, in conventuali viz. cum conventu ipsius, in non conventuali cum conventu superioris ecclesie, monasterii sive loci tractatus huiusmodi habeatur, & nichilominus in utroque licencia seu auctoritas interveniat dicti superioris, quocumque nomine censeatur, eo plene certificato, in quantum commode fieri poterit, de omnibus qui intervenire debent in tractatu prefato ; in quo quidem agatur & clare liqueat ob quam causam cuiusve summe &, si fieri potest, a quibus creditoribus & sub quibus condicionibus & obligacionibus, quibusve terminis solvendum suscipiatur mutuum sepedictum. De hiis nichilominus auctentica conficienda scriptura in qua ea omnia ac nomina illorum qui interfuerint in tractatu ac consenciencium, recipiencium & auctorizantium exprimantur & ipsorum auctorizancium sigilla scripture huiusmodi apponantur. Prohibemus insuper ne pretextu alicuius procuratorii generalis, etsi contineatur in eo quod procurator mutuum possit recipere aut obligare ecclesiam, monasterium vel alium locum, mutuum recipi valeat, nec[1] ecclesia, monasterium vel locus alius obligari nisi prius predicta omnia fuerint observata. Volumus autem quod pecunia, que taliter ut premittitur mutuo recipietur, non remaneat in solius antistitis seu abbatis vel prioris vel alterius administratoris huiusmodi contractum ineuntis principaliter potestate, sed si commode fieri potest tradatur tribus vel pluribus aut paucioribus viris, prout expediens videbitur, providis & discretis, qui dictum mutuum ad illas utilitates seu necessitates convertant, ad quas noscitur fuisse contractum, qui super hoc fideliter exequendo iuramenti vinculo astringantur, districcius inhibentes ne eorum que debentur ecclesiis, monasteriis, seu locis aliis religionis eiusdem remissio fraudulosa & notabiliter dampnosa a quoquam valeat attemptari. Permittimus tamen quod si antistes vel abbas vel alii quicumque administratores religionis eiusdem a locis quibus prefuerint, aut loca ipsa a locis aliis dicte religionis quibus subsunt sint multum remota, & casus aliquis evidenter utilis seu necessarius occurrat cui succurri non valeat nisi

---

[1] om. T. and W.

ultra dictam summam communi providencia taxatam mutuum contrahatur, licitum sit eisdem absque solemnitate huiusmodi & penis infrascriptis, ut tali casui valeat provideri, tantam absque fraude qualibet summam recipere mutuo quanta necessaria fuerit pro casu prefato sive ut sibi provideant pro eodem.[1] Recipientes autem mutuum in casu huiusmodi, si superiores huiusmodi religionis non habuerint, conventibus propriis, si vero superiores tales habuerint eisdem superioribus et[2] nichilominus suis[3] conventibus, si conventum habeant, infra octo dies postquam eorum presenciam habere commode poterunt, id exponere & de hiis que in ipso contractu intervenerint eos cerciores reddere teneantur; & conficiatur inde scriptura si ipsis superioribus vel conventibus visum fuerit expedire. Prelatus autem seu quivis administrator, qui semel receperit sive particulariter sive simul summam predictam communi providencia ut premittitur pretaxatam, quodcumque mutuum recipiat ultra eam nisi esset modicum, quod tamen quartam partem eiusdem summe non excedat, teneatur sub infrascriptis penis solemnitatem suprascriptam plenarie observare. Quod si abbas, prepositus, prior vel administrator alius dicte religionis, quocumque nomine censeatur, contra premissa faciens, mutuum ultra predictam summam communi providencia taxatam absque dicta solemnitate recipiendo, locum sibi commissum aut iura, redditus, seu possessiones ipsius expresse obligaverit, vel litteras seu instrumenta concessionis vel recognicionis super hoc concesserit seu alias submiserit, nisi infra sex menses immediate sequentes obligaciones & submissiones huiusmodi cessare fecerit, sit ei extunc donec ea compleverit ecclesie interdictus ingressus. Et insuper prepositi, priores & alii administratores superiorem[4] eiusdem religionis, non tamen conventum habentes, si prefatum interdictum per alios sex menses prefatos sex immediate sequentes pertinaciter sustinuerint, sint extunc a suis administracionibus suspensi donec obligaciones predicte tollantur & administraciones reddite fuerint indempnes. Suspensione autem huiusmodi durante superiores immediati taliter suspensorum administraciones eorum recipiant, easque per se vel alios fideliter gerere & indempnes pro posse suo reddere studeant, ac nichilominus suspensos eosdem aliter punire prout culpe qualitas exegerit non omittant. Si quis autem taliter suspensorum superioribus ipsis in predictis de facto contradicere presumpserit & in contradiccione

---

[1] 'Necessary to meet such a case or to make provision for it.'
[2] om. Wilkins.
[3] pro suis, Wilkins.
[4] speriores, T.

huiusmodi per octo dies pertinaciter perseveraverit, excommunicacionis sentenciam incurrat ipso facto. Quam si sustinuerit pertinaci
animo per sex menses a dignitate, officio, administracione seu beneficio
per eum optenta seu optento privetur.

XXIV. De locis tradendis ad firmam vel non.

Quoniam, ex nimis provida locacione locorum religionis eiusdem
seu concessione ipsorum ad firmam seu proventuum locorum ipsorum,
plurima pertulit hactenus dicta religio detrimenta, salubri prohibemus
edicto ne abbates, priores, prepositi aut ceteri administratores religionis ipsius, sine causa necessaria vel utili, loca sue administracioni
commissa vel proventus ipsorum locorum ad firmam tradere seu
locare presumant. Quod si ex causa huiusmodi id facere voluerint
& capitulum seu conventum habuerint, non tamen superiorem eiusdem
religionis, debeant cum eodem capitulo seu conventu premittere
tractatum de causa huiusmodi & de quantitate precii & sub quibus
obligacionibus & de persona illius, cui firma seu obligacio huiusmodi
fuerit facienda, ipsamque facere cum consilio ipsius capituli seu
conventus vel maioris partis eiusdem. Si vero capitulum seu conventum proprium & nichilominus superiorem eiusdem religionis
habuerint, non solum cum ipso capitulo seu conventu sed eciam cum
eodem superiore dictum tractatum prehabeant, & cum consilio capituli
seu conventus ipsorum vel maioris partis eiusdem, ac de dicti superioris licencia & non aliter ad eas procedant. Si autem priores vel
prepositi & alii administratores extiterint non habentes conventum
sed antistitem, abbatem vel alium superiorem religionis eiusdem,
tractatum predictum cum eodem superiore premittant, & cum ipsius
licencia & non aliter faciant firmam seu locacionem prefatam. Per
hoc autem non intendimus prohibere quominus redditus & proventus
administracionum suarum locare seu vendere valeant absque solemnitate premissa ad tempus modicum iuxta morem in regione qua erunt
solitum observari, statutis ecclesiarum, monasteriorum vel aliorum
locorum religionis eiusdem, si qua super hoc fuerint, racionabiliter
observatis. Si tamen ex huiusmodi locacione seu vendicione proventuum ad tempus modicum, ut premittitur, faciendis continget
infra unum annum recipi firmam vel aliud quod precium proventuum
rei locate unius anni excederet, tunc solemnitates premissas volumus
observari. Simili modo eciam prohibemus[1] ne aliquo casu firme

---

[1] precipimus & prohibemus, T.

sive locaciones seu vendiciones huiusmodi fiant per eosdem personis suspectis, neve quibusvis firmariis sive conductoribus seu emptoribus liber originalis censuum aut instrumenta seu munimenta originalia super iuribus ecclesiarum vel administracionum confecta tradantur; neve iurisdictiones per se aut cum universitate, seu civitates vel ville sive insignia loca seu castra vel fortalicia locentur, seu ad firmam tradantur siue sub locacione vel firma includantur. Redditus tamen seu proventus civitatum, villarum, locorum, castrorum & fortaliciorum huiusmodi prout premittitur vendi valeant seu locari. Ubi autem occasione firmarum aut locacionum seu vendicionum huiusmodi continget personas vel bona ecclesiastica ipsius religionis obligari vel submitti, obligaciones & submissiones huiusmodi fieri volumus ecclesiastice iurisdicioni[1] & cohercioni dumtaxat, et per ecclesiasticam iurisdiccionem & cohercionem execucioni mandari. Firmas autem sive locaciones seu vendiciones predictas locorumque tradiciones contra premissa factas, instrumenta quoque & alia quelibet documenta super eis confecta iuribus carere decernimus & nullius existere firmitatis; & nichilominus abbates, priores, prepositi & ceteri administratores, superiorem eiusdem religionis non habentes, qui contra fecerint, per presidentes provincialibus capitulis vel per visitatores deputandos in eis corrigantur. Ceteri vero per abbates seu alios immediatos superiores eorum si eis visum fuerit in quinta parte precii locacionis seu firme, fabrice seu in[2] ornamentis ecclesie, monasterii sive loci, cui immediate suberunt, applicanda, et alias debite puniantur.

XXV. De registris & inventariis.

Ut ecclesiarum & monasteriorum ac aliorum locorum religionis eiusdem bona & iura salubriter conserventur, statuimus quod presidentes ecclesiis, monasteriis, prioratibus & aliis administracionibus quibuscumque dicte religionis, quam primum commode poterunt, conficiant seu confici faciant regestra in quibus possessiones, census, iura & cetera bona immobilia quecumque & qualiacumque fuerint ad eorum administraciones spectancia singillatim & specifice describantur. Fiant eciam per eosdem registra de ornamentis ecclesiasticis, vasis, lectis, animalibus & aliis rebus mobilibus & se moventibus pro agricultura & alia instructione locorum necessariis vel utilibus, et huiusmodi registra in locis subiectis aliis locis superioribus religionis eiusdem

---

[1] dative after *submissiones*.   [2] om. Wilkins.

duplicentur, quorum unum in loco superiori & reliquum in subiecto serventur. Visitatores quoque in provincialibus capitulis deputati, cum visitabunt loca sue visitacioni commissa, prelati eciam & alii superiores cum fuerit oportunum, diligenter inquirant an res et bona predicta necessaria pro instructione locorum teneantur in locis eisdem, & provideant quod perpetuo teneantur in eis & defectus, si quos in hiis repererint, faciant emendari, & secundum quod culpa exegerit puniant delinquentes. Insuper presidentes prefati[1] cum possessionem administracionum suarum fuerint assecuti, inventaria de bonis mobilibus & se moventibus repertis in administracionibus ipsis conficiant. Hii vero, qui habent superiores religionis eiusdem, huiusmodi inventaria faciant duplicata, quorum unum in loco subiecto servetur, & superiori reliquum assignetur, ut per ea in quo statu administraciones ipsas receperint valeat apparere. Fiant autem huiusmodi inventaria & registra per tabellionem vel saltem in aliarum publicarum presencia personarum. Adicimus eciam quod presidentes ecclesiis cathedralibus, monasteriis & locis aliis dicte religionis, qui bona mobilia prioratuum, administracionum & beneficiorum quorumcumque religionis eiusdem sibi subiectorum vacancium, in eis tempore huiusmodi vacacionis inventa, sive illa durante obveniencia, ex privilegio vel consuetudine seu alia causa rationabili ad se asserunt pertinere; vasa, vestimenta seu alia ornamenta divino cultui deputata; animalia eciam tam pro agricultura quam pro aliis ipsorum locorum necessitatibus teneri inibi consueta; vasa, vinaria et coquine,[2] lectos eciam & alia supellectilia necessaria seu vasa, nisi forte aurea vel argentea fuerint, nullatenus occupare vel exinde asportare aut eciam appropriare presumant. In apprehendendis quoque bonis aliis constitucionem felicis recordacionis Bonifacii pape VIII predecessoris nostri super hoc editam, que incipit *Presenti* diligenter observent. Qui vero secus fecerint iuxta qualitatem delinquencium personarum penas incurrant que per constitucionem eandem eius transgressoribus infliguntur.

XXVI. De solvendis censibus & redditibus pro alimentis.

Cum sit racioni consonum illos non debere onera recusare qui rerum commoda complectuntur, statuimus quod antistites, abbates, prepositi, archidiaconi, priores & administratores ac ceteri religionis

---

[1] prelati, W.

[2] This is the reading of all the three MSS. and of Wilkins, but the *Bullarium Romanum* gives a better text: 'vasa vinaria et coquinaria', i. e. utensils for drinking or for cooking.

eiusdem qui census, redditus, pensiones seu quecumque similia debent, vel debebunt in posterum, pro alimentis cotidianis vel pro vestiariis cathedralibus ecclesiis, monasteriis, preposituris, prioratibus, officiis, administracionibus seu locis aliis religionis prefate, sive in blado, vino, carnibus, pecunia, seu rebus aliis quibuscumque consistant, illa[1] eis in terminis consuetis vel prefixis seu in antea prefigendis, integre solvere non omittant. Quod si prepositi, priores, archidiaconi ac ceteri administratores eiusdem religionis ea in ipsis terminis, vel saltem post infra mensem, non solverint requisiti, quantum ascendit quarta pars illius debiti ultra ipsum debitum nomine pene solvere teneantur. Et si, infra alium mensem immediate sequentem, non solverint tam penam quam eciam ipsum debitum principale, eo ipso sint donec de predictis fuerit integraliter satisfactum a temporalium administracione suspensi ; et prelatus durante suspensione predicta ministret per alium temporalia beneficii illius qui suspencionem incurrerit supradictam, & satisfaciat de predictis. Antistites vero si, post lapsum termini, requisiti, infra duorum mensium spacium a die requisicionis huiusmodi computandum satisfacere contempserint, penam tercie partis debiti incurrant irremissibiliter eo ipso. Abbates autem & alii prelati religionis eiusdem, si post requisicionem consimilem infra mensem satisfacere contempserint, incurrant penam consimilem ipso facto. Et si abbates & alii prelati huiusmodi per alium mensem sequentem non curaverint solvere, a stallo chori & loco capituli deputatis eisdem sint ipso facto & tamdiu maneant suspensi, donec integraliter de debito & pena satisfecerint memoratis, nulla remissione profutura eisdem. In predictis tamen casibus de[2] principali debito, antistites, abbates & alii prelati predicti libere, inferiores vero de suorum licencia prelatorum remittere valeant penas prefatas ab aliis quam a prefatis antistitibus, abbatibus & prelatis, sibi debitas pro predictis.

XXVII. De victualibus & aliis ministrandis.

Institucionibus regularibus inherentes, statuimus ut canonici in ecclesiis cathedralibus, monasteriis sive locis aliis collegiatis sive conventualibus dicte religionis constituti, consuetudine seu usu, quinimmo abusu contrario non obstante, in refectorio comedant in communi, nisi in casibus in quibus & prout eisdem licitum est seu permissum extra refectorium commedere, secundum regularia & canonica instituta,

---

[1] illi, Wilkins.   [2] om. Wilkins.

proviso quod illi, quibus incumbit onus providendi de victu canonicis, eisdem provideant sufficienter[1] et decenter, non in pecunia sed in victualibus, prout cuilibet opus erit ; de qua sufficiencia & decencia tractetur &, si expedierit, ordinetur in capitulo annali ; decernentes quod si qui redditus vel pensiones alicui ex canonicis singulariter hactenus pro victualibus fuerint assignati nullatenus dimittantur eidem. Nos enim assignaciones huiusmodi revocamus & pro revocatis haberi volumus & eas deinceps fieri prohibemus. Illi quoque quibus incumbit onus de vestiariis, calciamentis & aliis corporis indumentis necessariis dictis canonicis providendi, eisdem provideant sufficienter & decenter &[2] tempore congruo iuxta suppetenciam facultatum & condicionem[3] seu qualitatem regionis, & illud quod dandum erit singulis canonicis pro vestiario & aliis predictis ordinetur & taxetur, si opus fuerit, in capitulo annali memorato. Ad hoc subiungimus quod illi qui predicta ministrare tenentur, ad ea, omni excusacione cessante, ut premittitur, ministranda per superiores suos, aut in defectum eorum per visitatores vel presidentes in capitulo provinciali deputatos & eorum quemlibet compellantur ; nec audiantur si dicant statutum, ordinacionem vel consuetudinem contraria se habere, aut pro suis personis eorumque statu iuxta personarum & officiorum decenciam sustentandis se asserant[4] indigere ; nulla quoque super hoc appellacio, nullave supplicacio eis prosit ; sed si, tercio moniti, per aliqua dierum competencia intervalla monentis arbitrio relinquenda premissis efficaciter parere contempserint, removeantur a suis administracionibus vel officiis, ipsaque aliis personis ydoneis, predicta complere volentibus, committantur. Abbates vero, prepositi, priores ac ceteri non habentes superiores religionis eiusdem, vel habentes, si presint collegiis seu conventibus qui de predictis providere tenentur, non habentes siquidem superiores a presidentibus ac visitatoribus & eorum quolibet, ceteri vero tam ab eis quam eciam dictis suis superioribus per censuram ecclesiasticam aliisque remediis ad hoc congruentibus ad id omnino cogantur, eisdem superioribus nisi suos subditos, necnon dictis presidentibus ac visitatoribus nisi abbates, priores, prepositos & alios supradictos efficaciter ad premissa compulerint in capitulis provincialibus graviter arguendis & taliter corrigendis quod cedat ceteris in exemplum. Ceterum si redditus & proventus dignitatum, officiorum seu administracionum quibus onus

---

[1] om. Wilkins.
[2] a, Wilkins.
[3] condicionum, T.

[4] asserunt, T. ; necessario, Wilkins, for ' asserant '.

predictum incumbit, aut dicta victualia, vestiaria seu alia pro victu vel
vestitu necessaria canonicis ministranda non suffecerint, possit prelatus
in suo annali capitulo cum consilio & assensu eiusdem capituli vel
maioris partis ipsius auctoritate apostolica prioratibus, administracionibus seu aliis beneficiis per canonicos dicte religionis solitis
gubernari, quibus eorum supportatis oneribus ad hoc suffecerint
facultates, vocatis tamen ad hoc prioribus vel administratoribus &
aliis beneficiatis qui eisdem prefuerint, pensiones perpetuas imponere [1]
pro sufficienti supplemento defectus victualium & vestimentorum &
aliorum necessariorum, pro habitu corporis dumtaxat; quas quidem
pensiones ex tunc tam illi qui eisdem prioratibus, administracionibus
& beneficiis aliis tempore huiusmodi imposicionis prefuerint, quam
successores eorum solvere teneantur.

XXVIII. De abstinencia & esu carnium.

Ut salutis auctori purius serviatur, statuimus quod universi canonici
religionis prefate ab esu carnium diebus sabbati & per totum Adventum
domini studeant abstinere, non obstantibus statutis vel consuetudinibus
contrariis quibuscumque. Super abstinencia vero ab huiusmodi esu
carnium in quarta feria & Septuagesima prelati sive alii, ad quos
spectaverit, consuetudines & statuta antiqua & nova honesta & raciona-
bilia suorum locorum servent & faciant observari. Illis tamen, qui
ad maiorem abstinenciam sunt astricti, per hec usum carnium non
intendimus indulgere.

XXIX. De cellis sive cameris non tenendis in dormitorio.

Rursus precipimus quod canonici religionis eiusdem residentes in
claustris omnes simul, vel si multitudo eorum non sinit saltem quanto
plures ex ipsis commode poterunt in una domo dormiant & quiescant
iuxta regularia & canonica instituta, non habentes separatas cameras
sive cellas, exceptis hiis qui propter senectutem vel invalitudines
corporales aut propter administraciones seu officia que gesserint vel
ex aliis causis iuxta disposicionem sui superioris racionabiliter excu-
santur. Statuimus eciam quod in dormitoriis cellas non habentibus,
celle de cetero non fiant. Permittimus tamen quod in eis ubi sunt
celle iam facte, remaneant; sed a parte anteriori debeant aperiri ita
quod a transeuntibus hii qui intra fuerint conspici valeant & videri, &
quod per prelatos locorum infra sex menses a tempore quo presentes

---

[1] mponendo, T.

constituciones fuerint publicate, vel ipsis negligentibus seu non valentibus per visitatores in provincialibus capitulis deputatis in prima visitacione quam impenderint, omnes celle ab anteriori parte debeant aperiri. Et si super hoc fuerint aliqui resistentes vel impedimentum prestantes seu prestari procurantes vel ad id dantes auxilium, consilium vel favorem publice vel occulte vel huiusmodi cellas de novo facere presumentes, excommunicacionis incurrant sentenciam ipso facto; quos eciam ipsi prelati & visitatores prefati per alia iuris & ipsius religionis remedia valeant super hiis auctoritate apostolica cohercere. Ab huiusmodi autem excommunicacione, si ipsam incurrerint, possint absolvi per visitatores prefatos vel per prefatos immediatos eorum prelatos & cum eis super irregularitate, si quam forsan contraxerint per simplicitatem & iuris ignoranciam non tamen in contemptum clavium celebrando divina vel se ingerendo eisdem, per eosdem valeat[1] dispensari.

XXX. De privilegiis & rebus aliis non tenendis extra loca administracionum.

Religionis eiusdem consulere commodis & precavere dispendiis cupientes, statuimus ut si quis ecclesie cathedrali, monasterio, prioratui, prepositure, seu administracioni cuivis dicte religionis presidens aut simplex canonicus seu conversus religionis eiusdem privilegia, litteras vel instrumenta concessa seu confecta super libertatibus, possessionibus, rebus aut iuribus eorundem aut vasa aurea vel argentea divino cultui dedicata, necnon reliquias, ornamenta ecclesiastica, libros aut res alias notabiles aut preciosas ipsorum, extra ecclesiam, monasterium, prioratum seu administracionem huiusmodi in dampnum ipsorum apud suos consanguineos vel propinquos seu quoscumque alios fraudulenter transportare seu tenere presumpserit, nisi ea infra duorum mensium spacium prout possibile ei fuerit ad loca ipsa reduxerit vel eadem loca seu administraciones infra idem spacium indempnia reddiderit, extunc presidens ipse tamdiu donec predicta ut prefertur emendaverit ab administracione temporalium sit suspensus; simplex vero canonicus vel conversus ad beneficia seu officia quelibet religionis ipsius optinenda sit eo ipso tamdiu inhabilis quousque per immediatum superiorem ipsius, satisfactione premissa, cum eis fuerit misericorditer dispensatum. Et si presidentis[2] eiusdem, qui tamen antistes non fuerit, culpa extiterit manifesta, per presidentes provinciali capitulo seu visitatores per idem capitulum deputatos pene graviori subdatur.

[1] valent, T.   [2] presidens, W.; presidentes, T.

XXXI. De celebracione missarum, confessione & communione.

Hortamur prepositos, priores & administratores singulosque canonicos dicte religionis in sacerdocio constitutos in ecclesiis, monasteriis & aliis eorum locis conventualibus residentes ut, si non frequentius, saltem bis in septimana, residentes autem in prioratibus vel aliis locis non conventualibus saltem semel in ebdomada, in scolis vero vel alibi commorantes infra xv dies saltem semel, salva honestate & debita devocione, missas studeant celebrare; alii vero canonici non sacerdotes ubilibet constituti in qualibet quindena saltem semel confiteantur & quolibet mense reverenter suscipiant eukaristie sacramentum, nisi forte de proprii confessoris consilio ob aliquam rationabilem causam ad tempus ab eius perceptione eorum aliquis duxerit abstinendum. Per hoc statutis, consuetudinibus, ordinacionibus seu observanciis ecclesiarum, monasteriorum, seu locorum predictorum, per que frequencius pro certis diebus confiteri, communicari vel celebrare habeant vel sepius celebrando locorum onera supportare, in aliquo non intendimus derogare; adicientes quod abbates, prepositi seu priores & ceteri locis conventualibus presidentes die qualibet, rationabili causa cessante, missam celebrent vel audiant & nichilominus in solemnibus festis in suis monasteriis sive locis missas solemnes studeant celebrare. Hortamur eciam quod in ecclesiis, monasteriis sive locis aliis conventualibus cum modestia, humiliter & devote horis nocturnis & diurnis ad divina officia universi & singuli studeant convenire, ipsaque non transcurrendo aut sincopando sed tractim & distincte psallant & celebrent ac devote.[1] Sane in ecclesiis cathedralibus, monasteriis & locis aliis conventualibus religionis eiusdem, missa maior per canonicum celebretur, & si inibi magnus & ad hoc sufficiens fuerit canonicorum numerus in officiis diaconatus & subdiaconatus ministrent huiusmodi celebranti. Et qui ebdomadarius fuerit misse maioris, cessante impedimento legitimo, horas canonicas incipiat ac collectas & oraciones dicat. Transgressores vero premissorum debite subiaceant discipline.

XXXII. De reliquiis & ornamentis custodiendis et provisione librorum.

Denique soliciti sint antistites, abbates, prepositi & priores, sacriste ac administratores alii religionis eiusdem, quocumque nomine censeantur, quibus hec incumbunt, ecclesias, oratoria & altaria, reliquias,

---

[1] Wilkins begins a new sentence with ' Ac devote ', but all the MSS. are against him.

vasa, corporalia, vestimenta & alia ornamenta ecclesiastica munda & nitida conservare & facere ab aliis conservari. De abreviariis [1] quoque, missalibus, aliisque libris & vestimentis ac ornamentis quibuslibet necessariis iuxta facultates & exigenciam locorum suorum ecclesiis & locis eisdem omnino provideant seu faciant provideri. Quod si premissa pro posse adimplere neglexerint, ad ea complenda competentibus remediis compellantur; & si opus fuerit, pars proventuum beneficiorum eorum qui superiores habent in ipsa religione, pro premissis necessaria [2], per superiores recipiatur eosdem, & in predictorum provisione per aliquem ydoneum convertatur.

XXXIII. De temporalibus causis canonicorum.

In favorem religionis prefate prohibemus ne antistites & alii ecclesiastici iudices trahant professores religionis eiusdem in causis criminalibus [3] ad eorum consistorium seu iudiciale tribunal, ubi cause communiter audiuntur, sed alibi audiant dictas causas, nisi forte criminis manifesti enormitas aliud suaserit faciendum.

XXXIV. De venatoribus & aucupatoribus.

Porro a venacionibus & aucupacionibus canonici dicte religionis abstineant, nec eis interesse aut canes ad opus venandi nec aves venaticas per se vel per alios tenere presumant, nisi saltus, vivaria vel guarennas [4] proprias vel ius venandi in alienis haberent. Quo casu hoc eis permittitur, dum tamen infra monasterium seu domos quas inhabitant aut eorum clausuras canes venaticos non teneant, nec venacioni presenciam exhibeant personalem. Si qui vero eorum venacioni aut aucupacioni, clamose vel alias, cum canibus vel avibus ex proposito interfuerint, si quidem abbas fuerit vel prior seu prepositus aut alius administrator quicumque non habens superiorem eiusdem religionis per annum se noverit a beneficiorum collacione suspensum. Quo casu ius collacionis huiusmodi, eo modo quo sibi competebat, ad priorem claustralem cum consilio & assensu conventus vel maioris partis ipsius durante suspencione huiusmodi devolvatur. Si vero alius fuerit ab administracione si quam optinet per annum sit suspensus. Quod si nullam administracionem habeat, eo ipso per annum reddatur inhabilis ad administracionem seu ad ecclesiasticum beneficium

---

[1] horariis, Wilkins; breviariis, W.
[2] licencia, T.

[3] temporalibus, T.
[4] garenas, T. and W.

optinendum. Dicti quoque canonici infra cepta suarum ecclesiarum sive monasteriorum arma nullatenus teneant sine suorum licencia prelatorum. Tenentes vero absque dicta licencia, per superiorem suum taliter puniantur, quod ipsorum pena cedat aliis in exemplum. Super inhabilitate tamen & suspencione predictis presidentes et eorum quilibet cum prelatis, & prelati cum eorum subditis, possint si eis expediens fuerit dispensare, iniuncta transgressoribus penitencia salutari.

XXXV. De delatoribus.

Quia nonnulli canonici dicte religionis contra prelatos vel superiores suos frequenter multa proponunt, non ut omnia per eos proposita probent, quod nec forte possent, sed ut infament de omnibus, & probatis forsan illorum aliquibus finem obsequantur optatum, districcius inhibemus ne quivis canonicus religionis eiusdem contra suum prelatum vel superiorem super crimine vel criminibus deinceps quomodolibet admittatur, nisi prius se obligaverit ad penam congruam, si in probacione propositorum vel alicuius eorum defecerit, per eum irremissibiliter subeundam.

XXXVI. De collapsis ecclesiis & monasteriis in religione.

Si aliqua ecclesia cathedralis, monasterium seu alius locus religionis eiusdem in religione vel regulari observancia adeo sint collapsa quod per antistitem, abbatem vel alium prelatum seu administratorem vel canonicos proprios nequeant reparari, statuimus quod per presidentes provinciali capitulo & quemlibet eorum, ad requisicionem seu relacionem visitatorum, prout eidem capitulo super hoc consulendo videbitur expedire, vel sine consultacione huiusmodi si, ex dilacione consulendi dictum capitulum, periculum[1] immineret, auctoritate apostolica de alia ecclesia, monasterio seu loco in qua vel quo eiusdem religionis noscatur observancia reflorere, canonici assumantur ydonei, & ad dictam ecclesiam, monasterium, sive locum collapsam sive collapsum mittantur, ibidem quamdiu expediens fuerit moraturi, per quos ecclesia, monasterium sive locus huiusmodi reparetur. Illi vero canonici ob quorum culpam eiusdem ecclesie, monasterii sive loci huiusmodi lapsus seu deformacio noscitur contigisse, in ecclesia seu monasterio vel loco de qua vel quo assumpti fuerint, hii qui ad ecclesiam, monasterium sive locum collapsam vel collapsum ut premittitur transmittentur, vel loco

---

[1] om. Wilkins and T.

alio in quo eadem religio vigeat per presidentes eosdem & eorum quemlibet prout expediens fuerit, auctoritate apostolica, collocentur, ubi eorum mores valeant reformari, districcius inhibentes ne monasteria seu loca alia collegiata seu conventualia religionis eiusdem ecclesiis, monasteriis, sive locis religiosorum quorumcumque alterius habitus uniantur vel eciam submittantur sine licencia sedis apostolice speciali ; si secus actum fuerit, decernentes irritum & inane.

XXXVII. De canonicis & conversis proprietariis & negociatoribus.

Licet contra religiosos proprietarios sit provisum per canonicas sancciones, tamen specialius providere volentes contra illos canonicos & conversos dicte religionis qui sue salutis obliti contra regulares & canonicas instituciones pecuniam congregant, iura, possessiones, redditus seu census annuos & alia bona emunt seu emi faciunt, aliquando proprio & sepe nomine alieno, multis super hiis figmentis adhibitis, aliisque tradunt animalia nutrienda & cum augmento vel lucro sibi aut alteri reddenda eorum nomine seu pro ipsis, & alios multos contractus diversimode tanquam negociatores excercent, necnon, appetentes & sectantes lucra turpia, peculium occultant & illicite detinent in suarum periculum animarum, decernimus omnia premissa que tamen restitucioni non subiaceant aliorum, nedum post obitum sed eciam in vita ipsorum canonicorum & conversorum fore administracioni ad quam pertinuerint applicanda, quacumque consuetudine contraria non obstante ; quodque nulli canonico vel converso talia faciendi licencia a quoquam valeat indulgeri ; & quod prefati canonici vel conversi predicta committentes & quicumque religionis eiusdem supradicta retinentes[1] aut sibi ipsis appropriantes vel applicacioni huiusmodi resistentes vel impedimentum, publice vel occulte, eidem[2] prestantes seu prestari procurantes vel dictum peculium habentes & non revelantes prelatis propriis, si per eosdem prelatos specialiter & nominatim moniti infra mensem post monicionem huiusmodi immediate sequentem a predictis non destiterint vel peculium non revelaverint & restituerint, si restituendi habuerint facultatem, sint eo ipso inhabiles ad prioratus, officia, administraciones & beneficia quelibet in religione huiusmodi optinenda. Concedimus tamen quod cum talibus canonicis seu conversis antistites, abbates, prepositi & alii prelati eorum immediati possint super inhabilitate huiusmodi dispensare,

---

[1] religioni eiusdem predicta retineant, Wilkins, for *r. e. s. r.*

[2] ecclesie, Wilkins.

quando eis videbitur expedire, dummodo a predictis destiterint & peculium & alia supradicta revelaverint & restituerint ut prefertur. Teneantur insuper prelati & superiores prefati in suis annalibus capitulis monere generaliter annuatim omnes proprietarios ut ab omnibus supradictis desistant excessibus & peculium si quod habent revelant & restituere non postponant.

XXXVIII. De conspiratoribus.

Cum ex conspiracionis & coniuracionis crimen si forte transeat inpunitum multa mala & scandala possint exoriri, statuimus quod conspiratores & coniuratores, si qui religionis eiusdem de crimine huiusmodi legitime convicti fuerint vel confessi, preter alias penas talibus a iure vel alio quovis modo inflictas eo ipso beneficiis & administracionibus quibuslibet que optinuerint sint privati. Si vero beneficiati non fuerint eo ipso reddantur inhabiles ad quevis beneficia seu administraciones ecclesiasticas quomodolibet optinenda. Contra conspiratores autem & coniuratores occultos quorum noticia non habetur, per superiorem aut visitatores eciam pene alie prout expedire videbitur generaliter statuantur. Si vero aliquis, ad cor reductus de predictis, illi vel illis qui tanguntur ex eis ipsas patefecerit tali tempore quod possint huiusmodi factionibus obviare, dignus absolutione & venia habeatur.

XXXIX. De fugitivis et eiectis.

Ne canonici religionis prefate vagandi occasionem habentes salutis proprie detrimentum incurrant, statuimus ut presidentes provincialibus capitulis necnon abbates, prepositi, priores & alii ad quos id pertinuerit fugitivos & eiectos de ordine suo requirant sollicite annuatim, qui si in ecclesiis seu monasteriis suis recipi poterunt, secundum ordinem regularem recipiantur in eis, salva ordinis disciplina. Quod si disciplinati incorrigibiles apparuerint, auctoritate nostra provideant presidentes & alii predicti, ut apud easdem ecclesias seu monasteria in locis competentibus, a communi fratrum consorcio segregati, ponantur ad agendam penitenciam, ibique vite necessaria ministrentur eisdem ; nec pateat aliis fratribus aut cuiquam alteri accessus ad eos, nisi prius a superiore petita super hoc licencia & optenta. Si vero huiusmodi fugitivos vel eiectos inobedientes invenerint eos excommunicent, & tamdiu faciant ab ecclesiarum prelatis excommunicatos publice nunciari donec ad mandatum ipsorum humiliter reuertantur. Insuper statuimus quod prelati & alii, ad quos pertinuerit in ipsa religione correctiones facere regulares, quociens & quando pro gravioribus [1] culpis habebunt penitencias iniungere, hoc faciant cum aliquorum proborum consilio, & tractatu prehabito cum eisdem. Per premissa vero iurisdictioni ordinariorum non intendimus derogare.

Ut autem statuta huiusmodi que religionis eiusdem salutem sapiunt & profectum, ad cunctorum professorum eiusdem ordinis noticiam deducantur ac inviolabiliter & fideliter observentur ab eis, apostolica auctoritate presencium tenore precipimus quod statuta predicta in primis provincialibus capitulis eorundem a principio usque in finem publice legantur & solemniter publicentur, eorumque singule copie singulis ecclesiis, monasteriis atque locis religionis eiusdem habentibus capitula, collegia seu conventus per presidentes dictis capitulis, eorum [2] sigillata sigillis, tradantur & assignentur, expensis tamen capitulorum seu conventuum, quibus huiusmodi dande fuerint copie, conscribenda; quodque in singulis ecclesiis, monasteriis atque locis dicti ordinis statuta prefata bis in anno legantur, statutis aliis & consuetudinibus dicti ordinis & privilegiis quibuscumque, si qua forsan huiusmodi statutis per nos editis obviarent, omni quoad hec deinceps robore carituris [3]. Nulli ergo omnino hominum liceat hanc paginam nostrorum statutorum, ordinacionum, voluntatum, inhibicionum, concessionum & mandatorum infringere vel ei ausu temerario contraire. Si quis autem hoc attemptare presumpserit indignacionem omnipotentis dei & beati Petri & Pauli apostolorum eius se noverit incursurum. Dat' Avinioni idus Maii pontificatus nostri anno quinto.

---

[1] Wilkins adds *adeo* before *gravioribus*.

[2] eorundem, T.

[3] carentibus, Wilkins.

APPENDIX III

LIST OF AUGUSTINIAN HOUSES

THE following five lists of Augustinian houses are worth attention, although it is obvious that they are not very accurate. The first is taken from Rawl. MS. C. 939, fol. 223; this is a liturgical manuscript from Oseney Abbey, and must have been written about the year 1280. The second is from Tanner MS. 196, the manuscript to which we have assigned the symbol T. in the earlier part of this volume; it was written at Launceston, probably about 1460. The third is from the manuscript which we have designated as W., one of the Wood MSS. in the Bodleian, written apparently at Laund Priory about 1510. The fourth is from MS. 154 in the library of C. C. C., Oxford, the manuscript which is represented by L. in the earliest Chapters that we have printed; the manuscript was not written all at one time, and this list may be as early as 1260 and probably is not later than 1280. The last list comes from A., the newly acquired manuscript of the British Museum, now Add. MS. 38665; it is of about 1360. The first three lists, though written at widely different dates, yet are based on the same original, and take the houses in the same order, though T. and W. being of later date contain some additional names. The fifth list is valuable because it adds the names of the Augustinian houses which, being of the Arroasian order, or the order of St. Victor, did not attend the General Chapters.

The lists are not complete; for instance, the Priory of Reigate is omitted by all; also the Priories of Penmon and Bethgelert in Wales, although they sent representatives to the Augustinian Chapters. Also the Augustinian nunneries are omitted for the most part; Goring, for instance, and Corneworthy, Lacock, Canonleigh, and others. Nor is the list of the Arroasian houses complete, for Worspring and Stavordale, two small priories of this order, situated in Somersetshire, are omitted. Further, the names are badly spelt, monasteries are assigned to wrong dioceses, and where they had two names are sometimes entered as two different houses, and in one case as three. The lists will be useful for corroborating evidence, but must not be taken as first-rate evidence by themselves.

The chief puzzle lies in the diocese of Hereford. All the lists state that there was a priory called Heelburg or Cheleburne in that diocese, and another called Piome, or Pykene or Pynkeney; but in the registers of the bishops of Hereford, which are now all in print, there is no mention of such priories. If they existed, they must have been in Wales, and we need not be surprised that the heading 'Bishopric of Hereford' should include Wales. At the General Chapter of 1446,[1] the Visitors for the diocese of Lichfield stated that they had not visited the Augustinian houses in North Wales, partly because they could not speak the Welsh language and partly because travelling was not safe in Wales. From this it is evident that the priories of North Wales were reckoned to be attached to the diocese of Lichfield and those of South Wales to the diocese of Hereford, and we are not obliged to seek for Pykene or Cheleburne within the bounds of the diocese of Hereford. But the main difficulty is that we can find no mention of these houses anywhere, and the same is true of a place called Modstedwall or Medstedwall which occurs in close connexion with them in deeds 56 and 95 [2] printed above. In the registers of the diocese of Hereford and in the registers of the diocese of St. Davids, we have the names of many monasteries of Wales in the ordination lists; monks and canons came with letters dimissory to be ordained; Bethgelert is mentioned in this connexion and Penmon, but we hear nothing of the three names Pykene, Cheleburne, and Modstedwall. It may be that these are alternative names of priories that are well known, such as Bethgelert, Penmon, and Bardsey Abbey; for several priories had two names, and this would naturally occur in Wales, where the local names might seem outlandish. It might also be remembered that the three names may represent but one place, so carelessly are the lists drawn up. If the lists are consulted, it will be seen that they all assert that in the diocese of Chichester there were three priories known as Arundel Bridge, Chauces, and Prinham, whereas in fact they were but three names for one small priory. Similarly three of the lists give Ulverscroft and Charley as two priories in the diocese of Lincoln, but they are merely two names of the same place.

Against this theory stands the fact that at the Chapter of 1509 the five Priors of Cheleburne, Pykene, Bethgelert, Penmon, and Modstedwall together with the Abbot of Bardsey were fined for being absent, and the natural assumption is that they were separate individuals. But as that list asserts that the Prior of Dodford was absent and mentions the fine he had incurred, although there had been no Prior of Dodford for fifty years, it is evident that if a man was fined, it is no proof that he had any existence.

Nomina domorum ordinis sancti Augustini provincie Cantuariensis

Rawl. MS. C. 939, fol. 223   Tanner MS. 196, fol. 112   Wood MS. 21, fol. 50

De episcopatu Norwicensi

Prior de Buteleya	P. de Buteleya	P. de Buteleya
Prior de Coggesford	P. de Coggesford	P. de Cogerford
Prior de Westacre	P. de Westacre	P. de Westacre

---

[1] See p. 111.   [2] See pp. 129 and 187.

Rawl. MS. C. 939, fol. 223	Tanner MS. 196, fol. 112	Wood MS. 21, fol. 50
Prior sancti Petri Gyppeswyc	P. sancti Petri Gyppeswyc	P. sancti Petri Gyspeswyc
Prior sancte Trinitatis Gyppeswyc	P. de Penteneye	P. de Penteneye
Prior de Paunteneye	P. de Theford	P. de Theford
Prior de Theford	P. de Wermegay	P. de Wermegey
Prior de Wermegay	P. sancti Antonii de Kersey [1]	P. sancti Antonii de Kerseye
Prior sancti Antonii	P. sancti Leonardi de Bresete	P. sancti Leonardi de Bresete
Prior sancti Leonardi de Briest	P. de Dodenasshe	P. de Dodenasshe
Prior de Dodenes	P. de Chippelaya	P. de Chippelaya
Prior de Chippelaya	P. de Bromhulle	P. de Bromhulle
Prior de Bromhulle	P. de Wabrun	P. de Wabrune
Prior de Waburn	P. de Bukeham	P. de Bukeham
Prior de Bukeham	P. de Hyyewrthe	P. de Heyzewrthe
Prior de Hixewrthe	P. de Walsingeham	P. de Walsingeham
Prior de Walsingeham	P. de Hykelinge	P. de Hykelinge
Prior de Hykelinge	P. de Spineto	P. de Spineto
Prior de Spineto	Abbas de Creke	P. de Letheringham
Abbas de Creke	P. de Letheringham	Abbas de Creke
	P. de Clany [2]	P. de Clany
	P. de Blitheburghe	P. de Blitheburghe
	P. de Hemptone	P. de Hemptone
	P. de Wodebrugge	P. de Wodebrugge
	P. sancte Trinitatis de Gyppeswike	P. sancte Trinitatis de Gyppeswike
	P. de Alnesburn [3]	P. de Alnesburne
	Priorissa de Crabows	Priorissa de Crabows

De episcopatu Eliensi

Prior de Anglesheya	P. de Anglesheya	P. de Anglesheya
Prior de Bernwelle	P. de Bernewell	P. de Bernewelle

De episcopatu Lincolniensi

Abbas de Oseneya	A. de Oseneya	A. de Oseneya
Abbas de Leycestre	A. de Leycestre	A. de Leycestre
Abbas de Thorntone	A. de Thornton	A. de Thorntone
Abbas sancti Iacobi Norhamptone	A. sancti Iacobi Northamptone	A. sancti Iacobi Northamptone
Abbas de Grimesby	A. de Grymesby	A. de Grymesby
Abbas de Osoluestone	A. de Osolueston	A. de Oselweston
Prior de Huntyngdone	P. de Huntyngdon	P. de Huntyndon
Prior de Esseby	P. de Esseby	P. de Esseby
Prior de Thorholme	P. de Thorholme	P. de Thorholme
Prior de Chaucumbe	P. de Chaucombe	P. de Chaucombe

---

[1] Described as Benedictine by Dugdale (*Mon.* i. 533), although the charters he prints speak of *canonici.* Likewise Cardinal Gasquet in his list of monastic houses assigns it to the Benedictines.

[2] This must mean the Priory of Herringfleet, under the patronage of St. Olaf. Some scribe must have written ' Prior Olauy ', which was read as Clany, and appears in that form in all our lists.

[3] Alensborne or Alborne, Suffolk.

Rawl. MS. C. 939, fol. 223	Tanner MS. 196, fol. 112	Wood MS. 21, fol. 50
Prior de sancta Frithes-witha	P. de sancta Frethes-wida	P. de sancta Frides-wytha
Prior de Kyme	P. de Kyme	P. de Kyme
Prior de Elesham	P. de Elesham	P. de Elesham
Prior de Noctone	P. de Noctone	P. de Noctone
Prior de Swynesheved [1]	P. de Fynnesheved	P. de Fynesheved
Prior de Newenham	P. de Newenham	P. de Newham
Prior de Markeby	P. de Markeby	P. de Caldeweile
Prior de Caldewelle	P. de Caldewelle	P. de Bissemede
Prior de Bissemede	P. de Bissemed	P. de Wymondeleya
Prior de Wymundele	P. de Wymoundeleya	P. de Stanleya
Prior de Stanleya [2]	P. de Sanleya	P. de Novo Loco
Prior de Novo Loco	P. de Novo Loco	P. de Dunstaple
Prior de Dunstaple	P. de Dunstaple	P. de Coldenorton
Prior de Coldenorton	P. de Coldenorton	P. de Burencestre
Prior de Berncestria	P. de Berencestre	P. de Thorkesheya
Prior de Torkesheya	P. de Torkesheya	P. de Launde
Prior de la Launde	P. de la Launde	P. de Wroxstone
Prior de Wroxton	P. de Wroxton	P. de Shetwode
Prior de Chetwode	P. de Chetwode	P. de Oluecroft
	P. de Oluescroft [3]	P. de Charleya
	P. de Charleye [4]	P. de Ravenestone
	P. de Ravenestone	P. de Bradelee
	P. de Bradlee	P. de Twate [5]
		P. de Kyrkeby [6]

De episcopatu Wynton'

Prior ecclesie Cristi de Twynham	P. ecclesie Cristi de Twynham	P. ecclesie Cristi de Twynham
Prior de Suthwerke	P. de Souwerk	P. de Souwerke
Prior de Suthtwike	P. de Suwyk	P. de Suwyke
Prior de Seleburne	P. de Selebourne	P. de Seleburne
Prior de Novo Loco	P. de Novo Loco	P. de Novo Loco
Prior de Tanrigge	P. de Tanrigge	P. de Tanrygge
Prior de Mertone	P. de Mertone	P. de Mertone
Prior de Motesfonte	P. de Motesfount	P. de Motesfount
Prior de Nortone [7]	P. de Brommore	P. de Brommore
Prior de Brommore	P. sancti Dyonisii Southampton	P. sancti Dionis Southampton
Prior sancti Dyonisii		

De episcopatu Cestrensi vel Couentrensi

Abbas de Roucestre	A. de Roucestre	A. de Roucestre
Abbas de Dorleya	A de Dorleya	A. de Dorleya
Abbas de Hagman	A. de Hagman	A. de Hageman

[1] An error of the writer: Swineshead Abbey was not Augustinian; Finneshed Priory was in Northants.

[2] Stoneley, Hunts.

[3] Ulverscroft, Leicestershire.

[4] Charley was another name for Ulverscroft.

[5] The Priory of Mountjoy in Norfolk was at Thweyt in the parish of Heveringland.

[6] Kirkby Beller, Leicestershire.

[7] Probably a mistake. It does not appear in the other lists.

Rawl. MS. C. 939, fol. 223	Tanner MS. 196, fol. 112	Wood MS. 21, fol. 50
Prior de Kellingwrthe	Abbas de Kyllynge-	Abbas de Kelyngeworth
Prior de Trenham	worthe	P. de Trentham
Prior de Reppendone	P. de Trentham	P. de Repyngdone
Prior de Hertebury	P. de Repyndone	P. de Erthbury
Prior sancti Thome de	P. de Erthbury	P. sancti Thome de
Stafford	P. sancti Thome de	Stafford
Prior de Wambrege	Stafford	P. de Wambrege
Prior de Griseleya	P. de Wambrege	P. de Greseleya
Prior de Rumptone	P. de Greseleya	P. de Ramptone
Prior de Norton	P. de Ramptone	P. de Blakemere
Prior de Blakemere [1]	P. de Blakemere	P. de Hertone
Prior de Stone	P. de Hortone [2]	P. de Stone
		P. de Makestoke [3]

De episcopatu Cicestrensi

Prior de Tortintode		P. de Tortintone
Prior de ponte Arun-		P. de ponte Arundelli
delli		P. de Heryngham
Prior de Heringham [4]		P. de Chauces
Prior de Chauces		P. de Blenchmere
Prior de Wlenchmere [5]		P. de Prinham
Prior de Prinham [6]		Priorissa de Easeburne [7]

De episcopatu Exoniensi

Prior de Lassenenton		P. de Launcetone
Prior de Lega		Abbatissa de Canoun-
Prior de Plinton		leghe
Prior de Bomene		P. de Plymtone
Prior sancti Germany		P. de Bodmyne
		P. sancti Germani

De episcopatu Herefordensi

Prior de Cheleburne [8]		P. de Cheleburne
Prior de Mungemory [9]		P. de Pikine
Prior de Pikene [8]		P. de Chirebury
		P. de Lantonia in
		Wallia
		P. de Wrmesleye [10]

[1] This place has not been identified; perhaps it represents Burscough in Lancashire which is missing in the three lists.

[2] The MS. ends here, the next quire being lost. In T. and W. Hortone and Hertone must be errors for Norton.

[3] Maxstoke, founded about 1340.

[4] Hardham or Heringham.

[5] Another name for the Priory of Shulbred.

[6] Pynham, Sussex: Pynham, Chauces, and Arundel Bridge are identical. Hastings Priory is omitted.

[7] Easebourne; assigned by Dugdale to the Benedictines, but an Austin house.

[8] Cheleburne and Pikene appear in three lists, but cannot be identified. The registers of the bishops of Hereford mention no such places in the diocese of Hereford, but the dioceses of Llandaff and St. Davids may have been grouped with the diocese of Hereford for the purposes of the General Chapters.

[9] This must represent Montgomery; Chirbury Priory was within two miles of Montgomery.

[10] Wormesley, Herefordshire; it was an Arroasian house.

Rawl. MS. C. 939, fol. 223   Tanner MS. 196, fol. 112   Wood MS. 21, fol. 50

De episcopatu Roffensi

Prior de Tunebrugge   P. de Tunebrugge

De episcopatu Bathoniensi

Prior de Berliz   P. de Berliche
Prior de Brademers [1]   P. de Bradomers
Prior de Bruweton   P. de Brweton
Prior de Taunton   P. de Taunton

De episcopatu Wigorniensi

Abbas Cirencestrie   A. de Cirencestre
Prior de Lantonia iuxta   P. de Lantonia iuxta
  Gloucestriam   Gloucestriam
Prior de Stodleya   P. de Stodleya
Prior sancti Oswaldi   P. sancti Oswaldi Glou-
  Gloucestrie   cestrie
                                                       P. de Bedeford [2]

De episcopatu Sarum

Prior de Saldeford   P. de Sandelford
Prior de Bradenestoke   P. de Bradenestoke
Prior de monasterio   P. de monasterio Edo-
  Ederoso   roso
                                                       P. de Poghele
                                                       P. de Ivecherche [3]

De episcopatu Menevensi

Prior de Lantonia prima   P. de Lantonia prima
Prior de Arteford [4]   P. de Artford

De episcopatu Cantuariensi

Prior sancti Gregorii   P. sancti Gregorii Can-
  Cantuarie   tuar'
Prior de Cumbwell   P. de Cumwelle
Prior de Benethleg' [5]   P. de Wilsyngtone [6]
Prior de Ledes   P. de Ledes

De episcopatu London'

Abbas de Waltham   A. de Waltham
Abbas sancte Osithe   A. de sancte Osithe
Prior de Cruce Roys   P. de Cruce Rois

[1] This name, which is unknown to Dugdale or Gasquet but occurs in all our lists, must be the priory called Sprawlesmede or Bartlemoor.

[2] An error for Dodford, which was in the parish of Bromsgrove.

[3] The same as 'monasterium Ederosum'. The small Augustinian priory at Longleat in Wiltshire is omitted in all the lists.

[4] Haverford must be meant.

[5] Benethley or Bentley was in Middlesex near Harrow; it seems to have belonged to the Priory of St. Gregory at Canterbury (Dugd. *Mon.* vi. 545, ed. 1830). Bilsington is omitted in this list, perhaps because it was not founded until 1253.

[6] Bilsington, Kent.

T

Rawl. MS. C. 939, fol. 223	Tanner MS. 196, fol. 112	Wood MS. 21, fol. 50
Prior de Colecestrie		P. de Colcestre
Prior de Blakemore		P. de Blakemore
Prior de Dunemawe		P. de Dunmawe
Prior sancte Trinitatis Londonie		P. sancte Trinitatis London'
Prior de Ginge[1]		P. de Gynge
Prior de Tremhale		P. de Tippetre
Prior de Bikenacre		P. de Berdene
Prior de Tippetre		P. de Bisshopesgate
Prior de Berdeneya		P. de Lega
Prior de Bissopesgate		P. sancti Bartholomei London
Prior de Lega		P. de Lattone[3]
Prior sancti Bartholomei[2]		P. de sancto Laurencio de Wermyngeye[4]

Nomina domorum provincie Eboracensis

Prior de Parco Helaw
Prior de Drax
Prior de Wirksop
Prior de Thurgarton
Prior de Schelforde
Prior de Novo Loco in Schirwode
Prior de Fellay
Prior de sancto Oswaldo
Prior de Boulton
Prior de Kertemell
Prior de Kanyngesheved
Prior de Carliolo
Prior de Lanercost
Prior de Wringeburne
Prior de Exeldesham
Prior de Gysburgh
Prior de Novo Burgo
Prior de Martona
Prior de Wartre
Prior de Bridelingtone
Prior de Hautenprise
Prior de Kyrkeham

[1] Thoby added in a late hand; the priory had both names.
[2] This is the end of the list.

[3] Latton, Essex.
[4] Apparently Wormley, Herts.; see the next list.

Nomina abbatum & priorum ordinis sancti Augustini in diocese Cant' existencium.

(C.C.C. Library, MS. 154, p. 412)

In dioc' Londoniensi

Abbas de Waltham
Abbas sancte Osithe
Prior sancte Trinitatis London'
Prior sancti Bartholomei London
Prior de Dunmawe
Prior de Colcestre
Prior de Lega
Prior de Blakemore
Prior de Ginge
Prior de Tremhale
Prior de Bykenacre
Prior de Tippetre
Prior de Berden
Prior de Latton
Prior de Cruce Rois
Prior sancti Laurentii de Wore*m* [1]
Prior de Bissopegate London

In dioc' Elyensi

Prior de Bernewell
Prior de Angleseye

In dioc' Lincolniensi

Abbas de Oseneye
Abbas de Tornton
Abbas de Leycestre
Abbas de Osulueston
Abbas sancti Iacobi de Noranton
Abbas de Grimesby
Prior de Bissemade
Prior de Dunstaple
Prior de Caudewelle
Prior de Neuham
Prior de Esseby
Prior de Chaucumbe
Prior de Berencestre

Prior de la Launde
Prior de Tornolm
Prior de Huntedune
Prior de Kyme
Prior de Noketon
Prior de Wrocstan
Prior de Swineseved (*sic*)
Prior de Caldenorton
Prior de Torkeseye
Prior de Markeby
Prior sancte Fretheswide
Prior de Wyremundele
Prior de Ellesham

In dioc' Wygorniensi

Abbas de Cyrincestre
Prior Lantonie iuxta Gloucestriam
Prior de Stodleye
Prior sancti Oswaldi, Glouc'

In dioc' Norwic'

Prior de Buttele
Prior de Westacre
Prior de Walsingham
Prior de Cocfort
Prior de Panteney
Prior de Hikelinge
Prior de Bukeham
Prior sancte Trinitatis de Chipwaʒ [2]
Prior sancte Ecchud' [3]
Prior de Dodenes
Prior de Theford
Prior de Wermegay
Prior sancti Leonardi de Breyset
Prior sancti Antonii [4]
Prior de Yxeworth
Prior de Spineto

[1] This must be Wormley in Hertfordshire; the church was under the patronage of St. Lawrence and was held by Waltham Abbey. There is no other record that there was a priory there. Tanner in *Noticia Monastica* identifies this entry with the Priory of Wymondley in Hertfordshire, but this was under the patronage of St. Mary and was in the diocese of Lincoln, not London. Wormegay in the diocese of Norwich was not of St. Lawrence.

[2] i.e. Ipswich.

[3] Unknown; possibly a corruption of *sancti Petri Gypwud* (i.e. Ipswich).

[4] i.e. Kersey in Suffolk.

In dioc. Convent' seu Cestrensi

Abbas de Derle
Abbas de Hageman
Abbas de Roucestre
Prior de Kynelworth
Prior de Trentham
Prior de Rependene
Prior sancti Thome de Stafford
Prior de Erthur'
Prior de Ranton
Prior de Gresele
Prior de Nortune
Prior de Wambreg'

In dioc' Menevensi

Prior Lantonie prime
Prior Areford

In dioc' Exoniensi

Prior de Plumton
Prior de Lanseton
Prior de Lega
Prior de sancto Germano
Prior de Bomene

In dioc' Bathoniensi

Prior de Breuton
Prior de Berliz
Prior de Brademers
Prior de Tautone

In dioc' Cycest'

Prior de Hemigham
Prior de la Chauze
Prior de Werlenchmere
Prior de Tortintone
Prior de ponte Arundelli
Prior de Prinham

In dioc' Sarum'

Prior de Bradinstoke
Prior de Sandeford
Prior de Powele
Prior de monasterio Ederoso

In dioc' Wyntoniensi

Prior sancti Dyonisii de Suhamton
Prior de Suwik
Prior de Novo Loco
Prior de Mutisfond
Prior sancte Trinitatis de Twinham
Prior de Meretone
Prior sancte Marie de Suwerke
Prior de Saleburne
Prior de Tanrigge
Prior de Bromore

In dioc' Cantuariensi

Prior de Cumwelle
Prior de Ledes
Prior de Benetlek'[1]

In dioc' Roffensi

Prior de Tunebruge

In dioc' Cycestrensi

Prior de Ernigham[2]
Prior de Wolinchmere
Prior de la Cauze
Prior de Torintone

In Hereford' dioc' non est domus nostri ordinis nisi Heelburg'[3] & domus de Mungumeri & domus Piome[4]

---

[1] Bentley in Harrow; see list no. 1. As Harrow was a peculiar of the Archbishop, Bentley was reckoned as in the diocese of Canterbury.

[2] Heringham. The diocese of Chichester has occurred already.

[3] This must be the Cheleburn of the other lists.

[4] This must be the Pykene of the other lists. We might naturally identify it with the Priory of Pionia (= Wormesley) which was in this diocese; but as it was Arroasian it would not be on this list.

Nomina prioratuum canonicorum nigrorum.[1]

In dioc' Lincolniensi

Abbas de Thornton
Abbas de Oseneya
Abbas de Leycestre
Abbas de Oselestone
Abbas sancti Iacobi iuxta North-
  ampton
Abbas de Grymmesby
Prior de Huntyndon
Prior de Thornholm
Prior de Newenham iuxta Bedeford
Prior de Caldewell iuxta Bedeford
Prior de Hautenprise[2]
Prior de Dunstaple
Prior de Bischemede
Prior de la Launde
Prior de Kyme
Prior de Assheby
Prior de Ellesham
Prior de Fynnesheved
Prior de Markeby
Prior de Notton
Prior sancte Frideswide Oxonie
Prior de Wymondesleya
Prior de Stanleya
Prior de Novo Loco iuxta Stan-
  ford
Prior de Coldnorton
Prior de Bernecestria
Prior de Thorkeseya
Prior de Chaucumba
Prior de Wroxston
Prior de Ulnescroft
Prior de Charleya
Prior de Rauenestone
Prior de Bradewelle[3]
Prior de Bristillesham[4]
Prior de Chetwode
Abbas de Brunne ⎫
Abbas de Notteleya ⎬ Arrac'
Abbas de Mussenden ⎪
Abbas de Dorcestria ⎭

[In dioc' Eliensi][5]

Prior de Bernewelle
Prior de Angleseya

In dioc' Norwycensi

Abbas de Creke
Prior de Butteleya
Prior sancti Petri de Gippeswich
Prior sancte Trinitatis de Gippes-
  wich
Prior de Cockesford
Prior de Penteneya
Prior de Monte Gaudii[6]
Prior de Thefford
Prior de Bermegeya[7]
Prior de Dodenashe
Prior sancti Antonii de Kerseya
Prior sancti Leonardi de Brysect'
Prior de Chippeleya
Prior de Bromhull
Prior de Waubrunne
Prior de Bokenham
Prior de Yekesworth
Prior de Walsingham
Prior de Hikeling
Prior de Spineto
Prior de Crek (*sic*)
Prior de Hempton
Prior de Heckam[8]
Prior sancti Olavi de Clany[9]
Prior de Britheburghe
Prior de Wodebrigge
Prior de Alnesbourne
Prior de Fakenhamdom[10]
Prior de Westacre

In dioc' Cantuariensi

Prior sancti Gregorii Cantuarie
Prior de Comwell
Prior de Bilsinton
Prior de Ledes

---

[1] Add. MS. 38665, Brit. Mus.; of about the year 1360.
[2] Haltemprice in Yorkshire.
[3] Probably Bradley is meant.
[4] Bisham in Berks., and therefore in the Salisbury diocese.
[5] Not in MS.
[6] In Heveringland, Norfolk.

[7] i.e. Wormegay.
[8] Perhaps Flitcham is meant; there was a monastery at Heacham in Norfolk, but it was a Cluniac cell.
[9] Herringfleet; see the previous lists.
[10] The same as Hempton, which was by the bridge of Fakenham and was called Fakenhamdam.

In dioc' Cantuariensi (*cont.*)

Prior de Tonebrugge
Abbas de Lesenes. Arrac'

In dioc' London'

Abbas de Waltham
Abbas sancte Osithe
Prior de Crucerois, i. e. Roiston
Prior de Colcestre
Prior de Blakemere
Prior de Dunemaghe
Prior sancte Trinitatis de London
Prior sancti Bartholomei London
Prior de Bischopesgate London
Prior de Twyge [1]
Prior de Tippetre
Prior de Berdeneya
Prior de Cherleburi [2]
Prior de Lega
Prior de Latton
Prior sancti Laurencii de Berme-
geya [3]
Prior de Bikenacre
Prior de Fremhale [4]

De Cicestria

Prior de Tortinton
Prior de ponte Arundelli
Prior de Heryhitheham [5]
Prior de Cauceto
Prior de Wentemore [6]
Prior de Prynham
Prior de Muckelesham. [7] Arrac'

In dioc' Wyntoniensi

Prior de Merton
Prior ecclesie Cristi de Twynham
Prior de Southewerche
Prior de Southewyk
Prior de Selebourne
Prior de Novo Loco iuxta Gildeford
Prior de Tannerugge

Prior de Motesfonte
Prior de Bromore
Prior sancti Dionisii de South-
ampton

In dioc' Salesburiensi

Prior de Sandefford
Prior de Bradenestoke
Prior de Monte [8] Ederoso
Prior de Pougheleye
Prior de Yvichurch
Prior de Scheldebrode [9]
Prior de Maiden Bradeleye
Prior de Standon. [10] Arrac'

In dioc' Baton' & Well'

Prior de Berlich
Prior de Brademers
Prior de Bruton
Prior de Taunton
Abbas de Keynesham. Arras'

In dioc' Exoniensi

Prior de Launston
Prior de Ploomton
Prior de Bodemyne
Prior de sancto Germano

In dioc' Herford'

Prior de Selebourne
Prior de Pynkeneya
Prior de Cherebury [11]
Prior de Lantony in Wallia
Abbas de Wyggemore ⎫ Arras'
Prior de Wyrmesleya [12] ⎭

In dioc' Wygorniensi

Abbas de Cirencestre
Prior de Lantony iuxta Gloucestriam
Prior de Dodeford
Prior sancti Oswaldi de Gloucestria
Prior de Stodleya

---

[1] Probably Ginge, also known as Thoby.
[2] Unknown; perhaps a mistake.
[3] Probably Wormley in Herts.; see the earlier lists.
[4] Thremhall, Essex.
[5] Heringham.
[6] Wlenchmere.
[7] Michelham.
[8] *monasterio* is meant.

[9] If this means Shulbred in Sussex, it has occurred already under the name Wentemore.
[10] Unknown; possibly Stavordale, which was in Somerset, but on the borders of Wilts.
[11] Chirbury in Shropshire, formerly reckoned in Montgomeryshire.
[12] Wormesley.

In dioc' Wygorniensi (*cont.*)

Prior sancti Sepulcri de Warre-
wyk
Abbas de Bristollio ⎫
Abbas de Hertelond [1] ⎪
Prior de Hastyng ⎬ Arras'
Prior de Frithenstoke [2] ⎭

In dioc' Convent' & Lichf'

Abbas de Haughmon
Abbas de Derleya
Abbas de Roucestre
Prior de Repindon
Prior de Greseleya
Prior de Erdebury
Prior de Kenylleworth
Prior de Maystok [3]
Prior sancti Thome iuxta Stafford
Prior de Wombrigge
Prior de Ronton
Prior de Trentham
Prior de Stone
Prior de Norton
Prior de Brustoghe [4]
Prior de Parco de Breydeshale [5]
Abbas de Lylleshull. Arras'
Prior de Calcwych

In dioc' Assavensi [6]

Prior de Lantony
Prior de Haverford
Prior de Kaermerdyn [7]

In dioc' Ebor'

Prior de Guysebourne
Prior de Exham
Prior de Warter
Prior de Neuwebourgh
Prior de Boulton
Prior de Bridelington
Prior de Parco de Helaugh
Prior sancti Oswaldi [8]
Prior de Drax
Prior de Lanerecost
Prior de Brinkebourne
Prior de Kymbe [9]
Prior de Kyrcham
Prior de Wyrksop
Prior de Novo Loco in Schirwode
Prior de Thurgarton
Prior de Felleya
Prior de Schelford
Prior de Marton

In dioc' Karlill'

Prior de Carliol

[1] Hartland Abbey, Devonshire.
[2] Frithelstoke, Devonshire.
[3] Maxstoke.
[4] Burscough, Lancashire.
[5] Breadsall.
[6] The three monasteries were not in the diocese of St. Asaph.
[7] Carmarthen.
[8] Nostell.
[9] If this is Kyme, it was in Lincolnshire and has occurred already.

INDEX